KB261018

【동서일본학 총서 1】

한국 내 일본계 종교운동의 이해

이원범 편저

제이앤씨
Publishing Corporation

:: 머리말 한국종교문화 속의 일본계 종교

　본서는 동서대학교 부설 일본연구센터가 한국학술진흥재단의 지원을 받아 한국 내 일본계 종교 실태의 조사결과를 토대로 저술되었다. 공동조사팀은 2003년 9월부터 1년간에 걸친 한국 내 일본계 종교의 활동 현황에 대한 기초조사를 마치고, 2차년도인 2004년 9월부터 2005년 8월까지 심층조사를 진행하였다. 금번 조사를 통하여 밝혀진 한국 내 일본계 종교는 총 19개 교단으로 이들 교단이 제시한 전체 신자 수는 약 192만 명에 이른다. 이 수치는 2003년 말 국내 총인구가 4,792만5천명인 점을 감안하면 전체 인구의 약 4%가 일본계 종교 신자라는 것이다. 이는 또한, 최근의 조사에서 한국 내 종교 인구가 전체 인구의 53.5%(한국갤럽 2004년 조사)였던 점을 대비하면 국내 종교인구의 약 7.5%가 일본계 종교의 신자인 셈이다.

　이러한 상황은 한국 내 일본계 종교가 주류 종교인 불교(24.4%)와 기독교(21.4%), 가톨릭(6.7%) 다음의 신자 규모를 가지는 종교집단이 되어있다는 것을 말한다. 이제 한국 내 일본계 종교 활동은 일부 이단적 현상으로 치부하기에 그 규모가 너무 크고 사회적 영향력 또한 무시할 수 없게 되었다. 사정이 이러함에도 기존의 한국 내 일본계 종교에 대한 조사연구는 전무한 상황이며, 이들 집단에 대한 사회적, 학문적 관심 또한 매우 낮다고 할 수 있다. 그것은 무엇보다도 그간 이들 교단이 한국 내 반일감정을 의식하여 스스로의 활동이 드러나는 것을 꺼려함으로서 공적인 조사가 불가능하였기 때문이다. 더구나 이들 교단의 활동을 「왜색문화의 침투」

로 규정한 일부 매스컴의 소위 「고발기사」는 신자집단을 더욱 자폐적 상황으로 내몰아 감으로서 이들과의 사회적 소통 자체가 원천 봉쇄되는 결과를 초래하기도 하였다.

한국 내 일본계 종교에 대한 최초의 전국조사를 실시한 조사팀의 우선적 과제는 조사대상과의 신뢰관계 구축이었다. 200명이 넘는 일본계 종교 신자 및 간부와의 인터뷰, 2000명 표본 수집을 목표로 한 설문조사를 진행하면서 연구책임자로서 필자가 반복해서 강조했던 말은 「조사대상에 대한 가치판단의 배제」였다. 그것은 이들 집단이 공유하고 있는 피해의식이 바로 외부로부터의 근거 없는 비난을 받고 있다는 생각이라고 보았기 때문이다. 실제로 많은 조사대상자는 자신들이 외부에 제공한 정보가 왜곡되거나 역으로 활용되는 피해를 경험하였다고 주장하였다. 따라서 「가치판단의 배제」에 대한 필자의 언급은 연구방법의 원칙론을 얘기한 것이기도 하지만 조사대상의 협조를 얻어내기 위한 대응수단이기도 한 셈이다.

사실 필자는 종교연구에 있어서 조사대상에 대한 가치판단의 배제를 지지하지 않는다. 옳고 그름을 배제하는 것이 과학적 판단에 도움이 된다는 주장을 믿지 않는 것이 아니다. 다만 옳고 그름에 대한 생각을 배제한 과학적 판단의 결과물을 신뢰하지 않을 뿐이다. 필자는 결코 연구자의 행위가 가치선택으로부터 자유로웠다는 말을 믿지 않는다. 필자가 믿고 싶은 것은 옳고 그름의 배제가 아니라, 합리적이고 과학적인 근거와 함께하는 옳고 그름이다. 그렇다고 해서 상기한 「가치판단의 배제」에 대한 필자의 언급이 조사를 위한 방편에 불과한 것만은 아니다. 왜냐하면 「가치판단의 배제 선언」을 통해서 얻어진 다양한 자료가 합리적이고 과학적인 가치판단의 전제가 되었다고 믿기 때문이다. 그간 비합리적이고 비과학적인 일본계 종교에 대한 비난이 합리적 비판을 위한 「근거」확보 조차도 불가능하게 만들었다고 보는 것이다.

2년에 걸친 조사활동과 한일연구자 간의 심포지엄을 통하여 얻어진 결과물을 토대로 한 본서의 집필에 있어서 중요한 원칙의 하나는, 한국 내 일본계 종교 활동에 대한 입체적이고 총합적인 독자의 이해를 돕기 위하여 노력하였다는 것이다. 이는 본서가 한국 내 일본계 종교에 대한 조사 결과를 자기 완결적으로 분석한 해설서가 되기보다는, 한국 내 일본계 종교에 대한 논의를 학문적 공론의 장으로 이끌어 내는 문제제기에 우선적 목표를 두었기 때문이다. 「판단」보다는 「근거」에 주력함으로서 금후의 다양한 판단의 가능성을 열어 두고자 하였다는 것이다.

본서의 집필에 있어서 또 하나의 원칙은, 신자들의 내면의 세계를 이해하는데 많은 지면을 활용하였다는 것이다. 그들의 가치의식이나 행동 양식에 대한 설문조사 결과와 이를 기성종교의 그것과 비교함으로서 얻어지는 보편성과 특수성에 대한 비교 데이터를 가능한 한 다양하게 제시하려고 노력하였다. 그간 한국사회 속에서 일본계 종교의 확산은 반민족, 반국가적 정서를 갖는 집단의 확산과 동일하게 이해되는 경우가 많았다. 민족적 아이덴티티의 혼란을 가져올 이질집단이 식민지 문화의 잔재로서 또는 새로운 형태의 문화침략으로서 한국사회에 존재하고 있다고 주장되어 왔다. 본서에서는 과연 그러한지 또는 어느 정도 그러한지를 판단 할 수 있는 근거를 제시하고자 하였다.

본서 집필의 세 번째 마지막 원칙은, 일본계 종교 주요 교단의 유입 및 역사적 전개과정의 이해와 더불어 집단의 이데올로기적 성격을 파악할 수 있는 자료와 글들을 가능한 한 많이 소개하려고 하였다는 것이다. 이를 위해서는 주요 교단의 교리에 대한 이해는 물론 신자집단의 「교리적 사고」를 이해하는데 필요한 자료를 다양하게 제시하고자 노력하였다. 신자들이 자신의 객관적 현실세계를 주관적 체험세계로 경험화하는 과정에서 보이는 「사고의 습관」을 살피고, 그들의 신앙적 실천이 갖는 사회적 의미를 밝히는데 필요하다고 생각되는 자료와 글을 가능한 한 소개하고자 하였다. 이는 일본계 종교의 국내 확산이 한국사회의 보수와 진보 세력에서 어느 집단에 보다 유리할지 또는 무관할지를 판단하는 근거자료가 될 수 있으리라 믿는다.

이상과 같이 본서는 한국 내 일본계 종교에 대한 논의를 학문적 공론의 장으로 이끌어 내기 위한 문제제기에 중요한 의미를 두었다. 그것은 무엇보다도 일본계 종교에 대한 우리사회의 오해와 편견이 비합리적이고 비과학적인 근거에 의한 것이라고 판단되었기 때문이다. 그러나 그보다 더욱 본서의 집필을 재촉하게 한 것은 일본계 종교의 확산에 대한 우리사회의 문화적 저항이 집단 간 갈등과 가정 내 불화로 이어짐으로서 우리 내부에서의 심각한 인권문제를 일으키고 있음을 확인하였기 때문이다. 2년 간의 조사활동을 통하여 만난 수많은 일본계 종교 신자들이 자신들이 당한 억울함을 소개하였다. 필자가 보기에는 이들 신자들이 가족관계나 이웃관계에서 소외되면 될수록 신앙적 세계에 함몰되어가고 그것이 또한 가족 간 이웃 간의 갈등으로 이어지는 악순환이 전개되고 있는 것 같았다. 본서가 일본계 종교 신자들의 이러한 현실을 개선하고, 일본계 종교에 대한 논의를 학문적 공론의 장으로 이끌어내는데 작은 역할을 할 수 있기를 기대한다.

2007년 8월 이원범

목 차

제2장 국내 주요 일본계 종교의 조직과 포교활동의 특징

제3장 국내 주요 일본계 종교 신자들의 특성
－수량적 조사를 중심으로－

제4장 한국 속의 일본계 종교의 미래

한국 내 일본계 종교운동의 이해

제1장 한국 속의 일본계 종교의 역사

1. 해방 이전까지
－일본종교의 유입－

(1) 근대 이전 한일관계와 종교

한국과 일본은 정치적 문화적으로 善隣과 대립이 되풀이되는 역사적 관계를 지속해왔다. 고대부터 근대에 이르기까지 한일 간의 문화 교류사를 보면, 중세까지 한국은 일본에 대륙문화를 전하는 문화 전달자로서 또 문화 경유지로서 역할을 해왔다. 하지만 근대에 이르러서는 반대로 일본이 해양을 통해 도입한 서양문물을 한국에 전하는 입장에 되었기도 하다. 한편 믿음과 관련된 신앙체계나 종교의 경우를 보아도 고대에 있어 대륙을 통한 불교가 한국을 경유하여 일본에 전파되었고, 또 중세에 있어 朱子学 역시 조선을 통해 일본에 전래되기도 하였다. 그러나 근대 이전까지 이런 신념체계나 종교가 역으로 일본에서 한국으로 전래되는 경우는 거의 없었다.

불교의 경우를 보면, 일본에서의 불교는 대륙루트와 해양루트를 통해 전래되었으며, 그 후 일본의 민속신앙체계와의 융화와 습합을 통해 독자적인 교파를 형성하면서 발전해왔다. 고대에는 귀족불교가 융성하였고, 중세의 戰國時代 이후에는 일본 고유의 신앙적 토양 속에서 淨土宗, 眞宗, 日蓮宗이 발전하였다. 그러나 중세 오다노부나가(織田信長), 도요토미히데요시(豊臣秀吉), 그리고 도쿠가와이에야스(德川家康)의 막부통치에 이르는 격동기를 거치면서, 일본불교의 권위는 세속적 권위에 예속되는 과정을 겪게 된다. 이처럼 정치권력에 편입된 일본불교가 당시 조선에 전래될 여지는 당연히 없었으며, 조선과의 교류에 있어서 일본승려나 절이 조선에 진출하였다는 최초의 문헌상 기록은 申叔舟(1417~1475)의 [海東諸國記](1471)에 등장한다. 해동제국기에는 당시의 류큐(琉球)를 포함한 일본의 각 지역에 대한 기록과 日本使臣에 대한 상세한 기록을 담고 있으며, 또 당시 三浦倭館에 대한 지도와 간략한 설명도 포함되어 있다. 삼포는 熊川薺浦(현 진해시 웅천동), 富山浦(현 부산 진시장 일대), 그리고 蔚山 塩浦(현 울산 염포동 일대)에 1407년 설치된 왜인 거류지이다. 해동제국기에는 각 왜관에 대한 지도와 규모에 대한 간략한 설명을 하고 있는데, 가장 규모가 큰 왜관은 웅천제포로서, "항시 거주하는 왜호 308호, 남녀노소 합하여 1,722명, 절 11개(恒居倭戸三百八丁男女老少并一千七百二十二寺社一十一)", 부산포에는 "항시 거주하는 왜호 67호, 남녀노소 합하여 323명(恒居倭戸六十七男女老少并

三百二十三)”, 그리고 울산 염포에는 “항시 거주하는 왜호 36호, 남녀 합하여 131명, 절 1개(恒居倭戶三十六男女并一百三十一寺社一)”라고 되어있다.

여기에서 당시 왜관에 절이 포함되어 있었다는 점에 주목할 필요가 있다. 해동제국기 왜관의 지도에는 웅천제포의 경우, 왜관 주변에 11개의 절(禅福寺, 長松庵, 江福寺, 観音寺, 恵雲寺, 陳明庵, 朝音寺, 荒神庵, 仏寺, 正明寺, 安養寺)이 표시되어 있고, 동래 부산에는 2개(見江寺, 憩月庵), 그리고 울산염포에는 1개의 절이 있다는 기록은 있지만 지도에 표시는 없다. 해동제국기에는 이 왜관 주변의 절이 거주 일본인들의 절인지, 어떤 종파에 속하는지, 그리고 그 규모나 거주 승려에 대한 기록은 없지만, 왜관의 호수와 거주 일본인의 수와 함께 절의 수도 기술하고 있다는 점에서 당시 왜관에 거주하던 일본인들의 절인 것으로 추정된다.[1]

따라서 15세기에 왜관 설치와 함께 세워진 일본 사찰은 어디까지나 거주일본인들을 위한 것이었으며, 조선인들에게 직접 포교는 하지 않았고, 또 왜관 자체가 일반 조선인들에게는 통제된 지역이었으므로 그럴 여지도 없었던 것으로 보인다. 한편 무역을 목적으로 설치된 당시 왜관에 일본 절이 세워진 것은 당시 일본에서의 승려들의 역할과 관계가

---

1) 이진희는 이 절들을 당시 왜관 거주 일본인의 절로 추정하고 있다. 해동제국기 지도에는 이 절들이 왜관 주변에 표시되어 있다는 점, 그리고 각 왜관의 戶數와 거주인 수와 함께 절의 수도 기록되어 있다는 점에서 그렇게 판단하고 있는 것으로 보인다. 그러나 이 절들이 어떤 역할을 하였는가에 대한 사료는 남아있지 않다.
이진희・강재언, 김익환・김동명역, 『한일교류사』, 학고재, 1998, 101 - 103쪽.

있는 것으로 보인다. 전국시대에 들어와서 일본의 각 다이묘(大名)들은 자신들의 영지에서의 독자적인 질서를 유지할 필요가 있었기 때문에 종교적 권위를 정치적 권위에 예속시키게 된다. 이에 따라 승려의 도검 휴대 금지와, 승방에 여성 출입이 금지되었고, 사원경영에 있어서도 住職의 상속도 수호다이묘(守護大名)의 판단에 의해 최종적으로 결정되는 규제가 가해지게 된다.[2] 이런 불교권위에 대한 통제는 오다노부나가, 도요토미히데요시, 그리고 도쿠가와 이에야스 막부에 이르면서 지속적으로 강화되었다.

이처럼 일본에서 전국시대 이후 종교적 권위가 세속적 권위에 완전히 종속됨으로써 승려의 역할 역시 변화하지 않을 수 없게 된다. 승려들은 어디까지나 다이묘에 종속되어 그 중 학식과 경력이 뛰어난 경우에는 그들이 가지고 있는 지식과 경력을 통하여 다이묘의 지배체제와 정책을 보좌하는 策士의 역할을 맡기도 하였다. 특히 조선과의 관계에 있어 이런 역할을 담당한 대표적 승려로서는 안고쿠지요호(安国寺瑤甫 : 1537~1600)[3]와 겐소(景轍玄蘇 : 1537~1611), 그리고 쿄넨(慶念)을 들 수 있다. 요호는 臨済宗 승려로서 1568년부터 다이묘 모리(毛利)家의 외교 승과 從軍僧으로서 활약하게 되고, 1592년 임진왜란 때 고니시유키나

---

2) 久保田正文, 『仏教社会学』, 日新出版, 1975, pp.286－287.

3) 안고쿠지요호는, 臨済宗의 本山인 東福寺에 출가하여, 35세때 정식으로 安芸安国寺의 住持가 되었고, 후에 東福寺, 南禅寺의 주지가 되었고, 中央禅林의 최고 직에 종사하였다. 1582년 도요토미히데요시의 외교담당 역을 수행하였고, 안국사와 동복사를 재흥하여 安国寺殿라고 불리었을 정도로 권력의 중심부에 있었다고 한다. 1592년 임진왜란때 종군승으로 활약하였고, 1600년 세키하라 전투에서 毛利와 함께 德川家康와 싸움에서 패하여 그해 10月1日 京都의 六条河原에서 참수되었다.

가(小西行長)의 종군승으로 참전하였다. 그러나 불교승려로서의 종교적 역할보다는 외교와 전쟁의 책사로서 역할을 담당하였다.

겐소는 臨済宗의 승려로, 큐슈 하카타(博多)의 聖福寺, 쿄토 東福寺 주지였으나, 1580년부터 朝鮮外交의 日本国王使의 역할을 담담하였으며, 임진년과 정유년 왜란에 가토오키요마사(加藤清正)의 책사로 참전하였고, 이후 조선과의 和議交渉을 담담하였다. 겐소 역시 臨済宗 승려로서의 역할이 아니라 학식을 갖춘 조선에 대한 전문가로서 외교적 역할만을 담당하였다.

이처럼 臨済宗 승려이던 요호와 겐소는 다이묘와 太閤(도요토미)에 종속되어있던 御用 승려였고, 그들은 어디까지나 조선에 대한 종교적 활동이 아니라 정치적 외교적 활동을 담당하였을 뿐이었다. 한편 쿄넨은 큐슈 우스키(臼杵)시의 安養寺를 창건한 浄土真宗의 승려로서 豊後 城主인 오다카즈요시(太田一吉)의 医僧으로 1597년 정유재란 때 종군하여 [朝鮮日日記]4)를 저술하였다. 그 내용은 매일 기록한 일기와 함께 歌詞 330여수로 구성되어 있는데, 정토진종의 승려로서 깊은 신앙을 노래한 歌詞, 고향에 대한 그리움, 그리고 전쟁의 비참함, 잔인함, 인간의 야만성에 대한 한탄을 그리고 있다. 그러나 쿄넨 역시 불승으로서가 아니라 조선에 파견된 従軍医僧이었으며, 따라서 그가 직접 조선인에 대한 불교의 자비나 가르침을 펼칠 위치도 아니었으며, 그럴

---

4) 이 [朝鮮日日記]는 1597년 6월부터 2월까지 경념이 조선에서 경험한 전쟁의 실상을 일기형식으로 기술한 것으로, 戦功을 중심으로 쓰여 진 다른 전쟁기록과는 달리 쿄넨 자신의 신앙 고백과 유사한 형식으로 썼고, 당시 일본군의 만행과 학살행위를 그대로 묘사하면서, 인간의 우매함과 잔학성을 약 330수의 歌詞 형식으로 그리고 있다.

여유도 없었다.

이처럼 중세와 근세에 걸쳐 한일 양국 간에는 왜관의 설치 운영 및 무역, 그리고 일본과의 전쟁과 그 후의 조선통신사의 교류라는 역사적 궤도를 살펴보더라도 일본종교가 한국에 종교적 목적을 위해 유입된 사례는 없었다. 일본불교도 1876년 강화도 조약 체결 이후 한국에서 일본의 영향력이 확대되자, 真宗 本願寺의 別院을 부산에 설치하고 나서야 한국에서 본격적으로 조직적인 활동을 전개하게 된다.

한편 일찍이 나가사키(長崎)와 하카다(博多)를 개방하여 서양의 문물을 받아들였던 일본은 서양의 기독교를 일찍부터 경험하게 된다. 카톨릭의 경우 한국보다 이른 1549년 스페인 예수회의 프란시스코 자비엘(Francisco de Xavier 1506~1552)이 일본에 전파하였고, 1612년 도쿠가와 막부에 의해 금지령이 내려질 때까지 신자 수가 약 40만 명에 이를 정도로 교세가 커졌다고 한다.[5] 그러나 당시 일본에 먼저 전래된 기독교가 한국으로 전파되는 일[6]은 없었으며, 한국에 천주교가 전래된

---

5) 일본에서 기독교는 전국시대 초기에는 각 다이묘의 권한에 의해 수용되거나 배척되는 형편이었으나, 도요토미히데요시가 천하통일을 한 후에는 불교의 견제로 인해 수난과 박해의 길을 걷게 된다. 1587년 선교사 국외추방을 시작으로, 히데요시는 1588년에는 나가사키의 신자들을 추방하고, 그 후 1589년에 도쿠가와 막부에 의해 금지령이 내려진다. 그리고 1596年에는 나가사키에서 26명이 순교하게 된다. 그 후에도 계속해서 순교자가 생겼으며, 1637년에는 막부의 압정에 대한 농민반란(百姓一揆)에 합류하여 소위 [島原의 亂]을 일으키게 된다. 그 후에 기독교에 대한 탄압은 가중되어 전 국민을 사찰의 신자로 만드는 檀家制度를 시행하게 된다.
6) 1593년 12월 일본에 진출해 있던 예수회가 임진왜란 때 동원되었던 왜군을 교화하기 위하여 스페인 신부 G. 세르페데스를 조선에 파견하였다는 기록은 있지만, 그가 직접 조선인에 포교를 하였다는 것은 확인할 수 없으며, 당시 전란의 상황에서는 불가능하였을 것이다.

것은 그보다 약 230년 후인 1784년 이승훈(1756~1801)이 중국 북경에 가서, [北天主堂]의 프랑스 신부인 루이 드 그랑몽(Jean-Joseph de Grammont:1736~1812?)에게 세례를 받고 귀국한 후부터였다. 즉 어디까지나 근대 이전까지도 한국은 중국에서부터 전래된 문화만을 수용하고, 그것을 일본에 전달하는 전달자이며, 일본은 어디까지나 한국으로부터 문화를 전달받는 수혜자였을 뿐이었다.

(2) 한일합방과 일본종교의 국내진출

① 일본불교의 조선 진출

메이지 유신 정부는 천황제 국가를 다지기 위한 종교정책으로 神仏分離를 단행하면서 神道 보급을 강화하였지만, 神道에 의한 교화가 教理上의 한계로 문제가 드러나자 다시 불교를 정치의 일익으로 동원하지 않을 수 없게 된다. 또한 일본 불교계도 불교가 새 정부와 국익에 해가 되지 않는다는 논리를 내세워 정부에 협력하는 자세를 취하였고, 스스로 홋카이도(北海道)와 치시마(千島) 개척에 앞장섰으며, 중국과 조선 등의 해외포교를 전개하게 된다.[7]

이러한 당시 일본의 종교정책에 부응하여 조선에 들어오게 되는 최초의 일본종교는 真宗이다. 1876년 강화도 조약을 강행한 일본정부는 조선인들의 일본에 대한 적개심을 완화하려는 의도에서 真宗 本願寺에 협력을 구하게 된다. 1877년 메이지 정부 内務卿 오쿠보(大久保利

---

7) 韓哲曦, 『日本の朝鮮支配と宗教政策』, 未来社, 1988, pp.14-15.

通)와 外務卿 데라지마(寺島宗則)는 真宗 본원사 관장 겐뇨(厳如)에게 편지를 보내 朝鮮 開教를 종용하였고, 이에 겐뇨는 1877년 8월에 오쿠무라엔싱(奥村円心)과 히라노게이스이(平野恵粋)를 조선으로 파견하였다. 오쿠무라는 일본정부의 후원 아래 1877년 부산에 真宗 大谷派 本願寺 別院을 건설하였다. 그 후 1881년 日蓮宗의 와타나베(渡辺日運)가 부산에 「日本会館」을 건립하였고, 또 1890년 일련종 교토 妙覚寺의 아사히미츠(旭日苗)가 「日宗海外宣教会」를 조직하여 본부를 京城에 두고 각지에 지부를 세워 포교활동을 전개하였다. 또한 1897년에는 浄土宗의 미스미다모찌몬(三隅田持門)이 부산에 상륙하여 포교를 시작하여 1898년 경성에 개교원을 설치하고 인천, 개성, 평양, 마산 등지로 세력을 넓혀갔다. 1904년 러일전쟁 이후 일본이 조선에서 세력을 더욱 공고히 다지게 되자, 기존의 真宗系의 大谷派 本願寺, 本派 本願寺, 그리고 日蓮宗, 浄土宗 이외에 曹洞宗, 臨済宗, 真言宗 등이 조선에 진출하였다. 조선총독부의 사찰령이 공포되는 1911년까지 조선에 들어온 일본불교 종파는 당시 일본내 12개 종단 49개 종파들 가운데 6개 종단 11개 종파에 달했다. 통감부 시기의 일본의 조선에서의 불교정책은 아직 완전한 합병이 이루어지기 이전이어서 일본불교 세력의 교세 확산을 지원하면서 불교계를 併呑하려는 노선을 취하였다. 그러나 1910년 8월 조선을 완전히 장악한 조선총독부는 1911년 6월에 [寺刹令]을 공포하면서부터 일본불교 세력이 조선불교계에 영향력을 확산하는 것을 용인하지 않고 직접 관리하는 정책으로 전환한다. 이런 정책 전환에 따라서 총독부는 조선 불교 圓宗과 일본 曹洞宗과의 합병도 승인하지 않았고, 민족주의계열인 임제종도 해산시켰다.[8]

이런 일본불교의 한국진출과 함께 일본의 기독교도 한반도에서 활동을 시작하게 된다. 메이지 정부가 수립된 후 일본에서는 종교의 자유가 보장되었고, 따라서 해양을 통해 일본에 들어온 서양의 개신교가 한국으로 진출하게 된 것이다. 특히 韓日合併 이후부터 일본종교는 본격적으로 조선 진출을 꾀하였고, 따라서 일본의 개신교 단체도 불교와 마찬가지로 일본정부의 후원 하에 조선에서 활동을 하게 된다. 그러나 그들의 초기 활동은 조선인에 대한 직접적인 포교보다도 주로 조선에 거주하는 일본인을 대상으로 한 활동이 중심이었다.

그 후 조선총독부가 조선을 완전히 장악하고 난 후부터 일본의 각 종교교단들은 정부의 후원을 받거나 교단 자체의 판단에 의해 조선에 대한 포교를 점차 강화하게 되었고, 따라서 일본 불교도 조선에서 세력을 점차 확대해 가게 된다. 쿠도우(工藤英勝)가 정리한 자료[9]에 의하면, 조선에 들어온 일본불교의 경우, 1907년에 사원 수 63개소, 승려 수 67명, 그리고 신자 수 재한 일본인 27,955명, 조선인 8,008명이었으며,

---

8) 김순석, 「조선총독부의 불교정책과 불교계의 대응」, 고려대학교박사학위논문, 2001, pp.17-21. 발췌 재인용.

9) 이하의 당시 조선에서의 일본계 종교에 관한 통계수치는 工藤英勝가 정리한 사료에서 인용한 것이다. 工藤英勝는 『朝鮮ニ於ケル宗教及享祀一覧』(昭和元~13年調査版), 『朝鮮総督府統計年報』(明治41~大正12年調査版・昭和4年調査版), 『朝鮮総督府施政年報』(明治44~昭和4年調査版), 『最近に於ける朝鮮治安状況』(昭和11年5月)의 자료를 정리하여, 한말부터 일제강점기에 있어 조선에서의 일본종교의 현황을 정리하여 「曹洞宗の朝鮮布教概史」(『宗教研究』第315号, 1998年), 「日本仏教の朝鮮布教」(『宗教研究』第319号, 1999年), 「神道各教派の朝鮮布教」(『宗教研究』第323号, 2000年), 日本キリスト教の朝鮮布教」(『宗教研究』第327号, 2002年)를 발표하였다. 일제강점기의 일본종교의 현황에 대한 자료는 여기에 의거하여 발췌한 것이다.

1938년에 이르러서는 사원 수 727개소, 승려 수 789명, 신자 수는 일본인 294,426명, 조선인 15,304명으로 되어있다. 이 자료에서 나타나듯이 일본불교는 합방이후 조선에서 활동은 하였지만, 조선인에 대한 포교보다는 조선 거주 일본인을 주 대상으로 하고 있다는 것을 알 수 있다.

한편 일제 강점기에 조선에서 활동한 일본종교들 중 가장 세력이 큰 교단은 眞宗계열이었다. 진종의 本願寺派는 전술한 것처럼 일본정부에 요청에 의해 조선에 진출한 최초의 일본불교였고, 그 뒤를 이어 大谷派가 진출하였다. 자료에 의하면 1910년 진종 본원사파의 사원 수 26개소, 승려 수 19명, 신자 수는 일본인이 7,529명, 조선인이 15,919명이었고, 大谷波는 사원 수 24개소, 승려 수 25명, 신자 수는 일본인이 9,212명, 조선인이 5,120명으로 되어있다. 그리고 1938년 자료에는 본원사파의 사원 수는 134개소, 승려 수는 245명, 신자 수는 일본인이 98,720명, 조선인이 3,163명, 대곡파는 사원 수는 90개소, 승려 수는 84명, 신자 수는 일본인이 46,390명, 조선인이 1,973명으로 되어있다.

1910년 조선인 신자수가 합하여 2만 여명이었던 것이 1938년에 5천여 명으로 줄어든 것은 총독부의 초기 유화 정책으로 종교를 이용하던 것에서, 1911년 사찰령 공포와 함께 한국불교를 직접 관리하게 됨으로써, 일본불교의 조선인에 대한 포교와 확산이 어렵게 된 점에 기인한다. 한편 진종계의 다른 교파들(山元派, 仏光寺派, 興正派, 木邊派)도 한일합방을 전후하여 조선에 진출하였으나 교세는 미미하였다.

그 다음으로 규모가 컸던 曹洞宗은 1910년 사원 9개소, 승려 수

7명, 신자 수는 일본인이 3,710명, 조선인이 1,010명이었고, 1938년 사원 117개소, 승려 수 94명, 신자 수는 일본인이 41,460명, 조선인이 3,908명이다. 浄土宗은 1910년 사원 29개소, 승려 수 23명, 신자 수는 일본인이 6,293명, 조선인이 5,343명이었고, 1938년 사원 56개소, 승려 수는 79명, 신자 수는 일본인이 27,213명, 조선인이 422명이다.

그 다음으로 日蓮法華宗 계열(일련종, 法華宗, 本門法華宗, 顕本法華宗, 不受不施派)은 1915년 일련종 사원이 15개소, 1916년 법화종 사원이 1개소, 본문법화경 사원이 8개소, 그리고 1922년 현본법화경 사원이 1개소 설치되었으며, 불수불시파는 1933년에 1개소를 설치하였다. 승려 수는 1910년 일련종 승려가 10명, 1915년 법화종 승려가 1명, 1916년 본문법화경 승려가 3명, 그리고 1922년에 현본법화경 승려 1명이, 그 후 불수불시파는 1933년에 1명이 조선에 거주한 것으로 나타났다. 신자 수는 1910년 일련종의 일본인 신자가 2,190명이며, 조선인은 1916년이 되어서야 처음으로 7명이 있는 것으로 기록되어 있고, 다른 교파는 1915년 법화종이 일본인 신자만 771명이 있었던 것으로 나타난다. 1938년에 이르러서는 일련법화계열 전체 사원 수는 74개소(일련종 48개소, 법화종 1개소, 본문법화종 23개소, 현본법화종 1개소, 불수불시파 1개소)이며, 전체 승려 수는 65명(일련종 47명, 법화종 1명, 본문법화종 15명, 현본법화종 1개, 불수불시파 1개)이며, 전체 신자 수는 일본인이 25,310명(일련종 17,194명, 법화종 1257명, 본문법화종 6,291명, 현본법화종 437명, 불수불시파 131명)이며, 조선인은 1,166명(일련종 97명, 법화종 0명, 본문법화종 1,054명, 현본법화종 14명, 불수불시파 1명)에 지나지 않았다.

한편 工藤가 정리한 자료에는 나와 있지 않지만, 일련종 계열로서 일제강점기에 조선에 들어온 교파로 本門仏立講(=本門仏立宗)이 있다. 본문불립강은 1905년부터 부산에서 포교를 시작한 것[10]으로 되어 있지만, 1912년 승려 야스다(安田)가 부산에 長松寺를 세우고 포교하다가 1913년 仏立教会라는 간판을 걸고 서울에 학송사를 창건하였다고 한다. 당시 교세는 미미한 것으로 보이며 일제강점기의 정확한 자료는 남아있지 않다.[11]

真言宗 계열(真言宗聯合, 新義真言宗智山派, 新義真言宗豊山派, 古義真言宗, 醍醐派, 醍醐派修験道, 善通寺派, 東寺派)은 1910년 真言宗聯合(사원 수 13개소, 승려 수 9명, 신자 수는 일본인 4,431명, 조선인 0명)을 시작으로 1915년에 新義真言宗智山派(사원 수 6개소, 승려 수 5명, 신자 수는 일본인 900명, 조선인 0명)와 新義真言宗豊山派(사원 수 3개소, 승려 수 3명, 신자 수는 일본인 700명, 조선인 0명), 그리고 1916년 古義真言宗(사원 수 3개소, 승려 수 2명, 신자 수는 일본인 763명, 조선인 35명), 1917년 醍醐派(사원 수 1개소, 승려 수 4명, 신자 수는 일본인 1,254명, 조선인 30명), 醍醐派修験道(사원 수 2개소, 승려 수 1명, 신자 수는 일본인 500명, 조선인 0명), 그리고 1932년에 善通寺派(사원 수 1개소, 승려 수 1명, 신자 수는 일본인 150명, 조선인 0명), 1933년에 東寺派(사원 수 4개소, 승려 수 1명, 신자 수는 일본인

---

10) 井上順孝他, 『新宗教事典』, 弘文堂, 1990, p.652.
11) 원래 학송사는 고종과 명성황후의 願堂이었다고 한다. 고종황제로부터 갓과 가사를 하사받아 지금도 보관하고 있으며, 이방자여사도 참배를 했었다고 한다. 이 여사는 본문불립종의 사찰을 왕래하였었고, 서울의 신청사에 이방자여사의 그림과 사진이 보관되어 있다. 현재까지도 학송사에서는 고종의 기일에 제사를 지내고 있다.
이원범외 4인 『한일종교의 상호수용실태에 관한 조사 보고서(학술진흥재단기초학문연구:2003 – 072 – BS – 1017)』2004, p.125 참조.

64명, 조선인 0명)가 차례차례 조선에 사원을 설치하였다고 한다.

1938년 자료에 의하면 진언종 계열의 전체 사원수는 186개소(眞言宗聯合 49개소, 新義眞言宗智山派 38개소, 新義眞言宗豊山派 23개소, 古義眞言宗 14개소, 醍醐派 12개소, 醍醐派修驗道 32개소, 善通寺派 3개소, 東寺派 15개소), 승려 수는 155명(眞言宗聯合 자료부재, 新義眞言宗智山派 22명, 新義眞言宗豊山派 9명, 古義眞言宗 53명, 醍醐派 11명, 醍醐派修驗道 55명, 善通寺派 2명, 東寺派 3명), 신자 수는 일본인이 288,780명(眞言宗聯合 23,084명, 新義眞言宗智山派 133,794명, 新義眞言宗豊山派 43,970명, 古義眞言宗 1,092명, 醍醐派 41,535명, 醍醐派修驗道 40,604명, 善通寺派 1,397명, 東寺派 3,304명), 조선인이 20,179명(眞言宗聯合 403명, 新義眞言宗智山派 2,648명, 新義眞言宗豊山派 14,018명, 古義眞言宗 0명, 醍醐派 938명, 醍醐派修驗道 1,117명, 善通寺派 18명, 東寺派 1,037명)으로서 新義眞言宗豊山派에만 1만 명 이상의 조선인 신자가 있고, 나머지 교파의 조선인 신자 수는 미미하다.

이외 臨済宗, 黃檗宗, 天台宗, 華厳宗 등 다른 불교 종단과 교파가 조선에 들어와서 활동을 하였지만, 1938년 자료에 의하면 신자 수는 천 단위로 교세는 미약하였다.

이처럼 일본불교는 일제강점기에 조선에서 활동을 하였지만, 총독부의 종교정책이 조선불교를 직접 관리하는 것이었기 때문에, 조선에서의 활동을 위한 총독부의 지원이나 후원은 받지 못하였으며, 따라서 신자들은 조선인 보다는 대부분 在朝 일본인들이었다. 그 후 일본불교는 해방과 동시에 철수하였고, 남은 소수의 조선인 신자들도 흩어져서 조선 땅에서는 더 이상 그 명맥을 유지할 수는 없었다.

② 神道 각 敎派의 조선 진출

1882년 메이지 정부는 일본 고유의 민간신앙단체를 國家神道 체제에 종속시켜서 통제하기 위해 정부 포고령을 발표하고, 민간신앙단체를 13개 교파로 정리하게 된다. 이런 신앙단체를 국가신도와 구분하여 敎派神道라고 하는데, 이들을 종교적 신앙의 특성에 따라 분류하면 첫째, 復古神道로서 여기에는 神道大敎, 神理敎, 出雲親代敎, 大社敎가 해당되며, 둘째로 儒敎系로서 여기에는 神道修成派, 神道大成派가 있으며, 셋째로 山岳信仰系로서 実行敎, 扶桑敎, 御獄敎가 있고, 넷째로 純神道系로서 神修敎, 禊敎 그리고 마지막으로 理想 또는 信仰療法계로서 黒主敎, 金光敎, 天理敎가 있다.

교파신도 중에서 처음 조선에 진출한 교단은 天理敎와 金光敎이며, 그 외 기록에 남아있는 교단으로는 神理敎, 神習敎, 大社敎, 丸山敎, 宮地獄敎가 한말 일제강점기 초기에 국내에 들어왔으며, 뒤를 이어서 扶桑敎, 神社神道, 実行敎, 黒主敎, 御獄敎가 들어온 것으로 기록되어 있다.

남아있는 기록에 따르면 교파신도 중 천리교가 가장 먼저 조선에 진출한 것으로 보인다. 천리교의 한국 전래는 문서에 남아있는 기록에 의하면 1893년 10월 19일 코우치(高知)현 아라이(新居) 포교소의 신자인 사토미치타로우(里見治太郎)와 그의 양자(養子)인 한지로우(半次郎)가 부산으로 건너와서 포교활동을 한 것이 최초이며, 1894년에는 한국인 신자가 200여명이 넘었다고 한다.[12] 총독부 기록에 의하면 1910년에는

---

12) 金子圭助, 『天理敎伝導史槪說』, 天理大学出版部, 1992, p.160.

천리교 이외에도 金光教, 神理教, 神習教, 大社教, 丸山教, 宮地獄教가 조선에 포교소 내지 교회를 설치하였고, 神社神道는 1925년, 黒主教는 1926년, 扶桑教는 1929년, 実行教는 1930년, 御獄教는 1932년에 각각 조선으로 진출하였다고 한다.

1910년 자료에 의하면, 그해 조선에서 활동하고 있던 교파신도는 천리교, 신리교, 금광교, 신습교, 그리고 대사교이다. 1910년 天理教의 포교소 수는 13개소, 神職 또는 포교자 수는 14명, 신자 수는 일본인이 817명이고 조선인이 420명이다. 神理教 神社 수는 7개소, 神職 또는 포교자 수는 4명, 신자 수는 일본인이 5,300명이고 조선인이 666명이다. 金光教 포교소 수는 4개소, 포교자 수는 4명, 신자 수는 일본인이 1,176명이고 조선인은 없다. 神習教 신사 수는 1개소, 神職 또는 포교자 수는 1명, 신자 수는 일본인이 한 명도 없고, 조선인만 2,000명으로 되어있다. 大社教 교회 수는 1개소, 神職 또는 포교자 수는 1명, 신자 수는 일본인이 20명이고 조선인은 없다.

이 자료를 보면 일제강점기 초기에 국내에 진출한 교파신도 중에서 천리교와 신리교는 일본인과 조선인 모두를 대상으로 포교를 시작한 반면, 신습교는 조선인 포교에 중점을 둔 것으로 나타난다. 그러나 금광교와 대사교는 초기에 조선인 신자가 없는 것으로 보아 조선에 거주 중인 일본인을 대상으로 포교활동을 한 것으로 보인다.

한편 1920년대에 이르러 신사신도, 흑주교, 부상교, 실행교, 어옥교가 차례차례 조선에 진출하였다. 1925년에 神社神道 신사 수는 1개소, 神職 또는 포교자 수 2명, 신자 수는 일본인이 400명이고 조선인이 1명이다. 또 1926년 黒主教 신사 수는 1개소, 神職 또는 포교자 수

2명, 신자 수는 일본인이 30명이고 조선인은 없었다. 1929년의 扶桑敎 신사 수는 2개소, 神職 또는 포교자 수 3명, 신자 수는 일본인이 2명이고 조선인은 없었다. 1930년의 実行敎 신사 수는 3개, 神職 또는 포교자 수 3명, 신자 수는 일본인이 220명이고 조선인이 6명이다. 1932년 御嶽敎 신사 수는 2개, 神職 또는 포교자 수 2명, 신자 수는 일본인이 232명이고 조선인이 12명이다. 환산교와 궁지옥교는 1910년에 조선에 들어왔으나 1911년 이후에는 자취를 감춘 것으로 기록에 남아 있다. 1910년 丸山敎의 신사 수는 1개, 신직 수는 1명, 신자 수는 일본인 100명이며, 宮地獄敎의 신사 수는 1개, 신직 수는 1명, 그리고 신자 수는 일본인 410명이지만, 1911년 이후의 자료는 남아있지 않다.

1938년 자료에 의하면 天理敎의 포교소 수는 176개소, 포교자 수 398명, 신자 수는 일본인이 33,445명이고 조선인이 20,318명으로 교세가 크게 확장된 것으로 나타나 있다. 특히 천리교의 경우, 다른 어떤 일본종교 교단보다도 조선인 신자를 많이 확보한 것으로 나타났다. 이것은 당시 일본 천리교의 조선에 대한 지대한 관심을 보여주는 것으로서, 천리교는 1925년 天理大学 前身인 [天理外国語学校]를 인가받아 설립하고, 일본 최초로 조선어과를 설치한 것[13]만 보더라도 천리교가 조선포교에 힘을 기울이고 있었다는 것을 알 수 있다.

한편 神理敎는 1938년 神社 수 40개소, 神職 또는 포교자 수 56명, 신자 수는 일본인이 8,624명이고 조선인이 508명으로 28년간 그다지

---

13) 상게서, p.166.

교세는 확산되지 못하였고, 조선인 신자는 1910년보다 오히려 감소된 것으로 나타나 있다. 金光教는 포교소 수는 39개소, 포교자 수는 73명, 신자 수는 일본인이 17,114명이고 조선인은 107명이다. 당시 조선에서의 금광교의 교세는 일본에서의 교세확산과 관련이 있는 것으로 보인다. 1890년대 후반부터 금광교는 일본 山陽지방의 하층 농민과 상공인 중심으로 퍼졌지만, 1900년대에 들어서서는 오사카를 중심으로 전국적으로 교세를 확대시켜 나갔다. 이것이 조선에도 마찬가지로 영향을 미쳐, 1910년 이후 급속히 교세를 확산하였던 것이다. 그러나 조선에서 교세확산은 주로 일본인 신자를 중심으로 이루어졌으며, 조선인 신자 수는 미미하였다.

1938년 자료에 의하면 神習教의 신사 수는 1개소, 神職 또는 포교자 수는 1명, 신자 수는 일본인이 42명, 조선인은 한명도 없다. 신습교는 초기 1910년에는 조선인 신자만 2,000명으로 되어있지만, 1938년에는 한 명도 없다는 것은 일제강점기 말기에 조선에서 철수한 것으로 보인다. 大社教 신사 수는 11개소, 神職 또는 포교자 수는 27명, 신자 수는 일본인이 8,617명이고 조선인이 30명으로 일본인 신자 수는 증가하였으나 조선인 신자는 거의 없어서 조선에서 일본인을 중심으로 포교를 한 것으로 보인다.

1920년대 이후에 조선에 들어온 신사신도, 흑주교, 부상교, 실행교, 어옥교는 1938년에 이르러서도 그다지 교세의 변화는 나타나지 않는다. 1925년에 들어온 神社神道는 1938년에 신사 수 4개소, 神職 또는 포교자 수 5명, 신자 수는 일본인이 928명이고 조선인이 23명이다. 또 黑主教는 신사 수 6개소, 神職 또는 포교자 수 8명, 신자 수는

일본인이 1,544명이고 조선인은 없다. 1929년에 들어온 扶桑教는
1938년에 신사 수 12개소, 神職 또는 포교자 수 32명, 신자 수는
일본인이 1,197명이고 조선인 43명이다. 1930년에 들어온 實行教는
1938년에 신사 수 5개소, 神職 또는 포교자 수 5명, 신자 수는 일본인이
880명이고 조선인은 없다. 1932년에 들어온 御獄教는 1938년에 신사
수 7개, 神職 또는 포교자 수 8명, 신자 수는 일본인이 2,542명이고
조선인은 5명이다.

한편 工藤가 정리한 자료에는 나타나 있지 않지만, 일제강점기에
조선에 들어온 신도계 종교로서 善隣教를 들 수 있다. 善隣教는 공식적
으로는 1947년 5월 20일 리키히사닷사이(力久辰斎 : 1907~1977)에 의해
創教하고, 1948년 8월 5일에는 [天地公道 善隣会]를 설립하여 종교법
인으로 등록한 것으로 되어있지만, 교조 닷사이에 앞서 그의 부친인
리키히사타츠사부로(力久辰三朗 : 1859~1926)는 일제강점기에 조선에
서 활동하였다. 원래 타츠사부로는 교파신도 중 實行教의 교회장으로
활동을 하였지만, 영능력을 깨우쳐서 41세이던 1902년부터 스스로
종교 활동을 개척하게 되었다고 한다. 1926년에 사망하기 전까지 독자
적으로 조선에 건너와서 영능력을 발휘하면서 신자들을 모았다고 한다.
한편 아들인 닷사이 역시 영능력을 소유하고 있었고, 1929년 부친과
인연이 있던 조선총독부의 초청을 받아 조선에 건너와 서울 旭町에
교회를 세우고, 영능활동을 하여 많은 미궁사건을 해결했다고 한다.
총독부는 영능력을 이용하여 범인색출을 하기 위해 교주를 초빙하였으
며, 교주는 살인강도의 도주를 예언하기도 하여 상당한 대우를 받았다
고 한다. 교주는 서울에 있는 동안 북한산에서 4년간 수행을 한 뒤,

거기서 깨달음을 얻어, 그 장소와 바위(코끼리 바위, 용바위)는 현재까지도 선린교의 聖地로 남아있다.[14)

선린교가 조선총독부의 자료에는 없는 것은 타츠사부로나 닷사이가 조선에서 활동을 하였지만, 종교교단으로 체계적으로 발전시키지는 못하였고, 둘 다 종교 교주라기보다는 일종의 영능자로 간주되었기 때문으로 추론된다. 그러나 이후 닷사이가 선린교를 창교하고 종교법인으로 등록하고 난 후에 다시 한국에서 활동을 재개한다는 점은 주목할 필요가 있다.

이처럼 1920년 이후에 조선에 진출한 교파신도는 천리교를 제외한 대다수가 교세를 그다지 확대시키지 못하였고, 해방 이후에 조선에서 그 흔적은 사라지게 된다. 일제강점기에 조선에 진출한 이들 교파신도 중에 그 명맥을 이어 현재까지도 한국에서 활동하고 있는 교단은 천리교 이외에 금광교와 선린교가 있다. 천리교는 해방 이후에도 계속해서 한국인 신자들에 의해 명맥을 유지하여, 현재도 [천리교한국교단]과 [대한천리교]가 활동을 하고 있다. 금광교는 1910년 자료에는 조선인 신자가 한 명도 없으나, 그 다음해인 1911년 자료에는 조선인 신자가 586명으로 되어있지만, 1924년, 1925년에는 다시 한 명도 없는 것으로 되어있고, 1927년에 이르러 다시 조선인 신자가 75명이 등록되어있다. 현재 한국에서 활동하는 [한국금광교] 서울포교소는 한국인 이원규(李元圭 : 1900~1969)가 1931년부터 국내에서 활동한 것을 근거로 하여 2002년 4월에 일본 본부와 연결되어 다시 국내에서 활동을 재개하면서

---

14) 이 내용은 현 선린교 한국교구장인 전봉준씨의 증언과 http://www.shinshuren. or.jp에서 발췌한 것을 정리한 것이다.

설립되었다. 선린교는 해방 후 한국에서 그 명맥이 끊어졌으나, 한국과의 인연으로 1971년 5월 20일 교조 탓사이가 다시 한국의 修行場[15]을 방문한 것을 계기로, 이후 매년 방문이 정례화 되었으며, 현재도 국내에서 활동을 하고 있다.

③ 日本基督教의 조선 진출

갑오농민전쟁이 발생하고 갑오개혁이 진행되던 1894년경 조선에서는 이미 일본 기독교 세력이 포교를 시작하였다. 하지만 그들의 목적은 조선에 있는 일본인에 대한 포교였고, 한일합방 이후에는 메이지 정부의 종교정책에 적극 가담하면서 조선에 대한 포교도 조선인의 정신적 구제라는 슬로건 하에 전개되었다.

일본기독교의 3대 교파인 [일본조합교회], [일본메소시스트(감리)교회], [일본기독교교회]는 1894년, 1904년, 그리고 1907년에 각각 서울에 교회를 세워 조선 거주 일본인을 대상으로 선교활동을 시작하였다. 그러나 일제강점기 초기에 그들 활동의 주 목적은 조선거주 일본인들에 대한 선교활동이었으며, 조선인에 대한 직접적인 선교는 하지 않았다. 그러나 일제강점기 때의 대다수 일본기독교의 조선에서의 활동은 '조선인의 정신교화'를 대외적인 목표로 내세운 것으로서, 일본제국정부의 식민지 정책에 부합하는 것이었다.

일본의 기독교는 전국시대에 수용된 이후 도쿠가와 막부의 금지령

---

15) 교조가 수행하던 북한산의 바위를 코끼리 바위(象岩), 용바위(竜岩)라고 부르고 있으며, 현재도 선린교의 성지로서 매년 일본신자들이 성지 순례 형식으로 방문하고 있다.

(1612년)으로 인해 일본 국내에서 박해와 시련을 겪어야만 했다. 그후 메이지 정부에서도 기독교는 邪教 취급을 당하여 1868년 [基督教禁令]을 내렸으나, 서양 제국과의 외교 교섭에서 기독교 박해문제가 제기되자 1873년(明治6년)에 메이지정부는 기독교 금지령을 해제하게 된다.16) 그러나 기독교는 기존의 신도와 불교와는 달리 메이지 정부로부터 배타적인 취급을 받았으며, 이에 일본기독교는 스스로 국가에 예속되는 길을 택하지 않을 수 없게 된다. 즉 당시 일본기독교는 기독교의 보편적 사랑이란 이념과 일본 국가주의와의 기로에서 갈등을 겪게 되며, 결국 대다수 일본기독교는 생존을 위한 국가예속의 길을 선택하게 되는 것이다.

일본기독교의 조선 진출은 이런 배경 하에 이루어지게 된다. 당시 일본기독교의 조선에 대한 입장은 이런 일본기독교가 처한 갈등상황을 잘 나타내고 있다. 1882년 조선의 임오군란에 일본군이 개입한 것에 대하여 일본기독교는 征韓論의 입장에서 조선에 대한 일본군의 개입을 義戰으로 간주하고 우회적으로 당연시하게 된다.17) 즉 일본기독교는 일본정부의 조선침략과 청일, 러일전쟁을 긍정하는 논리를 제시하여

---

16) 메이지 정부의 기독교 금령 해제는 기독교 자체를 인정하는 것은 아니었다. 어디까지나 서양제국의 압력에 의해 기독교를 해금한 것이지 기독교를 공인한 것은 아니며, 기독교 공인은 1889년 헌법에 信教의 자유가 보장된 이후라고 할 수 있다.

17) 일본기독교 저널인 『七日雜報』는 1882년 8월25일과 9월1일 2회에 걸쳐 「七日論説 : 戰争を論ずる」에서 "義戰에 있어 古來로 神命의 禁戒가 있음을 알지 못한다...그리스도의 교리는 다만 불의의 살행을 금하는 것이어서 크게 불교와 그 뜻을 달리함을 알아야한다"고 전하면서 일본군의 조선 임오군란의 개입을 기독교의 교리에 대한 재해석을 통해 정당시하고 있다. 지명관 『한일관계사연구 – 강점에서 공존까지』, 小花, 2004, p.284, 재인용.

스스로 반국가적 반체제적이 아니라는 것을 보여줌으로써 자신들의 생존을 꾀한 것이다.[18]

조선에 제일 먼저 진출한 일본기독교는 [일본조합교회]이다. 1899년부터 1907년까지 조선총독부의 원조 아래 [대일본해외교육회 조선경성학당]을 세우고 교육활동을 하던 조합교회의 와타세쓰네요시(渡瀨常吉)는 스스로의 조선전도를 조선에서의 일본의 정치적 군사적 성공을 한층 효과적으로 달성하기 위한 "人心回遊의 길", "温柔慰撫"의 길로서 조선인들을 안도하게 하는 것이라고 표현하고, 조선전도에 종사하게 되지만 실패로 끝나게 된다.[19] 한일합방 이후에도 일본기독교의 조선에 대한 입장은 일본정부에 동조하는 것이었고, 스스로의 조선전도의 실패를 재조선 외국선교사의 탓으로 돌리고, 조선 기독교의 배일사상을 비판하는 것이었다. 당시 조선에는 외국선교사와 중국을 통해 들어온 기독교 세력이 자리를 잡고 있었는데 특히 외국 기독교파의 당시 조선에서의 활동은 두드러지며 수적으로도 압도적으로 많았다. 또 그런 조선기독교인들은 반일운동의 선두에서 활동하고 있었기 때문에, 어용적이고 체제순응적인 일본기독교는 조선인으로부터 배척당할 수밖에 없었다. 따라서 일제강점기 전반에 걸쳐 일본기독교 수용층은 주로 在朝일본인들이었고 조선인에 대한 전도는 실패로 돌아갔던 것이다.

工藤가 발췌한 자료에 의하면 1910년 당시 조선에 진출해있던 일본기독교 교파는 일본기독교회(교회 수 5개, 선교사 및 포교사 수 4명, 일본인신

---

18) 물론 이런 의전론이 아닌 반전론을 제시한 일본기독교인들도 소수 있었다. 무교회운동을 전개한 우치무라칸조(内村鑑三)나 가시와기기엔(柏木義円)은 러일전쟁에 대해 반전론적 입장을 취하였다.
19) 지명관, 전게서, pp.295 − 298.

자 수 164명, 조선인신자 수 0명), **일본메소시스트교회**(교회 수 7개, 선교사 및 포교사 수 6명, 일본인신자 수 491명, 조선인신자 수 19명), **일본조합기독교회** (교회 수 1개, 선교사 및 포교사 수 1명, 일본인신자 수 37명, 조선인신자 수 15명), **長老派**(교회 수 1개, 선교사 및 포교사 수 1명, 일본인신자 수 130명, 조선인신자 수 0명), **長老教会派**(Presbyterian)(교회 수 2개, 선교사 및 포교사 수 1명, 일본인 신자 수 40명, 조선인신자 수 20명), 기독청년회(교회 수 1개, 선교사 및 포교사 수 0명, 일본인신자 수 0명, 조선인신자 수 0명), **日本聖公会**(교회 수 1개, 선교사 및 포교사 수 1명, 일본인신자 수 54명, 조선인신자 수 0명), **聖書講読所**(교회 수 0개, 선교사 및 포교사 수 0명, 일본인신자 수 20명, 조선인신자 수 350명), 그리고 1911년에 **日本美以教会**(교회 수 1개, 선교사 및 포교사 수 0명, 일본인신자 수 8명, 조선인신자 수 0명), **京城基督教会**(교회 수 2개, 선교사 및 포교사 수 3명, 일본인신자 수 190명, 조선인신자 수 0명)가 있었고, 뒤를 이어 1920년 **東洋宣教会**holiness(교회 수 1개, 선교사 및 포교사 수 0명, 일본인신자 수 0명, 조선인신자 수 0명)와 1927년 기독동신회(교회 수 1개, 선교사 및 포교사 수 2명, 일본인신자 수 0명, 조선인신자 수 30명)가 활동하고 있었다.

이 자료에서 확인할 수 있는 것처럼, 일제강점기 초기 일본 기독교의 조선전도는 불교나 교파신도와 마찬가지로 조선에 거주하던 일본인이 주 대상이었다. 다만 이 자료에도 나타나 있듯이, 문헌상으로 확인할 수 있는 조선인에 대한 최초의 일본 기독교 교단의 선교는 영국 프리머 스(Plymoth Brethren)[20] 교단계열인 [日本基督教同信会][21]에 의해서이

---

20) 1830년경 영국에서 그로부스(A. N. Groves), 죠지 뮬러(George Muller), 다비 (J. N. Darby) 등을 중심으로 일어난 플리머스 형제운동(Plymouth Brethren

다. 즉 순수하게 조선인만을 대상으로 한 일본기독교의 전도활동은 1896년 기독동신회의 노리마쯔(乘松雅休 : 1863－1911)에 의해 처음 이루어졌다.[22] 그는 서울 중구 서소문에 주거를 정하고 한국 전도를 시작하다가 1900년 8월 9일 복음의 불모지인 경기도 수원으로 옮겨갔다. 당시 사람들은 노리마쯔가 한국에 전도하러 온 것이 아니라 한국인을 사랑하러 왔다는 말들을 많이 했다고 한다. 그는 한국에 있는 동안

Movement)에 기원을 둔다. 이 교회는 영국 국교가 형식적이고 제도적인데 반하여 초대교회로 돌아가자고 하는 환원운동으로부터 시작되었다. 영국에서 이 운동의 중심지가 플리머스(Plymoth)였기 때문에 플리머스 형제단(Plymoth Brethren) 이라고 했으나, 이들은 항상 특정적인 호칭을 피했다고 한다. 이들은 간소한 성찬식을 통해 교회 안에서 차별 없이 성도들이 서로 교제하고 그로 인한 만인사제의 입장을 주장하였다. 또 제도적인 교회의 교직제도는 불필요하며 그리스도의 재림이 임박했다는 기대와 성경말씀에 신앙의 근거를 두었다.
한국기독동신회100년사편집위원회, 『한국기독동신회 100년사』, 기독동신회, 수원, 2003. pp.8－9.

21) [基督教同信会]라는 명칭은 1919년 노리마쯔가 일본에 돌아갔을 때 카나가와(神奈川)현 오다와라(小田原)에 거처를 정하고, 그때 그 모임을 基督同信会라는 이름으로 관청에 등록하였다고 한다. 오늘날 한국의 기독동신회 명칭은 여기서 유래하였다.

22) 노리마쯔는 1863년 7월 12일 일본 에히메(愛媛)県 마쯔야마(松山)市 무사(武士) 집안에서 출생하였다. 1887년에 기독교에 입교하면서 관직을 버리고 메이지(明治) 학원 신학부에 입학하여 재학 중이던 1889년에 동경 니혼바시 교회에 전도인(설교담당)으로 파견되었다. 그 때 영국 프리머스 교단 목사인 브랜드가 전도하는 모임에 나가 감동을 받고, 그의 생애에 있어서 결정적인 전환기를 맞게 되는데, 이후 5년간 일본 곳곳으로 전도여행을 하다가 1896년 한국 전도를 시작하였다. 노리마쯔는 1897년 1월 조덕성(曹德成)에게 한글을 배우며 노방전도를 시작하고, 매주일 성서 강해를 하면서 전도하였다. 11월 진고개(충무로)에서 윤태훈(尹泰勳)과 신성구(申成九) 등이 세례와 함께 첫 만찬집회를 가짐으로써 오늘의 기독동신회(基督同信会) 최초의 모임이 시작되었다.
상게서, pp.19－20.

한국가옥에서 한복을 입고 한국 그릇을 쓰며, 심지어 태어난 아들에게도 일본말보다 한국말을 가르쳤다고 한다. 그 후 수원은 그의 복음전도의 근거지가 되었다. 그는 1899년에 결혼하여 한국에서 2남 2녀를 낳았으며, 1908년 아내가 죽자 홀몸으로 아이들을 기르다가 이듬해에 재혼하였다. 그는 이러한 가정의 불행 속에서도 계속 전도에 힘을 썼지만, 건강은 날로 쇠약해졌고, 결핵병에 걸려서 더 이상 전도생활을 할 수 없게 되자 일본으로 귀환했지만, 죽기 전 6년 동안 쉬지 않고 전도활동을 계속하였으며, 귀국 후에도 한국에도 세 차례나 방문하였다[23]고 한다.

한편 1913년 영국의 플리머스 형제단으로부터 일본의 동경모임으로 연락이 왔는데, 그것은 노리마쯔에 이어 2년 후에 조선에 전도하러 온 영국인 브랜드(H G. Brand)가 성경무오설을 부정하기 때문에 제명되었으니 일본과 한국 모임도 브랜드와 관계를 갖지 말라는 내용이었다. 그러자 일본과 한국에서 각각 신자들이 모여 의논한 결과, 브랜드를 지지하면서 오히려 영국 본부와 관계를 단절하기로 결정하였다. 이로 인해 일본과 한국의 기독동신회는 영국 플리머스 형제교단으로 부터 독립하여 독자적인 노선을 걷게 된다.

1919년까지 노리마쯔가 개척한 집회는 수원, 경주, 음성 등 38개에 달하였는데, 38개의 집회 가운데 11개는 집회소에서, 나머지는 가정에서 4명 내지 많게는 차병순의 집(수원군 삼미면 우정면 호곡리)에서처럼 42명 정도가 모임을 가졌기도 하였다고 한다.[24] 김태희라는 인물은

---

23) 상게서, p.20.
24) 이 숫자는 조선총독부의 자료에는 기록되어 있지 않고, 『한국기독동신회 100

1916년 5월 노리마쯔를 만나 입신하게 되는데, 그 당시 이미 안성 삼죽면 동월리 자신의 집에서 가정집회를 가지고 있었다. 그는 1917년 『복음신보』를 발간하였으며, 노리마쯔가 사망한 다음해인 1922년에는 서울로 거처를 옮겨 복음신보를 재간하며 활동을 하였다. 또 1922년 이주익은 김태희와 교류하면서 음성모임을 시작하였고, 1925년부터 기독동신회의 사카이(酒井宇三郎)가 주도하여 三郷집회를 개최하였다 (전라도 무안군 일로면 용산리 17번지 소재). 이어 1926년 무안에 교회당(128 평)을 건립하고 부속 同信学園을 건립하는 등 전남지역에서 선교를 활발히 전개하였다. 한편, 김태희는 1927년 전도 소책자『만인의 활로』를 저술 출판하고, 1930년 수원 성서강당에서 강연회를 개최하는 등 복음전파에 열을 올렸다. 1933년에는 진남포에서 처음으로 선교를 실시하고, 김태희는 아사다(浅田洋三郎)와 동행하여 渡日 설교도 단행하고 돌아와, 1934년 무렵 평북 구성 청주, 황해도 황주, 강원도 통천에서 선교를 전개하고 집회소를 건립하였다. 한편 서울에서도 1932년 5월 돈의동에서 선교를 전개하고 복음이 시작되어 집회소가 건립되었다. 여기에는 이원순, 강순희, 최인식, 지상태, 김태희 등이 참여하고 1935년 원경선이 참여하여 서울모임을 주도하였다.[25]

工藤가 정리한 자료에 의하면 조선에서 기독동신회가 가장 활발하게 활동한 시기는 1932년부터이다. 그전까지 100명 미만이던 조선인 신자수가 1932년에는 151명, 1933년 365명, 그리고 1934년에는 415명으

년사』에 게제된 수치이다. 工藤이 정리한 총독부 자료에는 1919년 조선의 기독교동신회에 관한 자료는 없으며, 1927년에 이르러 처음으로 교회 1개소, 전도사 2명, 조선인 신자 30명으로 되어있다.

25) 상게서, pp.21－24.

로 증가하였는데, 이 자료와 기독동신회 자료를 비교해볼 때, 이것은 당시 김태희의 활발한 전도활동과 관련이 있다고 추정할 수 있다. 그러나 불행하게도 김태희가 사망하고, 그 뒤를 계승할 만한 지도자가 나타나지 않자 교세는 악화일로에 접어들었으며, 해방이 되면서 더욱 교세는 쇠퇴해 갔다.

이처럼 조선인을 주 대상으로 조선에서 전도활동을 한 일본기독교 교단은 비주류 교단이던 기독교동신회가 유일하다고 할 수 있다. 다른 주류교단들도 조선에서의 활동을 시도하였으나, 조선 기독교의 세력, 그리고 그들의 국가주의적 변질로 인해 일제강점기 전반에 걸쳐 조선에서 뚜렷한 세력을 확보하지는 못하였다. 1910년에 일본인과 조선인 전체신자 수가 1,538명인데, 1938년에 이르러서도 전체 신자 수는 4,589명으로 그다지 증가하지 못하였다.

이에 비해 1910년에 이미 외국 기독교는 조선에서 상당한 세력을 확보하고, 교육활동과 사회활동에 많은 힘을 기울이고 있었다. 1910년 이후 조선에 들어와서 활동하던 외국 기독교 교파와 조선기독교파의 세력을 보면 다음과 같다.

1910년에 天主公教(교회 수 149개, 선교사 및 포교사 수 243명, 일본인신자 수 154명, 조선인신자 수 38,005명), 러시아正教会(교회 수 4개, 선교사 및 포교사 수 9명, 일본인신자 수 0명, 조선인신자 수 118명), 朝鮮耶蘇教長老会 (교회 수 1.211개, 선교사 및 포교사 수 1,442명, 일본인신자 수 10명, 조선인신자 수 115,033명), 基督教朝鮮監理会(교회 수 402개, 선교사 및 포교사 수 694명, 일본인신자 수 0명, 조선인신자 수 37,620명), 英国聖公会(교회 수 111개, 선교사 및 포교사 수 111명, 일본인신자 수 73명, 조선인신자 수 3,974명), 第七日安息

日耶蘇再臨教(교회 수 5개, 선교사 및 포교사 수 14명, 일본인신자 수 0명, 조선인신자 수 153명), 救世軍(교회 수 37개, 선교사 및 포교사 수 61명, 일본인신자 수 0명, 조선인신자 수 2,963명), 英国福音教会(교회 수 2개, 선교사 및 포교사 수 5명, 일본인신자 수 0명, 조선인신자 수 253명), 美国浸礼教会(교회 수 12개, 선교사 및 포교사 수 13명, 일본인신자 수 0명, 조선인신자 수 373명)가 이미 들어와서 선교활동을 하고 있었다.

그 다음해인 1911년에는 美国耶蘇降臨布教会(교회 수 8개, 선교사 및 포교사 수 26명, 일본인신자 수 1명, 조선인신자 수 594명), 元山新派耶蘇教(교회 수 3개, 선교사 및 포교사 수 3명, 일본인신자 수 0명, 조선인신자 수 63명)가 들어왔고, 1913년에는 독일聖芬道会(교회 수 1개, 선교사 및 포교사 수 10명, 일본인신자 수 0명, 조선인신자 수 19명), 中央福音伝道教会(교회 수 1개, 선교사 및 포교사 수 2명, 일본인신자 수 0명, 조선인신자 수 35명), 그리고 東洋宣教会(교회 수 14개, 선교사 및 포교사 수 22명, 일본인신자 수 0명, 조선인신자 수 1,180명)가 선교활동을 하였다. 1932년에는 基督教会朝鮮宣教会(교회 수 2개, 선교사 및 포교사 수 2명, 일본인신자 수 0명, 조선인신자 수 47명)가, 그리고 1934년에는 基督教五旬節教会(교회 수 2개, 선교사 및 포교사 수 7명, 일본인신자 수 0명, 조선인신자 수 99명), 이어 1937년에는 基督教会(교회 수 2개, 선교사 및 포교사 수 3명, 일본인신자 수 0명, 조선인신자 수 46명)가 차례로 조선에서 선교활동을 개시하였다.

이처럼 1910년에 이미 조선에서 활동하고 있던 서양의 기독교(천주교 포함)의 조선인 신자는 모두 합하여 이미 20만 명에 이르렀고, 조선인에 의한 [조선기독교회]도 결성되어 1개의 교회와 73명의 신자들이 있었던 것으로 기록되어 있다. 즉 당시에 이미 조선에는 일본을 훨씬 능가하는 기독교 신자들이 확산되어 있었다. 또 외국 선교사들에 의해 수용된 조선의 기독교 각 교파는 교리에 충실한 근본주의적 입장을 지향하고 있었기 때문에, 변질된 국가주의적 일본기독교가 더 이상 조선인에게 수용될 여지는 거의 없었던 것이다.

1938년에 이르러 외국 기독교의 조선에서의 교세는 전체 신자 수가 492,198명(조선인, 일본인 및 외국인 신자 포함)으로 2배 이상 증가하였고, 그 중 조선인 신자는 489,543명(천주공회 121,039명, 러시아정교회 71명, 朝鮮耶蘇教長老会279,699명, 基督教朝鮮監理会54,253명, 英国聖公会7,340명, 第七日安息日耶蘇再臨教 8,400명, 救世軍 5,942명, 東洋宣教会11,876명, 基督教会朝鮮宣教会 445명, 基督教五旬節教会 192명, 기독교회 286명)으로 99% 이상이 조선인들이었다.

이처럼 자료에 의거하여 살펴본 바와 같이 일제강점기의 일본기독교는 조선에서 세력을 펴지 못하였고, 조선 기독교인의 대다수는 외국 기독교 교단에 속해 있었다. 따라서 일제강점기에 들어온 일본기독교는 조선인 신자는 증가하지 않았고, 처음부터 조선인 전도를 목적으로 들어온 기독동신회만 유일하게 지금까지 그 명맥을 유지하고 있다.

이상에서 살펴본 것처럼, 일제강점기 국내의 일본종교는 초기에는 일본제국정부의 조선인 교화 정책의 일환으로 정부의 지원 하에 포교와 전도활동을 시작하였으며, 이후에도 천리교나 기독교 동신회를 제외하고는 모두 在朝鮮 일본인을 위한 포교활동을 하였던 것이다.

2. 해방 후 제5공화국 성립에 이르기까지
─ 반일정서와 고난 속에서 ─

해방과 함께 국내에 있던 일본종교는 일본인들의 귀국과 함께 대다수 철수하게 된다. 1945년 9월 11일 미군정청이 발족되어 국내의 모든 일본종교에 대해 해산 통고를 하게 되자, 국내의 모든 일본인 종교인들은 일본으로 돌아가고, 그리고 그들의 재산은 [미군정청 포고 33호; 1945년 12월 6일]에 의해 군정청으로 귀속된다. 이후 군정청은 모든 일본종교 교단의 재산을 기독교 교회로 넘겨버린다.

그 때까지 조선에서 활동하던 대부분의 일본종교들은 철수하게 되고, 원래 일본인들이 주 신자를 구성하고 있던 일본종교 교단들도 포교사나 승려, 그리고 신자인 일본인들이 귀국해버리자, 그 소유 재산은 군정청에 의해 처리됨으로써 국내에서 완전히 자취를 감추게 된다. 일본불교의 경우 真宗계열과 曹洞宗을 비롯한 거의 모든 교단이 철수하였고, 일련종도 철수하였지만, 일련법화종계열 중 本門仏立講만이 한국인(姜逸性)에 의해 주지가 승계되어 해방 후에도 명맥을 유지하게 된다.[26] 본문불립종의 해방 후의 국내에서의 활동을 보면 다음과 같다.

해방 직후 당시 학송사의 주지인 오카노닛싱(岡野日真)은 1945년에 일본이 패망하자 일본으로 건너가면서 姜逸性에게 주지 자리를 인계하게 된다.[27] 즉 해방을 맞이하자 강일성이 오카노로부터 학송사를 인수

---

26) 당시 주지였던 일본인 오카노닛싱(岡野日真)은 해방이 되자 학송사를 강일성(2003년 사망)에게 인수하였고, 강일성은 후에 観世音菩薩会에 가입하였다고 한다.
　　이원범외 4인, 전게서, p.126.

받아 観世音菩薩会에 가입하여 국내에서 명맥을 유지하고 있었다. 그 후 한국전쟁 때 학송사가 폭격으로 소실되자 청량리 고아원에 학송사의 간판을 걸고 조계종의 여성불교단체로 귀속하게 된다. 강일성은 1955년에 언니 姜芝秀가 서울 청량리에서 운영하던 天真고아원의 강당을 절집으로 수리하여 학송사라는 간판을 걸면서 활동을 재개하였다. 이 때 강일성은 법단의 만다라에 새겨져 있는 일본인 국조 천조대신을 우리민족의 국조 단군으로 고쳐 한국 법화신앙의 뜻을 부여하고 法華経本文八品을 염송하는 신행을 하였다[28]고 한다. 그 후 1962년 청량리에 가건물을 지어 포교활동을 전개하였고, 학송사는 1970년 청량리로 이전하였다가 그 해 다시 의정부 호원동으로 옮겨와 현재에 이르고 있다.

해방 후 가장 많은 혼란을 겪은 국내의 일본종교는 교파신도이다. 교파신도는 일제강점기에도 국내 신자 수는 미미한 수준이었다. 12개 교파의 전체 조선인 신자 수는 21,034명으로 그 중 천리교 신자가 대부분이었고 나머지 교파에 조선인 신자는 거의 없었다. 따라서 해방 직전까지 2만 여명의 조선인 신자들을 확보한 천리교만 유일하게 해방 이후에도 조선인 신자들에 의해 그 명맥을 유지하게 된다. 해방 후 천리교의 국내에서의 활동을 좀 더 자세히 살펴보면 다음과 같다.

천리교는 해방이 되고 반공을 国是로 하고 反日 자세를 취하던 이승만 정부가 들어서자, 남은 국내 신자들은 스스로의 생존을 위한 길을 모색하게 된다. 교파신도 중 유일하게 많은 조선인 신자들을 확보

---

27) 이경우, 「법화계열 종단들」, 『한국불교의 현상』, 불교사상, 1986, pp.134~135.
28) 이원범외 4인, 전게서, p.127.

하고 있던 천리교(1938년 당시 포교소 176개소, 포교자 수 398명, 조선인 신자 수 20,318명, 1945년 해방당시 포교소 215개소)는 해방 이후 1948년에 천리교의 재건을 위해 주요 핵심 신자들이 모여서 [천경수양원]이라는 사회단체 이름으로 공보처에 등록하게 된다. 당시 천리교는 이승만 정부의 철저한 반일정책으로 인해 천리교라는 이름으로 활동을 할 수도 없었고, 그 이름으로는 사회단체로 등록할 수도 없었다. 따라서 표면상 설립 목적은 빈민이나 고아들을 돌보는 복지활동을 하기 위한 것이었지만, 사실상 천리교인들과의 연락, 친목을 도모하는 천리교의 재건을 위한 것이었다.

한국전쟁이 일어나자 1952년 12월 14일 피난지 대구에서 천경수양원을 해체하고 [大韓天理教聯合会]를 결성하였다. 해방 후 천리교라는 명칭을 다시 사용하면서 초대회장으로 김진조씨가 취임하고, 교세를 서서히 확장하게 된다. 이에 휴전 후 1954년 8월 30일 서울 종로 6가 20-1번지에 대한천리교사무소를 만들고 서울로 이전하였다. 1954년 10월 14일 대한천리교연합회를 다시 [대한천리교 本院]으로 개칭하고, 교직자 양성을 위한 순회 강습을 실시하여 1955년 6월 8일 [제1회 교의강습 수양과]를 설치하여 졸업생을 배출하게 된다.

그러나 1955년에 들어서면서 한국에서 처음으로 천리교의 분열이 일어나게 된다. 海雲교회 김기수가 주동이 되어 美鮮교회 김선장, 부산교회 김점이 등이 함께 이탈하여 [대한천리교연합회]를 결성한다. 한편 진해를 중심으로 [대한천리교교리실천회]가 결성되어 김태봉씨가 회장으로 취임하여 독자적인 활동을 하게 된다. 이렇게 교단 형태를 두고 최초의 분열이 일어나게 되는데, 독자적 자주교단을 지향하는

[大韓天理教本院]과, 일본과의 연계를 지향하는 [大韓天理教教理実践会], 그리고 각 계열별로 理를 연결하고 교회간의 연합회 형식을 취하는 [大韓天理教聯合会]라는 3부류로 갈라지게 된다.[29]

이후 천리교 본원(후에 대한천리교총본부로 개칭)은 당시 한국의 반일정서에 부합하여 한국사회에 정착하기 위한 시도를 하게 되는데, 대표적인 것으로 1956년 1월 26일 춘계대제에서의 탈-일본화 의식을 들 수 있다. 이것은 당시 천리교가 일본적 색채를 벗어나려고 행한 노력이지만, 그러한 의식 진행에 대해 불만을 가진 사람들이 많았으며, 결국 이후에는 원래의 의식 방식으로 되돌아갔다.

그 후 60년대까지 천리교는 다시 교세를 확장하게 되는데, 1960년 12월말의 교세를 보면 총 교회 수 158개소(교회 66개소, 포교소 92개소), 지구별로는 서울 23개소, 경기 6개소, 충남 2개소, 전남 1개소, 경북 15개소, 경남 111개소이며, 총 신도수는 36,616명(남자 15,542명, 여자 21,074명)이었다[30]고 한다. 이것은 해방직전의 국내 천리교 교회와 포교소 수, 그리고 국내 신자 수를 능가하는 것으로서, 천리교는 해방 후 15년이 경과하여 다시금 재활성화 되었음을 보여주는 것이다.

1963년 10월 14일 천리교총본부는 재단법인으로 등록하게 되지만, 김진조 이사장과 김기수, 최재한 이사 측과의 대립이 본격화 되면서 재단 운영과 재산 문제로 서로 간에 비방과 고소, 고발하는 사태로 이어지게 되고, 결국 한국에서 천리교가 완전히 분열되는 계기가 된다.

이처럼 해방 후 천리교는 이승만 정권의 반일정책과 이어지는 제5공

---

29) 정명수, 『대한천리교사2』, 미래문화사, 2002, pp.67-68.
30) 상게서, pp.137-143.

화국의 반일적 정서 속에서 생존을 위한 노력을 계속하여 해방 이전 이상의 교세를 확보하게 되지만, 교단 내의 운영과 재산문제, 그리고 일본 본부와의 관계로 인해 혼란을 맞이하게 된다.

한편, 일본기독교로서 해방 후 국내에 남아 지금까지 명맥을 유지하고 있는 유일한 교단은 기독동신회이다. 기독동신회는 전술한 것처럼, 일본인 전도자인 노리마쯔가 1986년 조선인을 대상으로 전도를 한 일본기독교 교단이다. 앞서 살펴본 것처럼 기독동신회는 1932년부터 김태희를 중심으로 한 열성적 신자들의 활동으로 신자 수가 증가하여 1934년에 415명에 이르게 된다. 그러다가 김태희의 사망 후 교세는 확장되지 못하고 주춤하다가 해방을 맞이하게 되었다.

해방 직후 교세는 미약했으나, 각지에서 서서히 교회가 복구되기 시작하였다. 1949년 원경선이 부천 모임을 시작한 다음, 1953년부터 전국모임과 서울모임 대표활동을 시작하였다. 지방의 경우는 1953년 직후 월운 모임, 양수리 모임, 내천 머드내모임이 시작되었으며, 1959년 양평모임이 시작되었고 수원모임은 1950년대 최병록과 이기반이 주도하였다. 서울모임은 1960년에 돈의동 성서강당을 신축하면서 교세가 확장되었지만, 교리 대립으로 갈등이 생겼다. 결국 반기를 든 강태훈, 박준형, 서창식, 이종경과 동조자 최병록, 김창열이 돈의동 모임에서 물러나면서 첫 번째 기독동신회가 분파되기 시작하였다. 이후 원경선이 서울과 전국모임을 주도하게 된다. 1965년 여름부터 수양회를 주최하였는데, 전국에서 100명 미만의 신자들이 참석하였다고 한다. 1972년의 전국청소년 동계 대집회를 개회하였는데 80여명이 참여하였고 한다.

한편 국내 기독동신회의 활동 중 눈에 띄는 것은 원경선이 세운

[풀무원]농장의 활동이다. 1930년대부터 입교하여 활발하게 활동해 온 원로 신자 원경선의 주도로 1976년에 발족한 정농회(正農會)이다. 원경선은 1955년 경기도 부천 소사에 위치한 1만여 평의 땅에 [풀무원]이라는 이름의 농장을 만들고, 사람들을 모아 농사를 지으며 공동생활을 시작하였다. 농장에서 생활하던 많은 사람들이 자연스럽게 신자가 되었다. 풀무원 농장에서의 초창기 공동체 삶은 개개인의 노력에 따라 먹거리를 해결하고 각 개인의 바른 생활을 정립하자는데 목적을 두고 있었다.[31] 그는 1976년 경기도 양주군 회천읍 옥정리로 농장을 옮기면서, 무공해 농법으로 농사를 시작하여, 뜻을 같이하는 이들과 함께 정농회를 시작하였다. 그는 먼저 자신의 재산을 공동체의 공식 명칭인 [한삶회 재단]의 기금으로 헌납하는 한편, 본격적으로 농약은 물론 화학 비료, 제초제 등을 전혀 사용하지 않는 자연 농법으로 농사를 짓게 되었다. 그 뒤 오늘에 이르기까지 많은 시행착오를 거치면서 무공해 농사를 지어 생산한 농산물은 뒤에 그의 아들인 원혜영이 중심이 되어 풀무원 식품 주식회사를 세워 판매하였는데, 이 회사는 현재 유기 농산물 판매회사로 유명하다.[32] 원경선의 무공해 농사를 짓는 풀무원과 정농회 활동은 여러 가지로 기독동신회 신자들에게 영향을 미쳤고, 정농회 회원 가운데 상당수가 기독동신회 신자이다.[33]

  기독동신회는 원래 근본주의적인 입장[34]을 취하고 있었기 때문에

---

31) 유재현,『생명을 풀무질하는 농부:원경선의 나누는 삶 이야기』, 한길사, 1998, p.57, p.86.
32) 상게서, pp.33－34.
33) 예를 들면 양수리 모임의 정중환과 아산 모임의 이시우가 그런 경우이다. 한국기독동신회100년사편집위원회, 전게서, p.243, p.249.

일본종교들과는 달리 해방 이후에도 미군정청이나 이승만 정부로부터의 왜색종교라는 낙인을 받지 않았다. 전술한 바와 같이 원래 기독동신회는 영국에서 초대교회로 돌아가자는 환원운동에 공감하는 개신교 신앙운동으로 시작되어, 영국인 선교사 브랜드가 일본에 선교를 시작하였고, 이어 일본인 노리마쯔가 한국에 선교하면서 전파된 것이다. 기독동신회는 이후에 영국플리머스 형제 교단과는 단절하고, 독자적인 노선을 취함으로써 일본에서 파생된 일본계 기독교단 속에 포함될 수도 있지만, 근본주의적이며 또 일제시대에 있어 제국정부에 예속되지 않고 활동을 하였다는 점을 볼 때, 일본계 종교 범주에 포함시킬 수 없을 것이다. 즉 기독동신회는 일본인 노리마쯔의 열성적인 선교로 조선인만을 대상으로 전도하였다는 점에서 다른 당시 일본종교와는 달리 국가에 예속되지 않고 기독교 근본주의를 포기하지 않았으며, 또 일본문화적인 특성도 거의 없으므로, 해방 후에도 당연히 정부로부터 제재 받는 일도 없었고, 또 왜색종교라고 사회적으로 배척당하지도 않았다.

이처럼 해방 이후 국내에 있던 일본종교는 거의 대다수가 일본인들의 철수와 함께 사라지게 되었고, 해방 후의 반일 정서로 인해 사회적으로 눈에 띄는 활동을 할 형편도 아니었다. 반면 잔존 국내 신자 수가

---

34) 현재 한국 서울 중앙교회의 입구에는 기독동신회의 역사와 기본교리를 소개하는 내용을 담은 동판이 설치되어있다. 그 내용을 보면, "성서적인 사실 그대로 믿고… 교회제도에 있어서는 필요 이상의 조직을 하지 않으며, 직책과 직명이 있어도 인칭대명사로 호칭하지 않고, 만인사제로 계급의식 없이 형제와 자매의 평등한 신앙 신분으로 사람의 명예욕과 허영을 이용하지 않습니다. 오직 교회가 인류 공동체 의식을 가지고 진리와 사랑으로 교제하며 하나님이 인류의 생명을 구원하시는 일에 동참하여 그리스도를 따르는 모임 입니다"라고 되어있다.

많고, 국내 정세의 변화와 함께 국내 신자들의 자주적인 노력으로 재건하게 되는 교단은 천리교였으며 그 외에 본문불립종과 기독동신회도 조선인에 의해 명맥을 유지하게 된다. 한편 기독동신회는 원래 일본과 관계를 갖고 있었지만 일본 고유의 종교가 아니라는 점으로 인해 해방 후에도 국가나 사회적으로 제재나 탄압을 받지 않았기 때문에 천리교와는 달리 별 수난 없이 계속 존속할 수 있었던 것이다.

3. 한일국교 정상화 이후
－일본과의 연결 속에 日本神들의 復活과 生成－

패전 후 일본 점령군사령부(GHQ)는 政教分離를 표방하면서, 일본정부를 주도하여 1951년에 [종교법인법]을 공포한다. 종교법인법은 정교분리와, 일본종교의 현실 반영, 그리고 일본종교 지도자들의 의견을 반영하여 일본적인 신앙 자유의 원칙으로서 확립된 것이었다. 이 종교법인법이 발효되면서 일본의 각 종교교단과 교파들은 보다 자유롭게 그리고 적극적인 활동을 전개하게 되며, 그리고 한국전쟁을 계기로 경제성장이 급속하게 이루어짐에 따라 새로운 종교 붐이 일어나게 된다. 특히 이 시기에는 기존 신종교의 성장과 새로운 신종교의 탄생이 이어지고, 그 교세가 전국적으로 확산되고 있었다. 이제 더 이상 일본에서의 종교단체들은 국가에 종속되지 않고, 법적으로 보장된 지위와 자격을 갖추고, 神의 나라인 일본 전역에서 생성, 성장을 거듭하게 된 것이다.[35]

한편 한국은 정부수립 이후 이승만 정권의 반일정책과 국민들의 반일정서로 인해 일본종교는 철저하게 배척당하게 되는데 천리교와 같은 일본종교 신자들은 스스로의 생존을 위한 탈일본화의 노력을 지속해갔다. 그러다가 제5공화국이 수립되고 경제성장을 통하여 정권의 정당성을 확보하려고 한 박정희 정권은 정책의 일환으로서 일본과의 국교정상화를 꾀하게 된다. 1965년 12월18일 [한일협정비준서]를 교환함으로써 한일 양국의 국교 정상화가 이루어지게 되고, 거기에 따라 박정희 정권은 일본으로부터 "청구권, 경제협력에 관한 협정"으로 무상공여 3억 달러, 장기저리대부 2억 달러와 상업차관 1억 달러를 받게 된다. 물론 이 협정에 대한 국민들의 감정은 부정적이었고, 반일·배일적 감정은 오히려 더 높아지게 된다.[36] 그러나 양국 간에 경제협력이 이루어지면서 이전보다 인적 교류도 빈번하게 이루어지게 되자[37], 국내

---

35) 물론 일본신종교는 메이지 초기의 일본 근대화 시기에 눈에 띄게 생겨났고 그 후 일제시대를 거치면서 성장해 왔다. 대체로 일본신종교는 법화경계와 신도계로 나누어지는데, 법화경계로서는 일련정종, 영우회, 입정교성회, 본문불립강이 해당되며, 신도계로는 천리교, 금광교, 흑주(黑住)교가 있다. 그 후 전후 고도 성장기를 거치면서 소위 [신들의 러쉬아워(神々のラッシュアワー)]가 일어나고, 우후죽순처럼 새로운 신종교가 탄생하고, 또 기존 신종교들도 여러 교파로 분열되어 성장해왔다.

36) 한일협정 예비회담이 한참 진행되던 중에 당시 동아일보는 "국민생활 주변에 왜색무드가 번지고 일본의 저속한 유행가, 소설이 퍼지고 있다"는 기사를 게재하여 일본에 대한 경계를 강조하고 있다.(동아일보, 1964.2.6자판)

37) 물론 해방 이후부터 지속적으로 제기된 평화선 문제, 어업권역 문제, 그리고 재일교포 처우문제와 북일 외교문제 등으로 인해 한일간의 갈등은 반복되었고, 특히 한일협정을 위한 회담 과정 중에 일어난 쿠보다(久保田) 망언(일본의 조선지배는 조선인들에게 유익한 것)으로 인해 한때는 대일교역 단절(1955년 8월18일), 당분간 재일교포의 한국방문 금지 및 한국인의 일본여행 금지(1955년 8월19일부터 1956년 1월18일까지) 등의 조치가 취해진 일도 있다.

의 일본종교는 새로운 전기를 맞이하게 된다.

즉 재일교포들의 모국방문이 빈번하게 이루어짐으로써 일본계 종교가 다시 국내에 전파되기 시작한 것이다. 이런 재일교포의 방문은 국내 일본계 종교의 재생에 중요한 의미를 가지게 된다. 첫째로는, 경제적 성장을 한 일본에서부터의 재일교포들의 모국방문은 빈곤한 생활을 영위하던 국내 가족 친지들에게는 경제적 풍요로움에 대한 羨望과 憧憬의 대상이 될 수밖에 없었고, 그들의 삶의 방식이나 향유하는 문화나 신앙까지도 모방하고 수용해야할 선진적인 것으로 받아들여진 것이다. 따라서 방문 재일교포로부터의 경제적인 도움과 함께 그들의 친척과 친지들에게 일본문화와 종교까지도 전달되는 계기가 되고, 다시금 일본종교가 국내에서 전파되는 전환점이 된 것이다. 둘째로, 일본종교가 재일교포들에 의해 전파되기 시작하면서 다시 국내에 알려지게 되자, 해방 후 국내의 반일정서와 왜색 배척의 제재로 인해 수면 아래에 잠재해 있던 잔존 일본종교 신자들이 일본종교 교단 본부와의 연계를 취하면서 다시 신앙의 길을 모색하게 된다는 점이다.

따라서 60년대부터 국내에서는 해방 이후 활동이 끊어진 일제강점기의 일본종교 잠재적 신자들의 활동이 재개되고, 해방 후에도 겨우 명맥을 유지해오던 천리교, 본문불립종과 같은 종교단체들이 다시 본격적인 활동을 시작하게 된다. 또 일본의 경제 성장기에 발생한 종교 붐으로 인하여 생성 또는 급성장한 다양한 신종교들이 국내에 물밀 듯이 들어오게 된다. 하지만, 이런 흐름에 대해 정부는 제재를 가하였고, 국민들의 정서적 사회적 반응도 부정적이었기 때문에 왜색종교라는 낙인을 받고, 법적 사회적 제재를 당하기에 이른다.

이 시기에 국내에서의 일본계 종교의 재활동과 새로운 종교의 침투 상황에 따라 국내에서의 일본계 종교 유형을 존속형, 재생형, 그리고 신생형으로 나눌 수 있을 것이다. 각 유형의 일본종교가 60년대 후반부터의 국내에서 활동추이 그리고 거기에 대한 정부와 사회적 반응을 구체적으로 보면 다음과 같다.

(1) 존속형 - 天理教, 本門仏立宗 -

· 天理教(大韓天理教와 天理教韓國教団)

해방 이후 일본종교의 국내에서의 활동 유형으로 존속형은 기존에 잔존해있던 일본종교들이 다시 활동을 재개하는 유형으로서, 대표적인 교단으로는 천리교와 본문불립종을 들 수 있다.

천리교의 경우, 해방 후 거의 대다수 일본계 종교가 국내에서 철수하는 상황 속에서도 해방 직전까지 국내에 가장 많은 신자를 보유하고 있었고, 그 신자들이 해방 후에도 정부의 제재와 사회의 배척 속에서 재건을 위해 노력하고 있었던 점은 전술한 바와 같다. 당시 천리교의 국내에서의 활동을 보면 다음과 같다.

천리교는 국내 신자들의 노력에 의해 60년대까지 다시 교세를 확장하게 되는데, 1960년 12월말의 교세를 보면, 총 교회 수 158개소(교회 66개소, 포교소 92개소)로, 지구별로는 서울 23개소, 경기 6개소, 충남 2개소, 전남 1개소, 경북 15개소, 경남 111개소이며, 총 신자 수는 36,616명(남자 15,542명, 여자 21,074명)이었다[38]고 한다. 그럼에도 불구하고 정부의 제재나 사회적 반일감정은 여전하였다. 5.16 군사혁명 이후에 군사정부가 모든 사회단체의 등록을 받게 되는데, 이에 따라 천리교는 [천리교연합회]로 사회단체로 등록을 시도하였으나 인가를 받지 못한다. 이에 일본 천리교교회 본부는 연합회 임원들을 일본으로 불러 韓国傳道廳 개설에 대한 참여를 지시하게 되는데, 1961년 6월 23일에 한국전도청이 진해에 공개적으로 개설되고, 해방 이전 조선포교관리소 소장이던 이와다조사부로(岩田)가 전도청장으로 임명되었다. 그리고 해산되어 천리교총본부에 참여하였던 [천리교연합회]를 [천리교 경남교구]로 개칭하고, 이후 다시 [영남교구청]으로 개칭하게 된다. 초대 교구장에는 [원남성교회] 최재한, 2대 교구장에는 [진해교회] 김순염이 맡았다. 여기에 참여한 교회들은 대한천리교단에 속하면서도 일본의 상급 천리교회와 직결되어 있는 교회들이었다. 원남성교회, 대구교회, 순선교회, 미선교회, 경선교회, 고성교회, 진해교회, 대선교회, 동광교회, 제주교회, 경대교회, 경안교회, 여수교회, 마산 교회 등이었다.[39]

그러나 전술한 바와 같이, 1963년 10월 14일 천리교총본부는 재단법인 등록을 하게 되지만, 교세의 확장과 함께 내분이 일어나게 된다. 즉 재단법인 이사인 김진조와 김기수, 최재한 이사 측과의 대립이 본격화 되었고, 이런 대립은 재단 운영과 재산 문제로 서로 간에 비방과 고소, 고발하는 사태로 이어지게 되어 한국의 천리교가 완전히 분열되는 계기가 된다. 최재한씨가 2대 교통으로 합법적으로 취임하였지만, 그는 [전도청]과 [일본 본부], [연합회 측]의 지원과 견제를 받으면서 갈등적 위치에 처하게 되고, 결국 교단장과 재단 이사장직에서 제적당

---

38) 정명수, 전게서, pp.137-143.
39) 상게서, pp.210-212.

한다. 그 후에도 천리교는 전도청과 일본 천리교 상급 교회와의 관계 속에서 체계적인 교정 운영이 이루어지지 못하고, 독자 노선파와 해외파와의 대립과 혼란의 상태를 맞이하게 되었다.

한편, 그런 와중에도 확산된 교세로 인해 문교부 종교심의회에서 왜색 배제 경고 처분을 받게 되면서, 정부의 강력한 제재를 받기 시작한다. 1964년 8월에 치안국으로 부터 출두명령을 받고, 거기서 일본색을 배제하라는 강력한 경고에 따라 동년 9월 26일 교통 최재한의 이름으로 "시정 및 개정 사항"을 각 교회에 보내게 된다. 그 내용은 왜색 관련 내용과 일본 천리교와의 관계에 대한 배제 및 시정 조치[40]를 하달하는 것으로, 당시의 정부의 왜색종교에 대한 강력한 제재를 엿볼 수 있다. 이에 독자 노선 측이던 [대한천리교단]은 이 사건을 계기로 1964년 10월 3일 일본 교회본부의 신바시라(眞柱)인 나카야마쇼젠(中山正善)에게 독립된 자주 교단이라는 결의문을 송부함으로써 왜색 종교로서의 국내의 제재로부터 벗어나려는 노력을 보여줌과 동시에, 국내 교단 내부의 완전한 분열을 초래하였다.

그 후 한국의 정치상황이 안정되자 천리교 일본 교회본부는 다시 1975년 7월 26일자로 [韓国傳道廳]이란 명칭을 사용하고, 나카다다케히꼬(中田武彦)를 전도청장으로 임명하고 전도청의 활동을 재개하게 된다. 그러다가 1982년에 이르러 독자노선 측인 [대한천리교총본부]는 김기수를 이사장으로 추대하고, 그에 따라 김기수는 청파동 재산을 교단에 기증하며 교단본부로 사용하고 있던 충정로 청사에서 현재의

---

40) 상게서, pp.312－315. 참조.

청파동으로 이전하고 神殿도 옮겼다.[41]

1984년 8월 14일 조선일보의 왜색종교 비판 기사를 계기로 천리교에 대한 비판이 쏟아지게 되자 당시의 문화공보부 종무과는 천리교에 대해 신앙의 의식, 제전, 목표물에 대한 자료를 요청하였다. 당시 천리교에 대한 사회적 인식은 왜색 종교, 일본 국가神道의 한 파로 보는 시각이 강하였다. 따라서 천리교는 일단의 조치를 취하게 되는데, 우선 神閣을 철거하고, 甘露台[42]를 예배의 목표로 복원, 개선하는 조치를 취하자 경남교구 등 영남지역 교회장들(일본 본부 연계 측)이 반대하여 별도의 단체를 구성하려고 하였다. 이에 대한천리교 교단본부는 비상대책위원회를 구성하여 강력한 조치를 취하였다. 1986년 경남교구장을 직위 해제하고, 수습집행위원회를 구성하여 경남교구를 접수하려고 하였으나 실패하자 폐쇄 조치를 내린다. 이에 경남교구는 [천리교연합회＝해외파, 전도청]라는 단체를 새로이 만들고 부산교구도 가담하게 된다.

이처럼 천리교는 해방 후 국내신자들의 노력으로 인해 60년대 초에 35,000명 이상의 신자를 가진 교단으로 재성장하게 되지만, 그런 성장에 대한 정부의 제재와 왜색종교라는 사회적 편견과 낙인으로 인해 고난을 겪는다. 한편 교세확장과 함께 독자 노선 측인 [대한천리교]와

---

41) 정명수, 『대한천리교사4』, 미래문화사, 2002. p.48.
42) 감로대는 일본 천리교 본부 신전 한 가운데 6각형 돌을 13계단으로 쌓아올려 제일 위에 그릇을 올려놓은 구조로 되어있으며, 인간세계 창조 지점에 인간세계의 근원과 그 발전을 상징하는 천리교에서는 최고의 예배의 대상이다. 감로대의 제일 위에 있는 접시에는 미숫가루를 담아두고 의식(신악근행)을 통해 하늘로부터 감로(靈水)를 받으면, 그것이 불로장수의 음식(じきもつ)가 된다고 한다.

일본 본부와 관계 유지 측인 [천리교한국교단]으로 갈라지게 되는데, 70년대 후반부터 다시 교세는 축소되고 80년대에 이르러 완전한 분열과 함께 신자 수도 급감하게 된다.[43)

· 本門仏立宗

일제강점기에 들어온 일본불교 중에서 국내에서 명맥을 유지해온 또 하나의 존속형 일본종교는 일련종계열인 本門仏立宗이다. 막부시대 말기 교토에서 창립된 나가마츠닛센(長松日扇, 1817~1890)의 本門仏立講은 근대 法華経系 在家仏教教団의 원류라고 할 수 있다. 일련종의 니치렌(日蓮)을 宗祖로, 니치류우(日隆)를 開祖로 모시는 닛센이 1857년에 세운 本門仏立講을 1952년에 이르러 분문불립종으로 개칭하였다. 본문불립종은 본문법화종계열로서 日蓮正宗, 靈友会와 함께 일련종에서 분파되었는데, 국내에서는 일제강점기에 교세는 미약하지만 조선왕실과의 특별한 관계를 통해 왕실의 지원을 받아 학송사를 건립하였다는 점에서 특이하다고 할 수 있다. 本門仏立講에서는 다른 종문은 [人立宗(사람이 세운 종교)]이며, 스스로는 부처가 세운 講이라고 하고, 닛센을 開道, 講有라고 불렀다. 본존은 심계근정의 만다라 남무묘법연화경의 요식본존으로 둘 다 법화경 8품에 나타난 만다라이다. 교전은 『법화삼부경』·『법화경』·『무량수경』·『관음보현보살행법경』과 日蓮遺文(『観心本尊抄』·『사신오품사』·『여설수행초』) 및 開道 닛센의 『仏立聖典』 등이 있다.

---

43) 천리교의 국내 조직과 현황에 대해서는 다음 장에서 상세하게 살펴볼 것이다.

그 교의는 唱題 중심의 현세이익을 통해서 末法의 민중들을 구제하는 것을 설하는 것이며, 教學的으로는 무로마치(室町)시대의 니치류우(日隆)으로부터 시작된 하츠본(八品) 계통에 속한다. 닛센은 『법화경』의 공덕에 의해 現証利益을 얻을 수 있다고 하여 절이나 승려의 의미를 거의 인정하지 않는 在家中心主義를 주창하였다. 교의는 부드러운 日本詩歌 형태로 신자들끼리 소수 그룹을 조직해서 서로 도와서 배워 나가는 방식이다. 신자들은 모두 평등하며, 講(설교장)에서 설교를 듣는 것과 함께, 신자들끼리 병자가 생기면 주위에서 도와주는 助行의 唱題를 하였다. 포교에서는 병자를 고치는 일이 유행하여, 불전에 바친 정한수에는 법화경이 녹아있다고 하며 치병에 이용하였다.

본문불립종의 일본 본부 조직 및 신자 수를 보면 다음과 같다. 「宗務本庁」은 京都市 上京区 御前通一条上東竪町에 자리하고 있다. 본문불립종은 講有를 정점으로 하여, 의결기관으로서는 종회, 그리고 사무기관으로서는 종무총국 산하에 총무, 홍통, 교무, 출판, 재무, 특별국을 두고 있으며, 특별기관으로는 弘通고문회, 심판조정심의회, 그리고 교학심의회를 두고 있다. 본산 宥淸寺 아래에 지역별로 11지청을 두고 있으며, 해외 교구로서는 한국, 미국, 브라질, 중국에 교구를 두고 있다. 2002년 일본 문화청이 펴낸 『宗教年鑑』에 따르면, 일본 국내 신자 수는 414,642명, 사원을 포함한 단체 수는 339개소에 이른다.

전술한 바와 같이 국내에서 본문불립종의 활동은 1912년 야스다(安田)가 부산에 長松寺를 세우고 포교를 한 것이 최초이다. 그 후 1913년 서울에서 불립교회라는 간판을 걸고 학송사(서울시 은평구 응암동, 외무대신 이하영의 별장)를 창건한데서 비롯한다. 그 후 학송사는 李康(고종의

5자)으로부터 고종 장례식에서 쓰던 목재와 토지 200평을 하사받은 뒤 퇴계로로 옮겼다[44]고 한다. 1919년 야스다닛슈(安田日州)가 주직으로 취임하고, 1926년에 오마끼히유(御牧日宥)와 오카노닛싱(岡野日眞)이 주지로 취임하였다. 그러나 일제강점기에 본문불립종은 교세가 미약하였고 그러다가 일본의 패전으로 오까노가 일본으로 건너가면서 그의 제자이던 姜乙先(본명 姜逸性, 1984년 타계)이 학송사를 인수받아 観世音菩薩会에 가입함으로써 명맥을 이어가게 된다.

앞서 살펴 본 것처럼 강을선은 1955년 언니 강지수가 서울 청량리에서 운영하던 天眞고아원의 강당을 수리하여 학송사 간판을 걸면서 다시 활동을 시작하게 된다. 반일정서와 왜색종교라는 낙인을 피해보려는 시도도 해보지만, 그 후에도 교세의 변화는 보이지 않는다. 강을선은 1963년 일본 본문불립종 본산에서 득도를 받고 내국인으로서는 최초로 본문불립종의 교무(스님)가 된다. 이 시기의 본문불립종의 활동을 보면, 해방 직후 강을선이 학송사를 당시 주지이던 오카노닛싱(岡野日眞)으로부터 인수받음으로써 존속하게 되지만, 뚜렷한 활동을 하지 못하고 있다가, 1963년 강을선이 일본 본문불립종 본산에서 교무가 됨으로써, 학송사가 본문불립종의 사찰로서 위상을 갖추게 되고, 이어 일본 본부와 연계됨으로써 본격적인 활동을 하게 된다. 이렇게 하여 일본 본부와 다시금 연결되고, 국내에서 본격적인 활동을 전개하게 되는 것이다.

강을선은 1970년에 이르러 사단법인 [한국불교 본문불립회]를 창립

---

44) 학송사는 조선황실과 인연을 가지고 있다. 학송사 설립은 물론, 고종으로부터 갓과 가시를 하사받아 현재도 보관하고 있으며, 또 이강(고종의 5자)으로부터 가사 3벌을 하사받아 보관하다가 2벌을 한국전쟁 때 소실하고 현재 1벌을 보관하고 있다. 해방 후에는 이방자여사가 참배하였다고 한다.

하고, 1973년에는 학송사 이외에 대법사 · 신청사 · 본문사 · 묘법사 · 부산 불립사를 각각 설립하여 전국 각지에서 弘通을 전개하게 된다. 그러나 1974년 尹婿山이 본문불립회(종로구 신교동 4-2)로 독립함에 따라 1980년 상반기에는 학송사를 중심으로 한 [한국불교 본문불립회]와 윤서산을 대표로 한 [본문불립강회]로 분파되었다. 1973년 사단법인 [한국불교 본문불립회]의 이사장으로 전 조계종 사무국장 이태석이 취임하였고, 강을선(한국본문불립회 회장, 학송사 주지)이 입적하자 이성욱이 주지로 취임하였다가 2004년 입적하였다.

본문불립회는 학송사를 본산으로 하여 대법사, 신청사, 본문사(봉천동) · 본문사(정릉 4동), 불립사(부산)가 있었다.[45) 그러나 국내에서 본문불립종의 교세는 크게 증가하지는 못하였으며, 소수 종교로서 명맥만 유지하고 있는 정도이다. 현재 국내에는 鶴松寺(경기도 의정부 호원동, 주직:姜蕙昌)와 新清寺(서울 서대문구 연희동, 주직 : 朝岡淳涌), 大法寺(서울 종로구 신교동, 주직 : 尹妙泉), 本門寺(서울 종로구 평창동, 주직 : 姜清応)가 있으며, 부산의 불립사는 2003년 주직의 사망으로 폐사하였다. 국내 본문불립종 각 사찰은 일본에서 자격을 갖춘 教務 승려가 주직을 맡는 것으로 되어있다. 2004년 현재 학송사 주직 강혜창 스님이 국내 책임을 맡고 있으며, 신청사는 일본인 아사오카(朝岡)가 맡고 있다. 각 사찰의 주직은 일본 본부의 승려 전문양성기관인 [불립교육전문학원]에서 2년간 공식교육을 수료한 교무 자격을 가진 승려가 맡아서 운영하는 형식을 취하고 있다. 현재 국내 신자 수는 700~800명으로 추정된다. 학송

---

45) 김주호, 「대한천리교」, 『한국불교의 현상』, 불교사상, 1986, p.187.

사 신자의 경우 행사시에 정기적으로 참석하는 신자 수는 50여명 정도이며, 전체 신자는 250~300명 정도라고 한다. 그러나 신자들 대부분의 고령화가 뚜렷하며, 신자조직으로서는 청년부와 장년부가 있으나 특별한 활동을 하지 않으며, 다만 청년부는 일본과 연 1회 정도 교류회를 가지고 있다고 한다. 청장년층 신자 수는 수십 명 정도로 적으며 대부분 부모를 따라 입신한 경우라고 한다.

(2) 재생형 — 日蓮正宗과 創価学会, 善隣教, 世界救世教, 金光教 —

60년대 중반 이후 국내 일본종교 추세의 변화에서 나타나는 또 다른 현상은 일제강점기에 존재하였다가 해방 후 사라진 종교들의 재생현상이다. 이런 현상은 60년대 후반부터 일본과의 인적 교류가 잦아지면서 재일교포 신자들의 방문 및 일본교단 본부와의 연결을 통하여 다시 활동하게 된 경우이다. 日蓮正宗(創価学会 포함), 善隣教, 世界救世教와 金光教가 여기에 해당된다.

· 日蓮正宗과 創価学会

일런정종은 정확하게는 일제강점기에 조선에서 직접 활동은 하지 않았다. 그러나 일런종이 분파하여 생긴 교단으로서 법화경과 제목구창을 신앙의 중심으로 삼고 있다는 점에서 일제시대 일런종의 한 부류로 간주할 수 있을 것이다. 「創価学会」 역시 일런정종 大石寺의 신자집단이 분열된 것으로 일런종 계열에 속한다. 앞에서 살펴본 것처럼 일런종은 개항과 함께 조선에 들어왔지만, 일제강점기에 조선에서 교세는 그다지 성장하지 못하였고, 또 신자 대다수도 일본인들이었다. 1938년 자료에 의하면 조선내 일련종계 교파 전체 신자 26,482명 중 일본인이 25,312명으로 96%가 일본인이었다. 日蓮宗은 니치렌(日蓮 : 1222~1282)에 의해 창교 되었고, 그가 1282년에 入滅하고 난 후 그의 사상은 六老僧이라 불리는 여섯 제자인 日昭・日朗・日与・日向・日頂・日持 등과 中老僧이라 불리던 많은 제자들에게 계승된다. 그 중 닛코(日与)가 1288년에 니치렌의 정법 전수를 주장하게 되면서 다른 五老僧과 거리가 생겼고, 이것이 日興門流(지금의 日蓮正宗・本門宗) 분파의 시작이며, 계속하여 수많은 교파가 생성되었는데, 본문불립종도 이 분파 중의 하나이다. 일제강점기에 조선에 들어온 일련종 중에는 法華宗派, 本門法華宗派, 顯本法華宗派, 不受不施派가 있다. 이 중 일련정종과 직접 관련이 있는 것은 불수불시파이지만, 자료에 의하면 1938년에 사찰 1개소, 승려 1명, 일본인 신자 133명, 조선인 신자 1명으로 미미한 활동에 지나지 않았다.

日蓮正宗은 일련종 8개파 중 富士山의 大石寺派가 1912년 스스로를 일련정종이라고 칭하면서 공식적으로 출발하게 된다. 당시 교세는 다른 교파에 비해 미미하였지만, 1930년대 마키구치츠네사부로(牧口常三郎 : 1871－1944)가 일련정종에 입문하여 [창가교육학회]를 조직하면서 성장하기 시작하였다.[46] 2차대전 이후 일본에서 신앙의 자유와 종교 활동이 법적으로 보장됨으로써, 일련정종은 창가학회를 중심으로 급속

---

46) 일련정종 대석사와 그 산하 신자들의 단체이던 창가학회는 1978년 대석사 종무원의 해외부 설치와 관련해 분열이 생기고, 더욱이 1992년 8월 창가학회 이케다 회장을 대석사가 파문하고, 신자 제명을 함으로써, 완전히 대석사와 분리되어 독자적인 활동을 하게 된다.

하게 세력을 확산하게 된다. 1951년 2대 회장으로 취임한 도다조세이(戸田城聖 : 1900－1958)는 청년부의 邪教 퇴치운동과 간부들에 의한 지방 折伏운동[47]을 조직적으로 추진하였다. 1952년 8월 27일 東京郡에 法人 등록을 하여 정식으로 종교법인 창가학회를 출발시킨다. 그런 한편 日蓮正宗과의 교의논쟁을 벌이면서 王仏冥合을 표방한 정교일치운동을 개시하여 1956년 창가학회정치연맹을 결성하고 참의원선거에서 3명의 전국구 의원을 당선시켰다. 그 후 1960년 제 3대 회장으로 이케다다이사쿠(池田大作)가 취임한 후부터 창가학회는 비약적인 발전을 하게 됨으로써 대석사 일련정종 역시 교세를 전국적으로 확산하게 된다.

이처럼 일본에서 급성장하게 된 일련정종(창가학회)이 해방 후 국내에 유입된 것은 재일동포가 국내에 있는 가족에게 포교하면서부터이다. 일련정종의 국내 포교는 몇 개의 경로를 통해 전개되었다. 첫째는 朴素巖에 의한 것이다. 그는 1960년 가황사(서울 종로구 창신동 565)의 주지로 있을 때 그의 형인 박성일이 일본에서 가져온 일련정종 절복 교전을 보고 대한불교법화종 교무국장을 지내다가 개종, 입신하게 된다.[48] 그는 독자적으로 일련정종불교를 연구해 오다가 일본 대석사에 서신을 띠워 1963년 2월 25일 일본으로부터 일련정종의 『御書全集』, 『妙法

---

47) 섭수(攝受; 상대방의 입장을 인정하면서 유연하게 正法으로 인도해 가는 포교법)와 함께 불교의 포교방법 중의 하나로, 「破折屈伏」의 약어이다. 正法에 귀의함으로써 자신이 행복해지는 것뿐만 아니라, 고통스러워하는 사람을 보고 불쌍하게 여기고, 행복하게 해주려는 자비심에 의해 상대방의 잘못된 신앙관을 바로잡고, 정법으로 인도한다는 의미로 창가학회의 적극적인 포교방법을 가리킨다.
48) 한국일련정종학회, 「현황」, 1971, pp.12~13.

蓮華経』,『結経』,『折伏教典』, 그리고 활동사항 사진집을 소포로 받고[49], 본격적으로 입신한다. 그의 집인 가황사에 [일련정종학회]라는 간판을 걸고 전도를 하여 1963년 12월말 150세대 신자들 확보하였으며, 매주 일요일 좌담회를 열었다. 박소암이 그의 부친(박수공)의 대를 이어 본문법화종계의 사찰이던 가황사의 주지였다는 사실은 박소암의 일련정종 수용이 해방 전 일련종과의 관련[50]이 있는 것으로 보이지만, 정확하게는 일제강점기 당시 국내에 있던 일본의 본문법화종은 일련정종과 직접 관련이 없고, 교파별로 보자면 일련정종은 일련종 중에 不受不施派 계열에 속한다.

두 번째 경로는 재일교포의 국내 방문에 의한 것으로, 나까이쥰꼬(中井順子, 한국명 李順子)가 1963년 12월 초순 국내 친척을 방문하여, 형부인 閔興基[51]의 집에 머물면서 언니 李丁順에게 전도하여 이씨가 운영하던 희망결혼상담소를 근거지로 하여 수차례 포교회를 열면서 일련정종의 포교활동을 전개하였다. 그녀는 그 후 두 차례에 걸쳐 내한하여 활동을 하게 되는데, 그것은 국내에 창가학회의 지부를 결성하기 위한 것이었다.

세 번째 경로는 대구 부산지역에서 생긴 것이다. 1962년 대구에서 홀치기라는 섬유사업을 하면서 섬유제품을 일본에 수출하던 崔圭垣는

---

49) 최상호편, 「한국일련정종 학회로서 출발」,『일련정종 한국20년사』, 한동출판사, 1983, pp.19~22.
50) 이경우, 전게서, p.136.
51) 그는 성동구 동선동에 거주하였으며, 후에 일련정종 반장에 임명되어 포교활동을 전개하였으나 창가학회의 포교금지 조치가 내려지고, 박소암이 구속되는 사태가 발생하자 교단을 이탈하였다.

개인적 호기심에서 직접 일본 창가학회 해외부와 연락을 취해 입신하게 된다. 그리고 대구 한국나일론에 파견기사이던 일본인 이시다(石田)가 일련정종 신자라는 것을 알고 찾아가서 [本尊] 족자를 얻고, 한편 재일교포 친척을 통해 신자가 된 김임성과 함께 포교를 시작하게 된다. 그리고 부산에서는 林誠奎가 별도로 신자가 되어 포교활동을 전개하였다. 특히 최규원은 대구지역에서 1963년 10월에 학생회를 조직하여 청년층을 대상으로 포교를 전개하여 1년 사이에 2000여명이 모일 정도로 확산되었으며[52], 현재 [한국창가학회불교회]의 기반을 다지는 결정적인 역할을 하게 된다. 그에 반해 왜색종교의 확산이라는 국내의 사회적 배척분위기와 그에 따른 1964년 정부로부터 제재로 인해 탄압을 받게 되며, 재판과 투옥 등의 고난을 치르게 된다.

이처럼 일련정종은 이전에 일본과 관련 있는 인물, 그리고 재일교포를 통하거나 개인적 신앙 호기심에 의해서 국내에 전파되었고, 각 전파자들은 일본의 일련정종 대석사나 창가학회와는 독자적으로 연결되는 양상을 보였다. 이에 따라 일본 본부에서는 1964년 1월 창가학회의 한국 총책임자인 마쯔시마(松島)가 서울과 대구 등 주요도시에 일본인 전도책임자 1명씩과 산하 지부책임자, 반책, 조책 신도를 임명하여 포교하게 하였다. 그러나 국내 일련정종의 활동은 재일교포 일련정종, 창가학회 간부와 사적인 관계를 맺어 연락을 할 수밖에 없었기 때문에 국내에 어떠한 통일적인 조직이나 지배력이 있을 수 없었다. 따라서 창가학회와 일련정종은 국내에서 분파되어, 창가학회가 통일된 조직체

---

52) 이 내용은 2005년 8월 16일 최규원와의 인터뷰를 통하여 재확인한 것이다.

를 갖추고 2004년 현재 약 140만 회원을 가진 조직체로 성장한 반면, 일련정종은 국내파와 해외파로 갈라지고, 그 가운데서도 또, 조직이 갈라지는 등 수많은 분파와 함께 각파 간의 불협화음을 끊임없이 이어졌다.[53] 일련정종의 국내 신자 수는 5~10만으로 추정하고 있으나, 실제적으로 현재 신앙생활을 하는 신자 수는 1만 명도 되지 않는 것으로 보인다.

· 善隣教

이 시기에 재생된 일본종교로서 善隣教가 있다. 선린교는 교주부친과 교주 리키히사닷사이의 영능력에 의해 성립된 주술적 민간신앙이라는 점은 전술한 바와 같다. 그러다가 교주 닷사이는 1947년 5월 20일 滋賀県 北多久에 「瑞鳳園 精神修養道場」을 열고, 그곳에서 50일간의 수행 중에 [聖経, 선린의 園]의 계시를 받고, 立教를 선언하기에 이른다. 이듬해인 1948년 8월 5일에는 天地公道 善隣会를 설립하여 종교법인으로 등록하였다.

종교법인으로 등록하면서 선린교는 奉祭神과 救済神을 주 신앙대상으로 정하였다. 奉祭神은 텐치오오미오야노카미(天地大御親祖之神)라고 하며, 天地自然을 창조하고 키워주는 신, 생명의 부모님이라고 한다. 구제신은 신뇨유우겐킨사이노미코토(神如幽顕自在之尊)라고 하며, 생명의 부모님에게 감사하고 이 세상에 나타난 교조의 靈名, 즉 죽은 닷사이를 모시는 것이다. 한편, 그 외에 生命三斉라고 하여 神과

---

53) 국내 일련정종과 창가학회의 분열 및 현황에 관하여서는 다음 장에서 구체적으로 살펴볼 것이다.

靈에 대한 존칭을 쓰고 있는데, 첫째, 「고신손(御神尊)＝교조」라고 하여, 생명의 源靈으로서 창조신과 구세신, 두 신을 하나로 합친 존칭이며, 「소레이(祖靈, それい)」라고 하여 생명의 원류로서 선조의 영을 가리키며, 「지코레이(自己靈, じこれい)」는 자기의 靈, 즉 자신의 혼을 가리키는 호칭으로 쓰고 있다.

聖経으로는 『선린의 정원(善隣の園)』과 『미우타(みうた)千首』가 있으며, 교조의 말씀으로서 『教祖伝－신으로의 길(神への道)』이 있다. 그리고 教学書로서는 월간지로서 발간하는 『善隣』과 『善隣의 道解義叢書』, 그리고 『生命への回帰(생명으로의 회귀)』가 있고, 『神의 길 50年(神の道50年)』이 있다.

선린교의 조직을 보면 중앙 집중적인 조직은 아니며, 오야코(親子)관계에 의한 연결망으로 이루어져 있는 것으로 보인다. 가장 하부 조직은 반(班)이며, 신자들은 각 반에 소속되어 있다. 그리고 반 위에는 교회가 있고, 그 위에 교구가 있으며, 교구는 본부 산하에 있으나, 본부 중심의 중앙집중식 조직이 아니기 때문에 교구장, 교회장에게 상당한 자율권이 있는 것으로 보인다.

선린교의 활동은 일정한 교육을 통하여 자격을 갖춘 教師를 통하여 주로 이루어지고 있으며, 교사의 활동은 세미나 주제, 신도 상담, 강습회 강사, 교학지도를 담당하여 교구장의 경우는 교회장과 간부의 지도를 맡고 있다. 신자들의 일상적인 신앙생활(의례, 수행 등)은 아침, 저녁 7시의 기도수행과 성경 독송, 매월 교회감사제 참배, 반에 소속하여 다른 신자들을 돌보고, [信友道座]54)에 정기적으로 모여, 수행의 반성과 담화를 나누며, 포교 수행, 奉納 수행, 헌신 수행 그리고 독거노인과

시설위문 등의 자원봉사활동을 하고 있다. 또 교단 내 신자들의 활동은 아래와 같다.

- 교회, 본청의 感謝祭, 帰出祭의 참여
- 大祭 참여
- 세미나(교회·본청)참여
- 信友道座에 참여
- 각종 사회활동 참여
- 교회班長会 참여
- 교회, 参拝修行
- 교회徒歩行
- 幹部 입산 修行
- 水行(물修行), 고립 修行, 100회 参拝 修行 등

일본 내 신자 수는 2002년 일본 문화청에서 발행한 종교연감에 의하면 265,126명 이다.[55] 국외 신자 수는 5백~1천명으로 추정하고 있다.[56]

일제강점기의 선린교의 활동에 대한 정확한 자료는 없지만, 교주인 리키히사닷사이(力久辰斎)와 그의 부친인 리키히사타츠사부로(力久辰三朗)가 조선에서 활동하였다는 사실은 전술한 바와 같다. 그러나 당시 총독부 조사 통계자료에도 그 존재가 나타나 있지 않는 것처럼, 당시 국내에서의 활동은 미미하였고, 또 교주 개인의 영능력을 발휘하는

---

54) 일종의 소규모 커뮤니케이션 집단으로서 신자들끼리의 고난, 고통 그리고 체험담을 나누며, 경전 수업과 수행에 대한 커뮤니케이션을 하는 것이다.
55) 日本文化庁, 『宗教年鑑』, 2002.
56) http://www.rirc.or.jp 참조.

일종의 주술가적인 활동을 하였고, 따라서 교단으로서 조직도 갖추고 있지 못한 형편이었기 때문에, 해방 이후 국내에는 거의 신자의 흔적이 남아있지 않았다. 그러다가 1967년 전봉준(1923~) 현 선린회 서울지교 회장에 의해 재생된다.

전봉준은 1963년부터 일본에 석등을 수출하는 사업을 하다가 1968년 우연히 선린교와 접하게 되었다고 한다. 그는 선린교가 실천종교라는 점에 이끌려 입신하게 되었고, 그 후 교주와의 개인적인 친분을 쌓으면서 국내의 포교활동을 맡게 된다. 1971년 5월 20일 교주 닷사이가 자신이 도를 깨우친 수행장이던 서울 북한산 성지를 찾는 것을 계기로 국내에서 활동을 재개하게 되는데 이후 매년 방문이 정례화되었다. 1973년 11월 22일에 교조가 한국 수행장을 방문했을 때, 사회적으로 주목을 끌던 원폭피해자문제와 관련하여 [한국 원폭피해자협회]를 방문하여 이듬해 구원금을 전달하였다. 이것이 인연이 되어 매년 구원금 전달과 함께 그들을 중심으로 한 전교가 이루어지게 되었다. 1975년 11월 11일 서울 종로구 구기동 277번지 양덕준의 집에서 한국 선린교 전도회 모임이 이루어지고, 이후 수 차례에 걸쳐 전도 강연회와 간부연수회가 개최되었으며, 1977년 5월 31일에는 경전인 『선린의 원』과 잡지 『선린』이 번역, 발간되었다. 1978년 8월 21일에 선린교 서울지부 포교소가 설립되고, 이듬해 3월 12일에는 선린교 한국교구 서울지부로 명칭을 변경, 1984년 12월 3일에 선린교 한국교구 서울지회(서대문구 홍제동)로 승격되어 오늘에 이르고 있다.

한국의 조직은 서울 지부와 대구 준지부가 있으며, 서울지부(서대문구 홍제 3동 282-35) 포교사 전봉준이 지교회장으로 한국교구의 대표를 맡고 있다. 그 외 한국에는 준교사 2명, 전도사 3명, 그리고 반장 9명으로 구성되어 있다. 한편 대구 준지부는 도좌소(회장 : 전명희 전도사)를 설치하여 운영하고 있다. 또 선린교와 [한국원폭피해자협회]와의 30년 가까운 교류로 인하여 원폭피해자협회의 회원 중에는 선린교의 신앙생활을 하는 사람들이 많다고 한다. 원폭피해자협회의 산하 지부에서도 월례회를 가지고 집회를 행하는 곳도 있다. 부산의 원폭피해자협회 부산지부(지부장 : 탁정술, 부산 연제구 연산동758 - 50)에서 매월 6일 지부월례회를 열고 3개월에 한 번씩 서울지교회장이 직접 가서 집회를 주제하기도 한다. 한편 대구원폭피해자협회(지부장 : 김기학, 대구시 중구 대봉동 590 - 165)도 3개월마다 매월 월례집회 때 서울지부교회장이 참석하여 집회를 연다.

신자 수는 서울지교회가 200~250명(남 70명, 여 180명)으로, 연령층은 40~70대가 주를 이루고 있으며, 직업으로는 자유업, 소상인이 많다고 한다. 홍제동 서울지교회를 만든 이후(1978년 8월) 신도 수의 증감은 없는 편이며, 원폭피해자협회의 서울 회원 400~500명은 별도이다. 대구 도좌소는 신자 수가 100명 내외라고 하며, 여기도 마찬가지로 원폭피해자협회 회원 400~500명은 별도이다. 부산 원폭회원수도 대구와 마찬가지라고 한다. 그러나 원폭피해자협회 회원 중에 잠재적인 신자는 상당한 것으로 추정된다. 연례행사로는 서울부터 시작하여, 대구·합천·부산·마산지부의 원폭회원을 위한 [한일친선 선린 대청원회]가 매년 개최되고 있다. 30년 동안 계속해 온 강연회는 매회 200~300명이 참석하고 있다고 한다.

그러나 선린교의 국내에서의 활동은 그다지 활발하지 못하고, 주로 원폭피해자 협회에 대한 정기적인 지원을 통하여, 원폭피해자를 중심으로 신자 군을 형성하고 있으며, 순수한 신자 수는 300여명에 지나지 않는다.

· 世界救世教

그 다음으로 60년대 후반부터 국내에서 재생된 일본종교로는 世界救世教를 들 수 있다. 세계구세교는 오카다모키치(岡田茂吉 : 1822－1955)가 창교한 신종교 교단으로, 원래 오오모토(大本)教 신자였던 오카다모키치가 大本를 떠나 1935년 [大日本観音会]를 조직함으로 교단으로서의 모습을 갖추고 활동을 시작하였다. 大本教신자였던 그는 1925년 신의 계시를 받아 神智와 神力(정령법)을 얻게 된다. 그 후 사업은 뒤로하고 大本教의 포교와 정령법 연구에 열중하게 되는데, 1937년 그는 하늘의 계시를 받아서 [夜昼転換][57]을 알게 되었다고 한다. 그 후 오카다는 낮의 시대에 돌입하게 됨에 따라 물질 편중주의를 개선하고, 우주창조신과의 관계를 중시, 물질세계와 정신세계가 균형을 이룬 새로운 문명 창조를 스스로의 사명으로 생각하여 종교 활동에 전념하게 된다.

이렇게 형성된 독자적인 사상을 실천하기 위해 1934년 大本教를 탈퇴하고, 1935년 [大日本観音会]를 설립하였다. 교단의 목표는 [病, 貧, 争]의 3대 苦難이 없는 [지상천국]을 건설하는 것이며, 이를 위해

---

57) 현재 세계는 긴 밤이 끝나려는 시대에 돌입하였고, 이후의 시대는 낮을 향하기 때문에 악한 일이나 부정한 일은 태양의 아래에서 바로 폭로된다고 하는 독자적인 역사관이다.

물질편중의 현대문명을 올바른 방향으로 되돌리는 것을 제일 중요하게 보았다. 教義는 大本教의 영향을 받으면서도 오카다가 만든 손바닥을 펴서 서로에게 영감을 비춰주는 독특한 의식(테카자시 : 手かざし)을 통한 죠레이(浄霊)58)가 이 계통 종파의 최대의 특징이다. 신자는 오히카리(お光)라는 교조의 念(魂)이 들어있는 표식을 소지하고, 그것을 목에 걸면 누구라도 죠레이를 통한 정령의식을 실천할 수 있다.

세계구세교와 그 분파나 파생교단에서는 오히카리를 몸에 지닌 사람이 행하는 정령의식을 통해 손바닥으로부터 나오는 光玉(光の玉 : 물론 가시적인 것은 아님)이 혼을 정화시키고, 나쁜 병을 퇴치할 수 있다고 실제로 믿고 있다. 병은 혼의 흐림에서 생기는 것이며, 이것을 고치는 유일한 방법은 혼을 정화하는 행위 즉 정령이라고 한다. 여기서는 서양 의학에 의한 薬害나 薬禍를 경계하며, 병원에 가거나 약을 복용하는 것은 教義상 금지되어있다. 또 화학비료, 농약 등의 인위적인 물질은 혼을 더럽히는 것이라 하여, 자연 농업을 실천하고 있다. 이에 MOA (Mokichi Okada Association)에서는 자연농법의 보급을 위한 활동을 전개하고 있으며, 현대의 무농약 유기 농산물 붐에 편승하여 점차 확대되어가고 있는 실정이다.

세계구세교는 일본 신종교 중 가장 많이 분파한 교단이다. 조직

---

58) 손바닥으로부터 神霊 放射能을 상대방에게 투사함으로 霊体의 흐림과 육체의 독소를 해소하는 것이다. 이 손바닥에서 방사되는 신비한 光線은 [靈光] 또는 [観音의 치병력] 등 여러 가지로 표현된다. 처음에는 교조인 오카다모키치만이 정령을 통해 치병력을 가지고 있었으나, 후에 점차 제자들에게 전수되어 최종적으로는 [오히카리(お光)=수호패]를 받은 모든 사람들이 가능하게 되었다.

자체가 영능력(죠레이)을 가진 개인의 주술적 카리스마에 의해 추종자와 이어지는 단선적인 수직 연결망에 의하여 구성됨으로 항상 분파의 여지를 안고 있는 것이다. 따라서 1955년 오카다모키치의 사후부터 계속해서 분파가 발생하여, 현재는 16개 분파로 갈라져 있으며, 신자 수는 정확하게 파악되지 않지만, 전체 3만 여명 정도로 추정된다.

세계구세교의 최초 국내활동59)을 1942년에 진해 일본해군기지의 장교부인을 통하여 몇 명의 국내인에게 전파되기 시작하면서 부터인데, 해방 후 일본군이 철수하자 자연스럽게 사라졌다고 한다. 이후 세계구세교는 재일교포인 정복수(1909 – 1987)에 의해서 1964년에 국내에서 재생하게 된다. 1964년에 일시 귀국한 정씨는 세계구세교 분파 중 세계메시야교 신자로서 경남 양산의 친지를 중심으로 죠레이를 통하여 치병의 능력을 발휘하였고, 그 후 1966년에 영구 귀국하여 부산 수영구 광안리(현 세계메시야교회 소재지)에서 본격적인 활동을 개시한다.

한편, 이와는 별도로 세계구세교 분파 중의 하나인 세계메시아교(世界メシヤ教＝青光教)60)의 교주 나카무라 이치로우(中村市郎)는 1965년 3월에 한국에 일시적으로 들어와, 만성적인 위장병에 고통을 받던 김○○(남, 75세 : 현 세계구세교 이즈노메교단 자문위원)에게 죠레이를 베풀고, 김씨는 4월에 최초로 나카무라로부터 光明을 拜受 받은 최초의 한국 신자가 된다. 이때 정복수는 일본에 체류 중이었는데, 그 후 1966년에 세계구세교의 神体(大光明如来)와 수호패를 모시고 영구 귀국하여 김

---

59) 세계구세교의 국내활동에 대해서는 4절 (3)에서 자세히 논함.
60) 세계구세교는 일본신종교 중 가장 분파가 많은 교단이다. 교조 오카다모키치(岡田茂吉) 사후에 16개 교파로 분파되었고, 현재 일본 본부 역시 3개 교파(東方の光＝再建派, いづのめ＝新生波, 主の光＝護守派)로 나누어져 있다.

석권과 함께 본격적인 활동을 시작하였다.

처음에는 주로 병자를 치료하는 봉사적인 측면에서 활동하였다. 초기에는 주로 주위의 친척들이 대다수였고, 신자 수는 약 40여명(양산지역) 정도였다. 신자들은 주로 병 치료를 목적으로 입신한 것으로 보이며, 최초에 정씨로부터 병 치료의 효험을 본 사람들 중에서는, 나중에 분파하여 부산 대연동에서 대한민국MOA본부를 운영하는 김봉환도 포함되어 있었다. 활동은 병자들의 치료를 위한 정령이 중심이며 그 효험으로 인해 질병이 완치된다고 하다.

이처럼 세계구세교는 60년대 중반 재일교포에 의해 경남지방을 중심으로 재생하게 되며, 특유의 영능력을 통한 치병이란 구제활동, 그리고 국내에서의 분파를 통해 각 분파된 교회마다 신자 수가 늘어나서 교세가 확산되게 된다. 그러나 이런 교세 확장에 따라 사회적 제재를 받기도 하는데, 1982년 [부산일보]에 실린 기사로 인해 급속히 신자 수가 줄어든 적도 있다. 그 후 세계구세교는 80년대 후반에 들어와서 다시금 각 분파가 일본 본부와 연계하면서 부산, 경남 지방에서 점차 교세를 확산하게 되는데, 현재 국내에서 활동 중인 세계구세교 분파는 세계메시야교, 세계구세교 이즈노메(いづのめ)파, 그리고 동방의 빛(MOA[61]포함)이다.[62]

---

61) MOA는 Mokichi Okada Association의 약칭이며, 오카다 모키치의 자연농법 사상에 기초한 영농법을 구현하는 재단법인으로서 MOA미술관, MOA자연식품, MOA 오렌지하우스(농산물판매)를 운영하고 있다.
62) 세계구세교의 국내 각 분파와 성장에 관해서는 다음 장에서 구체적으로 살펴볼 것이다.

· 金光教

금광교는 천리교와 함께 1880년대 일본전역에서 교세를 확산한 습합 신도계로 분류되는 신종교이다. 金光이란 金이 빛난다는 의미이며, 교조인 콘코다이징(金光大神)은 세계에 [카네노카미(金乃神)의 빛]을 비추어 그 음덕을 받게 한다고 한다. 즉 교조인 금광대신이 할 일은 神의 바램에 따라서 세계에 이 빛을 전하고 인류를 고난으로부터 구한다는 것이다.

금광교는 일본신종교 중에서 神社와의 관계는 그다지 없지만, 우지꼬(氏子)라는 용어를 쓰는 것으로 보아 神道 계통의 단독형 신종교로 분류하고 있다[63]. 그러나 텐치카네노카미(天地金乃神)라는 독창적인 神을 모시고 있다는 점에서는 다른 일본 신종교처럼 전통적 종교와 뚜렷한 관계는 없는 것으로 보이며, 오히려 민간신앙·토속신앙적인 성향이 강하다고 볼 수 있다.

금광교의 교의는 天地金乃神을 일신교적인 천지의 창조신으로 여기고, 인간은 모두 신의 아들이며 평등하다고 본다. 금광교의 교조인 아카자와분지로(赤沢文次郎)는 신에게 기원하고 신의 말씀을 들어 그것을 신자에게 중개하는 이키가미(生神) 콘코다이징(金光大神)이란 이름으로 불렸다고 한다. 生神 金光大神(1814~83 : 본명은 川手文次郎, 赤沢文次郎, 戸籍명은 金光大陣)은 1814년 현재의 오카야마현(岡山県) 金光町의 농가에서 차남으로 태어났다. 어릴 때부터 신앙심이 깊어서 성실한 생활을 해 왔으나, 42세 때 중병에 걸려 陰陽道 계통의 曆神인 金神을

---

63) 井上順孝編, 『現代日本の宗教社会学』, 世界思想社, 1994, p.180.

숭배하게 되었다고 한다. 2년 후 남동생 칸도리시게우에몬(香取繁右衛門)이 신 내림을 받아 金神을 모시게 되자, 그 신자가 되었다고 한다. 그는 병중에 天地金乃神을 만나 신의 마음을 알게 되어 구사일생으로 목숨을 구하고, 그것을 계기로 독자적인 신앙활동이 시작되었다고 한다. 1859년 교조는 天地金乃神으로부터 "고난에 빠진 우지꼬(氏子)[64]를 토리츠기(取り次ぎ)[65]하라"는 부탁을 받고서 농사를 그만두고, 사람들의 바램을 신에게 빌고, 신의 바램을 사람들에게 전하는 토리츠기에 전념하게 되었다고 한다[66]. 그 후에 天地金乃神으로부터 教祖는 「生神金光大神」이라는 神号(神으로부터의 호칭)를 부여받았다고 한다. 이 「生神」에 대해서 교조 자신은, "生神이란 신이 태어나는 것이며, 고난에 빠진 사람들을 구할 때 거기에 신이 나타나는 것이다. 누구라도 生神의 활동을 볼 수 있다"고 하였다.

1859년부터 토리츠기 활동을 시작한 金光大神은 자신의 집에서 기도와 포교 생활에 몰두했다. 당시 민중들의 金神에 대한 신앙은 金神을 거스르지 않고 그 금신에의 강력한 위력을 통해서 다양한 현세이익을 구하는 것이었다. 이처럼 금광교는 독자적인 最高의 神인 天地金乃神을 내세우며 현세이익 중심의 새로운 종교로 출발한 것이다[67]. 메이지(明治)시대 초기인 1880년대에 금광교를 지지한 민중은 山陽지

---

64) 같은 氏族 神을 모시는 사람들이란 의미로 神道에서 주로 사용되는 용어이다.
65) 중계 또는 매개한다는 의미로서 금광교에서는 教師 자격을 갖춘 사람이 신자들의 고충과 고통, 번민의 말을 듣고 거기에 신의 말을 전하는 중계자 역할을 하는 것을 가리킨다.
66) http://www.konkokyo.or.jp/japanes/guide/kamisama.html 발췌인용.
67) 村上重良, 『新宗教ーその行動と思想ー』, 評論社, 1980, pp.98-99.

방의 중하층 농민과 세토나이카이(瀬戸内海) 주변의 상공민들이었다. 금광대신은 신자의 생활감각에 밀착하여, 천지의 도리에 맞는 신앙을 가르쳤고, 항상 인간을 최종적인 가치기준으로 삼는 인간본위의 생활을 논하였다고 한다. 또 인간의 평등과 婦人의 존중을 설교하였고, 현실중심, 인간본위의 입장을 주장하고, 정치에 대해서는 중립적인 자세로 일관하였다.

이처럼 금광교는 근대 초기에 그 교의의 합리성, 開明性으로 인해 막부시대 말기의 농민, 상공민의 지지를 얻어 발전한 중요 민중종교라고 할 수 있다. 금광교는 1890년대에는 오사카에 진출하여 전국적으로 교세를 확산하였다. 근대 초기 진보적이던 금광교는 이후 점차 천황숭배와 국가주의로 기울었으며, 1900년대에는 도시 상공민을 주요 기반으로 하는 현세 이익 중심의 성격을 강하게 띠게 되었고, 1900년에 교파 신도로서 독립을 공인받았다. 1946년 종교법인으로 등록하였으며, 교조인 金光大神이 1883년 70세를 일기로 별세(帰幽)하자, 콘코이에요시(金光宅吉)가 뒤를 이어 토리츠기를 승계한다. 1946년에 콘코세츠다네(金光摂胤)가 교주 겸 본부 교회장으로 취임하였고, 1963년 金光摂胤가 83세를 일기로 별세하자, 콘코카가미다로우(金光鑑太郎)가 교주로 취임하였다. 1991년 金光鑑太郎가 81세로 죽자, 콘코헤이키(金光平輝)가 교주로 취임하여 오늘에 이르고 있다.

현재 조직 구성은 다음과 같다. 금광교 본부(岡山県浅口郡金光町 소재) 하에 8개부서를 두고, 도쿄, 나고야, 오사카 포교센터 및 해외 지부를 운영하고 있다.

[금광교 조직도]

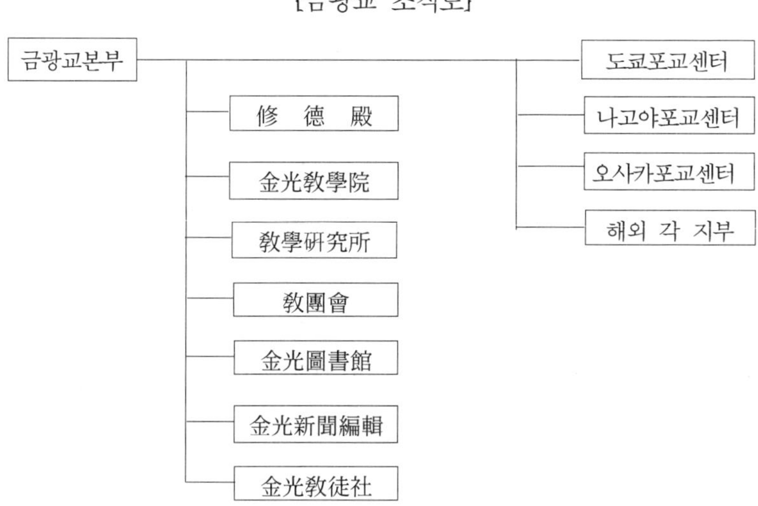

2002년 일본 문화청이 펴낸 『宗敎年鑑』에 따르면, 현재 일본 국내 교세는 교회 수가 1,589개소(포교소 13곳 포함), 신자 수는 430,190명에 이르고, 東日本보다는 西日本을 중심으로 교회가 분포되어 있다. 한편, 해외포교는 1919년에 최초로 북미 포교를 시작으로 1964년에 남미포교를 시작하였다고 한다. 현재 해외 포교소는 미국 본토에 10개 교회, 하와이에 6개 교회, 그리고 캐나다에 2개 교회, 브라질에 5개의 교회가 활동하고 있으며, 2000년도에 파라과이와 한국에 거점을 설치하여 운영하고 있다. 그리고 기관지로서는 월간지인 금광교보 [天地]가 있고, [金光新聞]을 주간으로 발행하고 있다. 또한 각 지역 라디오 방송국을 통해 매일 아침 금광교 관련 라디오 방송을 하고 있다. 한편 금광교에서는 다양한 사회활동을 전개하고 있는데 국제협력부분으로는 [金光敎平和活動센터]를 설립하여 아시아의 아동들에 대한 지원과 교류를

하고 있다. 또 필리핀에서는 [칸룬 Konkyoukyou Center]를 조직하여 활동을 하고 있다. 또 [금광교 국제센터]를 1993년 설립하여 교전의 번역과 집회, 그리고 평화 네트워크를 구축하여 활동을 하고 있으며, 캄보디아 어린이에게 번역한 그림책과 크레파스 보내기 운동, 태국에서는 [Heartful Trade Project]라고 하는 인신매매 보호활동 지원을 위한 수공예품 판매와 청년들의 견학여행을 실시하고 있다. 그리고 [KIC Club]이라는 일본인과 외국인과의 교류회를 조직하여 운영하고 있다. 한편 평화활동으로서 평화기원 집회나 평화기원포럼을 실시하고 있으며, 그 외에도 [사랑의 연필 보내기 운동]이나 靑鳥点訳(점자번역) 그룹 활동 등 다양한 사회활동을 실시하고 있다.

금광교는 앞의 조선총독부 자료에서 본 것처럼, 일제강점기 초기인 1910년에 이미 4개의 포교소, 4명의 포교자, 그리고 일본인 신자 1,176명을 확보하고 있었고, 그 다음해인 1911년에는 조선인 신자가 586명 그리고 1938년에는 일본인 신자 17,114명, 조선인 신자 107명이 존재한 것으로 나타나있다. 그러나 천리교와는 달리 국내 신자 수가 상대적으로 적었던 금광교는 해방이 되자 일본인의 철수와 함께 그 흔적은 사라지게 되었다.

일제강점기에 금광교는 일본에서 파견된 교사를 중심으로 활동을 하였지만, 유일하게 당시 조선인으로서 교사로 활동한 사람이 이원규(李元圭 : 1900~1969)이다.[68] 그는 일제시대에 일본 八田市에서 노무자

---

68) 금광교의 초기 기록은 2004년 1월 17일 현 한국금광교 교회장인 이진구, 교사 강영준, 그리고 일본 본부에서 파견된 서울포교소장인 스나미(角南)와의 인터뷰에 의한 것이다.

로 일을 하면서 병 치료를 목적으로 금광교에 입신하게 되면서 그후 일본에서 금광교의 수업을 받고 조선인으로서는 최초로 金光教教師 자격을 가지고 1931년 한국에 돌아와, 서대문 평동에 교회를 세워 한국 사람과 일본 사람에게 포교활동을 시작하게 되었다. 이것이 국내인에 의한 금광교의 최초의 포교이다. 그 후 이원규는 지속적으로 활동하였는데, 일본교회와 마찬가지로 토리즈기와 祭典을 행하였고, 당시 교회의 신자 수는 大祭 때 약 50~80명 정도였다고 한다.

그 후 패전으로 일본이 물러가자 자연히 일본인 교사들도 일본으로 돌아가고, 교회는 폐쇄되고 신자들은 자동 해산되었으며, 이원규도 활동을 그만두게 된다. 그 후 50여 년간 일본 금광교와는 전혀 교류가 없다가, 1999년에 일본 본부 [교학연구소]의 사토(佐藤) 소장이 한일종교연구자포럼을 통해 국내에 자주 들러 신종교 연구자들과 교류하면서부터, 일제시대에 한국에 금광교가 있었다는 사실을 알고 그 후손을 찾게 되었는데, 이원규의 아들인 이진구를 만나면서 국내 포교에 눈을 돌리는 계기가 된다. 이진구와의 만남을 통해 일본 본부의 전적인 지원으로 2002년 4월 22일 서울에 [한국금광교] 교회를 개소하면서 본격적인 포교활동을 시작하게 되지만, 교세는 극히 미약하며 주로 서울교회장 주변인들 30여명 정도의 신자가 있다.

앞서 살펴본 것처럼, 60년대 한일국교 정상화와 일본과의 경제교류, 그리고 인적 교류의 증가로 인해, 해방 이후 사라졌던 일본종교들이 재생하는 계기를 맞이하게 된다. 특히 이 계기를 가져오는데 결정적인 역할을 한 것은 재일동포이다. 한국전쟁을 발판으로 급속한 경제성장을 한 일본의 재일동포들이 왕래함으로써, 국내 친척과 주변인들은 그들의 물질적인 풍요로움은 물론 그들의 생활방식과 문화, 종교도 동경과 모방의 대상일 수밖에 없었고, 따라서 해방 후 사라졌던 몇몇 일본종교는 이들 재일교포와 그들의 친척, 주변인을 통해 국내에서 재생되고, 그 중 일련정종(창가학회)은 급속히 교세를 확산하기에 이르는 것이다.

(3) 신생형
― 靈友会, 立正佼成会, 光明思想普及会(生長の家), 辯天宗, 真如苑, 모랄로지(moralogy=道德科学研究所), 예수어령(イエスの御靈)교회, 야마기시(山岸)회, 太陽회(일련정종계) ―

신생형으로 분류한 일본종교 교단은 60년대 이후 국내에 처음 들어온 교단들로서 거의 대다수가 敗戰 후 일본에서 종교 붐이 일어난 이후에 생성되거나 급성장한 교단 혹은 신앙단체이다. 이들 교단 중에는 기존의 일본불교나 신도계와 관련이 있거나 파생된 교단도 있으며, 독자적으로 생성된 교단도 있다. 기존의 일본불교계와 관련이 있는 교단은 영우회, 입정교성회, 그리고 진여원이며, 신도계 혹은 민간신앙계로는 변천종이 있고, 또 혼합형 신앙단체로 광명회, 모랄로지, 야마기시회가 있으며, 기독교계로서는 예수어령교회가 있다.

· 靈友会
靈友会는 일련법화계에서 파생된 신종교이다. 1925년 10월 쿠보카쿠타로우(久保角太郎 : 1892~1944)와 코타니키미(小谷喜美 : 1901~1971)에 의해 창립되었다. 두 창설자 중에서 쿠보는 지도자(=組織者)로, 코타니는 선생님(=恩師)으로 불린다. 코타니는 靈能者로서의 영능을 통한 祖靈信仰을, 쿠보는 이를 법화경 신앙과 결합시켜 靈友会라는 종교교단을 설립하게 된다. 1930년 쿠보는 教典인 아오쿄우켄(青経券)[69]을 만들어서, 법화 신앙과 선조공양을 결합한 교의를 정리하고, 코타니가 회장, 쿠보가 이사장을 맡아 포교활동을 전개하였다. 1931년 쿠보는 이세(伊勢)神宮에 참배하고, 暁天 金星(虚空蔵菩薩)을 숭배하여 크게 깨우치고, [仏知를 아는 보살의 法은, 선조공양과 가르침이다]라고 하는 영우회의 기본교의를 확립하였다. 그러나 여러 가지 이해관계가 얽히면서 1936년 효도교단, 1938년 입정교성회와 사친회로 분파되는 등 9개 분파로 나누어졌다. 1944년 쿠보가 죽자, 고타니는 쿠보의 아들 츠기나리(久保継成, 1936~)를 후임자로 선임하게 된다. 다음 그림 은 영우회의 일본 내에서의 분파를 나타낸다.

[영우회 분파도]

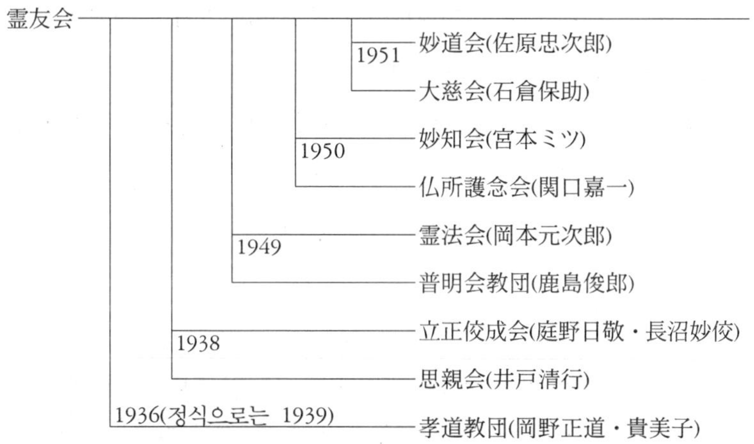

---

69) 영우회의 경전으로 法華経의 [一部経]내용의 진수를 발췌하여 쉽게 풀이한 것으로 누구나 읽기 쉽고 알기 쉽도록 한 것이다. 정식명칭은 [조석의 근행= 朝夕のおつとめ] 이라고 한다.

靈友会의 '靈'이라는 말은 인간의 정신 그 자체를 나타내고 있으며, 서로의 마음과 영혼을 소중히 한다는 소원이 담겨져 있다고 한다. 교단에서는 인간으로 태어난 것 자체가 조상의 은덕인 관계로 마땅히 [선조공양의 사명]을 자각함에서부터 신앙의 단초가 시작된다. 예컨대 靈友会의 청년부가 주관하고 있는 '닷 컴 운동'은 부모나 조상에게 감사하고 자신이 태어난 사명을 찾아내는 운동이다. 생활의 불교의 실천자로서 신자들은 '자신의 인생은 스스로 쌓아 올린다'라는 신념 아래, 宗旨, 종파와 관계없이 부계, 모계 혹은 시가, 처가의 조상에게 『青経巻』(『南無妙法連華経』『朝夕의 수행』·『無量義経』·『妙法連華経』·『仏説観普賢菩薩行法経』의 다이제스트판)을 올린다. 즉 부계·모계(시가·처가) 쌍방의 조상을 공양함으로써 자신의 생명을 유지할 수 있기 때문이라는 것이다.[70] 생활 속에서 자신의 생명의 근원인 쌍방의 선조와 대면하여, 생명의 흐름 속에서 서로 격려하면서 살아가는 자기 자신에게 눈을 뜨고, 그것을 양식으로 스스로를 만들어 가야한다고 가르친다. 교단에서는 이런 가르침을 靈友会 헌장으로 제정하고 신자들에게 그에 따른 행동선언을 하도록 가르친다. 회원의 마음가짐 및 바른 행동(心得正行)을 정하고 있는데 이를 보면 다음과 같다.

1. 자신의 조상을 자신의 손으로 공양하고 인도를 실천한다.
1. 가족, 가정의 소중함을 세상에 알리고 스스로도 실천한다.
1. 스스로의 사명을 살려 지역, 사회에 부응하는 활동을 행한다.[71]

---

70) 이는 靈友会의 창립자 쿠보 가쿠타로(久保角太郎)가 부계 모계 혹은 시가 처가 쌍방의 조상을 공양하는 것을 주창했는 것에서 유래한다.
71) http://www.reiyukai.or.jp/osie/index_oshie.html

영우회는 오늘날에도 '좋은 일본을 만들자'는 취지 하에 定例行事인 [同志의 会]를 통하여 각 "동지의 회"의 실행 위원회가 주체성을 배양하여 각 旗·계통 지부와의 제휴를 긴밀히 하여 가르침을 지역에 펼쳐가고 있다. 현재 전 세계 영우회 신자 수는 교단 공칭 325만 명(100만~300만으로 추정)이며, 이 중 해외 신자수가 공칭 170만 명(50만 이상으로 추정)으로 알려져 있다. 입교 안내를 중심으로 한 종적 조직이 근간이 되며, 14개소 3,025개 지부와, 관련단체로서 정치결사단체인 ITC가 활동하고 있다. 일본 『宗教年鑑』(2002)에 따르면 신자 수는 1,688,874명, 교사수는 2,919명, 교회 5개소, 포교소 69개소, 그 밖의 2,919개소를 합하면 2,993개소의 단체가 활동하고 있는 것으로 집계되어 있다. 현재 본부는 도쿄(港区麻布台소재)에 두고 있으며, 시즈오카에 弥勒山(静岡県加茂郡소재)을 聖地로 하고 있다. 또 일본 내 39개 지국 및 사무소를 두고 있다.

영우회의 국내활동을 보면, 일제강점기인 1934년 무렵 한국 내에 신자를 확보하였다[72]고 하나, 이에 대한 구체적인 사실은 확인할 수 없다. 해방 직후 영우회는 서울 서대문구 신촌에서 활동한 적이 있다고 하지만, 최초의 활동기록은 한국전쟁이 끝나갈 무렵인 1953년말 재일교포 문망식(일본명 : 후미야마=文山)이 귀국하여 제주도에서 일시적으로 포교활동을 시작한 것에 비롯된다. 그는 1958년에 일본 영우회의 지부장을 역임하였던 적이 있는데, 1960년 무렵에 한국에 와서 그의 일가친척들에게 다시 포교하기 시작했으나 본격적인 포교활동은 1970년대

---

72) 井上順孝他, 『新宗教辞典』, 弘文堂, 1998, p.613.

무렵부터이다.

초기의 제주지역에 한정되었던 포교활동은, 1969년 일본 영우회의 제 6지부장 이토우마사카츠(伊藤正一)가 한국을 방문한 것을 계기로 이듬해인 1970년 부터 본격적인 포교활동이 시작되었다. 같은 해 4월 3일 일본 제24지부 소속의 재일교포 金秉植도 국내포교를 시작하고, 같은 해 9월 제 6지부, 제 8지부, 제 13지부 등 한국인 회원의 다수 생기기 시작하였다. 영우회의 특성상 지부는 靈能者가 자신의 신도를 거느림으로써 형성되는 기본 조직으로 이 지부의 설치는 곧 일본 내 지부의 지부장 격인 靈能者에 대한 추종집단이 발생함을 의미한다. 일본 靈友会 본부는 이후 국내 포교를 위해 교단의 경전인『青経巻』의 번역 작업을 기획하고, 당시 동국대 불교학과에 재직 중이던 金知見 (1931－2001)교수에게 1970년 8월 6일에 의뢰하여 1972년 2월 5일 발간하게 된다.

같은 해 제 2지부 지부장 이노우에타로우(井上太郎)가 한국을 방문하고 이듬해 1973년 3월 일본 본부 제 8지부 쿠로야마카츠히로(玄山勝浩)가 직접 국내포교를 시작하였다. 이노우에는 5월 23일 문화공보부 차관을 방문하여 한국포교에 대한 사전 내락을 얻어내고, 7월 1일 한국연락사무소를 개설하여 주재원으로 吳相完를 임명한다. 그리고 오상완의 집(성북구 수유동 38－6)을 한국연락사무소로 결정하고, 문화공 보부 보도국장 손석규를 방문하여 포교 협조를 부탁하기도 한다. 같은 해 8월 7일부 한국어 입회카드를 만들어 회원 모집에 나서고, 안내 팜플렛 '인류를 이끈 현대의 灯 靈友会의 가르침'과 그림엽서를 만들어 배포하기도 한다.

이 무렵 순수한 국내 신자인 제주의 현명종(제주 출신)과 부산의 진명규도 본격적인 포교활동을 전개하고, 1974년부터 매월 19일 法座를 열어 본격적인 포교활동에 힘쓰게 된다. 1975년 일본 본부는 제 8지부장인 마츠나미토시요(松波知代)를 파견하여 별도로 국내포교를 한다. 이 해 5월 1일 한국어판 『弥勒経』이 발간되고 5월 7일에 오상완 한국지국사무장과 일본 본부 제 8지부 지부장, 포교국 개발부장 등이 참석한 가운데 서울에서 한국지국 착공식을 거행한다. 그리고 7월 15일에는 정식으로 [在家仏教大韓靈友会]의 창립총회를 개최함으로써, 본격적으로 국내 포교를 하게 되는 것이다. 뒤이어 12월 8일 영우회 한국지부 회관이 준공되어 국내의 靈友会 본부가 일본 지국의 형태로 개설하고 초대 지국장에 니시가와(西川)가 임명되어 3,000명 정도의 신도를 확보하게 된다.

1976년에 이르러 제 6지부 김송치, 제 8지부 조병렬, 제 24지부 김병식 등이 1976년도 仏乃世界推進委員으로 임명되고 9월 일본본부내 布教局에 [大韓民国靈友会 事務所]를 설치하여 김애자를 그 담당자로 임명하여 그 사무소를 중심으로 국내에서 별도의 법인등록을 위한 준비에 착수하게 된다. 1977년 7월 1일 니시타니토시히로(西谷年弘)가 2대 한국지국장에 임명되면서 [외국 민간원조단체] 영우회 한국지부를 서울시 마포구 성산동 258－11에 개설하고 그 지부장 대리를 맡게 된다. 이 지부는 동년 8월 3일자로 한국 정부로부터 [외국민간원조단체 영우회 한국지부]로 정식 인가를 받게 되었다.

그러나 이런 靈友会의 국내 활동은 1979년 12월 31일자로 갑자기 사무소가 폐쇄되고, 지금까지 지국사무장을 맡아 실질적인 일본 본부의 주재원 역할을 하던 오상완도 사임하게 된다. 이후 국내에서 靈友会의 활동은 급격히 위축되어 갔다. 그런 중에도 제주지역에서의 靈友会 활동만은 그 명맥을 유지하고 있었다. 1983년 5월 15일 제주에 靈友会 포교원이 제주시 一徒二道 1030−2번지에 준공되어 현명종이 법좌소를 설치하고 법좌주를 맡게 된다. 1988년 12월 4일에는 제주 영우회포교원을 일본 본부가 [대한민국영우회 연락사무소]로 승인하여 개소하고, 1989년에는 한국재가불교영우회포교원 제주지역 地員회원 발기인회를 개최하기도 한다. 이 자리에서 제 8지부 현명종 지부장을 [한국재가불교영우회] 포교원장으로 선출하고, 같은 해 5월 제주포교원에 쿠보, 고타니 두 恩師의 위패를 봉안하였다. 또한 12월 4일에는 부산에서 확대 모임을 개최하는 등 1980년대 후반에 들어와 다시 靈友会의 국내 포교활동은 활발한 움직임을 보이게 된다.

1990년 10월 6일 부산 인너트립센터(부산시 동구 수정동 138 4층)를 열고, 地員대표 130명과 久保継松 회장과 현명종 포교원원장, 김창옥 포교원 부원장, 増永雄俊 통괄회의 의장이 참여한 가운데 부산 아리랑호텔에서 축하식을 가졌다. 동시에 이 센터를 靈友会의 한국 본부로 삼았다. 1991년에는 在家仏教靈友会 포교원 개설 17주년기념대회를 제주에서 개최하고 같은 해 4월 8일 한국어판『青経券』의 개정판을 발행하는 등 포교를 재개하기 시작한다. 그리하여 1992년 10월 23일 제 8지부 전두남(부산), 제 8지부 안종모(부산), 제 8지부 금난화(제주)를 지부장에 임명하고, 1993년 7월 25, 27일 각기 제주와 부산에서 한국영우회 포교원 연수회를 개최, 12월 28일 부산 청년궐기대회를 부산 인너트립센터에서 거행함으로써 포교활동의 열의를 다졌다.

한편 문서 포교에도 힘을 쏟아, 1994년 2월 9일 한국어판 『天의 音樂』을 발간하고, 같은 해 3월 5일 한국재가불교영우회포교원 발기인회를 개최하여 정관을 만들어 체제를 정비하는 한편, 4월 21일에는 제 24지부를 인천지역에 설치함으로써 다시 경인지역에까지 포교영역을 넓혀나갔다. 6월 20일에는 제1차 운영위원회를 개최하고 제8지부장 현명종을 한국재가불교영우회포교원 원장에 선출하였으며, 같은 해 8월 15일 제 8지부에서 제 2회 일한청년교류회를 제주에서 개최하고, 10월 1일 제 1회 등산모임을 지리산에서 실시하는 등, 한일 영우회 회원간의 교류도 확대해 갔다.

1995년 11월 5일에는 부산 인너트립센터 이전을 위해 부산 대연동 소재의 건물을 구입하고, 1997년4월 16일에 고원균(高元均)이 [한국영우회사무장]에 취임하였다. 1998년 2월 15일, 서울·경기포교원을 개원하고 8월 22일 제 1차 전국합동 미륵산수행을 부산 금련산 청소년수련장에서 개최하였고, 10월 30일 2001년 4월부터 회원들의 회비를 개인회비제로 전환하기로 결정한다. 1999년 6월 19일부터 양일간 법좌원 이상이 참여하는 부산 리더연수회를 40여명이 모인 가운데 개최하고, 2000년 6월 30일 부산 인너트립센터를 확장하여 座室을 3층에 이전하였을 뿐 아니라, 8월 13일에는 제주포교원을 제주시 삼도일동 799-4 소재 건물 4층으로 이전하고, 9월 23일에는 제주시 포교원에 본존석가미륵 奉安式을 거행하는 등 꾸준히 그 활동을 전개하였다.

최근 들어 靈友会는 2001년 2월 28일 서울·경기포교원을 서울시 구로구 오류동 155-7 소재 건물 4층으로 이전하고, 4월 1일 고원균(高元均)이 한국지국장에 취임하여, 2003년 10월 5일 제 1회 한국영우회

합동리더연수회를 개최, 11월 10일 서울 경기포교원을 다시 서울시 강서구 공항동 1－130소재 건물로 이전하여 활동하고 있다.

영우회 회원 구성과 조직은 다음과 같다. 회원(1명) 위에는 법좌원(3명 이상 1가정)이 있고, 준법좌주는 20명 회원의 리더이며, 법좌주는 50명 회원의 리더, 그리고 준지부장은 200명 회원, 지부장은 500명 회원의 리더가 된다.

국내의 영우회는 크게 제 8지부(현산지부), 제 24지부(홍준표지부), 제 28지부(모리가와지부)로 구성되어 있다. 제 24지부와 제 28지부는 1지부로 편성되고, 제 8지부는 7지부로 다시 나뉘는데, 2개 지부는 일본인이 맡고 제 28지부도 일본인이 맡고 있다. 부산 지역에는 4개 지부에 따른 4명의 지부장이 있는데, 여기에는 별도의 시설이 있는 것이 아니라 지부장의 자택에서 법좌를 행하는 형편이다. 회원의 위계는 법좌주, 준지부장, 지부장 등으로 설정하고, 현재는 전국적으로 한국본부 산하에 2개의 포교소를 설치 운영하고 있으며, 나머지 지부들은 가정집회 형식을 취하고 있다. 회관을 별도로 설립하여 운영하고 있는 곳은 영우회 한국본부(부산광역시 동구 수정2동 138)와 제주지부(제주도 제주시 삼도일동 799－4), 서울경기지부(서울특별시 강서구 공항동 1130)이다.

영우회의 회원은 자체 통계에 따르면 매년 증가하는 추세라고 하지만, 최근에는 그 증가세가 크게 뚜렷하지 않는 경향이었다. 1974년 10월의 자체 통계에 의하면, 전국 회원 1,000여명에서 1975년 8월에는 2,500여명, 1975년 11월에는 3,000여명, 2002년 4월에는 3,970명, 2004년 4월 현재는 3,585명으로 집계하고 있다. 대체로 이들 회원들 중, 1970년대 초반부터 靈友会에 가입한 신도들은 30년 넘게 지금도

활동을 계속하고 있는데, 그들은 靈友会가 회원신자들에게 信行에서 특별한 규제가 없는 자유로운 신앙생활을 장려하기 때문이라고 응답하고 있다.

靈友会는 개인 회비제로 운영되기 때문에 2004년 3월말 현재, 회비를 납부하고 있는 회원에 대한 통계 현황은 다음과 같이 파악되고 있다.

지부별	준지부	지부장	준지부장	법좌수	회원총수
제 8 지부	현산 지부	1		3	150
	김난화 지부	1	2	2	530
	전두남 지부	1		6	682
	안종모 지부	1	1	5	628
	주청자 지부	1	2	7(2)	816
	도은숙 지부	1	2	9	600
	다구찌 지부			1	50
	무라카미 지부			1	17
제 24 지부	홍준표 지부		1	2	105
제 28 지부	모리가와 지부				10
계		6	8	35(2)	3,588

* 2004년 3월말 현재 회원납입자실수. (   )안은 신청 중인 수.

・立正佼成会

다음으로 국내에서 새로 들어와서 생성된 일본종교로 立正佼成会가 있다. 입정교성회는 법화경을 경전으로 하는 靈友会로부터 1938년(昭和13년) 니와노닛쿄우(庭野日敬 : 본명은 鹿造 1906~1999)와 나가누마묘오코(長沼妙佼 : 본명은 마사＝マサ 1889~1957)가 분파, 독립하여 [大日本立

正佼成会]를 만들면서부터 시작되었는데, 현재 일본신종교 중 신자 수 600여 만 명에 이르는 대교단으로 성장한 신종교이다. 입정교성회 자체에서는 2003년 12월 현재, 일본 국내 신자 수를 205만 세대라고만 밝히고 있으며, 일본 [宗教年鑑(2002)]에 의하면 신자 수 5,611,440명 이다.73)

입정교성회는 법화경을 경전으로 하고 있다. 구체적으로 입정교성회가 내세우는 경전은 [法華三部経]으로서, [無量義経], [妙法蓮華経], [仏説観普賢菩薩行法経]이다. 또한 다른 법화경계 종교교단과 마찬가지로 日蓮과의 관련도 가지고 있으나, 일련정종 계열처럼 일련을 표면적으로 내세우고 있지는 않다.

[立正]이란 올바른(正) 가르침에 입각(立)하는 것, 그리고 [佼成]이란 많은 사람과 사귐으로서 서로를 돌보고 격려하면서 인격의 완성을 꾀한다는 의미이다. 즉 [立正]이란 세상에 정법, 즉『법화경』의 가르침을 바로 세운다는 뜻이다. 또한 [佼成]의 [佼]는 신앙적인 교섭과 신자들의 [和]의 교류를 말하며 異体同心으로 표현된다. [成]이란 인격의 완성미이며 성불이라는 이상을 담고 있다.

교리는 창립과정에서 나타나는 것처럼, 니와노의 독자적인 姓名學·気學的인 것과, 일본의 산악신앙인 修験道 내지는 真言密教的 요소가 합해져서 天拘不動信仰 등으로 나타나고 있다. 또한 '마음을 바로 잡는다', '마음 근성을 고친다'는 가르침은 天理教의 '마음을

---

73) 종교교단정보 데이터베이스 <http://www.rirc.or.jp/data/output.cgi?id=98121011> 에 의하면, 일본국내 신자 300만 이상, 해외신자 5천에서 1만명 정도로 보고 있다.

바꾼다.' '마음을 고친다.'는 교리와 유사한 것으로도 보인다. 입정교성회는 창교 이후에 일본에서 급성장하지만, 나가누마 묘우코의 죽음과 함께 소위 [요미우리 사건][74]이 일어난 이후, 니와노는 입정교성회의 입장을 옹호하면서도 한편으로는 자신들의 활동에도 문제가 있다고 인정하게 된다. 그 후 소위 나가누마 묘우코 죽음 이전을 [方便시대][75]라고 하고, 1958년부터 1977년까지를 [真実顕現 시대][76]로 규정하였다. 1958년에 교의를 확립하고, 본존을 久遠実成大恩教主釈迦牟尼仏로 정하였다. 1960년 이후, '국민 諸신앙, 종교협력'을 제창하고 [밝은 사회 만들기 운동] 등 사회적 실천에 힘을 쏟고 있으며, 국제적으로는 세계종교자 평화회의(WCRP)의 유력한 구성단체가 되어 종교평화 운동을 전개하는 등, 신종교계를 주도하는 교단이 되었다. 또 1978년부

---

74) 요미우리 사건이란 1952년 北多摩郡 大和村에 살던 입정교성회 신자이던 모자가 동반자살한 사건에 대해 교성회에 책임이 있다는 NHK방송의 보도 후, 1956년에 요미우리신문에서 입정교성회에 대한 기획된 비판기사를 3개월 간 연속적으로 게재한 사건이다. 요미우리신문은 입정교성회의 토지 매입에 대한 주변 주민들의 비판에 관한 것부터 시작하여, 나중에는 입정교성회의 주술적인 행동(성명감정, 칠성 등)과 나가누마 묘우코에 관한 신앙 즉 살아있는 신으로 받드는 것을 문제로 삼았다.

75) 방편시대란 석가가 입문전의 시대를 비유한 것으로서, "흔들리지 않는 신앙심"을 키우는 시대라는 의미이다. 즉 이 시대는 양 교조(니와노와 나가누마)의 신앙지도에 의해서 많은 사람들이 [貧・病・争]으로부터 현실적으로 구원을 받기 위해 수행에 힘쓴 시대라고 한다. 니와노에 의하면, 이 시기의 주 행동원리는, 묘우코를 통해서 제시된 神示와 마음가짐에 대한 엄격한 지도, 철저한 참회였다고 한다. 庭野日敬, 『この道――仏乗の世界をめざして―』, 佼成出版社, 1999, p.17.

76) 이전의 방편시대는 진실에 이끌리기 위한 준비의 시기이며, 진실을 깨우치기 위한 이해력을 얻는 시기였다고 보고, 이제는 법화경이라는 진실한 신앙 대상을 논해야 하는 시기라는 것이다. 즉 법화경의 진실이 현실에서 나타나도록 한다는 의미를 갖고 있다고 한다. 상게서, pp.12―13.

터 1987년까지를 [普門示現 시대][77]로 정하여, 점차 초기의 주술적 신앙에서 벗어나고, 교단 조직도 합리화되었으며, 체계적인 교단 체제를 갖추게 된다. [真実顕現 시대] 이후부터는 나가누마 묘우코 시대의 묘·체·진 이론이나 비밀법에 대해서는 관심을 덜 가지게 되고, 보다 현실적인 문제에 관심을 가지게 된다. 특히, 니와노 전 회장의 세계종교자 평화회의(WCRP)의 중심적 역할 수행, 그리고 [한 끼 거르기 운동(一食を捧げる運動)] 등의 사회운동에 중점을 두게 된다.

신자는 신앙생활을 계속함에 따라 고만챠라(御曼茶羅), 고슈고신(御守護神), 다이만챠라(大曼茶羅)의 순서로 신내림을 받고, 별도로 入神이라는 자격도 정해져 있다. 신자는 소수 신자의 서클인 [法座]를 설득·체험발표·학습의 장으로서 운용하여 고해, 신앙체험 등을 얘기한다.

국내에서 입정교성회를 활동을 보면 다음과 같다. 1938년에 창립된 입정교성회는 해방 전에 국내에 들어 왔고, 니와노닛스이(庭野日数)가 서울시 서대문구 홍제동에 자리를 잡고 포교하다가 추방된 바 있으며, 신점염이 서대문구 홍제동 330－518에 본부를 두고 활동한 적이 있다[78]고 한다. 그러나 그 흔적은 거의 남아있지 않고 국내 신자들로 이어지지 않고 단절되었기 때문에, 천리교나 본문불립종처럼 기존에 생존하다가 재생되었다기보다는 1970년대에 재일교포 경로를 통해 생성된 것으로 보는 것이 타당할 것이다.

---

77) 보문시현 시대란 모든 사람들에게 법화경의 가르침을 전하고, 세계평화의 실현에 공헌해 가는 시대라는 것이며, 다양한 사회활동을 본격적으로 행하는 시기를 뜻한다. 상게서, p.14.
78) 탁명환, 「왜색종교의 확산실태 ; 일련정종 창가학회를 중심으로」, 『현대불교』 227, 현대종교사, 1993. 3, p.194.

입정교성회가 본격적으로 한국에서 포교를 시작한 것은 해방 전에 일본에서 귀국한 宋命根이 대구 달성동에서 활동한 것이 최초이다. 그는 1964년 일련정종에 대한 정부의 포교금지 조치가 내려질 때 대구 지역의 일련정종의 간부 金永淳과 반장 金仲煥에게 일련정종의 교리가 잘못되었음을 지적하고, 그들을 [한국일련정종신도회]로부터 탈퇴하게 하고, 한국적인 법화신앙단체인 [한국일련정종지용회]를 결성하였다[79]고 한다. 그러나 1971년 그가 사망함에 따라 활동은 종식되었다. 그 후 본격적인 입정교성회의 국내활동은 1978년 12월 5일 문화공보부에 종교 활동을 신고한 후 서울 연희동에 법좌소를 설치, 운영한데서 비롯된다. 그 이듬해인 1979년 2월 25일 재일동포 강신극 법사의 주선으로 서대문구 연희동 81－1에 [입불식(점안식)]을 거행하였다. 같은 해 서울에 한국연락소가 생기고 다키구치마사히로(龍口昌弘＝文夫)가 책임자로 취임하였으며, 1981년 부산과 마산에 법좌소가 설치, 그 후 1986년부터 李福順씨가 교회장으로 책임을 맡고 있다. 다키구치는 서울 서대문구 연희동에 위치한 입정교성회 한국연락소의 소장으로 부임하여 1985년 12월까지 한국입성교성회 교회장을 지냈다.

[재가불교 입정교성회]의 현 교회장(李福順 : 1936년생)은, 재일교포 2세로 일본 오사카 이쿠노(生野)구에 거주하고 있었는데, 당시 언니의 권유로 입정교성회에 입신하게 되었다. 그리고 귀국 후, 한국 땅에서는 한국 사람이 한국어로 한국인을 포교해야 한다는 일본 본부의 기본 방침에 따라, 1983년 이복순씨는 일본 본부로부터 한국의 책임자로

---

79) 이강오, 「경북지방의 신흥종교, (3) 한국일련정종지용회」, 『한국의 신흥종교 총람』, 한국신흥종교연구소, 1992. p.21.

임명를 받았다. 이 교회장이 취임한 후, 입정교성회는 1987년 서울시 용산구 한남동 현재의 건물[80]에 입주하고, 그 다음해인 1988년 5월 29일 일본으로부터 부처님을 법당에 모시고 사찰로서의 위세를 갖추어 활동을 시작하지만 신자 수는 몇 백명 수준으로 그다지 증가하지 못하였다.[81] 2004년 5월 현재 서울 지부(용산구 한남동)와 부산 포교소(부산 남구 대연동)가 있으며, 신자 수는 2,704세대(등록세대 수)이다.

· 光明思想普及会(生長の家)

다음으로 이시기에 국내에서 생성된 또 다른 교단으로는 光明思想普及会(=生長の家의 국내 교단의 정식명칭)가 있다. 세이쵸노이에(生長の家)는 넓은 의미에서 보면 교파신도이던 오오모토(大本)教계열에 속하는 신종교 단체이다. 오오모토교는 메이지시대 말기부터 쇼와시대 초기에 걸쳐 교세를 크게 확대시켰으며, 1935년 제국주의 시대의 탄압을 받은 후에 분파를 겪게 된다. 그 과정에서 세이쵸노이에 교조인 타니구찌마사하루(谷口雅春 : 1893~1985)도 오오모토(大本)교 창시자인 데구찌오니사부로(出口王仁三郎 : 1871~1948)에게서 사상적으로 영향을 받았지만, 후에 독자적인 교단을 만들었다.

---

80) 한남동의 현 건물과 토지는 재일교포 여성신도에 의해 기증된 것이라고 한다.
81) 입정교성회의 국내 진출과 현황은 이복순 회장과의 인터뷰에 의한 것이다.

[오오모토교의 분파도]
(開祖＝出口なお・聖師＝出口王三朗)

大本

1949년 — 三五教(中野与之助)

1930년대후반 — ひかり教会(岡本天明)

1935 — 世界救世教(岡田茂吉)

1930년 — **生長の家(谷口雅春)**

1951년 — 白光真宏会(五井昌久)

1928 — 神道天行居(友清歓真)

　　세이쬬노이에는 다른 종교 교단과는 달리 문서전도를 하며, [万教一帰]라는 초종파적인 입장을 내세우는 신앙단체이다. 교조 타니구찌는 와세다 대학교를 중퇴한 지식인인 동시에 뛰어난 문필가였고, 헤겔의 観念哲學과 불교의 唯心論, 그리고 精神分析學과 心靈科學을 종합하여 [実相観]을 구축하고, 이들 재료들을 배합하여 자신의 교리를 체계화한다. 그리고 잡지『생명의 실상(生命の実相)』을 통하여 왕성한 저술활동을 전개하게 되는데, 1935년 당시 이미 정기구독자가 3만 명이 넘었고, 80만부를 간행하여 출판사인 [광명사상보급회]는 사업으로서도 크게 성공하게 된다.

　　그러나 1939년에는 일본의 제국주의로 인해 해외로도 진출하여, 만주와 중국본토를 겨냥한 [東亜同化会]를 결성하고, 세이쬬노이에 만주교화부는 만주국으로부터 정식으로 교화단체로 공인받기도 한다. 1940년 종교단체법이 시행되자 교화단체로서의 세이쬬노이에는 「宗

教結社 生長の家」로 등록한다. 2차 세계대전 중에는 세이쵸노이에도 전쟁에 적극적으로 협력하게 된다. 타니구찌는 「고사기(古事記)」강의 등을 통해 일본의 국체야말로 '실상세계의 구현'으로, '일본군이 진출하는 곳에서는 우주의 경륜이 위요하고 있다'고 주장하고, '念波'의 일체 기원으로 적군을 압도하기 위해 光明念波聯盟을 결성하기도 한다. 당시 일본의 모든 종교가 전쟁에 협력하였던 것이 사실이지만, 특히 타니구찌는 그 어떤 교단보다도 더 적극적으로 일본군국주의에 협력하였다. 이런 사실은 그가 일본국체의 본의로서 천황의 절대화를 앞장서서 주장하면서 일본의 만주침략을 계기로 滿洲光明思想普及会를 결성하여, 타니구찌 자신이 2회에 걸친 만주 방문을 통해 일본 군국주의의 파시즘을 정당화한 사실과, 한 걸음 더 나아가 '戰費無限循環法' 제정을 문부대신에게 건의하여 군사지폐의 발생을 촉구한데서도 잘 나타난다. 특히 그는 전시 일본의 기업가들에게 "비상시에 노동쟁의를 정지시키고 반전사상을 억압하는데 있어서 가장 효과적인 것은 광명사상이다."고 설득하여 노동자들의 전시동원에도 전력을 다한다. 실제로 東京의 日淸紡績에는 각 방마다 기관지(『生長の家』)를 배치하여 노동쟁의를 줄이고 전시 동원체제에 헌신하도록 설득하는 효과를 보았다고도 한다.

일본의 전쟁기간 동안 자원부족으로 잠시 출판활동을 중단했던 주식회사 광명사상보급회는 1946년 교문사(教文社)로 재출발한다. 동시에 같은 해 7월1일에는 종교법인령에 따라 [종교법인 세이쵸노이에]로 등록하여 기성 종교단체와 동등한 종교단체로 출발하게 되지만, 타니구찌는 그 단체에서 전쟁 협력혐의로 여론에 밀려 1948년에는 형식상

추방된다. 그렇게 되자, 그의 딸 惠美子의 두 번째 남편인 심리학을 전공한 아라찌세이쵸(荒地淸超)(뒤에 타니구찌의 후계자가 된 谷口淸超이다)를 교주로 영입하여 종교 교단으로서의 모양새를 갖추게 된다. 그러나 실제로는 타니구찌가 여전히 교권을 장악하였던 것으로 알려져 있다. 그 뒤 타니구찌는 미국인 하더맨 박사를 초청하여, 전국의 순회강연을 통해 자신의 복권을 추진한 결과, 다시 교주로 교권을 장악하게 된다.

그리하여 다시 1949년에는 [세이쵸노이에 교단(生長の家 敎団)]으로 등록하고, 1950년에는 [지우(誌友)]를 회원으로 한 「世界聖典普及協会」를 결성하고, 1952년부터는 라디오 방송을 통한 포교활동을 재개한다. 1953년에는 「세이쵸노이에 교육자연맹」을 결성하여 광명사상을 교육에 접목시켜 포교하기도 한다. 1955년에는 '일본의 폭력혁명'을 저지하기 위해 이른바 「光明化運動 제1차 3개년 계획」을 세우고 사상구국운동의 일환으로 『救國叢書』를 발행하고 사상교육평화 대행진을 개최하기도 한다. 다음 해에는 紀元節 부활운동과 明治憲法 复元운동을 전개하고, 또 「일본종교정치연맹」 결성을 촉구하기도 한다. 1957년에는 그 명칭을 세이쵸노이에(生長の家)로 다시 변경하고, 1958년에는 전세계 인류를 위한 기도 그룹으로 이른바 「世界平和光明思念聯盟」을 결성하기도 한다. 1959년에는 국민총자각운동을 위해 인류광명화운동 제 1차 5개년계획을 세우고, 1964년에는 정치단체로 「세이쵸노이에 정치연합(生長の家 政治聯合)」을 발족시킨다.

그러나 1985년 교조 타니구찌가 사망하자, 2대 교주로 양아들 타니구치세이쵸(谷口淸招)가 취임하면서 정치적 성향은 현저히 줄어들게 된다. 타니구찌세이쵸는 1919년 10월 23일생으로 동경제국대학 문학부 심리학과를 졸업하고, 항공회사에 다니던 중, 군에 입대하여 결핵에 걸려 육군병원에 입원 중에 『생명의 실상』을 읽고 치유의 경험을 하게 된다. 1945년 초대 교주가 제창한 전후 일본 복구를 위한 「세이쵸노이에 사회사업단」의 취지문을 읽고 응모하여 출판사에 입사, 『세계광명사상전서』의 번역과 편집 일을 맡게 된다. 이 때 타니구찌의 딸과 결혼하고, 1948년에는 타니구찌를 대신해 교주로 있다가 세이쵸노이에 청년회를 조직하여 총재가 된다. 그리고 1957년에 본부 기구 개편에 따라 부총재로 취임한 뒤 교조 사망 후 총재로 취임하여 2대 교주가 된다. 세이쵸노이에는 교조 사후에는 1964년부터 시작한 이른바 [우정보호법개정운동]이라는 생명존중을 위한 사회운동을 일본 내 카톨릭과 협력하여 전개하기 시작한다. 현재 세이쵸노이에는 이른바 국제평화신앙운동을 통해 세계종교평화운동을 전개하고 있다.

기본 가르침은 다음과 같다.[82]

첫째, [인간, 신의 자식은 원래 죄가 없다]

세이쵸노이에 교의는 「유신실상철학(唯神実相哲学)」이라고 불리며, 그 중심 사상은 「수직의 진리(タテの真理)」와 「수평의 진리(ヨコの真理)」로 크게 나뉘어 진다. 수직의 진리란 인간은 원래 神의 최고의 자기 표현이며, 석가여래인 동시에 무한의 생명, 무한의 知慧, 무한의 사랑 그 외 모든 善德으로 가득 찬 久遠不滅의 존재이며, 이것이 인간의 実相(본래의 모습)이다. 따라서 인간의 원죄를 부정하고, 죄의 존재를 부정한다. 그리고 예수만이 아니라 모든 인간이 신의 자식이라는 것을 인정한다.

---

82) http://www.sni.or.jp/honbu/html/fremhtm/newpage5.htm

둘째, [환경은 마음의 그림자]

수평의 진리란 현상계(현실 세계)는 唯心所現의 세계이며, 마음에 따라서 자유자재로 가난, 부, 건강, 병, 불행, 행복을 나타낼 수가 있다. 따라서 진리를 알고 실상의 완전함을 믿고 이것을 관찰한다면, 일체의 불행이나 병은 사라지고, 완전한 행복의 세계가 현현하는데 그것을 위한 원리를 [마음의 법칙]이라고 해명하고 있다.

셋째, [万教帰一]

수직의 진리와 수평의 진리와 함께 중요한 것은 「만교귀일」의 진리이다. 올바른 종교 모두는 원래 唯一神(창조신)에서 시작한 것이며, 시대나 지역에 따라 여러 가지 종교로서 진리를 논하고 있지만, 그것들은 모두 본래의 신의 구원의 광선이며, 모든 올바른 종교는 그 근본에 있어서 하나이다. 이것을 이론적으로 밝히는 것 뿐만 아니라 각각의 종교가 출발할 때 가지고 있던 신선한 힘을 부활시켜서 현대에 맞는 진리로 소생시킨다.

이처럼 세이쵸노이에는 [원죄론]을 부정하며, 특히 마음을 중시하는 유심론적 색채를 강하게 보여주고 있으며, 이런 유심론에 바탕을 두고 유일신을 부정하여 만교귀일을 제시하고 있다.

한편 세이쵸노이에는 자신들의 종교 설립의 목적을 다음과 같이 밝히고 있다[83].

• 타니구찌마사하루의 세이쵸노이에 교의를 바탕으로, 저서인 『生命の実相』을 바탕으로 만교 공통의 종교진리를 펼치고 선언함으로써 人類 光明化에 최선을 다한다.

---

83) http://www.sni.or.jp/honbu/html/fremhtm/newpage5.htm를 번역한 것임.

- 敎化道場 및 예배시설을 갖추고 이 종교 교의에 기초하여 의식행사를 행하며, 신자를 교화시키고 육성한다.
- 교의 發祥 및 발전의 연혁을 밝히기 위하여 총재의 유적, 유문, 기념물 등을 보존하고, 이 종교의 역사와 흔적 및 시설이 흩어지지 않도록 수리 보관한다.
- 각지의 세이쵸노이에의 교화부, 도장 및 전도 본부를 세우고, 거기서 선포하는 교의를 판단 해석하고, 의식 및 행사를 하며, 포교 통일을 꾀함과 함께 그와 관련된 교무 및 사무를 총괄한다.

이런 목표를 달성하기 위하여 다음과 같이 「세이쵸노이에 7광명선언」을 정하고 있다.

- 우리들은 종파를 초월하고, 생명을 예배하며 생명의 법칙에 따라서 생활한다.
- 우리들은 생명현현 법칙을 무한 생장의 길이 된다고 믿고 개인이 가지고 있는 생명도 불멸한다고 믿는다.
- 우리들은 인류가 무한 생장의 眞道를 걷기 위하여 생명의 창조, 변화 법칙을 연구한다.
- 우리들은 생명의 양식은 사랑이며, 기도와 愛語와 讚嘆이란 사랑을 실현하는 언어의 창조력와 변화력이라고 믿는다.
- 우리들은 신의 자식으로서 무한한 가능성을 내포하고 있으며, 언어의 창조력과 변화력을 구사하여 大自在의 경지에 도달하리라 믿는다.
- 우리들은 좋은 언어의 창조력과 변화력으로 인류 운명을 개선하기 위하여 좋은 언어의 저술, 출판, 강습, 라디오 방송, TV 그 외 모든 문화 시설을 통하여 교의를 선포한다.
- 우리들은 올바른 인생관과 올바른 생활법, 교육법에 의해 병과 고통 그 외에 모든 인생의 고난을 극복하고 서로 사랑하며 협력하는 천국을 지상에 건설하기 위하여 실제 운동을 한다.

포교 및 활동을 보면, 세이쬬노이에는 문서전도를 그 특징으로 하고 있으며, 문서전도는 타니구찌마사하루가 생애에 걸쳐 쓴 『生命의 実相』 및 400여권의 저작과, 총재인 타니구찌세이쬬의 저작 100여권을 바탕으로 통독하는 형식으로 전개되고 있다. 또한 7종류의 월간지를 통하여 교리를 전파하고 있다.

그 외에 회원들이 모여서 행하는 행사로서는 [강연회(生長の家講演会)]와 [연성회(生長の家練成会)]가 있다. 강연회는 부총재인 타니구찌마사노부(谷口雅宣)와, 白鳩会 부총재인 타니구찌쥰교(谷口純子)가 직접 강연하는 등, 일본 전국의 59개소에서 행해지고 있는 지도자급의 강연회를 말한다. 또한 연성회는 참가자가 침식을 같이 하면서 교리를 배우는 합숙 형태로 행해지며 세이쬬노이에 강사의 강의나 종교적 실천을 행하는 것을 말한다.

강사는 지우회, 강연회, 연성회 등의 행사에서 강연을 하거나 수행을 지도하며, 그 외 개인적인 상담을 하면서 회원을 지도한다. 일반 회원들의 일상적인 수행은 [神想観(세이쬬노이에 독특한 좌선식 명상법으로 조석으로 30분 정도 행함)]으로 행하고, 聖経(세이쬬노이에 성경)을 독송하며, 월간지나 서적을 통한 진리 학습을 한다.

사회활동으로는 「국제평화신앙운동」을 실시하고 있다. 이것은 善으로 가득찬 実相의 세계를 창조한 보편적인 신에 대한 진실한 신앙, 그리고 민족과 종교의 차이를 초월해서 모든 인류를 「신의 자식」으로 예배하는 신앙을 국제적으로 넓힘으로써, 현재 인류가 직면하고 있는 민족적 대립이나 종교적 대립 등을 극복하고, 밝고 평화로운 세계를 실현하고자 하는 의도로 행하는 행사이다. 또한 2001년부터 환경운동

을 전개하여 「환경운동방침」을 발표하고 그해 2월에 총본산에 「태양광발전장치」를 설치하여 가동하고, 5월부터는 「산림재생산기금」을 모집하였다. 그리고 2002년부터는 각 지부(熊本県, 長野県, 奈良県, 愛媛県, 宮崎県, 釧路, 静岡県, 札幌, 滋賀県 등) 教化部에 차례로 「태양광발전장치」를 설치하여 가동하였고, 교문사에서는 「당신도 할 수 있는 에코라이프(あなたもできるエコライフ)」를 발간하고 있다. 이어 2003년에는 「green 전력 채용을 위한 모금」을 하고 있다.

다음으로 조직을 보면, 세이쿄노이에는 문서전도 교단이므로 계통적 조직은 갖추고 있지 않으며, 활동 조직으로서는 남성들의 조직인 [세이쿄노이에 상애회(生長の家相愛会)], 여성 조직인 [세이쿄노이에 백구회(生長の家白鳩会)], 그리고 12세 이상 40세 미만의 남녀 청년층으로 구성된 [세이쿄노이에 청년회(生長の家青年会)]가 있다. 이 3개 조직 모두가 회원 상호간의 수양과 연마를 꾀하며, 세이쿄노이에 가르침을 생활에서 실천하고, 세계를 선하게 하기 위한 활동을 전개하고 있다고 한다.

그 외에 경제면에서는 [세이쿄노이에 번영회(生長の家栄える会)], 교육면에서는 [세이쿄노이에 교직원회(生長の家教職員会)]가 있으며, 관계 단체로서는 출판사인 [(株)日本教文社]가 있고, 서적이나 월간지 등을 관리하는 재단법인 [世界聖典普及協会], 인쇄회사인 [(株)光明社]가 있고, 사회복지사업 부문으로 재단법인 [세이쿄노이에 사회사업단(生長の家社会事業団)]이 있다.

『新宗教教壇人物事典』에 따르면, 신자 수는 872,198명이며, 법인 수가 69개로 집계되고 있다[84]. 한편 교단이 공식적으로 발표하는 최근 자료[85]에 의하면, 2000년 12월31일 현재 신자 수는 2,128,148명(일본국내 850,435명, 일본이외 1,277,713명)이며, 강사 수는 23,504명(일본국내 16,898명, 일본이외 6,606명)이다. 한편, 일본 도쿄 시부야(東京都渋谷区神宮前1−23−30)에 위치한 본부 사무실은 주로 출판과 宗務, 사무를 전담하고, 祭祀의 중심지로서의 세이쵸노이에 총본산은 나가사키(長埼)県에 위치한 큐슈본산(九州本山)이다. 여기에는 住吉大神을 神体로 모시고 있는데, 이는 우주정화와 호국의 神이라고 한다. 포교시설은 396개소(일본국내 130개소, 일본이외 266개소)로 조사되어 있다.

세이쵸노이에는 문서전도라 강연회, 연성회를 주요 활동으로 하고 있다. 따라서 교단이나 교회에 모여서 행하는 공식적인 활동과 행사는 명확하지 않다. 다만 교단에서는 다음과 같은 [연간 주요 행사]를 개최하고 있다.[86]

행 사 명	일 자
新年祝賀式(東京・原宿 生長의 家 本部)	1. 1
建国記念日 祝賀会(同)	2. 11
生長의 家 春季記念日祝賀会(同)	3. 1
布教功労物故者追悼春季慰霊祭(同)	3. 20
宝蔵神社盂蘭盆供養大祭 (京都府宇治市 生長의 家 宇治別格本山)	8.17～19
布教功労物故者追悼秋季慰霊祭 (東京・原宿 生長의 家本部会館)	9. 23
竜宮住吉本宮秋季大祭(長崎県西彼町 生長의 家総本山)	11.21
竜宮住吉霊宮秋季大祭(同)	11.21
谷口雅春大聖師御誕生日記念・生長의 家総裁法灯継承日記念式典(同)	11.22

---

84) 井上順孝他4人編, 『新宗教・教団人物事典』, 弘文堂, 1996, pp.152−153.

85) http://www.sni.or.jp/honbu/html/fremhtm/newpage3.htm. 그리고 2002년 일본 문화청에서 펴낸 『宗教年鑑』에 따르면, 신자 수는 840,671명, 강사 수는 16,455명, 포교시설은 129개소로 조사되어 있다.

86) http://www.rirc.or.jp/data/output.cgi?id에서 발췌.

한편 국내에서의 활동을 보면 일제강점기에 세이쿄노이에가 국내에서 활동한 구체적인 기록은 남아있지 않다. 그리고 해방 후에도 타니구찌의 전쟁 시의 국가주의적 태도와 활동으로 인해 국내정서 상 수용될 여지도 없었다. 그러다가 최초로 세이쿄노이에가 국내에 들어온 것은 1970년에 서울에서 김현진(金顯振)87)에 의해서이다. 그는 지방강사로 일본 본부로부터 임명을 받고 서울의 [생장의 집]이라는 이름으로 활동하였다. 한편 70년 초에 부산에서도 '光明正心会'라는 이름으로 주로 타니구찌 교조의 『생명의 실상』을 읽는 독서 모임 형태로 활동하게 된다. 또한 당시 대구에도 교육계 일부 인사들과 불교계의 哲雄스님 등이 개별적으로 『생명의 실상』읽고 있었으며, 그들 중에는 일정한 독서모임을 만들어서 일본 [教文社=일본 세이쿄노이에 출판사] 출간의 책을 같이 읽었다고 한다. 이러한 일본 교문사 출판 책들이 국내에 들어와 일부 독자층을 형성하면서 세이쿄노이에는 자연스럽게 유입 경로를 확보하게 된다.

한편 [한국광명사상보급회]의 설립자인 김해룡(1925－2004)은 1971년 경에 한 고서점에서 찾은 『静思集』을 계기로 세쿄노이에에 접하게 되었다. 그리고 우연히 1974년 대구 동화사에 들려 만난 聖殿庵의 哲雄스님과의 인연으로 타니구찌의 『생명의 실상』을 접하게 되었다고

---

87) 김현진에 의한 초기 세이쿄노이에 활동은 1970년 9월 10일 서울에서 <광명의 집 본부>를 개소하면서부터 시작된다. 그 후 1985년에 <세이쿄노이에 한국본산>이라는 이름으로 세이쿄노이에의 국내 본부임을 표명했으나, 활동은 오히려 미진한 편이었다. 현재 세이쿄노이에의 한국지부 형태는 사실상 대구 광명회에 의해 유지되고 있으며, 현재는 서울에도 광명회 지부를 설치하여 회관 건물을 준비 중에 있다.

한다. 그러던 중 윤갑진(尹甲珍)과의 만남을 계기로 그의 독려로 광명회를 결성하게 되었다고 한다. 1975년 1월 4일 토요일 김해룡과 윤갑진이 주도한 독서 모임은 조선일보 대구지사에서 '광명회'란 이름으로 50명 회원이 참석한 가운데 공식적으로 결성된다. 이 집회에 철웅스님의 전갈을 받은 김현진도 함께 참석한다. 이와 같이 한국에서 [광명회]활동은 처음부터 일본 본부와는 아무런 관계없이 대구에서 자생적 조직으로 결성되어 활동을 시작한다.

모임 결성 3년째가 되는 1978년에는 회원들이 늘어나면서 초기 50여 명 선을 넘어 100여명으로 증가하게 되고, 1981년 4월 회원들이 헌금한 543만원으로 최초의 회관도 확보한다. 대구시 범어동에 위치한 범어회관 3층 60평을 확보하여 광명회 본부로 삼게 되며, 가정집회를 개시한다. 가정집회는 이후 매주 또는 격주로 회원들의 집에 모여 한국[교문사]에서 간행한 서적을 읽는 [지우회]로 발전하지만, 초기 가정집회에서의 치병 체험담으로 인해 광명회는 독서모임 이상의 종교 단체로 발전하게 된다. 동시에 이러한 변화는 광명회가 본격적으로 일본 본부와의 교류를 활성화하는 계기도 된다. 이러한 일본 본부와의 교류는 [일반연성회]88) 개최로 본격화된다. 1983년 9월 24일 경주시 양북면에 있는 기림사에서 4박 5일간에 걸쳐 [제1회 신성개발 일반연성회]를 137명의 회원이 참여한 가운데 개최한다. 일본 본부의 구스모토카미야(楠本加美野)이사와 츠루다마사요(鶴田昌世), 이나타겐죠(稲田賢三) 본부

---

88) 대개 4박 5일간의 일정으로 회원들이 모여서 행하는 광명회의 의례, 의식이다. 침식을 같이 하면서 교리를 배우는 합숙 형태로 행해지며 세이쵸노이에 강사의 강의나 종교적 실천을 행하는 것을 말한다.

강사의 지도로 이 연성회를 개최함으로써 일본 세이쵸노이에의 국내 교단으로서 공식적인 활동도 시작하게 된 셈이었다. 이후 연성회는 봄·가을 연 2회에 걸쳐 열리고 있다.

이 연성회 개최는 일반인을 상대로 한 광명회의 포교활동에 새로운 전기를 제공함으로써, 광명회도 교단 발전의 도약기를 맞이하게 되고, 광명회는 1985년 5월 대구시 신천동 동양고속빌딩 5층으로 이전하여 조직은 확대된다. 이에 그에 상응하는 인재와 함께 [生長의 家] 특유의 출판물을 통한 포교활동인 광명사상 보급의 필요도 생겨, 1988년 6월 28일자로 [한국教文社]로 출판사 등록을 마치고 6월말일자로 군 복부를 마친 김회장의 두 아들도 광명회에 참여하게 된다. 7월 1일자로 두 아들을 각기 광명회 사무국장과 광명지 편집장으로 임명하고 본격적인 출판물을 통한 광명사상 보급운동에 나설 수 있는 체제를 정비한다. 11월 1일자로 4·6배판 80쪽으로 이뤄진 월간지 『光明』지를 1만부 발행하고, 1부에 정가 800원, 연간 구독료 8,000원에 판매를 시작한다. 이 『光明』지는 그 이전에 서울에서 3,4회 발행되던 『実相의 빛』이 일본 세이쵸노이에의 월간지 기사를 발췌, 번역하여 편집된 것과는 달리, 타니구찌의 가르침을 그대로 번역하면서도 체험담은 광명회 회원의 체험을 싣고 그것을 잡지 초반부에 배치하도록 편집하였다. 그리고 巻頭言도 광명회 회장의 글을 싣는 것을 원칙으로 삼아, 가르침은 일본 세이쵸노이에로 부터 받았을지라도 그 실천은 광명회의 독자성을 유지하려 하였다. 한국교문사가 펴낸 책들도 단순히 일본 교문사 간행된 책만을 번역하는 것이 아니라, 김회장의 개인 저서[89]도 출판하고 오히려 그것이 일본 교문사에서 번역 출판되기도 하는 등, 신앙 실천에서의 광명회의 독자성을 유지하려는 노력이 두드러진다. 한국교문사의 등록과 함께 1993년에는 당시 국내에서 『생명의 실상』을 출간하고 있던 태종출판사로부터 2,000만원에 재고를 모두 인수하는 조건으로 국내 『생명의 실상』판권을 사들여 명실 공히 국내 일본 교문사의 일체 판권을 지닌 한국교문사로 출발하게 된다.

이후 광명회는 종교법인적 성격을 지닌 단체로, 한국교문사는 그 부속기관으로 출판을 담당하는 체제를 완비하여 서울과 부산에 흩어져 있던 세이쵸노이에 국내 신자군을 포괄하는 단일 교권체제를 완성하게 된다. 체제정비가 완료되면서 광명회는 본격적인 성장기에 돌입한다. 実相觀과 감사행을 중심으로 한 의례, 그 중에서도 특히 感謝行은 수많은 치유의 효과를 거두고 그것이 체험담의 형식으로 각종 집회와 『광명』지를 통해 읽히고 알려지면서 대구를 중심으로 꾸준한 성장세를 기록한다. 1991년 7월 한 집회에 참석한 87명을 대상으로 한 설문조사에 따르면[90], 당시 신자군의 특성은 남녀 각각 21.5%, 78.5%이고, 연령도 20대 16.9%, 30대 27.7%, 40대 23.1%, 50대 29.2%, 60대 3.1%로 상대적으로 매우 젊은 편이며, 학력에서도 전문대 이상 비율이 41.5%에 달할 정도로 고학력의 젊은 중산층 이상의 신도군이라는 특징을 보여주었다. 이렇듯이 광명회의 신자군의 특성은 오늘날까지도 고학력의 중산층으로 구성되었다는 점이다.

광명회는 90년대에 들어 한국사회가 전통적 산업사회에서 세계화

---

89) 김해룡 회장의 개인저서로는 『인생을 지배하는 길I』, 『인생을 지배하는 길II』, 『無心無我의 生活』, 『光明一念』 등이 있다.
90) 박승길, 「현대도시의 종교생활과 생명주의 세계관: 광명회활동을 중심으로」, 『효성여자대학교 논문집 제45집』, 효성여자대학교, 1992, pp.159-181.

속의 민주화된 정보사회로의 진전을 겪는 과정에서 두드러지게 성장한 교단이라는 특성을 갖는다. 1994년 광명회는 세법상 비영리단체 고유 번호를 부여받아(502-82-11668)[91] 비영리법인인 [공익재단 광명회]라는 재단명칭을 사용하기 시작하면서 활동의 공익성과 사회성을 표방한다. 같은 해 8월에는 부산 지부에 회관을 마련하고 이어 2000년 8월 18일에는 서울회관, 2001년 1월 4일엔 진주회관 등을 차례로 개소하면서 전국적으로 교세를 확장해 가고 있다. 조직의 후계 구도도 동시에 정비되면서 1995년부터 김회장의 장남인 김정희가 부회장에 그리고 차남인 김정호가 한국교문사 사장에 각각 취임한다.

국내 『생명의 실상』독자층을 중심으로 한 사람의 뛰어난 리더에 의해 자연스럽게 발전된 광명회는 이제 그 교단의 종교적 정체성을 보다 뚜렷이 할 필요성이 생기게 된다. 이런 필요성은 자연스럽게 일본 세이쵸노이에 본부와의 관계 설정이라는 문제를 제기한다. 이런 문제의 해결은 이미 독자적 지도력을 갖춘 김해룡 회장의 몫[92]은 아니었다. 오히려 자연스럽게 광명회의 후계 구도 속에 들어온 두 자제들의 몫이었다. 식민지 경험 세대가 아닌 국제화 시대를 살아가는 이들을 매개로 일본 본부와의 관계는 또 다른 광명회의 변화의 계기가 된다.

일본 세이쵸노이에는 1998년 6월 1일자로 김정희, 김정호 두 사람을

---

91) 위 가운데 82에서 8은 법인, 2는 비영리를 표기한다. 따라서 이 번호는 광명회의 세법상 지위가 비영리 법인사업자임을 표시한다. 광명회는 이후 스스로 법인명을 비영리법인임을 표시하기 위해 '공익재단 광명회'로 부르기 시작한다.

92) 김정희 부회장과의 인터뷰에 따르면, 김 회장은 일본과의 관계에서 언제나 독자성을 추구하는 입장이며, 관계도 국내 법인과 일본 법인과의 대등한 관계를 추구하려고 노력했다고 한다.

세이쿄노이에 해외 현지본부 직원으로 채용하고, 11월 22일자로 본부 강사보로 임명한다. 이미 1991년부터 1년 4개월 정도 일본 본부에서 연수를 받은 바 있던 김정호 한국 교문사 사장과 1995년부터 부정기적으로 일본 본부를 오가며 현지 관계자들과 관계를 맺던 김 부회장이 일본 본부와의 새로운 관계 설정의 매개자가 될 수 있었던 것은 매우 자연스러운 일이었다. 그러나 결과적으로 이러한 관계 형성은 이미 기성교단으로 성장한 일본 본부 측에서 볼 때, 광명회라는 명칭 사용에서부터 조금은 껄끄러운 회장과의 관계 보다는 그 후계 구도를 통해 점차 광명회가 일본의 한국 현지 본부화가 이루어지기를 바라는 방향으로 관계를 설정하고 싶은 것은 당연한 일인지도 모른다. 아무튼 이러한 새로운 관계 구도는 점차 광명회가 일본의 세이쿄노이에 종교적 정체와 동일화하고 있는 과정임을 보여주는 것일 것이다.

광명회에서 간행하는 가장 중요한 선교지인 『광명』[93]이 지령 100호를 1997년 2월로 넘기게 되면서 광명회도 그 회원수가 10만 명을 넘어선다. 이런 급증한 회원들의 활동을 위해서는 본부 회관도 독립건물을 갖출 필요성이 점차 커져갔다. 새로운 회관 부지 매입을 물색하던 중, 마침 IMF 구제금융시대를 맞아 부동산 경기가 급락하면서 그 동안 추진 중이던 대구시 동구 신천동 84-11번지 331평의 대지를 1998년 11월에 매입하였다. 그리고 새 회관 건립사업에 박차를 가하기 시작한다. 이후 『광명』지에 회장의 회관 건립 관련 檄文이 게재되면서 회원들 간의 헌금과, 2000년 1월 일본 본부로부터 20억 상당의 무이자 상환

---

93) 2004년 6월호가 유가지로 배포된 것만 10,013부였다.

조건으로 재정 담보 지원을 받아서 경북 청도에 연성도장 토지를 구입하고, 2001년 8월 27일 광명회관빌딩 건축 허가를 취득한 후, 본부회관과 연성도장의 신축에 들어가 드디어 2002년 10월 28일 그 준공식을 거행함으로써, 광명회의 오랜 기간의 독립회관 건립 숙원을 이루고 범어회관과 고속버스회관 시대를 거쳐 제3의 도약기에 접어들게 된다.

이런 변화와 함께 조직에서도 1999년 10월 22일 한국 광명화 운동의 주축을 새우기 위한 聖使命会를 결성하여 활동에 들어간다. "진리의 길에 인도된 것에 대하여 聖神께 바치는 報恩感謝의 정심은 물론, 자진해서 인류 광명화 운동을 자기의 聖使命이라 感得하고, 그 목적 수행에 필요한 자금으로서 浄志를 계속적으로 납입하는 사람"으로 이뤄진 성사명회는, 월 5천 원 이상을 내는 堅信회원, 월 만 원 이상의 報恩회원, 수입의 십분의 일을 내는 什一회원, 위 회원 중 특별 특지로 100만원 이상 내는 特志회원으로 구성된다. 이들 회원들은 자신들의 이름을 기록한 誠魂録에 들어가 본부 회관과 일본 본부 총본산에 영구히 봉안되어 성사명보살로 예배되게 된다고 한다. 또한, 국내 신종교 교단 가운데 드물게 유산아 공양94)이 [조상 및 유산아 공양제]의 이름으로 2002년 3월부터 매월 둘째 금요일 행해진다. 이와 같이 새로운 회관 건립을 전후하여 광명회는 일본 본부와의 연대를 강화하면서 의례 등에서도 점차 다양화되는 경향을 보인다. 김해룡 회장이 2004년 2월 노환으로 작고하고, 그의 두 아들이 현재 회장과 한국교문사 사장으로서 광명회를 이끌고 있다.

---

94) 일본에서는 水子供養으로 잘 알려진 이 유산아나 낙태아에 대한 공양은 국내에서는 최근 90년대 들어 일부 불교 사찰 등에서도 행해지고 있다.

　　현재 [광명사상보급회]는 종교법인적 성격을 지닌 단체로, 그리고 [한국교문사]는 그 부속기관으로 출판을 담당하는 체제를 완비하여 生長의 家 국내 신자들을 포괄하는 단일 교권체제를 완성하고 있다. 현재 한국광명사상보급회의 조직은 다음과 같다.

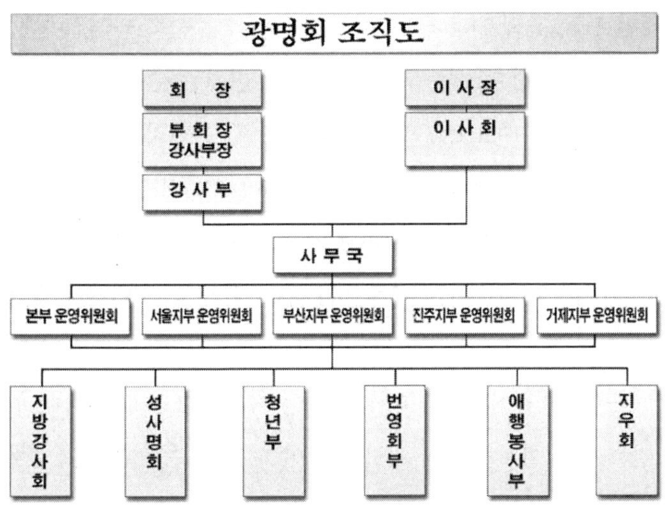

　　광명회에서는 [実相観]과 [感謝行]을 중심으로 한 의례를 행하고 있으며, 그 중에서도 특히 感謝行은 수많은 치유의 효과를 거두고, 그것이 체험담의 형식으로 각종 집회와 『광명』지를 통해 읽히고 알려지면서 대구를 중심으로 꾸준한 성장세를 기록한다. 2003년 12월 현재 본부(대구 동구 신천동) 이외에 2개의 회관을 가지고 있으며, 회원 수는 정기 구독자는 2만～3만 정도로 추정된다.

· 辯天宗

1970년대에 국내에 새로 들어온 일본계 종교로서 변천종이 있다. 辯天宗은 일본 신종교 교단 중에 단독형 교단으로 분류된다. 神佛習合적이면서도 불교 진언종(真言宗)의 영향을 받은 것으로 간주된다. 또 [真言辯天宗]이란 명칭을 쓰기도 하지만, 현재 일본 불교 真言宗과는 직접적인 관계가 없으며, 教祖인 智辯尊女의 주술적 카리스마에 바탕을 둔 단독형 교단으로 분류하고 있다.[95] 변천종은 일본 나라(奈良)県 고조(五条)市 노하라쵸(野原町)에 있는 진언종 쥬린지(十輪寺)의 주지인 오오모리지쇼오(大森智祥 : 초대 管長, 1900~1987)의 처 기요코(清子 : 1907~1967)가 1934년 主神인 辯才天의 계시를 받으면서 시작되었으며, 신자가 늘어나자 1952년 1월 10일 독자적인 종교 단체로 출발하였다.[96]

1934(昭和 9)년 어느 날 그녀는 辯才天像 앞에서 기도하다가 변재천상이 팔을 잡는 환상을 보게 되었는데, 이 때 어깨 통증이 낫고 변재천의 계시도 받았다고 한다. 이후로 그녀는 智辯尊女라고 불리게 되며 변재천의 가르침(神示)을 전하는 능력을 얻게 되어, 병·장사·가정문제 등에 관한 예언을 하게 되었다고 한다. 그 후 그녀는 1934년부터 본존인 [大辯才天女尊]의 힘을 받아 본존의 움직임을 알리기 위하여 1급의 영능자로서 구제활동을 시작하였다. 당시에 나라현 남부의 우치(宇智)군 노하라(野原)촌에서 근방의 사람들을 대상으로 시작한 구제활동은

---

95) 井上順孝編, 전게서, 1994, pp.179－180.
96) 이하의 내용은 다음을 참고하였다. 井上順孝,『新宗教 教団・人物事典』, 弘文堂, 1996, pp.269－270. 井上順孝『新宗教事典 本文篇』, 弘文堂, 1994, pp.418－419.

와카야마(和歌山), 오사카(大阪), 고베(新戸), 교토(京都)까지 그 영향력을 넓혀갔다고 한다. 그러자 여러 가지 괴로움으로부터 구원을 얻으려는 사람들이 모여들었는데, 구원을 얻은 이들을 중심으로 1948년 쥬린지(十輪寺)에 신자조직으로서의 변천종이 생기게 되고, 1952년 입종을 선언, 법인등록을 하게 된 것이다. 그 후1954년에는 고조(五条)시에 변천종 本山 如意寺를 만들고, 그 제전에는 20만 명의 참배자가 참여하였다. 1964년 봄 오사카(大阪) 이바라기(茨木)에 冥応寺를 낙성하고 각지에서 신자조직이 확립되자, 교조인 尊女는 스스로 親教의 순례를 전국에 알리고 전국 포교를 수행하게 된다.

초대 관장인 大森智祥가 1987년 사망하자, 뒤를 이어 大森慈祥이 제2대 관장으로 취임하여 관장체제로 운영하고 있다.

신앙의 대상은 辯才天女尊이며, 신의 대리로 지변존녀(智辯尊女)를 종조(宗祖)로 삼고 있다. 辯才天은 고대 인도의 물의 신이었으며, 행운의 신, 복을 전해주는 신, 애정의 신, 평화의 신이라는 성격을 띠고 있다. 일찍이 일본에 전해져 불교의 수호신으로 받아들여졌으며, 본존인 辯才天女尊은 천지를 비롯하여, 음양의 근원으로서, 우주만물의 総祖神으로서 모든 神仏을 총괄하는 총체로 본다. 1909년 4월 1일 본존은 복 없는 중생에게 커다란 은혜를 베풀기 위해 존녀를 세상에 보냈으며, 존녀의 성장을 기다린 후, 1934년 존녀에게 "물의 마음(水の心)같이 하라. 물의 마음이 있는 곳에 변재천은 항상 너와 함께 있어서 현세의 고난을 없앨 것이다"라는 천계를 내렸다고 한다. 물의 마음이란 낮은 곳으로 흐르는 겸양의 마음, 솔직한 마음, 아름답고 추한 모든 것을 받아들여 포용하는 자비심, 스스로 더러움을 깨끗이 하는 적극적인 마음으로 상징되는 참된 마음이다. 본존은 중생이 이런 물의 마음이 될 때, 모든 복과 덕을 원만하게 성취시켜 준다[97]고 한다.

천계를 받은 존녀는 고조(大和五条)시의 十輪寺에서 신을 대신하여 많은 중생에게 신의 뜻을 전하고 구원의 길을 제시하였으며, 이렇게 해서 본존의 위덕과 존녀의 구원에 환희한 사람들이 존녀에게 모여 신앙의 길을 걷게 되었다는 것이다. 1951년 말 본존으로부터 "이제부터는 종교로서 폭넓게 모든 것을 가르쳐라"는 신의 계시를 받은 존녀는 입종을 결심하게 되고, 1952년 5월 13일에 종교법인으로 등록, 「真言辯天宗」으로 인가를 받아 26일 설립과 함께 독립된 종교로서 출발하게 된다. 이 입종을 계기로 교세는 확대 일로를 걷게 되었고, 1954년 가을에 쥬린지에서 가까운 고조에 総本山 如意寺를 설립하고, 같은 해 11월 7일에 본존으로부터 "참된 제자들을 모두 구하는 법인 참된 가르침으로 인도하라"는 계시를 꿈에서 받은 존녀는 [물의 가르침(水のお諭し)]을 교리로서 제시하고, 실천 덕목으로서 다음과 같은 [宗祖五行의 깨우침(宗祖五行の諭し)]을 정하였다고 한다.

1.참된 마음을 항상 잊어버려서는 안 된다(真心を常に忘るべからず).
1.자비로움과 가여워하는 마음을 길러야한다(慈悲愍みの心を養うべし).
1.선근공덕의 행을 쌓아야한다(善根功徳の行を積むべし).
1.감사의 성의를 드려야한다(感謝の誠を捧ぐべし).
1.불평불만을 생각해서는 안 된다(不平不満を想うべからず).

---

97) http://www.rirc.or.jp/data/output.cgi 참고

사실 초창기 가장 중요했던 것은 사람들이 찾아와 자신의 사정을 말하고, 종조인 지변존녀를 통해서 本尊인 변재천으로부터 神示를 받는 것이었다. 하지만 점점 많은 사람들이 몰려들자 자신의 이름과 사정을 미리 신전용지(神箋用紙)에 적어, 이를 제출하고 순서에 따라 神示를 받는 형태로 바뀌었다. 지변존녀는 자신이 매일 아침 일어나 신전용지를 보고, 오전 내내 사람들을 만나 신시를 전해주고, 12시 반에는 약 1시간 동안 신전에서 기도를 하며, 이어 다시 사람들에게 신시를 전해주는 일을 밤 8, 9시까지 계속해 왔다고 한다. 다음의 지변존녀의 말은 당시 그녀의 영능력과 구원을 구하는 사람들의 성황 상황을 잘 보여준다.

> 여러분이 내 놓은 신전 용지 … 나는 그 사람의 이름을 보기만 해도 무슨 용건으로 왔는지 알게 됩니다. 의사가 말하는 것처럼 여기가 나쁘다, 이 사람은 돈으로 고통을 당하고 있다. 이것은 혼담이다 등을 바로 압니다. 그렇지만 천 명 가까이 되는 사람들의 이름만 가지고 가려 낼 수는 없습니다. 그래서 神箋용지를 쓰게 하는 것입니다. 용건이나 고민거리를 써 놓으면 빨리 처리할 수 있으며, 일하기도 편합니다. 사실 나에게는 신전용지가 필요 없습니다. 신자들과 상대해서 이름을 듣는 것으로도 충분합니다. 그래서 모두 답변해 줍니다. 옛날에는 그렇게 했으나 지금은 안 됩니다. 시간이 걸리고 인원이 많으니까 여러분께 미리 써 놓도록 한 것입니다.[98]

이것만 보면 마치 용한 점쟁이와 같은 느낌을 받는다. 하지만 주목할 것은 그녀는 신으로부터 전해 받은 내용을 전달해 주면서도, 해결책을

---

98) 이종숙 역, 『宗祖尊女 말씀의 集成』 第1輯, 도서출판가리내, 1994, p.118.

불교적인 원리에서 찾아 제시한다. 그녀의 가르침은 다음과 같이 요약할 수 있다.

사람들이 갖고 오는 모든 병, 재난, 고민, 괴로움의 원인은 因緣에 있다. 인연은 본인이 태어나서 현재까지 만들어 온 것도 있지만, 몇 대 전의 선조에 의해서 만들어진 인연이 현재에 나타나기도 한다. 선조에 좋은 인연이 있으면 현재 좋은 보답을 받을 수 있다. 인연은 눈에 보이지 않는다. 자신이 만든 인연뿐만 아니라 먼 선조가 만든 인연이라면 더 그렇다. 神示는 어떤 문제 때문에 지금 각자가 고통을 받는지를 알려주는 것일 뿐이다. 따라서 신시를 받는 것만으로 문제가 해결되지 않는다. 인연은 자기가 풀어가야 한다. 온 힘을 기울여 공덕을 쌓고 열심히 신앙의 길을 닦아야 한다. 神示에만 의존하고 내가 가르치는 것은 귀담아 듣지 않는 것은 신앙과 점의 차이를 잘 모르는 것이다. 마음의 깨달음을 얻고 공덕을 쌓는 것이 참된 신앙이다. 말하자면 구원받기 위해서는 본존의 가르침을 바탕으로 예배와 조상공양을 실천하고, 삶의 방식, 사고방식, 말투, 사람들을 대하는 방식을 바꾸어 성장하는 것이 필요하다는 것이다.

변천종에서는 물의 마음을 나의 마음으로 하고, 그것이 정하는 법칙에 따라서 살아가는 [물의 마음의 實踐行]만이 행복달성의 기본이라고 생각하며, 존녀가 원하던 [蓬莱世界] 즉 "모두가 좋고 즐겁게 살아갈 수 있는 가정과 사회"를 실현하는 것을 주 활동목표로 하고 있다. 즉 변천종의 교리는 서로 존경하고 감사하며, 득실을 따지지 않고 사람을 받아들이고, 자비를 베풀어서 사람이나 사회에 최선을 다하고, 따뜻한 사회를 구축하기 위하여 모두 사이좋고 즐겁게 살아가는 것을 목적

으로 한다. 이 교리를 생활 규범으로 하여 본존과 종조를 믿고 존경하고 공경하며, 예배하는 것이 변천종의 신앙이다. 이러한 가르침은 1967년 지변존녀가 사망한 이후에도 계속 이어지고 있다. 경전으로서는,『宗祖尊女おことば集成』,『教典「水の章」』,『信者訓戒』가 있다.

본부는 야마토(大和)와 오사카(大阪)에 있다. 야마토 본부는 고조(五条)시에, 오사카본부는 이바라키(茨木)시에 자리 잡고 있는데, 변천종은 聖地를 교리상 성지와 신자들의 성지라는 두 차원으로 나누고 있다. 교리상의 성지로는 나라현 고조시의 [야마토 본부], [宇賀山 如意寺], 大阪府 이바라기시의 宗務庁을 겸한 [오사카 본부], [飛竜山 冥応寺], 五条市의 [宗祖智辨尊女의 묘], [동경본부]이다. 신자들의 성지는 앞의 3곳을 특히 「宗祖의 聖地」라 부르며, 그밖에 각지의 교회를 모두 성지라 부르고 있다.

오사카 본부는 33만 제곱미터의 넓은 부지에 세워졌다. 정면에 本殿이 있고, 왼쪽에 조령전(祖霊殿), 오른쪽에 護摩殿이 있다. 조령전에는 신자의 위패를 모시고, 본전 내부 왼쪽에는 宗祖 智弁尊女의 木像을 모신다. 경내 오른쪽에는 사무소와 신자회관, 参籠殿이 있다. 왼쪽 안에는 본부역할을 하는 桔梗殿이 배치되어 있다. 그 앞에는 변천종을 특징짓는 거대한 水子供養塔이 1981년에 건립되어 있다. 이 지상 73m의 탑 지하에는 1988(평성 원)년 현재 5만을 넘는 水子霊을 모셔 놓고 있다.

현재 나라의 본산 如意寺와 오사카의 冥応寺 이외에 18개의 교회, 17개의 포교소가 있으며, 教使 수는 811명, 그리고 신자 수는 292,350명이라고 한다.[99] 教使는 신자의 교화 육성을 위하여, 종교의 使徒로서

교리 습득의 場인 강의소의 강의(お運び)를 담당한다.

교단이 운영하고 있는 사회활동 조직으로는 [사회복지법인 지변회 지벤보육원(社会福祉法人智辯会ちべん保育園)], 학교법인 [智辯学園(智辯学園中・高等学校, 智辯学園和歌山中・高等学校, 智辯学園奈良칼리지小・中・高等部)], [社会福祉法人(祥水園)]이 있다.

행사는 신년제(1월 1일), 천신제(2월 15일 변재천녀 기일), 종조탄생일(4월 1일) 등이 있으며, 불교와 신도의 특징을 갖는 행사가 섞여 있다. 공식 행사는 다음과 같다.

행사명	일자
初詣(연초의식), 新年祭典	1月1~3日
節分祭	2月3日
宗祖遷神祭	2月15日
宗祖生誕祭	4月1日
春季大祭	4月 第2 土・日曜日
秋季大祭	10月 第1 土・日曜日
夏祭奉納불꽃大会	8月8日
彼岸会	(春・秋)
七夕祭	7月7日
盆会	
十五童子祭	

신자들은 이런 교회의 공식적 제전과 행사에 참가하고, 교리습득 교육인 강의(お運び)를 수강하며, 감사제에 참배한다. 그리고 인도(みちびき＝포교)을 하며, 각각 부인부, 청년대, 소년대육성 활동에 참가한다. 한편 가정에서는 조석으로 『예배경』을 독송(おつとめ)하며, [信者訓戒]

---

99) 2002년 일본 문화청이 펴낸 『宗教年鑑』에 따른 것이다.

와 [오행의 가르침(五行のお論し)]을 실천한다.

한국에서 변천종은 1970년에 서울(영등포구 구로2동 704-39)에 사무실을 열고 최초로 활동을 시작하였으며, 1979년 11월 일본 교단과 자매결연을 맺었다고 한다. 그러나 당시 활동하던 사람들의 흔적은 현재 찾을 수 없다. 처음에 불교 太古宗 信徒会 회장이던 김철회(사망)가 변천종을 처음 알고 한국에 들여오려고 했으나, 자신이 태고종 신자인 관계로 계속하지 못했다고 한다.

그 후에 현 지부장인 김유순(70세정도)이 통역을 하게 된 것을 계기로 관여하게 되었고, 자신의 동창(서울교대)을 중심으로 1970년대 중반부터 모임을 가지게 되었으며, 거기서 지부장으로 김씨가 추대되었다. 그 후에 재일교포인 박한식(사망)이 중계를 하여 한국지부가 성립하게 되었다고 한다. 이처럼 현재의 변천종 한국 지부는 이미 일본 내에서 변천종 신자가 된 재일교포가 중간에서 다리를 놓아 1983년에 정식으로 한국 지부가 창립된다. 1982년 10월 16일부터 18일까지 2박 3일간 서울지부 발기모임(発会式)이 열렸고, 준비를 거쳐 1983년 5월 28일 김유순·김형숙·안인집·이복례·안현집·박준희·은회순·장현수·김용진 등이 정관을 만들어 창립회를 가졌다. 이 때 변천종의 창립정신은 변재천 정신의 함양과 충효사상을 바탕으로 하며, 목적은 세계평화에 공헌하는 것이다. 사무소는 서울시에 두고, 부산과 인천에 지부를 두었다. 서울 사무소는 서울시 서대문구 연희동 303번지에 두고 있다. 그 뒤 1983년 11월 7일 서울사무소 교구장회의가 열려 종무국장 김용진이 취임하였다. 국내 변천종의 연도별 중요 활동사항을 보면 다음과 같다.

연 도	사 항
1970년대	영등포 구로 2동에 사무소 설치 운영.
1979. 11.	일본교단과 자매결연(서울시 영등포구 구로2동 704-39)
1983. 5. 28	창립 및 정관 작성 (변천종 해외지부 제 2호, 서울시 서대문구 연희동 303)
1983. 10. 16	서울지부 發會式 개최.
1983. 11. 7	서울사무소 교구장회의 개최.

변천종은 1983년 창립 이후에 국내에서 집회가 지속적으로 열렸지만, 포교 활동은 별로 활발하게 진행되지 못하였다. 현재 한국에서는 서울지부(지부장 : 김유순)를 중심으로 인적 네트워크에 의해 소수 신자들이 활동하고 있으나, 포교나 전도보다는 유사친목회와 같은 성격에 지나지 않는다. 원래 교구장 밑에 지부장을 두고 지부장은 3명의 반장을 두게 되어있으나, 현재 한국에는 교구장이 없다. 한국 지부(서울 서대문구 연희동 지부장 가정)는 서울지부장의 학교 동창들을 중심으로 소수의 신자들로 구성되어 있으며, 현재 집회에 참가하는 신자는 10여명 정도라고 하며, 대개 김 지부장의 동창과 후배들로 60세 이상의 사람들로 구성되어있다고 한다.

현재 일본 본부로부터 재정적인 지원은 일체 없으며, 다만 정기적으로 지부장 및 신자들이 일본을 연 1차례 방문하는 정도이나, 그것도 규칙적이지는 못하다고 한다. 일본 본부로부터는 홍보물이나 책자를 정기적으로 보내주는 정도이다.

신전은 김 지부장의 가정 내에 설치되어 있다. 신전이라기보다는 신전을 축소한 제단인데, 상단에는 神閣과 종조의 사진이 있고 촛불과 꽃으로 장식되어 있다. 아랫단에는 祭酒와 조상의 위패를 모셔 놓았다.

아마도 상단은 신전을, 아랫단은 조령전(祖靈殿)을 모신 것으로 생각된다. 조상의 위패는 대부분 신자들의 가족의 것이다. 변천종이 조상 공양과 함께 낙태아를 위한 水子供養도 중요시한다는 점을 감안하면 낙태아의 위패가 있을 가능성도 있지만 확인하지 못했다.[100]

집회 역시 소규모 가정집회의 형식으로 열리고 있다. 매월 8일 오후 2시부터 1시간 동안 집회를 하고 있는데, 집회의 순서는 『변천예배경(辯天礼拝経)』의 순서에 따라서 하고 있는데, 처음에 3배를 하고, 그 후에 반야심경과 예배경을 독송하며, 일본에서 보내온 유인물을 나누어 주고 설법을 한다. 그리고 공양을 한 다음, 해산하는 순서로 되어있다. 반야심경은 한국어로 독송하며, 예배경은 일본어로 하고 있다고 한다.

· 真如苑

다음으로 80년대에 국내에 유입된 真如苑이 있다. 真言宗 醍醐(다이고)派와 관련 정도는 약하지만, 기성 불교종파와의 관계 속에서 생긴 교단이라고 본다. 일시적으로 다이고(醍醐)파와 관계를 갖고 있었지만, 종파와의 관계는 비교적 약하며 독립적이다.[101] 教主인 이토신쥬(伊藤真乗 : 1906~89)와 부인 苑主 토모지(友司 : 1912~67)에 의해 1936년 창교한 교단이다. 진여원은 진언종 다이고파와 교리적으로 연관성을 가지고 있다. 즉 密教의 不動信仰을 모태로 하고, 『涅槃経』의 가르침을 토대로 하는 真如教学을 정립하였다. 이와 함께 易学에 바탕을 둔 영능력 개발을 중시하여 接心修行[102]에 의한 영능 상승자가 되는 것을

---

100) 변천종 한국지부의 역사와 현황에 대한 것은 2004년 3월 김유순 지부장집 (한국지부)에 대한 현지방문조사를 통해서 얻은 것이다.
101) 井上順孝編, 전게서, 1994, p.180.

가르침의 근본으로 한다. 「相樂我浄」을 행복과 기쁨으로 풀이하며, 이 마음을 가지고 환희의 세계를 이 세상에 건설하는 진여교법을 수행하라고 가르친다. 이 상락아정으로 길은 영능 수행에 힘써 영능을 개발하고 靈位를 향상시키는 것이라고 하며, 그것이 『열반경』의 真実義를 체득하는 것이라 설한다.

조선종독부 자료에 의하면, 진언종 제호파는 이미 1917년에 절 1개소를 설치하였고, 1926년에 일본인 신자 1,254명과 조선인 신자 30명이 있었고, 1938년에도 3,768명의 일본인 신자를 확보하고 있었지만, 해방이 되자 그 흔적은 완전히 사라졌다. 변천종은 교주인 이토가 진언종 승려이긴 하지만, 부인이던 토모지의 영능력이 알려지면서 창교한 신종교이므로, 해방 전의 진언종과는 전혀 관계가 없고, 국내에도 잔존 신자는 없었다.

진언종 제호사파에 소속되었던 바와 같이 밀교의 不動信仰을 모태로 하고, 『열반경』의 가르침을 토대로 하는 真如教学을 확립하고 있다. 이와 함께 易学에 바탕을 둔 영능력 개발을 중시하여 「接心修行」에 의한 영능 상승자가 되는 것을 가르침의 근본으로 한다. 「相樂我浄」을 행복과 기쁨으로 풀이하며, 이 마음을 가지고 환희의 세계를 이 세상에 건설하는 진여교법을 수행한다고 가르친다. 이 상락아정으로 길은 영능 수행에 힘써 영능을 개발하고 靈位를 향상하는 것이라고 하며, 그것이 『열반경』의 真実義를 체득하는 것이라 말한다.

가르침을 수행하는 것으로서는 다음과 같은 세 가지를 제시하고

---

102) 진여원의 독특한 의식으로서, 영능자격자와 1대1의 영적 교환을 통하여 자신의 심적, 육체적 고통과 번민을 해소하고, 삶의 가르침을 받는 일종의 感情移入을 통한 수행방식이다.

있다.

첫째, 法要이다. 법요에 참좌하고, 경전을 독송하며, 法憧(말씀)을 듣는 등, 부처님의 가르침에 접하고, 보살의 마음을 향상시킨다.

둘째, 接心[103]이다. 진여원 독자적인 접심수행(진여원에 있어 禅定行 : 좌선)에 의해, 마음의 집착이나 비뚤어짐 등 스스로도 모르는 내면을 깊게 찾아낸다.

셋째, 실천이다. 이것은 법요나 접심에 의해 알게 된 것을 매일 생활 속에서 되살려, 마음의 상태나 말, 행동을 바꾸고, 주위 사람들에게 부드럽고 따뜻한 자애를 보이도록 노력하는 것이다.

또한 진여원은 스스로의 특징으로서 다음과 같은 6가지를 들고 있다.

· 출가불교 수행을 기초로 한 재가불교 교단이다.
· 대열반경을 경전으로 한다.
· 교주 이토우신쥬(伊藤真乗) 스스로가 조각한 열반경을 본존으로 한다.
· 양 童子(신쥬의 아들들)에 의한 "拔苦代受"가 있고, 교도의 업이나 고통, 인연을 대신해서 받고 있다.
· 섭수원(토모지)에 의한 "摂受"가 있으며, 제 종교의 화합을 목적으로 한 구제의 길이 열려 있다.

---

103) 접심수행이란, 진여원의 핵심이며, 대열반경의 3대 테마에 의해 영능자와 대좌해서 이루어지는 것이다. 자기의 혼을 중계 거울(medium mirror＝영능 자)에 비추어 원래 정결한 자신의 마음을 자각하는 방법이다. 접심에는, 향 상접심(해결해야한 문제가 없는 신자가 자신의 수행으로서 월 1회 의무적으 로 참가하는 접심), 향상상담접심(월 1회 참가 의무가 없는 신자, 또는 포교 활동에 있어 상담의 필요가 있는 신자가 참가하는 접심, 鑑定접심(어떤 문제 에 처한 신자에 대처하는 것으로 영능자가 교주가 습득한 교의의 역술을 행하는 것)이 있다.

・영능자에 의한 접심수행이 행해지며, 이것에 의해 교도들은 대열반의
정신으로 귀의한다.[104]

진여원의 본존은 大日大聖不動明王으로서 釈迦涅槃像이며, 열반
상은 특히 교주가 직접 제작한 것이다. 경전은 원래 진언종의 밀교경전
이었으나, 요즘은 [大般涅槃経]이다. 대반열반경에서는 대열반의 境
涯를 常樂我浄이라고 설법한다. 독자적인 接心 수행과 이타행의 실천
에 따라 자기 본위의 마음을 떠나 자기가 불성을 닦고 그것을 깨달을
수 있다고 가르친다.

조직과 신자 수를 보면, 총본부인 真澄寺(東京都立川市 柴崎町1−2−
13 소재)와 본부 및 精舍를 15개소 가지고 있으며, 일본국내에 34개
地部를 가지고 있다. 본부 및 정사의 명칭과 소재지는 다음과 같다.

명 칭	소 재 지
東京本部	東京都澁谷區廣尾2−22−15
悠音精舍	大阪府高槻市阿武野1−10−1
關西本部	兵庫縣芦屋市松ノ内町9−10
茨城本部 長禪寺	茨城縣新治郡霞ヶ浦町坂 924−3
北海道本部	北海道札幌市中央區円山西町6−1−13
東北本部	岩手縣盛岡市茶畑2−23−20
北陸本部	石川縣金澤市末町ホ−85
中京本部	愛知縣名古屋市守山區大字吉根字太鼓ヶ根3231−4
九州本部	福岡縣福岡市東區御島崎2−14−35
眞澄寺別院	山梨縣南都留郡河口湖町大石字湖中2585−124
栃木別院	栃木縣河內郡上河內町大字今里970−5

---

104) 沼田健哉, 『現代日本の新宗教』, 創元社, 1988, p.77.

大阪精舍	大阪府豊中市待兼山町17－7
茨城精舍	茨城縣土浦市小松3－22－13
四國精舍	香川縣木田郡三木町大字池戶字高尾甲1891－1
伊東道場	靜岡縣伊東市玖須美元和田683－1

한편, 해외 지부는 미국에 6개 지부, 타이완, 홍콩, 태국, 싱가포르, 오스트레일리아 1개 지부, 유럽에 유럽 프랑스 본부, 이탈리아 지부, 독일 지부, 벨기에와 영국에 각 지부를 두고 있으며, 한국에도 99년에 지부를 설치하였다.

신자 수는 2002년 일본 『종교연감』에 의하면 일본국내 신자는 806,753명, 사원 14개소, 교회 3개소, 포교소 92개소, 그 밖의 48개소로 총 157개소이다. 교단의 공식 행사는 다음과 같다.

행 사 명	일 자
元旦會	1月 1日
涅槃會	2月15日
降誕會	4月 8日
成道會	12月 8日
眞如敎主常住祭	3月28日・29日
大宇濟攝応現祭り	5月 5日・6日
一如祭(まつり)	11月 3日・4日
齊燈護摩法要	10月初旬
水施餓鬼廻向法要	8月15日・16日

진여원에서는 "사회라는 하나의 공동체 속에서 함께 살아가는 우리들. 다른 사람의 생활도 자신과 관계가 없는 것은 아닙니다. 모두의

행복이 있어야 개인의 행복도 있을 수 있습니다"라고 하여 사회활동의 중요성을 강조하고 있다. 진여원의 사회활동은 1972년 키타큐슈(北九州)일대의 西日本에서 일어난 수해 구제활동에서 시작되었다. 開祖夫妻는 솔선해서 진두지휘하여, 일본적십자를 통해서 많은 구원물자를 기증하였고, 이후 다른 자비를 펴는 [大乘利他]의 불교정신에 입각하여, 주위 사람들, 지역, 사회에 대한 감사나 애착을 담아서, 여러 활동을 해왔다고 한다.

최근에는 청소, 복지, 재해 구제활동, 환경보호, 교육, 의료, 문화 등의 분야로까지 그 폭을 넓히고 있다. 또 교단 레벨에서의 활동뿐 아니라, 전문단체에 대한 지원, 개인에 의한 자원봉사도 권장하고 있으며, 더욱이 일본만이 아니라 해외에도 적극적인 지원활동을 하고 있다.

진여원은 한국에 진출한 시기가 비교적 늦은 교단이다. 1986년 11월에 제주도에 포교소가 설립되었으며, 그 이전에는 교단 조직 차원에서가 아니라 개인, 특히 오사카의 재일 한국인이 제주도로 들어 와서 한국 친척에게 전래하는 정도였고, 집회도 가정집회의 수준이었다. 1986년 제주도에 포교소가 문을 연 것은 특히 제주도에 신자가 집중되어 있었기 때문이었으며, 이후 제주도에는 2개의 포교소가 설치되었다. 제주도에 포교소를 연 후부터는 일본 본부에서 연 2~3차례 방문하여 집회에 참석하는 정도였으며, 서울에서는 1990년 7월 금호동에 재일교포의 개인적인 투자 형식으로 가정집회를 최초로 열게 되면서부터이다. 이 시기부터 일본 교단 관계자가 와서 함께 참여를 하였다. 일본 측 관계자가 오게 되면 신자 수는 50명 정도가 되었고, 그렇지 않을 경우에는 20명 정도였다고 한다. 집회를 하면서, 신자 수가 늘어남에 따라

장소가 협소해지자, 일본 본부 측에서 투자를 하여 금호동 집에서 집회를 하게 되었다고 한다. 그러다가 신자 수가 증가함에 따라 1991년 5월에 가회동에 부지를 구입하여 건축공사를 하게 되었는데, 그때 사람이 필요하게 되어 우연히 현 이사장의 부친(김기태, 80세, 남)이 그곳에 거주하게 되었다. 그것을 계기로 현 장소(서울종로구 가회동 4-3)로 이사 오기 전인 10년 동안 거기에 거주하게 되었으며, 일본 본부로부터는 한국 지부장 직권대우를 받게 되었고 현재에 이르게 되었다고 한다. 현재는 김씨의 아들이 사단법인 진여원 한국지부의 이사장이다.

서울 [한국진여원 포교소(서울특별시 종로구 가회동4-3)]는 2001년 6월 26일 옮긴 것이며, 3층 신축 건물이다. 2002년 3월 27일 [사단법인 진여원]으로 등록하였고, 서울포교소가 한국 진여원의 관리를 총괄하고 있으며, 교육제도(교사양성기관)로서 [지류학원]을 2003년부터 운영하고 있다. 부산 포교소는 2004년 4월 1일에 설립하였다. 한국 진여원의 조직은 다음과 같다.

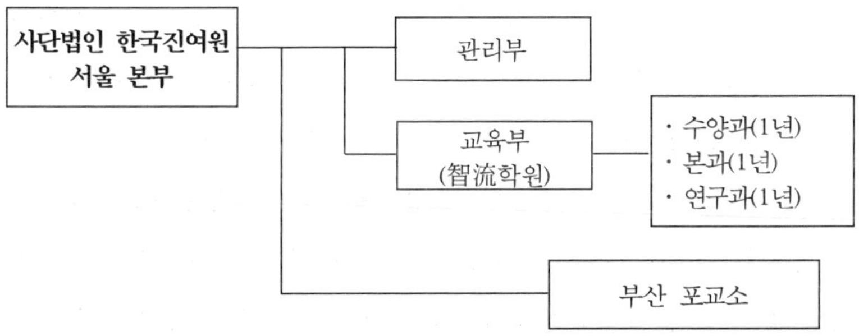

교단 운영은 금호동 집회소가 시작되었을 때부터 일본 본부의 재정적

지원을 받아왔으며, 현재의 서울지부 건물 증축까지 일본 본부로부터 지원을 받아 건설되었고, 계속해서 본부의 관리과나 인사과에서 교대로 파견을 나와, 행사에 참석하고 지원을 하고 있다. 현재는 신자들이 매달 한 번씩 [연가천도]를 하는데 드는 비용 500원으로 운영하고 있다고 한다. 연가천도 의식에는 별도의 제수용품이 필요 없으며, 금전적인 것보다 조상에게 마음을 보내는 의식이다. 그 수입으로는 건물 유지비, 기본적 관리비 정도에 충당하며, 대부분이 일본에서 지원을 받고 있다. 신자들로부터 헌금은 전액 한국에서 사용하며 일본 본부로 들어가는 돈은 없다고 한다. 현재의 관리는 서울지부 직원으로서 한국인 관리직원이 1명 있으며, 일본 본부의 직할로 관리와 운영이 이루어지고 있다. 현재 운영은 자율적으로 하고 있으며, 재정적으로도 자율운영이 가능하다고 한다. 한국어 번역은 본부에 번역담당이 있으며, 서울포교소의 직원도 번역을 일부 담당하기도 한다.

한편 서울 지부에서는, 2003년부터 불교과정대학을 설립하여 교사양성 교육을 하고 있다. 원래는 일본 본부에서 받던 교육을 한국에서도 할 수 있게 되었으며, 수양과·본과·연구과로 단계적으로 구성되어 있다. 현재 수양과(1년과정)에 29명, 본과(1년과정)에 1명이 교육을 받고 있으며, 그리고 연구과(1년과정)에는 아직 교육자가 없다. 수업은 한 달에 4시간씩 수업을 하고 있다. 진여원에서는 신자 누구라도 영능자가 될 수 있으며, 가장 낮은 단계인 「大乘」에서, 「歡喜」, 「大歡喜」, 그리고 「영능」이라는 4단계 영능의 지위가 정해져 있다. 영능의 지위 상승을 위해서는, 신자 獲得者(筋親＝すじおや라고 함)[105], 봉사활동, 보시행위가 필요조건이 된다. 한편 강사는 교사자격증 소지자가 담당을 하며,

때로는 비디오를 통한 영상수업도 하고 있다. 국내에 교사자격증 소지자는 김기태 전 이사장을 비롯한 3명이 있으며, 교사만이 교법을 전하는 역할을 수행할 수 있다.

神殿에 본존(대열반존상)의 액자를 모시고 있으며, 특히 의례 의식이 비디오나 위성방송을 통한 영상으로 행해지기도 한다고 한다. 의식은 일본에서 행하는 공식 의식에 준하여 실시하고 있으며, 한국에서는 매월 1회 집회를 행하고 있고, 포교사가 방문하여 집회를 하고 있다. 2003년 6월 15일 07시에 열린 [寒수행 의식]의 식순과 내용은 다음과 같다.106)

· 비디오를 통한 교육(법당 말씀)
· 제창
  1.정신목표(공덕을 펼쳐/ 마음의 荘厳에서 珍事 荘厳함으로)
  2.실천덕목(자애를 베풀어 사회공헌에 참가/참마음으로 결집하여 종합 度量으로/開祖의 가르침을 몸에 익힌다.)
  3.소노우타(독경으로 남을 위해 세상을 위해 최선을 다하는 참마음이 진실한 信心을 말한다.)
· 공지사항 전달
  사람인도(교화), 전국일제 새벽봉사 청소 준비

포교활동은 체계적으로 전개하고 있지 않으며, 1989년부터 1991년까지는 일본 본부 인사과와 관리과에서 교대로 포교사 1명이 한국에 파견되었다. 1992년부터 2000년까지는 직할 포교소 중심의 포교활동

---

105) 새로운 신자를 입신시키고 그를 이끌어주는 역할자를 말한다.
106) 이 의식내용은 2004년 1월 현지방문조사를 통해 확인한 것이다.

을 서울과 제주도에서 행해왔다. 일본 본부는 한국을 중요한 곳으로 인식하고 있으나, 현재에도 한국에서의 포교전략은 본부차원에서는 가지고 있지 않다고 하며, 인적 네트워크에 의해 자연적 포교를 지향하고 있다.

사회활동으로서는, 일본 본부의 활동에 준하여 활동을 전개하고 있으며, 현재 사회활동으로는 청소봉사를 주로 하고 있다. [寒修行·水修行]을 동시에 하여 몸과 마음을 깨끗하게 정화시킨 후 가장 더러운 곳을 청소한다. 연말이 되면 불우이웃을 위해 구청에 쌀을 보내는 활동도 한다. 특히 청년부는 고아원이나 양로원에 가서 봉사활동을 한다. 구체적으로 한국진여원에서 행하고 있는 사회활동을 보면, 첫째, 장애인 학교(가브리엘)에 대한 자원봉사 활동, 둘째, 청소봉사(청년부를 중심으로 서울의 각 지하철 역), 셋째, 전쟁기념관 참배 및 국립묘지 참배 헌화 등이다.

현재 진여원은 독경을 다라니 발음 그대로 하고 있고, 의식은 물론 사회활동도 일본과 동일한 활동을 하고 있다. 한국의 상황에 맞는 독경의 한국어 사용이나, 봉사활동의 다양화와 같은 토착화 전략은 본부차원에서는 가지고 있지 않다. 가능한 한 한국 신자들의 태도에 맞추어서 한국어 번역이나 격식에 따르려고 하지만, 진여원의 일본적인 정체성을 훼손하면서 까지 고칠 의향은 없다고 한다. 다만 진여원의 본질과 한국의 신자들의 수용 태도가 적절하게 조화가 되면 좋은 결과가 나올 것이라고 기대하고 있을 뿐이라고 한다.[107]

---

107) 이 내용은 진여원 일본 본부의 홍보과장인 시타라미노루(設楽実)와의 인터뷰(2004년 3월 20일)에서 확인한 것이다.

진여원은 한국에 진출한 시기가 늦은 교단이지만, 2000년 이후에 빠르게 성장을 하고 있다. 특히 젊은 층의 입신자가 두드러진다는 점은 주목할 만하다. 현재 국내에는 진여원 한국지부(서울 용산국 청파동) 이외에 2004년 부산 포교소를 개소하였고, 신자 수는 2004년 12월 현재 1,829명이다.

· **모랄로지**(moralogy＝道德科学研究所)

한편 이 시기에 들어온 또 다른 일본 신앙운동단체로서 모랄로지(공식 명칭은 도덕과학연구소)가 있다. 모랄로지는 히로이케치구로(広池千九郎 : 1866－1938)에 의해 성립된 도덕사상운동으로 시작되었다. 히로이케는 1866년 3월 29일 大分県 中津市에서 태어났다. 中津市校를 마친 14세에, 永添초등학교의 조교가 된다. 그 후 고학 끝에 19세에 교사 자격을 얻어, 下毛郡 形田초등학교 교사가 되었다. 1886년 下毛郡 樋田村에 가난한 아이를 위한 야간 학교를 설립, 1888년 道德科(修身科) 교과서 「新編小学校修身用書」를 편집하고, 1891년에는 「큐슈 오이타(大分)현 공립교육회」안에 일본 최초의 교원 상조회를 설립하는 등 지역 교육 개선에 임했다. 그 후 교육자로서의 그는 早稲田대학 강사, 伊勢의 神宮皇学館 교수를 거쳐 현재의 麗沢대학의 기원이 되는 [도덕과학전공 학원]을 열어 학원장으로서 인재양성에 힘을 쏟게 된다.

한편 그는 노동 문제의 해결에도 관심을 가졌고, 또 도덕 과학(moral science) 연구에도 적극적으로 임해 1926년에 「도덕 과학의 논문」원고를 완성하여, 1928년 초판을 발행하게 된다. 그 후 1929년 「孝道의 科学

的 研究」를 발행하고, 1930년에는 「신과학 모랄로지 및 최고 도덕의 특질」의 레코드 녹음을 함으로써 왕성한 집필활동을 전개하여 모랄로지의 기초를 다져갔다. 다음 해 1931년에는 모랄로지 사상에 근거하는 교육 활동을 추진하기 위해서 필요한 교재를 완성하여, 동년 9월 大阪每日신문사 주최로 강연회를 개최하여 대성공을 거두게 된다. 이것으로 인해 모랄로지 사상에 근거한 사회 교육 활동이 본격적으로 시작되었다. 이어서 그는 강연회, 강습회를 오사카, 나고야, 도쿄 등에서 차례차례로 개최하면서 모랄로지 교육활동의 기초를 다지게 된다.

그 후 모랄로지 교육을 위한 중심 장소로서 1934년에 千葉県 東葛飾郡 小金町(현재의 柏市光ヶ丘)에 토지를 구입해, 1935년 [도덕과학전공학원]을 설립한다. 그 전공학원은 중등 교육 수료자를 대상으로 하는 본과(5년제)와 연령, 자격에 관계없이 사회인을 대상으로 하는 별과(3개월)로 구성되었다. 이 설립에 의해 모랄로지에 근거한 학교 교육과 사회 교육을 밀접하게 관련시켜는 실질적인 생애교육을 시작하게 된다. 한편 히로이케는 학원을 개설한 후에도 구제 활동에 진력하고 내외의 지도층, 학자를 때때로 불러 강의를 하였다. 이러한 성과가 1937년 「Japan Times」에 전면에 걸쳐 게재되어, 일본 독자적인 교육 사상으로서 세계에 소개되었으나, 다음 해 6월 4일 群馬県 水上의 大穴온천에서 72세로 생애를 마치게 된다. 그러나 히로이케가 그 端緒를 열어 방향을 제시한 모랄로지에 의한 생애 교육 활동은, 麗沢 대학, 麗沢 중고등학교, 유치원 등을 소유한 [학교법인広池학원]으로, 또 사회 교육은 [재단법인 도덕과학연구소]로 계승되어 오늘날 생애교육 활동을 전개되고 있다.

모랄로지는 교주, 조직, 경전이라는 3원칙을 갖춘 종교라기보다는 일종의 도덕실천운동이며, 자기 혁신을 추구하는 것을 목적으로 한다. 따라서 모랄로지 연구소는 스스로의 활동을 종교활동이길 거부한다. 그러나 인간구제의 길을 설립자인 히로이케의 도덕과학에서 찾고, 그 원리를 신봉함으로써 현세구원과 내세기원을 추구함으로써 신종교 운동(New Religious Movement)으로 간주되기도 한다. 모랄로지 연구소의 [헌장]에는, 인류 존망의 기로에서 이기심의 극복과 도덕심의 향상을 기조로 하는 새로운 질서와 가치관의 확립의 필요성을 역설하며, 그 근본 원리는 東西의 제 聖人이 몸소 나타낸 正義와 慈悲가 조화된 높은 도덕과, 그것과 자연의 법칙과의 일치라고 한다. 또 히로이케는 그 도덕 원리를 최고 도덕이라고 이름 붙이고 실천 방법과 효과를 명백히 하기 위해 종합 인문학으로서 신과학 모랄로지를 창건한 것이며, 모랄로지 연구소는 이 히로이케의 遺志를 계승하고 새로운 인류의 초석이 되는 윤리 도덕의 연구와 교육활동을 전개하여 인류 생존, 발달, 안심, 평화, 행복의 실현을 목표로 한다고 되어있다.

활동은 주로 도덕윤리 문헌 발행과 생활에 관한 세미나, 공개강연회를 개최하는 것이다. 현재 일본 모랄로지 연구소에서 행하는 활동으로는, [마음의 고향 학급(학생대상)], [일본의 先人에게 배우는 세미나(일본 역사인물학습)], [뉴 모랄·키즈·스쿨(초, 중, 고생들의 영어학습)], [풍요로운 노후를 생각하는 세미나(노인대상)], [육아와 가정환경을 생각하는 세미나(주부대상)], [삶과 죽음을 생각하는 세미나(일반성인대상)], [PC 교실의 안내], 그리고 [공개강연회]와 [쥬니어세미나(초등학생대상)] 등 연령층별로 다양한 교육프로그램을 실시하고 있다.

모랄로지의 국내 유입은, 1968년 변홍찬이 청계천에서 [도덕과학연구회]를 운영하면서부터 시작되었다. 그 후 변홍찬 외에 김정준(현 한국도덕과학=Moralogy 현구협회 지도강사), 변용구가 참가하여 서울에서 연구회와 공개강연회를 시작함으로써 점차 알려지게 되고, 1973년 9월에 박관수에 의해 [사단법인 도덕과학연구회](현 서울 중구 남산동 2가 22번지 소재)로 등록하였다. 이때부터 일본 모랄로지 연구소와 연계하여 국내에서 수차례의 강연회를 실시하여 주로 지식인들을 대상으로 퍼지기 시작하였다.108) 한편 광주에는 백기준(1926~1978)에 의해 60년대 후반부터 서울과는 별도로 활동이 시작된다. 백기준은 일찍 작고하고, 그 아들에게 이어지게 되는데, 아들 백씨는 대학생 시절에 일본 모랄로지의 한국대학생 초청으로 일본에 가서 일본대학생들과 교류하기 시작하였고, 그 이후 도일하여 레이타쿠(麗沢)대학에서 어학연수를 하면서 모랄로지 연구소의 강의를 듣게 된다. 이후 그는 유학을 마치고 귀국하여 1980년대 초기부터 청년부활동을 하게 되는데, 매달 17일에 모여 모랄로지에 대한 학습회와 일반적인 청년활동에서 볼 수 있는 여러 가지 활동, 문화행사나 봉사활동을 하였다. 서울에서 강사가 오면 강연회에 참가하고 또 서울의 한국도덕과학연구협회 회장이 내려오면 함께 모랄로지에 관한 토론과 공부를 하기도 하였다. 당시 청년부만 50여명이 모였다고 한다. 또 일본학생들과의 상호교류도 있어서 양국을 오가면서 강연회에 참석하거나 연구회를 하기도 하였다. 그러나 1980년대 후반부터 점차 활동이 약해지게 되었으며, 회원 수는 점차 줄어들게

---

108) 모랄로지의 초기 국내 유입과 활동에 관해서는 2005년 1월 현 사단법인한국 모랄로지 김정준과의 인터뷰에 의한 것이다.

되었다고 한다. 그러나 그 후에도 소수 청년들에 의해 활동은 유지되고 있으며, 일본과의 교류도 매년 일본 모랄로지 본부로부터의 초청에 의한 연수 프로그램이 있어 5박6일 정도해서 교육을 받고 있다.[109]

현재 모랄로지 활동은 약화되어서, 서울 협회의 활동도 현 강사인 김정준에 의해 겨우 명맥만 유지하고 있으며, 광주 활동도 소수 청년들만이 참가하고 있는 실정이며, 현재 회원은 수십 명 정도로 추정된다.

• 예수어령(イエスの御霊)教会

예수어령교회는 무라이쥰(村井ジュン : 1897~1970)이 1941년 펜테코스테(Pentecoste)계열 기독교인 日本聖書教会(日本 Assemblies of God 교단의 前身)로부터 독립하여 설립한 교단이다. 무라이는 가고시마(鹿児島)현 메소시스트 교회의 목사인던 무라이쿄(村井競)의 차남으로 태어났다. 무라이쥰은 목사가 되기 위해 메소시스트 계열인 青山学園大学 神学部에 진학하였으나, 신앙의 갈등으로 인해 자살까지 시도한 적이 있다고 한다. 그러나 그런 煩悶 중 1918년 9월 8일 오카야마(岡山)현 고시마(児島)湾의 船上에서 돌연 放言(二異言)[110]을 하면서 성령의 세례(baptisma)를 받았다고 한다. 그 후 그는 이것이야말로 기독교라는 확신과 기쁨을 얻어, 아오야마대학을 중퇴하고, 단신으로 전도생활에 들어간다. 후에 일본성서교회의 목사가 되지만, 1933년 7월 23일 집회

---

109) 광주 지역에서의 모랄로지 활동에 대해서는 고 백기준의 아들과의 인터뷰 (2005년 12월)에 의한 것이다.
110) 신의 계시에 의해 무의식적으로 내뱉게 되는 몰아상태의 구술행위로서, 예수 어령교회의 예배의식 중에 개개인이 기도를 하면서 이 방언을 하는 상태에 몰입한다.

중에 그에게 성령이 강림하여 참가한 사람들은 모두가 차례로 방언을 하게 되고, 자신을 잊고 몰아상태에서 노래와 춤을 췄다고 한다. 1941년 일본성서교회 목사들은 대만 真耶蘇教会와 교류를 위해 대만을 방문하지만, 거기에 무라이와 우에이(上井乙熊) 두 사람은 일본성서교회와 신앙 상의 차이를 느껴, 무라이는 예수어령교회, 그리고 우에이는 일본신예수교회(日本新イエス教会)를 만들어 독립하였다. 이 해에 일본 프로테스탄트 교회 대부분은 일본기독교단으로서 통합(日本聖書教会는 제10부에 소속)하였지만, 예수어령교회는 거기에 가담하지 않고 독립을 유지하였다.

예수어령교회라는 명칭은 무라이가 하늘로부터 부여받은 것이라고 한다. 1933년 자신을 매개로 한 집단 성령강림 이후 성령운동의 지도자가 되어 활동을 시작했고, 1941년 11월 17일 '하늘의 특별한 모습'(天의 異象)으로부터 '예수어령교회(御霊教会)'라는 명칭을 받았다고 한다. 이때부터 교리를 정비하고 스스로 교단의 대표격인 監督에 취임하였다. 1952년 일본성서대학원을 창립하고, 1953년 종교법인을 취득하였다. 1970년에 그가 죽은 뒤에 부인 스와(スワ)가 감독으로 있었으며, 최근 아들이 뒤를 이어 감독으로 있다.

무라이 감독의 성령체험을 바탕으로 교리를 만들었는데, 성서절대주의를 중요하게 내걸고 있다. 기성 교단인 가톨릭과 개신교가 모두 거짓 교회이며, 예수어령교회만이 유일한 그리스도교회라고 주장한다. 무라이는 三位一体説을 받아들이지 않고 예수그리스도를 유일한 참 신으로 보고 예수그리스도 안에 성부와 성령이 있다고 믿는다. 방언과 기적이 강조되며 육체의 병도 치유가 가능하다고 보고 있다. 그리스도가

靈을 믿는 사람의 마음속에 잠자는 영이 되면, 영이 말하는 대로 되어 자신도 알지 못하는 사이에 방언이 나온다고 한다. 全身洗礼를 받고 방언을 하는 것을 성령이 내린 증거로 보며, 이를 신자의 자격으로 하고 있다.

성서는 신의 말씀이며, 구원은 물에 의한 뱁티스마(Baptisma), 즉 전신세례를 받아 죄의 사함을 얻고 약속의 성령을 받아 신의 진정한 아들이 되는 것이다. 교회는 유일하고 성스러운 그리스도의 몸이며, 감독·장로·사도·예언자·전도자·목사의 직을 가지고, 그들은 신의 말씀을 전하고 뱁티스마와 세족 성찬을 행하고, 토요일을 안식일로 하며, 방언과 기도와 찬송으로 예배한다. 세례는 성령에 의해 전신세례와 사자의 구원을 위한 代身세례가 있고, 세례 후에는 洗足式·聖餐을 하는데, 이 때 효소가 들어있지 않는 빵과 포도즙을 사용한다. 숭배대상은 예수 그리스도이며 教典은 聖書(신약·구약)이다.

성서 절대주의에 따라 예수를 유일신으로 하고, 독자적 終末論과 물과 성령에 의한 구원을 강조한다. 의식은 설교·목사기도·찬송·성령부름·주기도문 등이 있다. 의식집회는 大聖会(매월 4일간)·세례식·聖職 安受式·부활절(춘분 후 보름이 지난 다음 일요일)·성탄절(12월 25일) 등이 있다. 포교활동은 개인별 권유나 거리유세 등은 하지 않으며, 교회를 신설하거나, 위령제를 지내며, 대성회 등을 개최하는 것으로 대신하고 있다.

조직은 감독－장로－사도－예언자－목사로서 직위의 구조를 이루고 있으며, 무급목사 담임제로 운영하고 있다. 성령을 받은 증거로 치유와 방언, 기적을 중요시하고 있으며, 한국, 남미, 대만에 전도를 했으며[111], 최근 아프리카 지역에도 전도가 진행 중이다. 종교법인의 대표 겸 감독은 교단회의에서 선정하며 임기는 종신이다. 책임역원 겸 장로(4명)는 교직 내에서 감독이 선임하며 임기는 역시 종신이다. 일본 내의 교세 현황은 1980년 교단 자체 통계에 의하면, 교회 226개소, 집회소 및 전도소 440개소, 목사 332(남 151, 여 181)명이며, 신자는 678.666명(남 414.716, 여 263.950)이다.[112] 본부는 동경 스기나미구의 오기쿠보(東京都 杉並区 荻窪5丁目19番2)에 두고 있다. 기관지로는 『성령(聖靈)』이 있다.

예수어령교회의 특징을 보면 다음과 같다.

- 성서절대주의(모든 것은 성서 속에 있고, 신학이란 없다는 입장)
- 예수어령교회만이 참된 기독교이며 다른 교파는 인정하지 않음.
- 예수 그리스도만이 유일한 신이며, 아버지 신과 성령은 예수 속에 있다는 펜테코스테파의 특유한 唯一神觀.
- 인간이 구원받는 것은 [물과 영혼]과의 세례(baptisma)에 의한다. 영혼의 세례의 증거는 방언을 하는 것이다.
- 병치유와 기적의 강조.
- 올바른 안식일은 토요일(보통 기독교는 일요일)
- 死者의 구원을 위한 대리 세례.
- 재림 날에 신자는 신체의 栄化와 함께 携挙되어 천년왕국의 司祭가 된다.
- 聖礼典은 세례, 洗足, 聖餐 3가지(보통 프로테스탄트는 세례와 성찬

---

111) 井上順孝, 『新宗教 教団・人物事典』, p.13, p.591.
112) 安斎伸, 「イエス之御霊教会」 五来重 外編 『講座: 日本の民俗宗教』5, 弘文堂, 1980. 그리고 일본 문화청이 펴낸 『宗教年鑑』(2002)에 따르면, 신자 수는41,453명, 교회 160개소, 포교소 264개소로 교세가 약화되었다.

2가지)
- 교회 관리는 監督체제. 제 2대 감독은 무라이스와(村井スワ:무라이쥰의 처), 현재 감독은 무라이 아들인 무라이쥰키(村井純基)이다.

예수어령교회가 국내에 처음 유입된 것은 1968년 무라이쥰이 서울 전도를 하러 왔을 때부터이다.[113] 1968년 무라이는 다른 목사 20명과 함께 서울에 전도하러 왔고, 거기에 윤진웅 목사(당시 감리교 전도사)가 참석함으로써 시작되었다. 윤 목사는 예수어령교회의 성서 중심적이며, 인간에 의한 규칙이나 교리에 의거하지 않는 점에 이끌려서 관심을 갖게 되고, 후에 개종하여 최초의 한국인 신자가 되었다. 그 후 윤목사는 1971년 4월 25일 서울 남부예수어령교회를 설립하고, 그해 12월 문래동 교회로 이전하여 일본의 사사베 목사, 마츠오 목사 등의 도움을 받으면서 집회를 가졌다. 그 뒤 1년 후인 1972년 2월에는 첫 번째 大聖会를 개최하고, 경기도 광주에 이정구 부친의 집에 첫 전도소를 개설하였다. 뿐만 아니라 같은 해 8월 대부도에 교회를 개설하였다. 나아가 그는 10월 19일 동경 예수어령교회 교단본부에 가서 무라이쥰 감독과 면담하고 후쿠야마(福山)시의 마에다도시오(前田としお) 목사와 후쿠오카(福岡)의 사사베야스도모(笹部やすもと) 목사 등 일본 교단간부와 목사들과 교류를 넓혀가면서 교세를 확장해갔다. 2년 후인 1974년 8월 전도지『참된 교회』와『세세의 경륜』을 각각 1,000부씩 인쇄하여 최초의 문서전도를 시작하였고,[114] 같은 해 9월 25일에 남부교회를

113) 예수어령교회의 국내 유입과 현황에 대해서는 2005년 2월 14일 윤진웅 목사와의 인터뷰에 의한 것이다.
114) 일본어 원문을 한국어로 번역하여 사용하기 시작한 이 두 전단지는 오늘날

문래동으로 다시 이전하였다. 마침내 1975년 5월 4일 한국 예수어령교회 독자 설립을 일본 본부로부터 인증 받았다. 서울대성회를 개최하였고, 부산지역에서도 대성회가 열리게 되었다. 1977년에 이르러 노량진 예배당으로 신축 이전하고, 신촌 예수어령교회를 설립하여 한신일 전도사를 책임자로 선임하였고, 이 때 목사 안수식이 열려 윤진웅, 차천록, 박창환이 교단의 목사로 안수되면서 한국인 목사가 탄생하게 된다. 1978년 6월에는 남녀 7명을 안수하여 집사직으로 두었다. 그 후 1985년 3월 일본의 당시 監督이던 마츠오(松尾)와 의견차이로 윤진웅이 결별을 선언하기도 하였다.

그러나 1991년 5월 6일 교역자회의에서 大聖会를 교단 연례 대성회로 개최하기로 의결하였다. 이후 경기도 [대부교회]는 한국에서 예수어령교회의 대성회 개최지가 되었다. 1994년 8월 4일에 개최된 대부대성회에는 키무라(木村)목사, 마에다(前田)목사 등 80여명이 참석하였으며, 한국 측의 대전 예수어령교회, 청주 예수어령교회, 동부산 예수어령교회, 부산진 예수어령교회, 대부 예수어령교회, 남부 예수어령교회가 참석함으로써 교단의 중심 집회가 되었다.

국내에서 예수어령교회는 윤 목사의 적극적인 활동으로 서울 남부교회를 시작으로 지방까지 확산되어 교회를 세우게 되었다.

1997년 각 지역별 교회를 보면[115], 徐在成 목사를 주축으로 [한국예수어령교회(서울 종로구 사직동)], [보은 교회(충북보은군)], [雅谷 교회(충북

까지도 계속 활용되고 있다.
115) 이하의 교회 소재 및 담당목사 그리고 신자 수는 [예수어령교회명부 1997년 판]에 의한 것이다.

보은군)], [高亭 교회(충남 연기군)], [대전 교회(대전시)], [九域 교회(충남대덕군)], [沃泉 교회(충북옥천군)]를 설립하였고(신자 수 남 : 1,878명, 여 : 2,247명), 또 [시베리아 교회](신자 수 남 : 541명, 여 : 377명)와 [호주 교회](신자 수 남 : 95명, 여 : 114명)도 운영하였고, 미국에 [한국예수어령교회 뉴욕 伝道所]도 설치 운영하였다. 한편 盧賢善과 潘玉煥 목사는 충주를 중심으로 교회를 설립 운영하였는데, [충주 예수어령교회(충북충주시)] 산하에 [대전 집회소(대전)], [全州 집회소], [文幕 집회소(강원도 원주시)]에 신자 수는 325명(남 : 127명, 여 : 198명)이었다. 또 李翼鎬 목사는 [서울 西部예수어령교회(은평구 역촌동)](신자 수, 남 : 32명, 여 : 34명)를, 그리고 尹鎮雄 목사 부부는 [서울 남부예수어령교회(동작구 노량진동)](신자 수, 남 : 293명, 여 : 382명)와, [大皐 교회(경기도 안산시)](신자 수, 남 : 25명, 여 : 38명), 그리고 [清州 교회(청주시 사창동)](신자 수, 남 : 73명, 여 : 194명), [서울 江西 교회(강서구 탁산동)](신자 수, 남 : 37명, 여 : 38명)를 운영하였다. 한편 権根植과 崔清子는, [부산 교회(남구 대연동)]를 중심으로 [서울 집회소(은평구 갈현동)], [진천 집회소(충북진천군)], [청원 집회소(충북청원군)], [서울 관악 집회소(관악구 봉천동)], [대전 집회소(대전시 계양동)], [성남 집회소(성남시 성남동)]를 운영하였고, 신자 수는 201명(남 : 88명, 여 : 113명)이었다. 그 외에도 趙白錫과 金月仙은 [인천예수어령교회](신자 수, 남 : 18명, 여 : 17명)을 운영하였고, 金永基와 鄭明淑은 [清州 동부 예수어령교회(청주시 홍덕구)](신자 수, 남 : 101명, 여 : 71명)를, 房相源은 [大田 예수어령교회(대전시 대덕구 오청동)](신자 수, 남 : 89명, 여 : 78명)를, 黃信과 車栄子는 [서울예수어령교회(중랑구 면목동)](신자 수, 남 : 33명, 여 : 44명)를, 金東沢은 [東釜山예수어령교회(부산 진구 양정동)]와 [서울

강남집회소(서초구 방배동)](전체 신자 수, 남 : 157명, 여 : 111명)를, 그리고 李貞淑은 [釜山鎭 예수어령교회(진구 부전동)](신자 수, 남 : 24명, 여 : 50명)를 각각 설립하여 운영하였다.

이처럼 한국예수어령교회는 전국 각지에 흩어져 있으나, 하나의 통합된 조직체를 갖추고 있는 것이 아니라, 각 목사나 전도사의 능력에 의해 지역간 구분 없이 개인적으로 교회나 포교소를 설치하여 운영하는 형태를 취하고 있다. 즉 예수어령교회는 일종의 개척교회와 같은 형식으로 교회를 설립하고, 설립한 목사나 전도사에 의해 독립적으로 운영되고 있다. 따라서 교회 설립에 있어 일본교회는 물론 국내 타 교회의 협력이나 지원은 없다. 한편 목사가 되기 위하여 꼭 신학을 하지 않더라도 해당 교회의 추천에 의해 安受를 받으면 부목사 자격을 부여받을 수 있어서, 윤 목사를 시작으로 하여 국내에서 하나씩 교회가 설립되었다. 특히 예수어령교회는 방언과 함께 성령치료도 행하고 있는 특징을 가지고 있다. 예배 후에 성령 치료를 원하면, 머리에 기름을 내리고 기도에 의한 성령치료를 행하는데 이 의식은 성경에 의한 것이라고 한다. 90년대 후반에 들어서서 예수어령교회의 국내에서의 교세는 그다지 확산되지 못하였고, 기존의 교회가 폐쇄되거나 제명당하기도 하여[116] 현재는 정체 상태에 처해 있으며 11개 교회에 국내 전체 신자 수는 500~600여명 정도로 파악된다.

---

116) 徐在成 목사 주축의 [한국예수어령교회] 산하 10개 교회와 포교소는 제명당하였다고 하며, 權根植, 崔淸子의 [부산 예수어령교회], 趙白錫과 金月仙의 [인천예수어령교회], 金永基와 鄭明淑의 [淸州 동부예수어령교회], 房相源의 [大田 예수어령교회]는 2004년 현재 폐쇄하였다고 한다.

· 야마기시(山岸)회 —

　야나기시회의 공식명칭은 [幸福会야마기시会＝幸福会ヤマギシ会]이다. 1953년 야마기시미요조(山岸巳千蔵 : 1901~1961)에 의해 시작된 사회운동단체이다. 야마기시회는 종교 활동이라기보다는 이념적 사회운동의 일종으로서 "자연과 인위 즉 天地人의 조화를 꾀하며, 풍부한 물자와 건강, 친애의 정이 넘치는 안정되고 쾌적한 사회를 인류에게 가져오게 하는 것"을 이념으로 하고 있으며, "행복한 사회 실현"을 궁극적인 목적으로 하고 있다. 이런 이념과 활동 목적에 따라 無所有, 共用, 共活의 생활방식을 실천함으로써 전 인류의 행복한 진실사회 실현을 추구한다.

　이런 생활방식의 실천으로서 1953년 교토에서 [山岸式養鶏普及会]를 발족하고, 이듬해 [山岸式養鶏会会報]를 창간하고, 1955년 機関紙인 [農工産業新聞] 발간, 그리고 1956년 [快適新聞]을 창간하고, 제1회 야마기시 特別講習研鑽会(特講)[117]를 개최하게 된다. 연찬회는 야마기시회의 이념을 실천하는 내용으로 행해지고, 이어 그 이념의 실천으로서 [社会実顕地] 즉 야마기시 부락을 만드는 것을 장려하고 있다. 이 조직은 회원 각자의 자발적 自由意思에 의해 활동하며, 따라서 강제성은 없으며, 회원간의 협력이나 제휴를 하며, 연찬회를 통해 의견교환과 합의를 이끌어내는 형식을 취한다. 따라서 본부는 의사결정

---

117) 연찬회는 회원들이 모여서 7박 8일간 침식을 같이하면서 토론과 생활을 공유하는 합숙형식으로 행해진다. 여기서는 자신의 판단과 생각을 타 회원과의 토론을 통해 확인하며, 스스로 주체적이고 자유로운 관념을 가지며, 탐구하고 실천하는 태도를 기르며, 자신과 모든 사람들이 즐겁고 행복하게 살아갈 수 있는 인간이 되는 것을 목표로 하고 있다.

기관이 아니며, 회원간의 의견조정을 하고, 실천 활동을 지원하는 보조적인 활동만을 하는 것으로 되어있다.

실현지에서 회원들은 자연친화적인 생산과 무소유(하나의 지갑=一つの財布)라는 이념에 입각하여 공동생활을 하며, 농업, 축산, 임업을 중심으로 한 생산 활동을 하고 있다. 이 실현지는 "돈이 필요 없는 사이좋고 즐거운 마을"이라는 슬로건을 내세우며, 자연친화적인 농업, 축산 생산 활동을 하고 있다. 구체적으로는 양계, 양돈, 우유, 육류 생산에서 가공, 판매까지, 그리고 사료작물, 벼농사, 과수, 야채 생산 및 가공 등 농업관련 생산물 전반을 다루고 있다. 여기서는 "자연에서 생산하여 자연으로 되돌린다"는 소위 [순환농법]의 원리에 따라 축산부분과 농산 부분을 유기적으로 연계시켰고, 그리고 생산물을 가공소에서 유효하게 활용하는 종합적이고 유기적인 일체 농업경영을 하고 있다.

1958년 「山岸会式百万羽科学工業養鶏株式会社」가 三重県伊賀町에 設立되면서 본격적인 활동을 하게 된다. 이때 전국 회원 有志가 재산을 지참하여 참가하였다. 이것이 야마기시 실현지 조직의 시작이다. 이것은 표면적으로는 양계회사였지만, 실제는 야마기시즘에 기초한 [행복사회]를 건설하자는 운동이었다. 그러나 1959년 확대(권유)활동이 급속하게 이루어져서 회원이 늘어나지만, 가짜 전보 등으로 친족 지인 등을 불러 모아, 세뇌와 같은 세미나(특강)를 강요한다는 이유 등으로 인해, 불법감금의 용의로 강제수사를 받기도 하였다(7월10일). 또 이 와중에 회 방침에 반대하는 東加九一이라는 회원이 살해당하는 일도 있었다(山岸会事件). 이 사건으로 인해 연일 매스컴의 보도로 사회문제로 부각되어, 1,000여명이던 회원이 300여명으로 줄었지만 소멸하지는

않았다.[118) 또 60년대 후반 체제비판운동의 움직임 등으로 인해 농업이나 공동체를 지향하는 젊은이들이 야마기시회에 주목하게 되고, 젊은 참가자가 늘어났다. 이들은 사상적으로는 사회주의 배경을 가지고 있었고, 따라서 야마기시회의 무소유, 공동생활 자체에 이끌려 실현지 생활을 하게 된다. 또 1974년 야마기시 생산물을 도시 소비자(야마기시에서는 [활용자]라고 함)에 전하는 「実顕地生産物供給所」가 만들어졌고, 자연식 붐 등에 의해 활성화되면서 경제적 기반을 확립하게 된다. 또 [아이들의 낙원촌(子ども楽園村)](매월 1회 8일간 아이들의 체험 캠프)[119)를 실시하였는데, 이것은 당시 일본의 교육 황폐라는 현실에 의해 인기를 얻게 되었다. 이어 1985년부터는 미취학아동부터 대학생층까지 대상으로 하는 [야마기시즘 학원]이 발족하여 이것도 큰 성공을 거두었다. 이처럼 야마기시회는 70년대부터 90년대에 걸친 일본의 고도 경제성장기에 급속하게 성장하였다.

그러나 90년대 중반부터 이런 성장에 둔화가 보이기 시작하였는데, 그것은 생산물, 낙원촌, 야마기시 학원, 실현지의 실태 등 여러 면에서 문제와 모순이 보이기 시작하였기 때문이었다. 생산물 공급은 [有精

---

118) 이 소동에 대해 鶴見俊輔는 야마기시회에 대한 경찰과 매스컴의 대응에 의문을 가지고, 1962년 야마기시회를 방문하였다. 그리고 [결코 화내지 않는 사람들](『思想の科学』1962年6月号)이란 글을 썼다. 여기서 鶴見는 남은 사람들의 담담한 생활을 즐기는 분위기를 긍정적으로 평하여 야마기시의 생존에 기여하게 된다.

119) 초기 낙원촌에 아이를 참가시킨 부모들은 「조금 다른 산림 속 학교]에 보낸다는 생각으로 보낸 경우가 많았다고 한다. 그리고 아이들은 닭과 돼지 사육을 체험하거나, 수박을 수확하는 등 여러 가지 놀이나 이벤트를 체험한다. 그 후 낙원촌은 첨차 개최 횟수를 늘여서 현재에는 8일간 매월 열리며, 연간 참가자 수는 1만 6천여 명(93년도)에 이른다고 한다.

卵](병아리가 될 수 있는 계란)부터 시작하였고, 그리고 밀감, 닭고기, 돼지 고기, 우유, 야채 등 제1차 식품부터 가공품까지, 그리고 현재는 햄버거, 고로케, 푸린, 아이스크림, 빵, 과자, 양식 장어구이까지 100여개 이상의 품목을 공급하게 되었다. 또 活用者들에게 공급하는 이외에도, 이동판 매차에서의 판매(予備供給이라고 함), 각지 백화점에서의 [야마기시 이벤트]의 開催, 그리고 백화점 상설점 설치하게 되었다. 이런 생산물의 생산과 공급 확대 과정에서, 원래의 이념 상실이란 내부적 비판을 받을 함께, 생산물의 품질과 관리 문제라는 사회적 비판을 받게 된 것이다. 즉 이런 식품회사와 같은 활동은 유기농업, 자연식 지향과 연결된 초기 [活用者]의 기대를 배반한 것이었다. 더욱이 [사이좋은 촌에서 만든 참된 식품], [安全한 食品]이라는 문구와는 달리 점점 품질의 저하가 눈에 띠게 되었다.

한편 1975년 15일간 일정으로 처음 시작된 [아이들의 낙원촌]은 초기에는 일본의 극도의 관리교육이란 현실 속에서 어린이들에게 해방 감을 준다는 점에서 어필되어 인기를 끌었지만, 부모들의 의사에 의해 강제적으로 보내지는 경우, 그리고 마친 후의 아이들의 학업과 일상생 활로의 복귀에 있어서의 문제점이 있다는 비판도 받게 된다. 또 1985년 설립된 [야마기시즘 학원]도 1일 2식이라는 식사 문제, 그리고 방과 후와 휴일의 작업, 엄격한 규율로 인한 학생들의 인권 문제 등[120]으로 비난을 받기도 하였다.

---

120) 여기서는 정규학교에 다니면서 숙식을 하는 기숙사 형식을 취하고 있다. 생활에 있어서 관계자에 의한 체벌, 남녀교제 금지, 일기 점검, 편지 검열, 이념의 주입에 의한 강제관리 등 아동 인권을 무시하는 운영을 하고 있는 것으로 문제시되기도 하였다.

야마기시회의 활동이 사회적으로 문제가 된 것은 [실현지]에 관한
것이다. 실현지 생활자는 개인소유물은 없고 [無所有], 연중무휴로
아침부터 장시간 노동에 종사한다고 한다. 노동 자체가 [自己研鑽](我
執이 없도록 자신을 스스로 바꿈)의 장이며, 행복사회를 実現하는 革命運動
이라고 간주된다. 연찬회라는 自己点検, 思想確認의 모임이 연일 여러
차례 열린다. 그들은 "이 세상은 모두가 一体"라고 하면서, 사회의
움직임에는 관심이 없고, 정보로부터 고립된 생활을 함으로 사회로부터
고립된다는 것이다. 또 結婚은 서로의 합의보다는 [結婚調正機関]의
調正에 의한다는 점, 그리고 금전을 한 푼도 개인적으로 가지지 않고,
책 한권을 사는데도 [提案書]를 써서 허가를 받아야한다는 점, 편지
검열 등으로 인해 인권적 문제의 소지가 있는 것으로 지적되었다. 또
전 재산을 털어 넣어 일생을 운동에 바치는 요량으로 참가하지만 탈회
자가 끊이지 않고, 더욱이 탈회 시에는 거의 무일푼으로 나와야한다는
점으로 인해 일본에서 사회문제시 되기도 하였다.[121]

현재 야마기시회는 전국에 실현지를 설치하고 있고, 또 여기서 생산
되는 생산물의 판매는 전국에 설치된 [야마기시즘 실현지 생산물공급
소]를 통해서 공급하고 있다. 이 사회실현지는 일본에 39개소와 해외에
7개소(한국, 미국, 브라질, 오스트렐리아, 스위스, 태국)가 있다.

국내에 야마기시회는 경기도 수원 화성 실현지의 현 대표 윤성열의
부친을 통해서 최초로 도입되었다.[122] 그의 부친은 1965년 일본 하루야

---

121) 1994년 6월에 탈회자를 중심으로 [야마기시회를 생각하는 전국 네트워크]가
　　　결성되었는데, 그들은 야마기시회의 현실을 알리고, 피해자가 생기지 않도
　　　록 하며, 야마기시회 스스로 문제를 인정하고, 정보를 공개하도록 하며, 궁
　　　극적으로는 야마기시회가 사라지는 것을 목적으로 하고 있다.

마(春山)에 농업 연수를 하면서 야마기시회에 접하게 되었다. 귀국 후 1966년 1월 윤씨는 [자연농법연구회]를 구성하여 [특강]을 하면서 야마기시의 정신과 이념을 주위 농민들에게 전하게 되는데, 이것이 야마기시회의 해외 첫 특강이다. 당시에는 농촌의 근대화를 국가 정책적으로 추진하였고, 따라서 농민들도 새로운 영농법에 관심이 많았던 만큼 주변 농민들에게 전해지기 시작하였다. 그러나 한편으로 [무소유], [공동생산]이라는 이념의 사회주의적 성향으로 인해 지식인들 특히 학생운동이나 반체제 운동을 하던 인텔리들도 모여들기 시작하였다. 야마기시회의 양계 방식은 주변 양계 농가에게 퍼져서 수원 발안 일대에서 10여 군데의 협업농장이 생겨났으나 거의가 실패를 하였고, 이후 부친의 뒤를 이은 윤 대표가 84년 화성군 현재 실현지 「산안마을(화성군 향남면)에서 다시 농장을 세우고, 야마기시즘 활동을 시작하게 되었다.[123]

처음은 양계를 시작하여 有精卵과 육계 생산에서 시작하여 채소 재배를 하고 있다. 양계는 야마기시회의 [순환방식]에 따라 양계에서의 배설물을 채소재배의 유기비료로 쓰고, 그 채소를 다시 양계 사료로 하는 일체의 항생제나 제초제 없는 순환적 유기농법을 하고 있다. 그리고 공급은 직접 수요자에게 전달하는 시스템으로 인해 일반계란보다 2,3배 높은 가격으로 판매된다고 한다. 현재 농장운영은 20~30명의 공동생활자에 의해 이루어지고 있으며, [무소유]원칙에 따라 영농법인으로 등록하여, 일체의 수입은 개인적 분배 없이 법인에 소속되는 방식

---

122) 국내 야마기시회의 유입과 활동현황에 대해서는 2005년 1월 윤성열 대표와의 인터뷰에 의한 것이다.

123) 현재 화성의 실현지 규모는 대지 6만평, 양계장 18동에 3만 마리의 닭을 키우고 있다.

을 취하고 있다고 한다.

또 현 실현지에서는 일본과 마찬가지로 1987년부터 매년 [어린이 낙원촌]프로그램을 운영하고 있는데, 주로 방학기간 7박 8일의 캠프생활을 하게하며, 참가자 수는 50여명 정도라고 한다. 프로그램 내용 역시 일본과 유사하게 체험을 주로 하며, 아이들에게 기간 내에 자신이 원하는 자율적인 활동만을 하게하며 일체 주입교육이나 강제성은 없다고 한다. 일본에서 낙원촌의 문제가 생긴 것과는 달리 여기 실현지에서는 주로 여름과 겨울 방학기간을 이용하여 프로그램을 실시함으로써, 아이들 교육의 보조적인 역할만을 하는 것으로 목적으로 하고 있다.

한편 특별강습연찬회도 부정기적으로 실시하고 있는데, 7박8일의 일정으로 공동생활을 하면서 강의와 토론을 통하여 야마기시즘을 익히며, 이를 통해 야마기시즘의 이념을 알리고, 또 연찬회를 겪은 사람을 통해 새로운 회원이 들어오기도 한다. 일본과의 교류는 회원들 간의 교류를 주로 하고 있으며, 일본회원이 화성 실현지에서 생활하거나, 국내 회원이 일본 연찬회에 참석하기도 한다. 이처럼 국내 야마기시회는 윤 대표의 영농법인이 유일한 실현지로서 활동하고 있으며, 20여명의 공동생활자들의 양계 생산을 통해 운영되고 있고, 또 연찬회와 어린이 낙원촌 프로그램을 실시하고 있다.

야마기시회는 자연과의 일체라는 이념 하에 시작된 사회운동 내지 의식개혁운동으로 시작된 일종의 협동농장 운동이라고 볼 수 있다. 따라서 교주, 경전, 신봉자라는 종교로서의 요건을 갖추고 있지 않는 비종교단체라고 할 수 있다. 물론 일본에서는 실현지 입회시 재산 헌납 문제, 강제적인 공동생활로 의해 감금용의를 받는 등으로 인해 일종의 컬트(cult)로 간주 된 적도 있다. 그러나 엄격히 말해서 야마기시회는 종교단체가 아닌 협동농장 내지 사회운동체적 성격을 띠고 있다. 국내에서도 학생운동과 반체제 인사들이 가입한 적이 있다는 윤 대표의 증언에서 알 수 있듯이, 특정한 신이나 교주를 신봉하지도 않으며, 공동체 생활을 통한 행복을 추구하는 사회주의적 발상을 가지고 있고, 또 공동생산과 개인 무소유라는 점에서는 이스라엘의 키부츠나 프랑스의 소규모농장 공동체인 콘뮨(commune)과 유사한 협동농장적인 성격을 가지고 있으며, 특히 왜색이라는 일본 문화와도 그다지 관련이 없는 것으로 보인다.

· 太陽會(일련정종계)

태양회는 일련정종 住職이던 다카하시고쥰(高橋公純)이 일련정종에서 독립하여 1981년 2월 19일 국내에 세운 일련정종 계열 교단이다. 다카하시는 1962년 창가학회 청년부대장과 조교수를 지내면서 창가학회의 포교에 열렬한 포교를 전개하다가 1964년 일련정종 말사인 常在寺에 출가하여 승려가 되었다. 그 후 1967년에 日本東洋大学 불교과를 졸업하고, 1974년에는 한국인 崔淑姬씨와 결혼하고, 이어 1982년 群馬현 本応寺 주직에 임명되었다. 1989년 3월 15일 국내 원폭피해자 실태를 파악하기 위해 내한한 것을 계기로 국내에서 봉사활동 [한국태양회]를 발족하였다. 원래 다카하시가 한국에 대해서 관심을 갖게 된 것은 그가 승려로서 출가한 지 7년 되던 1974년 무렵이었다고 한다. 도쿄의 이케부쿠로(池袋)에서 거주하고 있었는데, 한 서점에서 우연히 박정희 전대통령의 저서인 『민족의 저력』을 보고, 거기에 일제강점기의 산림남벌 등 일제의 만행에 대해서 알게 되었고, 이에 그는 한국과 한국인에 대해 속죄를 하기위해 봉사활동을 시작하기로 맘을 먹었다고 한다. 그 후 한국 원폭피해자 협회와 연락을 취하여, 지원을 하게 된 것이 한국에서의 봉사활동의 시작이었다. 그러다가 다카하시의 한국 및 대만에서의 활동으로 인해 일련정종과의 마찰로 일련정종을 탈퇴하여 본응사 주직을 그만두고 국내에서의 사회봉사 단체로서 [태양회]를 설립하고 이사장으로 취임하여 1989년부터 본격적으로 활동하게 되었다.[124]

태양회는 일련정종 계열이지만 국내 일련정종이나 한국SGI불교회와 다른 독자적인 노선을 취해왔고, 2000년부터 다카하시는 국내에 거주하면서 국내활동에 전념하게 되고, 2004년 귀화하여 국내에 정착하게 포교 및 사회봉사활동을 하게 된다.

종교 활동으로서는 일련정종과 마찬가지로 일련의 본존은 모시고 있으며, 題目口唱(남묘호렌게교)을 하는 것도 같다. 그러나 사회활동으로서는 다카하시의 개인적인 봉사의지에 따라 주로 원폭피해자에 대한 봉사활동에 전력을 기울이고 있다. 태양회의 상징적 표기는 '태'자는 한글로, '양'자는 영어인 YAN으로 표기한다.[125] 태양회의 슬로건은 "어두운 한 구석을 비추자"이다. 자기가 가진 힘을 모아서 될 수 있는

---

124) 태양회의 국내 유입 및 활동에 관하여서는 다타하시고쥰 이사장과 부인 최숙희와의 인터뷰에 의한 것이다.

125) 2003년 태양회의 마크가 결정되었다. 문양은 두 마리의 학이 힘차게 날개를 펴고 활기를 치솟고 있는 태양을 배치하고 태양의 밑 부분은 검은색에서 점점 위로 올라가면서 밝은 오렌지색으로 변해가는 무지개색으로 되어 있다.(태양회뉴스 2003년 통권 12호)

한 사회와 정치의 힘이 미치지 못하고 있는 곳에 태양과 같은 빛을 비추자는 것이다.[126] 이러한 취지 하에 태양회에서는 "사회의 한 구석을 비추는 인간으로 성장합시다. 주어진 기쁨에 만족하지 않고 기쁨을 안겨줄 수 있는 인간이 됩시다. 희생적인 마음을 아끼지 않고 작을지라도 사람들의 행복을 생각해 나갑시다"라는 것은 신자들의 신조로 삼고 있다.

태양회의 국내에서의 역사를 보면, 1989년 3월말 태양회를 조직한 후 그해 4월 총회를 개최하였고, 여기에는 秋秉秀, 金相憲, 姜相珍, 朴載杰, 李判相, 徐相今 이외 에 많은 기존의 국내 일련정종 인물들이 참여하였다. 이들은 기존의 국내 일련정종 계열의 인물들이며, 그 중에 1990년에 국내 일련정종 협의체인 일련정종중앙회를 결성 주도하고 구고려신도회 회장을 지낸 홍종희(부산 일련정종 고려신도회 전회장), 조용정(고려신도회 현 회장), 일련정종 단신도회 부회장이었던 추병수, 동대문파 일련정종 총합본부 제 3대 회장이던 김문출 등도 있었다. 그 후 이들은 태양회와 단절하거나 소원해져서 각각 별도로 활동을 하고 있다.

그 후 태양회는 2001년 5월 15일 서울의 본부 회관에 헌판식을 하고, 한층 더 활발하게 활동을 전개하였다. 1989년 합천 원폭피해자 협회에 기금 전달을 시작으로 매년 지원금과 봉사활동을 하고 있으며, 동시에 봉사활동을 통한 신자 확보도 꾀하고 있다. 이에 1998년 4월 태양회 경남본부를 설립하였고, 같은 해 6월 태양회 신문을 발행하였으

---

126) 태양회뉴스 2001. 특별호 통권 제 7호 「나와 봉사활동하는 마음」

며, 동년 8월 [제1회 청년부 수련회]를 개최하여 매년 실시하고 있다. 특히 원폭피해자 돕기 봉사활동에 치중하여왔는데, 1997년 봄철 총회시 위제탑 건립 기금을 전달하여, 합천읍 영창리 439번지에 [원폭피폭자 복지회관] 건립에 기여하였고, 1997년 5월 4일 봄철 총회에서는 위령각 건립을 완성하게 하였다. 1997년 8월 6일 복지회관의 낙경기념식과 위령제를 전국피폭자 유족들과 합천군내 유명인사 그리고 한국 일본 대만의 태양회 회원들이 참여한 가운데 거행하였다. 그 외에도 태양회는 창립 후 일선장병 위문, 수재민 돕기 운동을 전개해 왔으며[127], 이런 활동으로 인해 지역복지관장과 서울시장로부터 표창(2003년 9월 3일)을 받기도 하였다.[128] 그 외에도 여류 비행사 [박경원 기념사업]에도 참여하여, 다카하시는 그녀의 일대기를 저술하고, 위령비 건립 및 기념비 추도 사업에도 지원을 하였다고 한다.

태양회 조직과 현황을 보면 다음과 같다. 역대회장으로는 1990년 趙鏞挺, 1992년 洪宗熹, 1994년 千同祚, 1997년 무렵 秋秉秀, 2000년 金章守[129], 2003년 金묘생이 역임하였다. 그리고 각 지회를 보면,

---

127) 봉사활동 태양회, 『고향의 산 만월하에』, 봉사활동 한국태양회, 1997.9.

128) 태양회뉴스 2003년 통권 제 13호 「한국태양회 제 4회 사회복지의 날에 서울특별시장 표창장 수상」. 서울시 소개 팜플렛(2003년판)에 게재되어 있는 태양회의 공적문에는 다음과 같은 내용이 소개되어 있다. "태양회는 한국원폭피해자에 대한 원조를 봉사활동을 하고 있으며 1998년 4월부터 현재까지 노인정 방문, 1989년 8월부터 현재가지 원폭피해자 자금원조 및 방문위로봉사활동, 2001년부터 2002년까지 월1회 자혜원 방문봉사활동(청소 목욕 간식지원) 2001년 부터 현재까지 방아골종합복지관과 도봉노인종합복지관에서 봉사활동을 전개하고 있다."

129) 원폭피해자 야유회(2000.6.5)때 김장수는 부회장이었다가 2001년 [3회 한국 일본 茶문화교류회]때 회장이 되었다.

서울에는 白法支會(지회장 洪功云), 白仙支會(지회장 李福先), 妙宝支會(지회장 金貴男)으로 구성되어있고, 영남에는 東門支會(지회장 金文苗), 高麗支會(지회장 朴寬三), 三千浦支會(지회장 李貞淑, 부인부장장 姜貞姬), 馬山支會(지회장 申百広), 密陽支會(지회장 黃碧鎭), 鎭海支會(金種五)으로 구성되어있다. 서울 회관(상계동) 지부(1998년 4월 28일) 태양회의 경남본부를 건립하였고, 현재는 서울, 부산, 삼천포에 집회소를 두고 있다. 현재 회원은 1000여명으로 주로 서울과 경남본부에 적을 두고 있다.

4. 한일 문화교류 시대를 맞이하여
- 거대 교단의 출현과 부활, 신생교단의 성장 -

80년대 후반에 들어서자 국내에서는 민주주의라는 정치적 상황의 변화와 함께, 경제적 안정기를 맞이하게 되고, 그와 함께 국제관계에 있어서도 대외적 명분보다도 실리를 중시하는 인식이 팽배해져간다. 이에 88서울올림픽의 개최, 그리고 2000년에 들어와서는 한일문화교류의 추진, 2002년 월드컵 한일동시 개최 등의 일련의 역사적 흐름은 일본과의 관계에 있어서도 정치 경제 사회문화적으로 상당한 변화가 일어나게 된다. 88서울올림픽의 성공적인 수행을 위해 한국으로서는 일본은 중요한 협조자이었고, 또 대중문화산업에 있어서도 일본은 중요한 소비시장으로 인식하게 되었고, 동북아의 국제정치질서 속에서도 일본은 상호 협조국가로서 위상이 더욱 중요시되었다.

　물론 한국과 일본이라는 특수한 역사적 관계와 일본 우익 정치가들의 망언으로 인하여 반일 감정의 표출은 끊임없는 되풀이되었고, 한편으로는 실리적 차원에서 일본을 인정하고 문화를 수용하자는 논란은 거듭 반복되었다. 그러나 이런 와중에도 일본과의 물적, 인적 교류는 점차 증가하게 되었으며, 그에 따라 종교를 포함한 문화교류 역시 활발하게 진행되기 시작하였다. 인적 교류와 문화 교류의 증대는 국내 종교문화에 있어서 일본계 종교의 위치를 변화시켰고, 드디어 일본계 종교 중에는 국내 종교문화체계에 있어 더 이상 주변이 아니라 당당한 주류 종교로서 위치를 차지하게 되는 교단이 등장하게 되었다. 이런 일본계 종교의 국내에서의 거대화, 주류종교로의 편입화는 한국 종교문화의 지형 변화라고 할 정도로 중요한 의미를 가지게 된다. 이런 현상은 물론 국내의 일본계 종교의 주류종교문화로의 편입이라는 특수한 현상으로만 해석할 수는 없다. 문화의 세기라는 21세기는 민족, 지역의 한계를 넘어서는 사상, 지식, 정보의 세계적인 공유화가 이루어지고, 이에 종교 역시 다원화 및 개성화를 지향하는 거부할 수 없는 세계사적인 흐름의 일환으로 볼 수 있을 것이다.

　1980년대 후반부터 국내의 일본계 종교는 이런 시대적 상황 변화와 함께 급속히 성장한 교단, 또 재도약의 길을 꾀하는 교단, 그리고 새로운 성장의 도정에 들어선 교단들이 등장하게 된다. 1980년대부터 급속히 성장하여 국내 기성종교 교단 수준에 이를 정도로 사회적 영향력을 가진 일본계 종교 교단으로는 물론 [한국SGI불교회]이다. 또한 1980년대 후반부터의 한일 간의 우호적인 교류 분위기를 발판으로 재도약을 추진하는 교단으로는 [천리교]를 들 수 있으며, 또 새롭게 성장하고 있는 교단으로는 [세계구세교]를 들 수 있다. 물론 각 교단의 현재 상황은 상당한 차이가 있고, 또 국내에서의 활동의 역사적 과정과 조직 구성, 활동방식 및 운영에 있어 차별화되어있다. 그러나 이미 [한국SGI 불교회]는 한국 사회의 여러 분야에 있어 상당한 영향력을 미칠 정도로 성숙하였고, 이미 상당한 수의 신자들을 이전부터 가지고 있던 [천리교]도 이전의 교세 회복을 위한 새로운 전략과 운영방식을 도입하여 재도약을 꾀하고 있다. 한편 [세계구세교]는 자신들만의 독특한 자연관과 의식을 바탕으로 전국적으로 교세를 확산해가고 있다.

(1) 한국SGI불교회의 성장

① 創價學會의 창립과 성장

創價學會를 창립한 마키구찌츠네사부로(牧口常三郎 : 1871 - 1944)는 본래 小学校 지리교사였으나 32세 된 1903년 『人文地理学』을 출간한 것이 계기가 되어 北海道에서 東京으로 옮겨온다. 소학교 교사로 활동하면서도 그는 당시의 이른바 충량한 皇民으로서의 국민 교육을 지향하는 소학교의 교육정책에 내심 반발하고 있었다. 그런 중에 1928년 6월 그는 한 신자를 통해 日蓮正宗계열의 신문과 만나면서 일련정종에 入信하게 된다. 소학교 교장을 거쳐 교육계를 떠난 그는 日蓮正宗의 교학을 바탕으로 한 새로운 가치 창조를 위한 교육개혁을 추진하는 것을 목적으로 하였다. 즉 그는 日蓮大聖人의 仏法이야말로 자신의 교육이론의 근본이 되는 [인격가치의 창조]를 가능하게 한다는 확신을 가지고, 이후 교육자에 의한 교육 개혁운동의 틀을 넘어서 불법을 근본으로 하는 개개인의 인간 개혁과 생활 혁신, 그리고 보다 나은 사회 건설을 목표로 하는 종교운동단체로서, 1929년 2월부터 제자였던 도다 조세이(戸田城聖 : 1900－1958)와 함께 스스로 그것을 [創価教育学]이라 칭하였다. 그리고 1930년 11월 8일 『創価教育学大系』1권을 간행함130)과 아울러 자신의 교육이론의 실천을 위한 교육 개혁그룹으로 [創価教育学会]를 창립하였다. 이 학회는 처음에는 마키구찌의 교육학 이론에 대한 학습에 열중하였으나 점차 日蓮대성인의 불법 연구와 실천 단체로 발전해 갔다.

창가학회는 초대 마키구찌가 치안유지법에 따른 불경죄로 투옥되어 1944년 옥사한 뒤, 그의 제자였던 도다 2대 회장에 의해 본격적인 발전을 하게 된다. 도다 2대회장은 石川県 출신으로 소학교 교원이었으나 마키구찌의 인도로 日蓮正宗에 입신하고 그를 도와서 학회를 창립하였고, 초대 이사장에 임하였다. 당시 학회는 東京과 横浜을 중심으로 교육사업과 학습참고서의 출판을 통해 5백여 회원을 확보하면서, 1941년 월간지 『価値創造』를 발간하는 등 세력을 넓혀가고 있었다. 당시 일본 정부는 전시동원체제 아래서 종교 간의 통합을 통해 사회적 동원체제를 구축하려 하였다. 이런 정책에 따라, 창가교육학회도 日蓮正宗과의 통합을 요구 당하였으나 독자적 활동을 계속해 갔다. 그로 인해 1942년에는 도다를 비롯한 학회간부 21명이 치안유지법 위반으로 구속되었으며, 거기서 마키구찌는 옥사하였다. 1945년 7월에 출옥한 도다는 다음해 1월에 학회 명칭을 「創価学会」로 바꾸고 청년부를 결성하

---

130) 바로 『大系』간행일이 나중에 창가학회가 설립되면서 학회 창립일로 정하게 된다.

여 학회의 재건에 힘쓰게 된다.

1951년 제 2대 회장에 취임한 도다는 청년부의 邪教 퇴치운동과 간부들에 의한 지방 折伏운동을 조직적으로 추진하였다. 이어 1952년 8월 27일 종교법인 창가학회를 출발시킨다. 그런 한편 日蓮正宗과의 교의논쟁을 벌이면서 "王仏冥合"을 표방한 政教一致 운동을 개시하여 1956년 [창가학회정치연맹]을 결성하고 참의원선거에서 3명의 전국구 의원을 당선시켰다.

그러나 창가학회의 비약적 발전은, 1960년 5월 이케다다이사쿠(池田大作 : 1928-)가 32세의 젊은 나이에 3대 회장에 취임하고 이루어졌다. 그는 1947년 19세의 나이에 창가학회에 입신하여 도다 회장으로부터 가르침을 받았다. 특히, 折伏운동을 통한 창가학회의 종교적 정체성 확보와 정치참여를 통한 사회변혁의 실천적 프로그램을 정치적으로 실현하고자 政教一致的 강령에 따른 政党 창립을 통해 학회의 사회적 위상을 높여가며 교세확장을 꾀하였다. 1961년에 [公明政治聯盟]을 결성하고 1964년 이를 [公明党]으로 개칭하면서 스스로 당수를 맡기도 했다. 당시 참의원 14석에 지방의원 1,200석을 지닌 정당으로 성장하였으나, 1967년 총선에서 처음으로 중위원까지 진출하면서 당세를 확장해갔다. 그러나 1969년 창가학회를 비판하는 서적의 출판을 방해하는 사건이 일어나 물의를 빚으면서 정교일치의 강령을 포기하고, 1970년부터 [창가학회]와 [공명당]의 분리를 공식 표명하게 된다. 이후 창가학회는 "생명, 생활, 생존의 인간주의"를 표방한 강령을 내세우며 활동하게 되며, 공명당은 1986년 중의원 선거에서는 512석 중 56석을 점하고, 참의원에서는 1989년 126석 중 10석(비례 50석 중 6석, 선거 76석 중 4석)을

차지하여 집권당인 自民党과 社会党에 이은 제 2야당에 올랐다. 현재
는 공명당은 자민당과 함께 연립 여당을 구성하면서 일본 정치권력의
중심에 위치하고 있다.

한편 창가학회는 1975년 1월 26일 괌에서 세계51개국 대표가 모인
가운데 [제1회 세계평화회의]를 개최하고, 국제창가학회(Soka Gakai
International)를 출범하고 회장에 이케다를 선출하였다. 이러한 정치사회
적 영향력이 증대되면서 이케다 회장의 독주체제에 대한 비판과 학회
내부로부터의 토지 부정취득의 의혹과 탈세, 선거부정과 타당에 대한
도청사건 등 사회적 물의들이 동시에 야기되기 시작하면서, 1979년
이케다 회장은 명예회장으로 물러나고 4대회장에 키타죠(北条)가 취임
하여 일련정종과의 관계 개선을 도모하기도 한다. 그러나 곧이어 4대
회장이 죽자, 1980년 아키타니에이노스케(秋谷栄之助)가 5대회장에 취
임하였다. 아키타니는 키타죠 이후 관계를 개선한 일련정종과, 사회적
비판에 대해 보다 정면으로 응하면서 이른바 法難과 정면으로 맞서나
가는 입장을 취하면서 회원의 결속을 강화하였다.

이처럼 현재 SGI[131]는 日蓮正宗의 재가신도단체인 창가학회가

---

131) 국내의 창가학회에 대한 논고는 다음과 같은 것들이 있다. 이법화,『創価学
会를 折伏한다』, 靈山法華寺出版部, 1974., 박승길, 「창가학회의 국내성장
과 그 의의」『종교연구』10, 한국종교학회, 집문당, 1994., 박승길, 「한국속의
일본 신종교」, 김종서 외, 『현대신종교의 이해』, 한국정신문화연구원,
1994., 박규태 「창가학회에 대한 일고찰 - 불교혁신 운동의 측면을 중심으
로」,『종교학연구』20, 서울:한국종교학연구회, 2001., 김춘배, 「創価学会와
天理教의 国内宣布에 대한 問題」『기독교사상』7,9(67), 서울 대한기독교서
회 1962., 이강오, 「일련정종 창가학회」『한국신흥종교총람』, 한국신흥종교
연구소, 1992., 卓明煥, 「왜색종교의 확산실태: 일련정종 창가학회를 중심
으로」『현대종교』227, 현대종교사, 1993. 3., 탁명환, 「일련정종(창가학회)」

1975년 1월 국제창가학회라는 이름으로 결성한 단체이다. 日蓮正宗의 在家신도들의 신앙교육을 위한 전통적인 講의 하나로 출발했던 창가학회는 宗団의 산하 단체였던 만큼, SGI 역시 그 산하의 해외 포교단체 중 하나였다. 그러나 1978년 11월 16일 종무원의 종규 개정으로 해외부가 신설되어 해외포교의 활동이 종무원으로 넘어가는 것을 계기로 독자노선을 택하게 된다. 그 이후 1991년 11월 종무원으로부터 창가학회 회장인 이케다가 法主 및 宗門 批判을 반복한다는 이유로 파문을 당하여, 総講頭 지위를 상실하고, 그 이듬해인 1992년 8월 이케다 회장이 신도로서도 제명 처분을 당하게 됨으로써 완전히 독자노선을 걷게 되어 오늘에 이르고 있다.

② 국내에서의 고난과 분열

앞서 살펴본 것처럼 일련정종 및 창가학회 국내 활동은 3개의 경로를

『성별』2.8(15), 성별사, 1972. 9., 탁명환, 「倭色宗教의 拡散実態;日蓮正宗 創価学会를 중심으로」『현대불교』227, 서울 현대종교사, 1993. 3., 연안준, 「第三文明을 파는 日本版 邪教: 창가학회란」『사상계』12, 2(131) 서울 사상계사, 1964. 2., 「창가학회의 기원」『정토』137, 서울 월간 정토사, 1999. 12., 최일수, 황석현, 「創価学会」『서울평론』1 − 7(7), 서울신문사, 1973. 12. 13., 박삼우, 「(容共団体)創価学会를 파헤친다」『梵声』28, 서울 대한불교 불입종, 1975. 8., 박삼우, 「(容共団体)創価学会를 파헤친다」『梵声』30, 서울 대한불교불입종, 1975. 10., 김수헌, 「인간존엄 · 평화심는 民衆의 종교:SGI(国際創価学会)한국불교회의 역사 · 조직 · 사회」『Win』4.4(35), 중앙일보사. 1998. 4., 김광섭, 「創価学会의 健康診断法」『新思潮』3,3(24), 서울 신사조사, 1964. 3., 李璟雨, 「法華계열 종단들, 나무묘법연화경의 신앙문」『한국불교의 현상』불교사상, 1986., 이 경우, 「이것이 創価学会다」『법륜』89, 서울 법륜사, 1976.

통해서 이루어졌다. 그러나 국내의 일련정종의 분열, 그리고 일본 대석사와 창가학회 신도회와의 분쟁으로 인해 국내 일련정종은 여러 파로 갈라지게 되고, 또 일련정종과 창가학회도 완전한 결별을 하게 된다. 현재 한국SGI불교회는 일련정종의 국내 유입 루트 중 대구 경북 지역 중심의 崔奎垣씨에 의해 도약 발판을 마련한 것이라고 볼 수 있다. 전술한 바와 같이 1960년대 초기 일련정종의 국내 집단들로서는, 서울 동대문 지역의 朴素巖을 중심으로 한 소위 창신동파, 성북구에서 李貞順, 黃碩煥을 중심으로 한 정능파, 崔圭恒[132)]을 중심으로 한 대구파, 부산의 임성규를 중심으로 한 부산파 등이 있었다. 1960년대 말에는 安南植의 여수파가 생기는 등 여러 곳에서 독자적으로 신자집단을 형성하고 이것이 하나의 파를 이루어 경쟁적으로 세력권을 넓혀간 것이다.

당시 일본에서 日蓮正宗과 창가학회의 해외포교활동은 在家신도의 講조직이었던 [創価学会 해외부]가 책임을 맡고 있었다. 따라서 국내

---

132) 창가학회 포교금지 조치가 있었던 다음 날인 1964년1월 18일자 동아일보는 대구에 창가학회가 들어온 것은 1961년 3월로 당시 대구교도소 여간수로 근무하던 金임선(당시 42세 대구 삼덕동 거주)이 일본에 있는 시누이 李惠子의 권고로 입신하고, 63년 2월에 당시 대구 책임자인 최규항(당시37세)에게 포교하고, 최규원은 한국 나일론회사에 파견된 일본 동양 레이온 나고야 공장 기사인 이시타(井下)와 함께 김임선의 집에서 1963년 10월부터 학생회를 조직하여 남녀학생들에게 지도하고 있었으며, 최규원이 당시 국내 창가학회 총책임자라고 보도했다.
그러나 최근 최규원과의 인터뷰에 의하면(2005년 8월), 최규원은 우연히 알게 된 일련정종의 불법에 관심을 갖게 되어서, 직접 일본 창가학회 해외부에 전화와 서신으로 연락을 하여 불법책자를 우송받았고, 그 후 직접 현증을 확인하고자 입신과 제목구창을 하였다고 한다. 또 이시타와 김임선과는 후에 서로 소문을 통해 연락을 하게 되고 같이 활동을 하게 되었다고 한다.

유입 초기에는 日蓮正宗과 창가학회가 구분되어 있지 않았다. 오히려 국내에서는 창가학회로 일반화되어 알려졌다. 포교 초기 상황에 대해 당시 동아일보는 울산에서 입수한 믿을 만한 창가학회 본부문서를 인용하여, 국내 조직망을 이렇게 보도한다. "말썽이 난 창가학회 국내 주요도시 책임자 명단은 다음과 같은데 이들 국내 책임자들은 일본의 교도들과 한사람씩 연락망을 갖고 있다"고 보도하면서 지역별 책임자가 있는 곳은 서울, 대구, 순천, 부산, 제주, 광주, 울산 등으로 각각 책임자 명단과 일본 연락책 명단을 보도하고 있다.[133] 이러한 점을 미뤄볼 때, 일련정종 재가신자단체인 창가학회는 3년여라는 짧은 기간에도 불구하고 지역 거점을 중심으로 매우 제한된 일본 본부의 관심[134] 아래 동시 다발적으로 포교활동을 전개하고 있었음을 알 수 있다.

그러나 창가학회의 회원 수가 증가하고, 포교활동이 본격화되면서 창가학회는 '왜색종교'라는 사회적 낙인과 싸워야 했다. '나무묘호렌게교'라는 일본어 창제와 일본의 국조 天照大神과 그들의 수호신 八幡菩薩이 들어있는 본존을 모시고, 東方遥拜를 하는 것으로 알려지면서 사회적 비난과 언론의 공격을 받게 된다. 노골적으로 일본어로 주문을

---

133) 상기 동아일보 1964.1.18자

134) 한국일보는 당시 보도(1964.1.18)에서, 창가학회 본부 해외국장의 말을 인용하면서 비공산국가로서 지부가 없는 곳은 한국 정도라고 하면서 "한국에서의 신도결성은 자발적인 것이며 일본 본부로서는 정식으로 어떤 책임자나 지부장을 임명한 적도 없다."고 하면서 신자들로부터 요청이 있어 국내 실태 파악을 위해 鈴木一弘을 단장으로 한 세 사람의 이사를 派韓하려 한국 정부에 비자 신청을 냈으나 거절당했다고 했다. 이것은 최규원의 진술과 일치하는 것으로서 초기 국내에서 일련정종 및 창가학회의 발생은 어느 정도 자발적인 것으로 보이며, 이후에 신자 수가 늘어나자 일본 본부가 관심을 보이게 된 것으로 보인다.

외우듯이 반복하는 唱題와 동방요배는 일제 식민지 시대의 친일분자와 같은 사회적 취급을 받게 된다.

당시의 창가학회에 대한 사회의 부정적 낙인과 그 배척 상황을 기사화한 한 잡지는 이렇게 쓰고 있다.

> "…창가학회는 그 기세가 꺾이지 않고 대도시 변두리의 부녀자들을 휩쓸며 신도 수를 늘여갔다. 그러자 각 종교 단체와 학회에서 이 '왜색 사이비' 종교를 내쫓자는 성토대회가 잇달았다. 대학생들이 집회소에 들이닥쳐 난동을 부리는가 하면 고등학교 3학년 학생이 불을 지르는 '애국 테러'까지 일어나기도 했다. 한편으로 창가학회를 따라서 죽은 노파를 되살린다고 62일 동안이나 송장과 동거한 대구의 여자 광신도가 정신 병원에 입원한 이야기가 알려져 사람들의 눈살을 찌푸리게 했으며, 일련 정종의 신도 단체인 일본 창가 학회의 자금 밀반입 사건이 신문에 오르내렸다."[135]

1964년 1월 17일자 동아일보는 당시 동경특파원이었던 권오기 기자의 '창가학회 정체는 이렇다'라는 특집기사를 3면 전면에 싣고, "한편으로는 붉은 종교라 불리고 다른 한편으로는 종교적 파쇼라 불리는 묘한 성분의 일본산 종교단체"라고 창가학회를 규정하였다. 이러한 정황에서 정부도 1964년에 문교부장관 명의로 성명서를 발표하고, 1월 17일 학계와 언론계, 종교계 13인으로 구성된 '창가학회심의위원회'의 결정에 따라, 창가학회를 '반국가적, 반민족적 단체'로 단정하고 그 포교를 금하였다. 문교부 성명은 창가학회가 "종교단체냐 또는 정치단체냐를

---

135) 김인선 기자, '한반도를 휩쓰는 일본종교", 『샘이 깊은 물』(1998.5.9)

가릴 것 없이, 이는 일본의 이른바 皇國적 색체가 짙고 국수적이요 배타적일 뿐 아니라 현 처지에서 민족정신을 흐리게 함으로써 간접적인 정신침략이 된다"고 포교금지의 이유를 밝히면서, "모든 국민은 민족적 긍지로서 이 단체의 만연을 막아 달라"고 호소하였다. 치안국도 문교부의 금지조치에 따라 지금까지의 간부나 신자들에 대해서는 어떤 형사적 책임도 묻지 않을 것이나 향후 포교활동에 대해서는 의법 조치할 방침임을 공포하게 된다. 그러나 이러한 정부의 적극적인 포교금지에 맞서 당일 대구의 창가학회는 일련정종에 관한 14개 항목의 1만 여장에 걸친 해명서를 내고 결코 창가학회가 邪敎 집단이 아님을 관계 기관에 진정하는 등 적극적으로 맞대응하는 태도를 취하였다.

포교금지 발표 후 닷새 뒤에는 내무부의 단속 방침에 따라 경찰이 창가학회의 서적들을 수색하고 압수해 갔다. 정부의 강경대응에 주춤하던 창가학회는 1965년 한일국교정상화가 이뤄지면서 조심스럽게 공개적인 활동을 재개하게 된다. 그런 중에 마침 같은 해 8월에는 대일굴욕외교에 반대한 대학생 30여명이 서울 창신동의 창가학회 집회소를 기습 점령하는 사건이 발생하기도 한다. 이들 대학생들은 '한일협정비준반대 각대학연합체(한비연)'소속 학생들로 1965년 8월 19일 오후 7시를 기해 일제히 동대문구 창신동의 일련정종 창가학회본부를 기습 난입하여 기물을 부수고 서적과 문서들을 탈취해갔다[136].

---

136) 이에 대해 신동호는 다음과 같은 기록으로 전하고 있다. "'한비연'의 김우기, 김경남, 백낙환 등은 창신동의 일련정종 본부를 현지답사하고 '거사'후 도주할 골목까지 확인하는 등 치밀하게 준비를 마쳤다. 그리고 '무궁화 애호 대학생총연합체'라는 위장이름으로 국민과 정부, 창가학회 등에 보내는 호소문과 격문을 준비했다. 이들의 '거사'시점은 8월 19일 오후 7시였다. 이 시

이런 상황에 대해, 1964년 4월 7일 대구의 崔圭垣 등 간부들은 문교부를 상대로 행정소송을 하여 정면 대응하게 된다. 또한 일본인 참의원이면서 창가학회 부이사장인 츠지(辻武寿)와 시부타니(渋谷邦彦) 등이 같은 해 주일대표부를 방문하여 창가학회가 불법단체가 아니라고 항의하였다. 1966년 10월 25일 대구지구 임시대표 최규원이 내무부장관을 상대로 창가학회 활동을 위한 소송을 냈으나 기각 당하였다. 그러나 이듬해 1월 서울 고법으로부터 창가학회의 포교를 법으로 규제한 것이 아닌 정부의 단속 방침을 천명한 것이기 때문에 행정 처분이라고 볼 수 없으므로 행정 소송의 대상이 되지 않는다는 이유로 소각하 판결을 내렸다. 이것은 어떤 의미에서 창가학회의 포교 활동을 법으로 금지할 수는 없음을 확인받은 것이었다. 하지만 내무부는 국민정서를 이유로 행정 행위로서 창가학회의 활동을 계속해서 단속할 것임을 밝혔다.

그러한 가운데에서도 1964년 4월 15일 박소암은 좌담회를 재개하고 [한국일련정종학회]라는 간판을 걸고 활동하였다. 그리고 그의 형인 박성일이 재일교포의 도움을 받아 인천 [좌담회]를 시작하였다. 그러나

각 창신동 창가학회 본부 건물 앞에는 시내 각 대학에서 선발된 30여명의 건장한 청년들이 복면을 한 채 각목을 들고 모여들었다. 그리고 일제히 각목을 휘두르며 제단으로 난입했다. 학생들은 제단에 모셔진 니치렌(日蓮) 법주의 본존을 찢고 창가학회 총회장인 이케다다이사쿠(池田大作)의 사진을 때려 부순 뒤 방안에 있던 책과 문서들을 탈취해 달아났다. 다음날 이 사건을 접수한 경찰은 '무궁화 애호 대학생총연합체소속학생'들을 주거침입 및 특수폭행혐의로 수배했다. 그러나 작전에 참가한 '특공요원'들은 이날 밤 북창동 대폿집에서 승리의 술잔을 들고 있었다." 김상웅, "사건으로 본 한국종교 ─ 창가학회번창과 대학생기습", 『종교신문』(2003.7.23) 재인용.

1965년 2월 7일 박씨 3형제가 제목을 행하던 도중 경찰에 연행 당했다가 열흘 뒤 풀려나기도 했다.

결국 국내 일련정종 신자집단은 분열하게 되는데, 박소암을 중심으로 하는 [창신동파], 이정순·황석환을 중심으로 하는 [정릉파], 윤인선·최규원·박경식을 중심으로 하는 [대구파], 임성규를 중심으로 하는 [부산파]로 나뉘게 된다. 그러자 1969년 일본 창가학회는 교단의 통합을 요구하고 통합대표로 황석환을 임명하였고, 이에 황석환과 함께 활동하였던 이돈수가 반발하였다. 그러던 중 1969년 2월 5일 박소암이 타계하고 그의 형인 박성일(당시 한국불교일련정종총본부 이사장)이 2대 본부장으로 취임하였다.

1만 세대의 折伏을 이룬 박성일은 사업 실패 후, 동생 박소암의 종교관에 감명을 받고 입신하여, 5명이상을 組로하고, 5조에서 10조를 班, 그리고 지구, 지부로 확대하는 등 조직을 강화해갔다. 그러면서 분열된 일련정종 신자단체의 재결합을 위해 이을형, 황석환과의 화합을 시도하였으나 각 단체들도 창가학회와 대석사측과의 이해관계에 따라 활동 방식도 달랐던 만큼 성과는 없었다. 그래서 서울의 日蓮正宗은 1969년 3월 당시, 동대문(박성일), 원남동(이돈수), 중앙(황석환)으로 분열된 상태를 지속하면서 마지막 통합 노력으로 같은 해 5월 18일 서울 전체 단결식을 거행하기도 했으나, 분열의 골을 메우지는 못하였다. 특히, 이중에서도 박성일의 동대문파는 創価学会의 간섭을 가장 싫어하고 대석사와의 직접 교류 통로를 갖고 있었는데, 1972년 12월 12일 박성일, 박홍양이 日蓮正宗의 本寺인 대석사 낙성일에 참석한 뒤에는 아예 [한국일련정종불교회]로 명칭을 바뀌면서 창가학회와의 관계를 사실상 끊고 독자적인 노선을 걷게 된다.

그러나 1973년 일본 창가학회에서 이즈미(和泉覚 : 창가학회 부회장, 국제센터 이사장)가 한국지도장으로 임명을 받아 한국을 방문하면서, 다시 창가학회 중심의 일련정종 신자단체의 통합의 움직임이 나타나, 그 이듬해인 1974년 5월 통합조직으로서의 「日蓮正宗仏教会」를 결성하였다. 이러한 통합 움직임은 창가학회가 국제창가학회(Soka Gakkai International) 결성을 앞둔 시점에서 취해진 국내 일련정종계 교단의 통합 노력이기도 했다. 1975년1월 국제창가학회(SGI)가 결성되자, 국내에도 한국SGI의 결성을 위한 본격적 활동에 들어가 1975년 6월 20일 동대문구 신설동에 중앙사무국을 설치하고, 11월에는 전국 18개 총합본부, 77개 지역본부로 구성된 통합조직으로 출발하였다. 서울의 총합본부를 보면, 동대문파(박성일)가 제1총합본부로(본부장 박성일[137]), 원남동파(이돈수)는 제2총합본부로, 중앙(황석환)은 제3총합본부로 하는 등 전국적 통합체제로 정비하고, [일련정종불교회 총합본부]를 설치하였다. 그런 중에 한국일련정종불교학회의 朴成日, 朴弘陽은 방위성금과 공양금 횡령 착복혐의로 1976년 1월부터 7개월간 옥고를 치르면서 창가학회로부터 외면받기 시작한다. 1976년 2월 26일 한국지도장 이즈미를 위시하여 하다노(波田野)와 나카무라(中村) 부인부장 등 간부급 20여명이 내한한 것을 계기로 매월 2, 3회씩 내한하여 조직 강화에 나섰고, 이후 5월에 [9인 운영위원회]와 [3인 의장제]를 도입하여 조직을 이원화하고, 1976년 5월 27일 코리아나 호텔에서 창가학회 부회장

---

137) 그 후 박성일은 1981년에 창가학회를 떠나 한국일련정종 본부장으로 취임한다.

과 이즈미(和泉)가 참석한 가운데 「한국일련정종불교회」가 정식으로 발족하고, 의장 3인(서울대표 이돈수, 대구대표 석남수, 부산대표 홍성학)을 임명하였다. 동시에 대석사와의 직접적 관계를 유지하던 박성일에 대해서는 조직에서의 탈퇴를 종용하게 된다. 이것이 오늘날 한국SGI의 모태가 되었다.

그 후 1978년 6월 중앙사무국을 동대문구 신설동에서 서대문구 홍은동으로 옮기고, 7월 30일에는 3인의 의장단과 9인 운영위원회의 임기가 만료됨에 따라, 지금까지의 집단지도체제를 1인 중앙집권체제로 전환시켜, 보다 강력한 통합체제를 구축하게 된다. 불교회는 1인체제로 전환됨에 따라 1978년 8월 초대 이사장에 김동현이 취임하여 30개 총합본부를 이끄는 단일 교권체제를 확립하고, 사실상 창가학회에서 파견된 한국지도장 이즈미의 영향력 하에서 총합본부의 간부를 임명하게 된다. 이로부터 불교회는 창가학회 한국지부로서의 성격을 강하게 갖게 되면서 동시에 그 이전까지의 독자적 세력을 갖고 있던 일련정종 신자단체를 이끌던 장로들의 영향력을 배제해갔다.

그러나 창가학회가 국제창가학회(SGI)를 조직하면서 해외포교에서 재가신자단체가 오히려 日蓮正宗 대석사 종무원을 능가하는 조직을 확보하게 되자, 종무원과의 마찰도 차츰 드러나기 시작한다. 대석사 종무원은 1978년 11월 16일자로 宗規를 개정하여 해외부를 신설하여 당시 창가학회가 담당하던 해외포교를 직접 관장하고자 했다. 이런 변화는 창가학회의 간섭에 불만을 가졌던 독자 세력을 가진 한국의 불교회 내 장로들의 불교회 탈퇴의 계기를 만들어 주기도 했다. 1979년 1월 이돈수는 불교회를 탈퇴하여 4월에는 [한국일련정종 법화강불교도회]를 만들어 떨어져 나가고, 5월에는 단신도파도 불교회에서 떨어져 분리된다. 1981년에는 박성일 등의 동대문파도 한국일련정종 총본부로 독자노선을 선언하게 된다. 그러나 불교회 측은 대석사 총본산에 대한 등정을 1981년 7월부터 시작하여 대석사측과 창가학회와의 관계 유지를 불교회 신도들에게 알리면서 동시에 더 이상의 이탈을 방지하려 했다.

1981년 9월 조대철 2대 이사장이 취임하고 1982년 2월 한국일련정종불교회의 회칙을 제정하는 등 조직의 내실을 쌓아갔다. 그러나 불교회의 내부에서는 조대철 등 전 이사진의 일본 창가학회에 지나치게 예속화는 것에 반대하여 [불교회정화추진위원회]를 구성하여 집행부에 반기를 드는 일도 나타났다.[138] 그런 중에도 1986년 2월 28일 전국총합본부를 圈으로 명칭을 변경하고, 1987년 9월 6일 본부를 현재의 위치인 서울특별시 구로구 구로5동 45번지로 옮기고, 전국조직을 16개 방면, 54권으로 개편하는 등 안정적 교세에 들어간다. 같은 해 12월에는 [도서출판 화광출판사]를 등록하고, 주요 경전인 『御書全集』한국어판을 발간하고, 이듬해 9월에는 월간 『法蓮』을 출판하는 등 출판물을 통한 포교활동에 진력한다.

이런 국내 창가학회의 발전은 1990년대 들어 일련정종과의 관계 청산을 계기로 더욱 활성화된다. 특히 1990년 9월 21일 이케다(池田) SGI 회장이 한국을 최초로 방문한 것을 계기로 [한국SGI불교회]를 대외적 명칭으로 사용하면서, 9월 21일을 [불교회의 날]로 선포하고,

---

138) 최상호, 전게서, pp.96~109.

1991년 7월에는 旬刊인 『聖敎타임즈』[139]를 창간하게 된다.

그러나 1991년 11월 7일, 일련정종 在家信徒講으로 출발하였던 창가학회는 大石寺 측과의 오랜 갈등 끝에 결국 그 모태가 되는 [일련정종 대석사]로부터 해산을 종용받게 되고, 결과적으로 이케다 회장은 波文당하게 되면서 독자노선을 걷게 된다. 동시에 국내에서도 [한국SGI불교회]와, 대석사와의 관계를 갖는 [일련정종]이 완전히 분리됨으로써, 한국SGI불교회는 더욱 일본 창가학회와의 관계를 강화하게 된다. 동시에 이케다 회장의 스피치가 어서전집의 어록에 비견될 권위를 갖는 가르침으로 받아들여진 만큼, 이케다 중심 체제로 변화해갔다. 1994년 4월 제3대 이사장으로 박덕현이 취임하고 1995년 2월에는 전국 23개 방면, 69개권으로 조직을 확대해간다. 불교회는 1996년 9월 1일 충북 진천, 경남 울산, 경북 상주, 강원도 강릉 등지의 저수지와 유원지에서 2만 여명이 참석한 [국토대청결운동]을 벌린데 이어, 8일에는 서울에서 같은 행사를 벌리고 환경선언문 채택과 수재민돕기 성금 모금운동을 벌리는 등, 사회적인 활동을 본격적으로 전개하기 시작한다.

이러한 움직임은 지금까지의 왜색종교라는 사회적 낙인으로부터 벗어나 스스로의 공공성을 표방하는 것이기도 했다. 특히 서울에서의 행사는 1995년 이후 문화회관 건립시마다 지역주민과의 잦은 마찰로부

---

139) 순간 타블로이드판 8면으로 간행된 『聖敎타임즈』는 1994년 5월 2일 성교타임즈 금요판으로 주간발행을 하기 시작하였고, 1990년부터는 전 지면이 컴퓨터에 의해 제작되는 CTS 시스템을 도입, 1994년 8월 20일 현 구로동 본사로 이전, 1997년 5월에 화광신문사로 상호변경 및 제호를 변경하였으며 98년 7월부터는 가로판 발행을 하고 있다. 현재 전국 30개 방면 104개권에 주간으로 16면 약 50만부가 배포되고 있다.

터 벗어나려는 의미도 있었다. 또한 일본 창가학회의 지원을 받는 공명당이 1993년 호소카와(細川) 연립내각으로 일본 여당이 된 이래 정부도 공명당과의 관계나 선거에서 차지하는 만만찮은 영향력[140]을 고려하지 않을 수 없었던 관계로 과거 음지의 왜색종교라는 이미지로부터 벗어날 수 있는 환경이 조성되고 있었던 셈이다.

1997년 4월 제4대 이사장으로 박재일이 취임하면서, 한국SGI의 사회적 활동도 더욱 본격화되었고, 전국의 지방자치단체로부터 각종 감사패와 표창패를 수상하는 등 사회활동의 영역을 꾸준히 넓혀간다. 이후 이케다 회장의 한국방문이 이루어지고 나서부터 보다 활발한 활동을 전개하게 된다. 이케다 회장은 97년 12월 부천시의회로부터 顯彰을 받는 것으로부터 시작하여, 2005년까지 각 지방자치단체와 사회단체로부터 64개의 헌창증과 헌창패를 받았고, 15개 시, 도, 군으로부터 명예시민증을 받았으며, 또 98년 2월 대구대학교로부터 감사패를 받은 이후, 부산대학교, 제주대학교, 전남도립 남도대학 및 지방자치단체, 그리고 사회단체로부터 14개 감사패를 받았고, 98년 5월 경희대학교에서 명예철학박사 학위를 수여한 것으로부터 시작하여, 98년 충청대학으로부터 명예교수, 99년 제주대학교로부터 명예문학박사 학위, 2001년 경주대학교로부터 명예교수, 창원대학교로부터 명예교육학박사 학위, 2002년 서라벌대학교로부터 명예교수, 동아대학교로부터 명예철학박사 학위, 2003년 광주여자대학교로부터 명예교수, 2004년에는 백제

---

140) 월간조선 2002년 5월호는 김대중 정부의 탄생에 한국SGI의 지원이 있었음을 주장하는 "[추적]김대중의 30년지기 일본인 하라다 시게오의 증언"을 싣고 있다.
 http://monthly.chosun.com/html/200205/20020570029_2.html

예술대학으로부터 명예교수를 수여하였다.[141]

1998년 5월 이케다 회장이 경희대학교에서 명예철학박사학위를 수여받게 된 것으로 계기로 한국SGI본부를 방문하고, 이케다 회장의 한국사회에 대한 우호적 관심을 널리 알리는 책자 배포와 이른바 스피치 공부를 강조한다. 이케다 회장의 명예박사학위 취득은 국립제주대학교까지 이어지면서 제주대학과 창가대학간의 자매결연이 이뤄지기도 한다. 1999년 4월에는 서울 도봉구에 'SGI평화도봉공원'을 건립 기증하고, 5월의 부산에서 열린 지구환경예술제, 8월의 충청환경예술제 등 문화축제를 개최하면서 한국SGI의 사회적 위상 제고에 힘써 나갔다. 이런 한국SGI의 사회적 위상 제고 노력은 문화관광부로부터의 재단법인 등록을 위한 노력으로 집중된다. 그러나 이러한 노력은 박이사장에 대한 내부 비판을 불러오는 결과를 빚기도 한다.

법인등록은 YS정부 때부터 꾸준히 추진되어왔는데, 기존 기독교 내부의 반발을 우려한 정부의 유보조치로 지연되고 있었으나 DJ정부 들어 재단등록을 마칠 수 있었다. 종교법인법이 부재한 우리사회의 특성상, 법인 등록은 많은 경우 종교단체가 사회적 공인조치로 인식하거나 선전하는 경향이 높은 실정에서, 재단법인 "한국 SGI"로 문화관광부에 법인을 등록함으로 공적인 종교단체를 표방할 수 있게 된 셈이었다. 그러나 박재일 이사장 취임 당시 법인등록 로비자금 20억 불법유출 의혹, 회관 건립 등에 따른 건설 비리 의혹, 이사장의 독선적 운영에 대한 불만 등 각종 의혹이 제기되자 내부갈등이 야기되었고, 이에 2000

---

141) 한국SGI의 홍보자료에 의하면, 이케다 명예회장은 2005년까지 세계에서 명예박사 93개, 명예교수 84개, 명예학장 3개를 수여하였다.

년 5월에는 이사장을 포함한 원로 8인으로 구성된 한국SGI최고협의회가 발족하여 분규를 수습하고자 했다. 이와 별도로 7월에는 진상 규명을 위한 특별전문위원인 [신생한국위원회]가 발족하자, 최고협의회는 신생한국위원회를 적대적인 세력으로 간주하고 대대적인 인사 조치를 단행하였다.

한편 2001년 6월 6일 광선회관에서, 집행부와 신생한국위원회 대표 간의 협의안을 도출하려 했으나 결과는 오히려 위원회 대표의 제명으로 끝났다. 이에 [선의연대]를 구성한 대구지역 회원들은 2001년 10월 대구 컨벤션센터에서 전국의 선의연대 총회를 실시하여 정의와 사제 직결의 조직을 표방하며 현 집행부와 대립 각을 세워 나갔다. 2001년 1월 제5대 이사장에 여상락이 취임하고, 2003년 4월에는 지상 12층, 지하 5층 규모의 새로운 본부건물을 준공하면서 조직도 전국 30개 방면, 106개권으로 재편하는 등 교세를 확장해가고 있으나, 여전히 대구지역을 중심으로 한 선의연대의 분열된 활동과 한편 국내 일련정종계 해외부가 활동하고 있어, KSGI는 새로운 변화를 모색해야하는 상황을 맞고 있다.

(2) 천리교(대한천리교와 천리교한국교단)

① 창교와 교조 나카야마미끼

천리교를 창교한 나카야마미끼는 北大和(現奈良県)의 경작 지주의 주부였다. 미끼의 생가는 야마토쿠니(大和国)의 마에가와(前川)家이며, 마에가와 집안은 오야마토(大和)神社의 우지꼬소우다이(氏子総代)[142)

직을 수행하며 경작하는 지주였다. 어릴 때부터 미끼는 허약하며 성격도 내성적이어서 사람들 앞에 나서길 싫어하고, 집안에서 글공부나 재봉 등에 열중하며 어린 시절을 보냈다. 미끼의 부모는 淨土宗 신자로 거기에 영향을 받은 미끼도 현세를 싫어하며 미래의 정토를 동경하게 되었고, 절에 가는 것을 즐거워하고 법문을 암송할 정도였다고 한다. 이런 미끼의 내향적인 성격에 걱정을 한 부모는 하루 빨리 미끼를 결혼시켜 마음을 밖으로 향하도록 하였다[143]고 한다.

1810년 미끼는 13세에 집안 간의 합의로 쇼야시키(圧屋敷=現 奈良県 天理市)의 나카야마(中山善兵衛)에게 시집을 갔다. 나카야마 집안은 면상품 등 작물의 중간거래상을 하고 있었으며 상당한 재력이 있었다고 한다. 미끼는 16세 때 가사일 일체를 물려받아 운영하는 주부가 되었으나, 당시 주부는 무엇보다도 집안을 위하여 자식을 출산하는 도구였으며, 모든 집안일을 도맡아 해야 하는 과도한 노동을 담당하지 않으면 안 되었다. 미끼 역시 집안에서는 남편과 시부모에게 봉사하고, 상가의 고용인들을 관리하고, 동시에 농가의 주부로서 농사일을 하고, 또 밤에는 면직물을 짜는 등 한 가정의 주부로서 하루하루를 보내고 있었다. 1821년 미끼는 결혼 11년만에 장남 슈우지(中山修司, 1821-81)를 출산하고 이후 17년간 1남 5녀를 생산하였으나, 그 중 1남 3녀가 성인으로 자랐다. 나중에 천리교 開祖가 되기까지 28년간에 걸친 미끼의 결혼생활은 가업을 돌보지 않는 방종한 남편과는 맞지 않았다.

---

142) 지역 신사의 특정 가문의 제사를 주제하는 제관을 말함.

143) 이하는 村上重良, 『新宗教』 評論社, 1986. pp.67-95.를 참고로 요약 발췌한 것임.

1837년 5녀가 출생하였으나 건강이 좋지 못하였고, 또 장남의 병으로 인해 가지(加持)기도[144]를 몇 차례나 행하게 된다. 그런 가운데 1838년 10월 23일부터 장남의 병을 고치기 위해 다시 카지기도를 하게 되는데, 그때 무녀가 없어서 미끼 자신이 가지다이(加持台) 역할을 하게 되었다. 이때 미끼에게 신 내림이 일어나면서, 스스로를 "[天将軍], [으뜸인 神(元の神)], [大神宮]이며, 삼천세계를 구하기 위하여 하늘에서 내려왔다"고 말하면서, 3일간 계속 격렬한 신 내림현상을 보여주게 된다. 그러자 10월 26일 미끼의 남편이 신의 의도라고 받아들이게 되면서, 미끼는 "[카미노야시로(神の社): 신의 현신]"으로 받아들여지게 된다. 천리교에는 10월 26일인 이 날을 입교일로 하고 있다.

초기의 미끼의 신앙은 마을사람은 물론 집안사람도 이해하지 못하였으나, 5녀인 코깐(中山コカン)만은 늙은 어머니의 진솔한 신앙에 이끌려서 오사카에서 가서 박자목을 치면서 신의 이름(天理王)[145]을 부르는 포교(니오이가케=においがけ)[146]를 최초로 하였다고 전해진다. 1854년 미끼는 3녀의 초산에 처음으로 오비야유루시(帯屋ゆるし)[147]를 행하고,

---

144) 가지기도란, 진언종 계통에서 유래된 액을 쫓는 의식으로서, 일본에서는 병을 낫기 위해 산에서 혹은 집에서 가지다이(加持台)라고 불리는 무녀를 통해서 신내림 의식을 행하는 것을 말한다.

145) 미끼의 신은 이 당시 [텐린오우]라고 불리었다고 한다. 이 이름에 대해서는 [天輪王], [天倫王], [天龍王] 등의 글자로 표현되고 있으며, 또 정토신앙에서 불교 十王 신앙에서 말하는 전 세계를 통치하는 転輪王에서 유래하는 것으로 보기도 한다.
村上重良, 상게서, p.72.

146) 천리교에서는 포교를 니오이가케(향내를 풍긴다는 의미)라는 용어를 사용하고 있다.

147) 신에 의한 안전한 출산과 출산조절의 수호를 말함.

근처의 임산부와 병자에게도 차차 액 퇴치 의식을 행하게 되어 그 이름이 알려지게 되고, 1864년부터 천리교는 이 安産과 병치료 의식이 주 포교활동이 된다. 1865년에는 신자는 농민, 장인 그리고 소수의 하급 무사를 포함하여 수백 명에 이르고, 구원을 바라는 사람들도 야마토 지역 이외에서도 모이기 시작하였다. 1867년 천리교는 요시다(吉田) 가문148)으로부터 [天輪王明神]으로 공인을 받아서 합법적인 활동을 하게 되었고, 같은 해 교의를 노래하는 [미카구라우타(みかぐらうた)]가 정리되어 천리교 최초의 교의서가 되었다.

이후 메이지유신에 의한 천황제 근대국가 성립은 천리교로서는 새로운 시련의 시작이었다. 정부에 의한 神道 국교화 정책과 국민교화 정책은 국가신도 체제를 구성하기 위한 것이었으며, 이미 독자적인 교의를 확립하고 있던 천리교로서는 집요한 국가와 지방권력으로부터의 압박을 받아 결국 국가신도에 종속되게 된다. 1874,5년경부터 미끼와 간부들은 나라현 丹波시 경찰로부터 주술적 기도행위, 의료방해 행위 등으로 인해 조사와 탄압을 받고 미끼는 18번이나 경찰에 구금당하였다. 1881년부터 미끼는 간부들에게 [고오끼(こふき)]149)를 작성하라고 명하여 천황제 신화와는 완전히 다른 독자적인 천리교의 신화체계가 정비되었다. 탄압과 금지에 직면한 미끼는 천리교 교의의 신화적

---

148) 요시다(吉田)家는 당시 야마토 지역의 번주로서 실질적인 지배자였다.
149) 고오끼(こふき)란 오야가미(親神)가 진흙 바다에서 인간을 창조하고, 인간을 위하여 세계를 만들었다고 논하며, 오야가미는 인간이 즐거운 삶(陽気暮らし)을 즐기는 것을 보고 싶어한다는 생각에 입각하여, 인간과 세계를 창조했다고 하는 신화이다. 고오끼에서는 인간이 행복한 생애를 보내는 것이야말로 신의 뜻이라고 하며, 어디까지나 인간본위의 신화이며, 현세적인 구제에 초점을 두고 있다.

기초를 확고하게 구축하여, 親神의 뜻을 분명히 하는 것으로 대결하려고 한 것이다. 1882년 경찰은 근행 장소를 덮쳐서 만들고 있던 甘露台의 돌을 가지고 가 버렸다. 감로대의 건설과 그것을 둘러싸고 행하던 「神楽 근행」에 마지막 정열을 쏟고 있던 미끼는 이것을 계기로 [오후데사끼(おふでさき)]의 저술을 그만 두게 된다. 1886년 89세이던 미끼는 다시 12일간 구치소에 수감되어 병을 얻게 되며, 다음해 1887년 2월 18일에 신악 근행 중에 유명을 달리하게 된다.

미끼 사후 1888년부터 神道 本局으로부터 신도 소속 교회로서 천리교회 설치를 허가받게 되고, 고오끼 신화를 폐지하고 소위 [明治教典]을 만들어 국가신도에 종속하는 교의를 정비한 천리교는 1908년 교파신도의 한 파로서 독립을 인정받아 국가신도 체제 하의 공인 종교로서 인정받게 된다. 그러나 천리교 신화는 천황제 신화와 이질성이 있기 때문에 국가 신도 체제 하에서도 집요하게 추방당하고, 신자들은 불경이란 죄목으로 그 신앙을 위협받을 수밖에 없었다.

태평양 전쟁 패전 후 신앙의 자유가 실현됨과 함께 천리교에서는 교조로 복원하자는 목소리가 높아져서, 초기의 민중구제, 현세중심, 인간본위의 신앙이 다시 인정받게 되고, 神道나 민중이란 틀을 넘어서서 명실상부하게 세계종교의 길을 지향하게 된다.

1867년에 만들어진 [미카구라우타(御神楽歌)]는 천리교가 최초로 집대성한 교의이며 이후 천리교가 전개한 대다수의 관념이 들어있다. 미카구라우타의 내용은, 오야가미(親神)에 대한 한결같은 마음(ひとすじごころ)을 가진다면 인간은 [신기한 구제(ふしぎなたすけ)]을 받고, 즐거움이 가득한 이 세상의 극락이 실현된다는 가르침이다. 메이지유신 이전의 사회에서는 세상의 변화(世直し)를 바라는 분위기가 널리 퍼져있었고, 미카구라우타는 이런 분위기를 반영하여 세상의 변화를 논하고, 오야가미에 의한 현세주의, 인간본위의 구제를 설하였다.

오야가미의 움직임은 나카야마미끼가 살던 나카야마 집에서 시작되어, 그 근처 나아가 더 멀리 퍼져나가는 것으로 보며, 따라서 나카야마 집은 [세상의 바탕(よのもと)]이며, 이 세상의 바탕의 터전(ぢば)으로 의미를 두고 있다.

1874년 정부에 의해 奈良中教院이 설치되고 미끼와 간부가 조사를 받던 중에, 中教院으로 소환되어 "天理王이란 신은 없다. 신을 받들려면 大社의 신을 받들어라. 돌보려면 中教院을 돌봐라"라고 압박을 받게 된다. 이후 천리교에 대한 압박과 간섭이 심해지자 미끼는 천리교 독자적인 창조 신화인 [고오끼]를 설교하게 된다. 이전에 나온 미카구라우타의 노래 첫부분에 "이 세상 땅과 하늘의 본을 받아서 부부를 점지하여"라는 말이 들어있어, 이미 오야가미에 의한 인간세상 창조가 논해지고 있었다. 동시에 미끼는 터전(ぢば)에 세워지는 감로대와, 감로대를 둘러싸고 행해지는 신악 근행(神楽勤め)에 대한 가르침을 제시하였다. 이 가르침은 천리교 교의의 중심 명제이며, 본격적으로 탄압에 직면한 1874년 12월부터 집필된 [오후데사끼(おふでさき)]제 6호 29−52수에서 체계적으로 전개된다. 여기에서는 신악 근행 방식과 그 의미를 밝히기 위해서 오야가미에 의한 인간세계의 창조에 대해 논하고 있다.[150]

---

150) 이 시기는 천리교가 메이지정부에 의한 탄압과 교파신도에 종속되기를 강요당하던 시기였다. 따라서 창조신화의 내용은 古事記에 나오는 신화와 매우 유사한 것으로 나타난다. 진흙 바다(泥海)나 이자나기노미고또, 이자나미노미고또라는 이름은 고서기에 나오는 명칭 그대로 이다.

한편 탄압 속에서도 미끼는 감로대를 만들어 신악 근행의 형식을 정하게 된다. 감로대 제일 위의 접시(평발)에는 미숫가루를 담아두고 의식(신악근행)을 통해 하늘로부터 감로(靈水)를 받으면, 그것이 불로장수의 음식(じきもつ)가 된다고 한다. 미끼는 감로대를 둘러싸고 행하는 최고 의례인 신악근행(神楽つとめ)의 의식을 정하였다. 신악근행은 남녀 5명씩 열 사람으로 이루어진 勤行人員(つとめ人衆)이 각각 용, 뱀, 거북, 범고래(しゃちほこ), 장어, 가자미, 복어, 검은뱀, 인어, 흰뱀의 특성을 상징하는 신악탈을 쓰고 북, 가야금, 三味線 등 9가지 악기 연주에 맞추어 인간 세상 창조 상황을 연기하는 것이다.

천리교의 기본 교의서는 다음과 같다. [미카구라우타(御神楽歌=みかぐらうた)], [오후데사끼(おふでさき)][151], [오사시즈(御指図=おさしづ)][152]로 된 삼원전과, [天理教教典], [稿本天理教教祖伝], [稿本天理教教祖伝逸話篇]으로 이루어진 준원전으로 구성되어 있다.

② 천리교의 포교와 조직

천리교는 1928년에 이미 공칭 400만 신자에, 10,430개의 교회가

---

151) 미카구라우타는 천리교의 카구라츠토메(神楽つとめ=신악근행) 때 사용하기 위해 교조가 작곡, 작사 및 손춤까지 만든 것이며, 오후데사끼는 31자로 된 일본시가 형식으로 만든 것으로 천리교의 구제 논리를 표하는 교조의 가르침으로 되어있으며, 1711수에 이른다.
松野純孝編『新宗教事典』東京堂出版, 1988, pp.281-282.
152) [오사시즈(御指図)]는 교조 미끼가 말년에 내린 말씀(약 1개월)을 받아 적은 것과, 미끼 사후의 후계자인 이부리이조(飯降伊藏)가 내린 말씀(약 20년간)을 전7권의 책으로 구성한 교의서이다. 미카구라우타, 오후데사끼에 오사시즈를 합하여 천리교에서는 3原典이라고 부르고 있다.

있었다고 한다.[153] 따라서 어떤 식이든 1940년대부터 우후죽순처럼 생겨난 신종교에 영향을 주었다고 할 수 있다. 천리교에서 포교 또는 전도라고 하고 할 때, 포교는 이웃이나 지역 등 횡으로 가르침을 펴는 것, 전도는 親에서 子로, 그리고 子에서 孫으로 道를 전하는 것으로 되어있다. 포교 전도의 목적은 사람들에게 오야가미(親神)의 가르침을 전하고, 최종적으로는 사람들의 마음이 成人(성장, 성숙)이 됨에 따라 [즐거운 삶(陽気生活)]을 할 수 있는 理想세계를 이 지상에 건설하는 것이다. 그리고 포교 전도의 직접적인 방법이 향내 풍기기(にをいがけ)[154], 구제(たすけ)이다.

천리교에서는 10년마다 행해지는 教祖 年祭가 포교 전도의 추진 축으로 되어있다. 또 천리교에서는 이전부터 아무 도움도 없이 단신으로 타지로 가서 가난한 생활을 하면서 포교 전도 활동을 하는 전통이 있으며 이를 단독 포교하고 하는데 현재도 이 전통은 지속되고 있다.[155]

천리교 본부는 신앙의 중심인 신바시라(真柱)를 정점으로 교단 내부를 담당하는 총수로서 내통령, 그리고 교단 외의 각 사회활동을 담당하는 표통령을 두고 있다. 기구로서는 신바시라에 관한 사항을 담당하는 真柱室과, 원전, 교의에 관한 편집, 연구, 사료에 관한 업무를 담당하는 [教義 및 史料 集成部]가 직속 기관으로 되어 있으며, 교무수행 기관으로서 내통령이 관할하는 [祭儀 및 教義에 관한 部局]과, 표통령이

---

153) 井上順孝他, 『新宗教辞典』, p.67.
154) 향기 풍기기란 노상 강연이나 개별 방문 등으로 신앙으로 이끄는 행동을 말하며, 우선 오야가미의 가르침을 전하는 것으로 시작된다. 또 말을 거는 것만이 아니라 병을 고치는 일도 있다.
155) 井上順孝他, 상게서, p.319.

관할하는 [포교 및 大教会教務에 관한 부국=教庁]이 있다. 내통령 밑에는 본부의 祭事에 관한 [제사실], 교회사정 업무 및 어공 등을 담당하는 [御用方室], 본부 시설 일체를 관리하는 [본고장저택관리실(おやさとやかた)], 신자 교육기관인 [수양과], 본부시설 보안을 담당하는 보안실 등이 있다.

한편 표통령 밑에는 소속 교회에 관한 교무를 다루는 [교무부], 포교 전도에 관한 [各部局], [신자부] 이외에 교화교육시설, 복지후생시설 등이 있다. 포교 전도부로서는, 일본 국내와 해외 각 포교 전도부 이외에 포교나 홍보를 담당하는 [道友社]가 있다. 교육기관으로서는 천리교 교사 육성을 위한 [天理教校]가 있는데 [2년제 專修科]와 [5년제 제2 專修科]코스가 설치되어 있다. 또 학교는 [부속고등학교]와 [오야사토 고교]를 두고 있는 [天理教校学園]과, 유치원에서부터 대학까지 나아가 [준간호사 養成所]를 가지고 있는 천리대학이 설치되어있다. 복지후생 관련 기관으로서는, 양호시설인 [天理養德院]과 의료를 담당하는 [천리요로즈(天理よろづ) 상담소]가 있다. 여기서는 身上部(의학적 치료), 事情部(신앙적 치료), 世話部(환자의 사회복귀 등을 돌보는)의 3부가 있으며, 현대 의학과 친리교 신앙이란 양 측면에서 치료에 임하고 있는 병원으로서 다른 명칭으로는 [휴식의 집(憩いの家)]라고 불린다.

성별, 연령별, 역할별 조직으로서는, [부인회], [소년회], [학생담당위원회], [카나메카이(要会)]가 있으며, 각각 입장에 따라 研鑽, 포교, 휴계자 육성, 교화에 임하고 있다. 카나메카이는 본부에 직속된 교회장들로 구성되어있으며, 직속 교회장은 신앙의 중심인 [터전(ぢば)]과 각지의 교회를 연결하는 허리(要) 역할을 하고 있어서 허리를 의미하는 카나메라고 불린다.

한편 천리교는 일본 내에는 각 지역별로 47개 교구를 두고 그 산하에 1만 7천여 개의 교회가 있으며, 해외에는 34개국에 진출[156]해 있다. 한편 [종교연감](2002)에 따르면, 교회 수 16,833개, 포교소 수 20,308개로 신자 수는 1,750,951명[157]으로 되어있다.

③ 국내 유입과 초기의 역사(해방 전까지의 천리교 포교 역사)

천리교의 한국 전래는 문서에 남아있는 기록에 의하면, 1893년 10월 19일 고우치(高知)현 아라이(新居) 포교소 신자인 사토미치다로우(里見治太郎)가 단신으로 부산으로 건너가서 포교활동을 한 것이 최초이다. 사토미는 양자이던 한지로우(半次郎)에게 부산에 있다는 서신을 보냈다. 서신을 받은 한지로우는 어선으로 타고 부산에 도착하여 함께 포교활동을 하였다고 한다. 한국인 집에서 신을 모시고 전망도 있을 것 같아서 한지로우는 1894년 일시 일본으로 되돌아 왔다. 다음해 한지로우는 아오키시게루(青木茂)와 함께 시마무라키쿠다로우(島村菊太郎) 당시 고오치현 분교회장의 명을 받아 한국으로 다시 들어오게 되고 반년 후에 한국인 신자가 200여명이 넘었다고 한다. 아오키는 1년 후 1895년 9월 14일에 당시 한국 木浦시에 있던 일본영사관 근무자이던 무라카미 타다키치(村上唯吉)와 한국인 曺喜市와 함께 고우치로 되돌아와서 고우치市 오비야마치(帶屋町)에 조선어 강좌소를 개설하였고 24명이 수강하

---

156) 천리교 홈페이지 http://www.tentikyo.or.jp/ja/act/mission/index.html발췌 인용한 것임.
157) 文化庁編, 『宗教年鑑』, 2002, p.82.

였다고 한다.[158]

  그 이후에 일본 각 지역의 대교회 소속 전도사들이 이어서 한국 전도에 나서게 된다. 1902년 카가와(香川)현 나카무라 페이(中村順平)가 부산에 가서 포교활동을 하는데 그는 계통적으로 보면, 무야(撫養) 분교회－카가와 지교회－와카미야(若宮) 출장소(＝福井県福丸)의 포교사에 속한다. 그는 그 후에 호적이 없다는 이유로 추방을 당하지만, 그 대신에 와카미야 출장소장인 카미토미요시(香美富吉)와 야마모토로쿠사브로우(山本六三郎), 오오미네진사브로우(大峰仁三朗)가 부산에 와서 포교활동을 하게 되었고, 그 중에 신자가 생겨서 1904년 교회를 설치하게 된다. 이것이 국내 부산에 천리교 해외 교회가 최초로 설치된 것이다.[159]

  또한 1897년 西支教会 계통으로 오카야마(岡山)현 지시마(児島) 半島 히비(日比)라는 항구의 키비(吉備) 출장소 소속이던 무카이가시치(向井嘉七)라는 어부가 부산의 어부들이 모이는 곳에서 포교를 하고자 하였고, 그는 키비 출장소 소장이던 미나미하마키페이(南浜喜平)에게 도움을 청하여 미나미하마가 부산에 와서 포교활동에 동반하였다. 그 후 무카이의 아들이던 마사이치(政市)가 열심히 포교활동을 하여 1908년 당시 부산 富平町 1丁目 29번지에 [東韓宣教所]를 세우게 된다. 당시 신자는 100가구 500여 명이었다고 한다.[160] 한편 카가와(香川)현 마루카메(丸亀)시 혼시마(本島)에 나가오코오다로우(長尾幸太郎)와 나가오코우죠

---

158) 金子圭助의『天理教伝導史概説』에 의하면 당시 수강생이 15명으로 되어 있으나, 高野友治의『天理教伝導史X(海外篇)』에는 24명으로 되어있다. 金子圭助,『天理教伝導史概説』, 天理大学出版部, 1992, p.160. 그리고 高野友治,『天理教伝導史X(海外篇)』, 天理時報社, 1975, p.3. 참조.
159) 高野友治, 전게서, pp.6－7.
160) 상게서, pp.8－9.

(好造＝결혼 후 양자로 가서 片山로 개명), 나가오코마(コマ＝결혼 후 大熊로 개명)라는 3남매가 있었다. 그들은 서울(京城)에서 포교를 시작하였고, 1904년 러일 전쟁이 일어나 부상병들이 서울에도 모이게 되자 목욕탕을 만들어 개업을 하고 목욕탕 2층에 신전을 만들었는데, 1904년 1월 혼시마의 포교소 소장이던 사토에이사(佐藤栄佐)가 서울에 와서 설교를 하게 된다. 이것이 사람들의 관심을 끌게 되고, 이를 계기로 서울에서 각 지역으로 전도가 시작되어, 1908년 2월 13일부로 한국에서의 포교 활동을 허가받고, 1909년 1월 15일 京城선교소 설치 허락을 받은 후 오오쿠마마츠지로우(大熊松次郎)가 소장이 된다.[161]

한편 러일 전쟁 이후 일본은 만주로 진출하게 되고 그 와중에 많은 일본인들이 한국으로 건너오면서 천리교의 한국포교도 적극적으로 전개하게 된다. 1906년 6월 시즈오카(静岡)현 다가타(田方)군 카리노(狩野)촌 출신인 무로후쿠안페이(室伏安兵衛)는 충청도에서 포교를 하게 되고, 아쿠도우(丘東) 지교회장이던 스즈키한지로우(鈴木半次郎)에게 보고를 하였다. 아쿠도우 지교회는 교회장 부인 요네(よね)자매를 필두로 10명이 한국으로 들어가서 서울 영등포에 살면서 경기도를 중심으로 포교활동을 하였다. 그 후 1910년 8월에 서울 明治町에 [漢城선교소]가 설치되고, 이어 1917년 이후에 전라도 군산에 [群山선교소]가 설치되었다.

또 군마(群馬)현 군마郡 무로다(室田) 분교회의 사토츠네다로우(佐藤常太郎)가 1906년 8월 평안도에서 위험한 고비를 넘기면서 구석구석을 찾아다니면서 포교 수행을 계속하여 인천에 도착하여 포교 기반을

---

161) 상게서, pp.10－14. 요약.

다지게 되었다. 1910년 9월 인천에 [인천선교소]를 설치하였다. 또 효고(兵庫)현 다카하시이치사에몬(高橋市左衛門)은 1906년 서울을 중심으로 포교하고, 1910년 7월 서울 용산의 山下町에 [용산선교소]를 설치하였다. 기미(岐美) 대교회의 호쿠노(北濃) 분교회 교사이던 사와무라요시로우(沢村芳郎)는 1909년 목포 지방 포교에 나서서 다음 해에 50가구의 신자를 만들고 그 가운데 張喜承, 厳翼相, 李又文 등 3인은 터전 귀참을 하고 6개월간 [天理教校 別科](제 5기)를 마쳤다. 그리고 1912년 [목포선교소]를 설치하였다. 또 오오이타(大分)현 오오츠카야스마(大塚安馬)는 인천에서 포교활동을 하여 1910년 인천에 [京仁선교소]를 설치하였다. 나가사키(長崎)현 야마구치미하치(山口三八)는 서울 시내에서 포교를 하여 1910년 10월 남산町에 [治安선교소]를 설치하였다. 다카야스(高安) 대교회 초대회장이던 마츠무라키치다로우(松村吉太郎)는 1908년 9월에 초대 신바시라(真柱)로부터 한국 포교 관리자로 임명되어 다음 해 서울 古市町에 [한국선교소]를 세우게 된다. 그 당시 다카야스(高安) 대교회 산하 난바(難波) 분교회의 아마미(天見)씨는 대구에서 포교하고 [대구선교소]를 만들었으나, 그 후에 대교회 소속 관할이 되어 유이죠우카메다로우(結城亀太郎)가 담당하게 된다.

이어서 1910년에는 평양에 아시즈(芦津) 계의 다나카스에요시(田中末吉)와 스가마타로우(菅間太郎), 그리고 코우치(高知) 계의 우루시가와(漆川)라는 사람이 같이 포교를 하였다고 한다. 또 미에(三重)현 나바리(名張) 분교회 소속 교사였던 호리이미츠유키(堀井光之)는 1909년 개성에서 포교를 하였다. 또한 평양에는 가와라마치(河原町)－헤이안니시(平安西) 소속의 시미즈노부요시(清水延吉)가 포교를 하여 1910년 10월 27일에 아사히(旭)町에 [평양선교소]를 설치하였다. 난카이(南海)-노리오(紀尾)-코쿠분(国分)계 신자인 마치다진지로우(町田仁次郎)는 1910년에 카고시마(鹿児島)에서 서울로 가서 포교활동을 하다가 의주로 가서 金昌, 張仁權이란 한국인 신자를 만들고 병을 고치는 등 활동을 하다가 일본으로 돌아갔다고 한다.[162)

이상이 메이지시대 말기까지의 천리교의 초기 한국 포교 상황에 대한 기록이다. 러일 전쟁 이후 1907년 서울에는 일본의 통감부가 설치되어 한국은 국권을 상실하게 되고, 1908년 통감부는 종교에 대한 통감부령을 발동하였고, 따라서 천리교 본부는 한국의 포교자와 신자에 대한 감독이 필요하게 되었다. 같은 해 9월 천리교는 마츠무라기치다로우(松村吉太郎)를 천리교 한국포교관리자로 임명하여 9월 24일 통감부의 인가를 받게 된다. 마츠무라는 1909년 4월 부산에 도착하여 구포, 경성, 인천, 용산 등 차례로 포교 상황을 시찰하고 서울에서 통감부와 경찰서의 의견을 듣고, 우선 한국에는 단독 포교사의 합숙소가 필요하다고 판단하여 부산 宝永町 1丁目 36番地(당시)에 관리소를 설치하였다. 1910년 한일 합병을 계기로 천리교의 포교도 훨씬 자유로워지게 되자 1911년 6월 10일 서울 古市町(당시)에 [천리교 조선포교관리소]를 설치하게 된다. 당시 교세는 공인 교회 수 13개소, 교사 수 49명, 신자 수 4,300여명(일본인 3,200여명, 한국인 1,300여명)이었다. 참고로 그 후 1919년 교회 수는 48개, 1940년 교회 수는 208개였다.[163)

한편 1909년 부산에서 만들어진 [일한동심회]는 일본인과 한국인의

---

162) 상게서 pp.16-20. 요약.
163) 상게서, pp.21-22.

친목을 다지기 위해 만들어진 것으로 당시 회장은 오오미네진사부로우 (大峰仁三郎) 부부였고, 회원은 일본인 200명, 한국인이 300여 명으로 회비는 입회비로서 70전, 徽章代로 40전이었다. 회 활동으로는 慶弔事의 집행, 봄과 여름에 운동회를 여는 것이었다. 특히 한국인들은 장례를 성대하고 절차를 갖추어서 하는 천리교식 장례식을 환영하였고 이로 인해 천리교에 입신하는 사람들이 많았다고 한다.164)

한일합병 이후 1912년부터 천리교는 보다 자유롭게 포교활동을 하게 된다. 당시 기록에 의하면 포교소 수만을 보면 다음과 같다. 1908년 1개소, 1912년 24개소, 1919년 48개소, 1922년 68개소로 점차 그 수가 증가한다. 또 1922년 68개소 포교소의 계통을 보면 다음과 같다. [가와라마치(河原町) 계통]이 24개(그중 23개가 京城계), [하루미치(治道) 계통=현재 肥長계)]이 8개, [다카야스(高安)계통]이 6개, [미즈구치(水口) 계통=당시 嵒東계]이 5개, [코우가(甲賀)계통] 이 5개(岐美, 秩父, 日光계 등), [아시즈(芦津)계], [코우치(高知)계], [무아(撫養)계]가 각각 4개, [코토우(湖東)계]가 3개, [나카즈(中津)계], [니시(西)계], [시키시마(敷島)계], [고오리야마(郡山)계], [효우진(兵神)계]가 각각 1개로 되어있다.165)

여기에서 나타나듯이 京城계가 압도적이었다. 경성계는 계통으로서는 河原町－越之国－本島－京城으로 이어지지만, 상부 교회가 경성의 독자적인 활동을 인정해주어서 보다 적극적으로 포교 활동을 할 수 있었다고 한다. [경성선교소]는 1909년 설치되었지만, 이미 당시에 많은 신자가 있었다. 그 중에 다부치오토요시(田淵音吉)는 1907년에

---

164) 상게서, pp.22－28. 요약.
165) 상게서, pp.28－29.

이미 용산에서 포교를 하였고, 다케바야시유키(竹林ゆき) 자매는 1908년 대구에서, 아네지키요하루(姉尾喜代治)는 대전에서 각각 포교를 하였다.

경성계 이외에는 하루미치(治道)계, 다카야스(高安)계가 활동을 하였고, 시키지마(敷島)계는 원산에서 1909년 [紀鮮선교소]를 개설하였다. 또 고오리야마(郡山)계는 1916년 평양에 [平南선교소]를 설치하였다.166)

한편 한일합병 이후 천리교는 통감부의 인가를 받아서 포교 활동을 보다 자유롭게 하게 되었고, 1916년에는 [조선포교관리소] 규정에 의해 관리소 내에 [教義講習所]를 설치하게 된다. 최초의 설치 목적은 서울, 용산에 거주하는 천리교 포교사로서 한국 포교를 원하는 사람에게 조선어 수업를 하기 위한 것이어서 한국인 지원자는 크게 중시하지 않았다167). 수학 기간은 6개월로 천리교 본부의 [天理教校 別科]와 같았다. 그러던 중 조선인 신자도 생기게 되고, 1921년 3월 7일 당시 소장이던 하루노키이치(春野喜市)는 한국인도 천리교 교사가 되려는 사람은 강습소에서 수학하도록 하였다. 그리고 점차 강습소에 지원하려는 한국인이 늘어나자 1929년 10월에 이르러 일본인의 입학을 금하고 한국인 교사만 양성하는 기관이 되었다. 그 후 한국인 입학자는 늘어나고 졸업생 중에 포교에 나서거나 교회를 만드는 사람도 생기게 되었다. 1940년 조선교의강습소 졸업생 수는 일본인이 433명(1929년 이전 졸업생), 한국인이 925명(남자 400명, 여자 525명)이었고, 졸업생으로서 교회

---

166) 상게서, pp.30－32.
167) 金子圭助, 전게서, p.166.

담임자가 된 사람은 일본인이 28명, 한국인이 11명, 그리고 集談所 담임이 된 사람이 42명, 포교사가 된 사람이 173명으로 되어있다.[168]

1926년 교조 40년제를 맞이하여 포교활동에 전력을 기울였으며, 1925년 [天理外国語学校] 인가를 받아서 설립하고, 일본 최초로 조선어과를 설치하였다. 당시는 한국인도 일본어 습득을 의무적으로 학교교육에서 행하였으므로 일본 문부성은 난색을 표하였으나, 나카야마(中山正善) 신바시라는 해외포교자 육성을 목적으로 하는 이 외국어학교는 일본에 가까운 지역에서부터 점차 세계로 언어 지역을 넓혀서 습득하게 한다는 주장을 하였다. 이에 문부성과 절충하여 조선어과가 설치된 것이다[169]. 1927년에 해외 전도부가 설치되고, 해외 전도 규정, 전도청 규정을 제정하고 보다 활발하고 조직적인 해외 포교를 하게 된다.

당시 한국인으로서 포교에 전념한 것으로 기록에 남아 있는 자로서는, 金栄俊(진주에서 永隆선교소를 설치하여 포교)과 金善長(마산에서 美鮮선교소를 설치하여 포교)이 있다.[170]

④ 해방 이후 천리교의 재건과 분열

전술한 바와 같이 천리교는 국내에서 활동하고 있는 일본계 종교 중에서도 중요한 의미를 가지고 있는 종교이다. 첫째는 일제 시대에 유입된 최초의 민간신앙계 혹은 신도계 일본종교라는 점이다. 일제시대에 조선총독부는 조선 식민화를 위하여 정책적으로 일본종교들을 국내

---

168) 高野友治, 전게서, p.34.
169) 金子圭助, 전게서, p.166.
170) 高野友治, 전게서, pp.38−40.

유입을 지원하였다. 그런 종교 중에는 기성불교인 진종의 유입이 가장 빨리 이루어졌지만, 천리교는 일제 정부에 의한 教派神道로의 강제적 통합이 이루어지기 이전인 1904년에 이미 조선에서 포교활동을 하고 있었고, 또 그 교세도 급속히 확산되고 있었다는 점이다.

둘째, 일제시대에 있어 천리교는 다른 일본계 종교와는 달리 유일하게 국내 조선인 신자들을 많이 확보하였고, 또 조선인 교사를 양성하였으며, 특히 일본의 패망기에 이르게 된 시점에서는 조선인 신자들이 중심이 되어 활동한 종교이다. 따라서 현재 국내에서 활동하고 있는 다른 일본계 종교와는 달리 해방 이후에도 그 명맥이 끊어지지 않고 지속되어 현재까지 이어져왔다는 점이다. 그러나 해방 후 반일적인 이승만 정권 하에서 천리교는 일제 잔재의 상징이라는 사회적 낙인을 받아야 했고, 그럴 때마다 천리교는 고난과 고통 속에서 살아남기 위한 몸부림을 쳐야만 했다. 그 와중에 국내 천리교는 이중의 고난과 혼란에 직면하게 되는데, 하나는 [반일의 상징적 대상]이라는 정치적 사회적 낙인에 어떻게 대처하는가라는 문제였고, 또 다른 하나는 국내 천리교의 자주성 문제였다. 자주성 문제는 패전 후 천리교 일본인 관계자가 완전히 철수하고 나서 국내 신자들에 의해 천리교가 지속되어왔기 때문에 생긴 문제라고 할 수 있다. 즉 일본의 패망과 함께 국내 천리교 신자들은 민족 정체성과 종교적 정체성이라는 정체성 혼란에 빠지게 되었으며, 그들은 국내에서 존속하기 위해서는 어떤 식이든 이 정체성 문제를 해결하지 않으면 안 되었던 것이다. 이하에서는 해방 후 천리교가 이런 상황 속에서 어떻게 존속해왔는지를 자세히 살펴보고자 한다.

일본의 패전과 함께 1945년 9월 11일 미 군정청이 발족되자 모든 기존의 일본 종교에 대해 해산 통고를 하게 된다. 천리교도 조선포교관리소장 등이 진정을 하였으나, 서울 경성 대교회는 11월 2일 미군에게 접수되고, 천리교 계열의 모든 교회는 기독교 교회로 접수된다. 이에 따라 이와다(岩田)관리소장을 비롯한 일본인 교회장과 포교사들은 일본으로 돌아가고, 동년 12월 6일 미 군정청 포고 33호(일본인 재산에 대한 소유권을 군정청에 귀속)로 인해 한국 내의 215개의 천리교회는 사라지게 된다.

한국에 남은 천리교 신자들 중 조선교의강습소 출신들은 천리교를 존속시켜서 이와다를 비롯한 일본인들과 다시 교류를 하려는 목적으로 김태봉(대구 초대교회장)과 이와다가 설립하였던 鷄林선교소 출신들이 모여서 [천경수양원]이란 단체를 결성하여, 이순자를 초대 원장으로 김태봉을 부원장으로 추대하고, 1948년 사회단체로 공보처에 등록하게 된다. 당시 천리교는 천리교하는 이름으로 활동을 할 수도 없었고, 그 이름으로는 사회단체로 등록할 수도 없었다. 따라서 표면상 설립 목적은 빈민이나 고아들을 돌보는 복지활동을 하기 위함이었지만, 사실은 천리교인들과의 연락, 친목을 도모하면서 천리교의 재건을 위한 것이었다. 그러다가 한국전쟁으로 대구로 피난가게 되자 김태봉은 김진조에게 천경수양원의 재건을 요청하고 그 관리권과 운영을 맡게 되었다[171)고 한다.

그 후 전쟁 중이던 1952년 12월 14일 피난지 대구에서 천경수양원을 해체하고 [대한천리교연합회]를 결성하였다. 해방 후 다시 천리교라는

---

171) 정명수, 『대한천리교사2』, pp.46−49.

명칭을 사용하면서 초대회장으로 김진조가 취임하고, 다시 천리교는 활성화되면서 교세를 확장하게 된다. 이에 1954년 8월 30일 서울 종로 6가 20-1번지에 대한천리교사무소를 만들고 서울로 이전하였다. 1954년 10월 14일 대한천리교연합회를 다시 [대한천리교 本院]으로 개칭하고, 교직자 양성을 위한 순회 강습을 실시하여 1955년 6월 8일 제 1회 교의강습 수양과 졸업생이 배출되게 된다.

그러나 1955년에 이르러 최초의 분열이 일어나게 된다. 海雲교회 김기수가 주동이 되고 美鮮교회 김선장, 부산교회 김점이 등이 함께 이탈하여 [대한천리교연합회]를 결성하고, 또한 진해를 중심으로 [대한천리교교리실천회]가 결성되어 김태봉이 회장으로 취임하여 독자적인 활동을 하게 된다. 이렇게 하여 교단 형태를 두고 최초의 분열이 일어나게 되는데, 독자적 자주교단을 지향하는 대한천리교 본원, 일본과의 연계를 지향하는 대한천리교교리실천회, 그리고 각 계열별로 理를 연결하고 교회간의 연합회 형식을 취하려고 하는 대한천리교연합회라는 3부류로 갈라지게 된다.[172]

이후 천리교 본원(후에 대한천리교총본부로 개칭)은 한국사회에 정착하기 위한 시도를 하게 되는데, 대표적인 것으로 1956년 1월 26일 춘계대제에서의 탈-일본화 의식을 행한 것이라고 할 수 있다. 당시 집행 내용에는 국민의례로 애국가 봉창, 국군장병 위령고사, 그리고 진흥실천요강으로서 "신앙으로 뭉쳐 조국에 봉사하자", "청소작업으로 국토미화에 이바지 하자", "국군장병의 영을 적극 봉상하자" 하는 구호를 제창하고,

---

172) 상게서, pp.67-68.

이어서 만세삼창으로 "대한민국 만세 삼창", "이승만대통령 만세 삼창", "대한천리교 만세삼창"을 하였으며, 또한 의식 진행시 교직자의 교복을 한국식 도포와 같은 옷으로 바꾸고, 일반신자도 두루마기와 같은 옷을 입고, 주악도 한국의 전통적인 아악으로 바꾸었으며, 교통 역시 누런 도복을 입었다고 한다.[173]

그 후 60년대까지 천리교는 다시 교세를 확장하게 되는데, 1960년 12월말의 교세를 보면, 총 교회 수 158개소(교회 66개소, 포교소 92개소)로, 지구별로는 서울 23개소, 경기 6개소, 충남 2개소, 전남 1개소, 경북 15개소, 경남 111개소이며, 총 신도수는 36,616명(남자 15,542명, 여자 21,074명)이었다[174]고 한다.

한편 1955년 김태봉 회장을 중심으로 설립된 [대한천리교교리실천회]는 진해에서 교의강습소를 운영하면서 그 곳을 중심으로 통합을 시도하게 된다. 여기에 최재한의 원남성 교회가 합세하여 일시적으로 세력이 확대되지만, 1971년에 원남성교회가 이탈하여 부산교구를 만들어 분리됨으로써 약화되게 된다. 이로 인해 대한천리교실천회는 새로 편성하여 다시 독자적 노선을 고수하게 되는데 회장 조문봉, 의결기구인 심의원 원장에 김도홍, 2대원장에 김태봉이 역임하게 된다. 또 1958년 김태봉, 최재한(=최우조), 김순염, 배대봉 등을 중심으로 대한천리교연합회를 결성하고 진해에 연합회 신전을 신축하게 되고, 이후 [천리교연합회]로 개칭하여 진해에 청사를 건립하게 된다. 5.16 군사혁명 이후에 대한천리교총본부는 사회단체 등록을 받게 되는데, 이에 따라 천리

---

173) 상게서, pp.68 − 69.
174) 상게서, pp.137 − 143 참조.

교연합회로 사회단체로 등록을 시도하였으나 실패하게 되고 따라서 다시 대한천리교본부에 다시 참여하게 된다. 이에 일본 천리교교회 본부는 연합회 임원들을 일본으로 불러 한국전도청 개설에 대한 참여를 지시하게 되는데, 1961년 6월 23일에 한국전도청이 진해에 공개적으로 개설되고 전도청장으로는 해방 전 조선포교관리소 소장이던 이와다조 사부로씨가 되었다. 그리고 해산되어 천리교총본부에 참여하였던 천리 교연합회를 천리교 경남교구로 개칭하고, 이후 다시 영남교구청으로 개칭하게 된다. 초대 교구장에는 원남성 최재한, 2대 교구장에는 진해교 회 김순염이 맡았다. 여기에 참여한 교회들은 대한천리교단에 속하고 있으면서도 일본의 상급 천리교회와 직결되어 있는 교회들이었다. 원남 성교회, 대구교회, 순선교회, 미선교회, 경선교회, 고성교회, 진해교회, 대선교회, 동광교회, 제주교회, 경대교회, 경안교회, 여수교회, 마산 교회 등이었다.[175)]

1963년 10월 14일 천리교총본부는 재단법인 등록을 하게 되고, 이사 로서 김진조 이사장과 김기수, 최재한 이사 측과의 대립이 본격화된다. 이런 대립은 재단 운영과 재산 문제로 서로 간에 비방과 고소, 고발하는 사태로 이어지게 되고 한국의 천리교가 완전히 분열되는 계기가 된다. 최재한이 2대 교통으로 합법적으로 취임하였지만, 그는 전도청과 일본 과 연합회 파의 지원과 견제를 받으면서 갈등적 위치에 처하게 되고, 결국 교단장과 재단 이사장직에서 제적당하게 된다.

천리교는 그 후 전도청과 일본 천리교 상급교회와의 관계 속에서

---

175) 상게서, pp.210－212.

체계적인 교정 운영이 이루어지지 못하고 독자적인 노선을 지향하는 측과 일본과의 연계를 지향하는 측과의 대립과 혼란의 상태를 맞이하게 되고, 그런 와중에 문교부 종교심의회로부터 왜색 배제 경고 처분을 받게 된다. 1964년 8월에 치안국에 출두명령을 받고, 거기서 일본색을 배제하라는 강력한 경고에 따라 동년 9월 26일 교통 최재한의 이름으로 "시정 및 개정 사항"을 각 교회에 보내게 된다. 그 내용은 天理王의 개념과 정의에 대한 개정, 신단의 개조, 마크 개정, 교복 교모의 개정, 神鏡(야다노카가미 : 八だの鏡)의 철거, 예배방식의 개정, 安灯 철거, 신악가에서 부채춤 삭제, 일본서 교육받은 자의 자중, 청년회 해체, 일본천리교와 교류 단절 등 일본과 관련된 내용에 대한 배제 및 시정 조치를 하달한다.176) 그리고 1964년 10월 3일 일본 천리교 교회본부 신바시라(神柱 : 천리교의 최고 책임자로서 統理者의 입장)인 나카야마쇼젠(中山正善)에게 독립된 자주 교단이라는 결의문을 송부하게 된다.

그 후 한국의 정치상황이 안정되자 천리교 본부는 다시 1975년 7월 26일자로 [한국전도청]이란 명칭을 사용하고, 나카다다케히꼬(中田武彦)를 전도청장으로 임명하고 전도청의 활동을 재개하게 된다. 그러다가 1982년에 이르러 대한천리교총본부는 김기수를 이사장으로 추대하고, 그에 따라 김기수가 청파동 재산을 교단에 기증하자 교단본부로 사용하고 있던 충정로 청사에서 현재의 청파동으로 이전하고 신전도 옮겼다.177)

1984년 8월 14일 조선일보의 왜색종교 비판을 계기로 천리교에

---

176) 상게서, pp.312－315 참조.
177) 정명수, 『대한천리교사 4』, p.48.

대한 비판이 쏟아지게 되자 당시의 문화공보부 종무과는 천리교에 대해 신앙의 의식, 제전, 목표물에 대한 자료를 요청하였다. 당시 천리교에 대한 사회적 인식은 왜색 종교, 일본 국가 신도의 한파로 보는 시각이 강하였다. 따라서 천리교는 일단의 조치를 취하게 되는데, 우선 신각을 철거하고, 감로대를 예배의 목표로 복원, 개선하는 조치(1985년 11월 13일 목조 모형 감로대를 본부에 설치)를 취하자 경남교구 등 영남지역 교회장들이 반대하여 별도의 단체를 구성하려고 하였다. 이에 대한천리교교단본부는 비상대책위원회를 구성하여 강력한 조치를 취하게 된다. 1986년 경남교구장을 직위해제하고, 수습집행위원회를 구성하고 경남교구를 접수하려고 하였으나 실패하자 폐쇄 조치를 취한다. 이에 경남교구는 천리교연합회라는 단체를 새로이 만들고 부산교구도 가담하게 된다.

1988년 2월 24일 대한천리교본부와는 별도로 천리교연합회는 [한국천리교연합회]로 법인 인가를 받게 되고, 그 후 교단의 재산과 관련된 많은 법정 분쟁이 일어나게 되고, 한국에서의 천리교는 [대한천리교]와 [천리교한국교단]으로 갈라져서 지금에 이르고 있다.

⑤ 천리교의 현황과 부활의 움직임

－[천리교한국교단]의 경우

앞의 국내의 천리교 역사에서 나온 것처럼, 천리교 한국교단은 [대한천리교 본부]와는 별도로 [대한천리교연합회]를 1957년 결성하여 신전을 준공한 것에서 비롯되었다. 현재의 [대한천리교연합회(현재 천리교한국교단)는 진해교구를 중심으로 결성된 [대한천리교 연합회]에서 1961년 일시적으로 [대한천리교 전도청]으로 개칭하게 되며, 이후 한국천리교단이 결성됨에 따라 진해교구는 1962년 5월 영남교구청으로 불리다가 1996년 경북교구와 제주교구가 분리됨에 따라 [경남교구]로 바뀌게 되지만, 진해 교회는 천리교 한국교단의 중심적인 역할을 하였다.

천리교 한국교단은 1975년 7월 26일 해방 전의 [조선포교관리소]를 [한국전도청(중앙사무국)](서울특별시 서대문구 충정로 3가 3－90 소재)으로 이전 개칭하게 되면서 일본 본부와 연결되게 된다. 이어 1981년 9대 청장(이전 관리소 소장)으로 하루노요시하루(春野喜春)가 취임하고, 87년 4월 10대 청장으로 야스무라미지로우(安村三治郎), 91년 12월에는 11대 청장으로 나가오다카오라(永尾隆得)가, 2001년 4월에 12대 청장으로 가지모토세이지(梶本誠之)가, 2002년 6월에 13대 청장으로 마에가와요시미(前川喜三)가 취임하여 같은 해 9월 8일 김해 생림면 나전리 1094－6번지로 전도청을 이전하게 된다. 법인 등록은 1988년 2월 24일 [재단법인 한국천리교 연합회]재단으로 등록하였으나, 1993년 혜성교회와 통합하여 통합교단으로 발족하고 초대 교통에 김기수(혜성교회)가 취임하였다. 96년 5월13일 2대 교통으로 허태규가 취임하게 되고, 같은 해 [재단법인 천리교 한국교단]으로 개칭하였다.[178] 그 후 모든 활동은 [대한천리교]와는 별도로 [한국전도청]을 통하여 일본 본부와 연계하여 행하고 있다.

천리교 한국교단은 일본과 연계하여 활동을 하고 있으므로 재정적으로 일본으로부터 지원을 받고 있으므로, [대한천리교]에 비해 상대적으

---

178) 위 내용은 천리교한국교단으로부터 제공받은 문서 자료에 의거한 것임.

로 재정적 사정은 나은 편이다. 특히 1980년대를 전후로 [한국SGI]를 비롯하여 [한국광명사상보급회(=生長の家)]처럼 국내에서 활동의 역사가 비교적 짧은 일본계 종교의 활동이 활발하게 이루어지자 천리교도 국내에서 포교와 활동에 힘을 기울이면서 제 2의 도약을 꾀하고 있다.

특히 천리교 한국교단은 제1세대 신자들이 노쇠해지자, 2, 3세대로의 역할 이양을 시도하면서 새로운 계기를 마련하게 되는데, 2, 3세대들이 교구장 및 교단 간부 역할을 수행하기 시작하였고, 또 교리에 대한 전문 연구기관으로 [천리문화연구소]를 설립하여 2, 3세대들을 중심으로 교리에 대한 연구에도 힘을 기울이고 있다. 1997년 창설된 천리문화연구소는 18명의 연구원으로 구성되어있으며, 교리 연구 및 발표, 번역서 및 논문 발간, 인재 양성 사업을 목적으로 하고 있다. 청년층을 중심으로 구성된 이 연구소는 학계와의 연계를 지향하며, 천리교 교의만이 아니라 전반적인 종교 연구에도 참여하는 등 활발한 활동을 하고 있다. 또 2006년부터 김해시 생림면 소재지에 [교육문화회관] 건립을 추진하여, 보다 체계적으로 청년층에 대한 교육을 실시하려는 계획을 가지고 있다.

한편 천리교 한국교단의 운영은 한국인 교통을 중심으로 이루어지고 있다. 그러나 한국 전도청이 설치되어있고, 일본에서 파견된 전도청장과 서기가 상주하고 있으며, 따라서 운영에 있어서도 일본 교회본부의 지침에 따라 운영되고 있는 것으로 보인다. 교리적 지원은 물론 재정적으로도 일본의 지원을 받고 있으며, 특히 시설 건립에 있어서는 일본으로부터의 지원을 받고 있다고 한다.

－[대한천리교]의 경우

한편 [대한천리교]는 현재 일본 본부와 관련 없이 독자적으로 운영되고 있다. 즉 교통을 중심으로 한 교직체제와 법인 이사회에 의해 운영되고 있다. 교통과 이사장이 겸직을 하고 있으며, 이사회는 6명의 이사들로 구성되어있다. 현 교통은 3대 김영제이며 2004년에 취임하였다. 일본과는 독립된 교단을 지향하여 천리교한국교단과 분파된 이후로 교세가 약화되어 재정적으로 어려운 형편이 있으며, 더욱이 2004년부터는 이사진의 문제로 인해 부산 원남성 교회[179]와의 분쟁으로 인하여 재정적으로 어려운 형편이라고 한다.

－부활을 향한 노력

천리교의 포교는 전도자와 입신자 사이에 오야꼬(親子)관계를 맺음으로서 확산되며, 따라서 포교는 주로 개인간의 대면적 접촉을 통해서 이루어지는 것을 그 특징으로 하고 있다. 원래 천리교의 교조인 나카야마미끼가 치병의 영능력을 가지고 있었고, 또 신악가와 함께 하는 손놀림(手踊り)에도 치병과 액을 없애는 동작이 들어있는 것처럼 천리교에 입신하는 사람들 중에는 치병의 혜택을 받은 사람들이 많다. 그리고 현재 한국에서의 천리교 신자 중에도 1세대의 경우 치병을 계기로 입신한 사람이 많으며, 또한 젊은 층 신자 중에는 그런 부모로부터 승계한 2세대가 많다.

한국에서의 천리교 포교는 주로 거리 전도를 통해서 이루어져 왔으며

---

179) 대한천리교 본부 관계자의 진술에 의하면, 부산 원남성 교회 신자 수는 대한 천리교 신자의 과반수에 이르고 있다고 한다.

현재도 교조 120년제를 맞이하여 간간히 역이나 시내 중심지에서 거리 포교를 하는 신자들이 눈에 띤다.

최근에 들어와서 인터넷 붐에 따라 젊은 층을 겨냥한 온라인 포교를 시작하고 있다. 대한천리교는 1998년부터 홈페이지(http://www.chollikyo.or.kr)를 운영하고 있으며, 천리교한국교단도 2004년부터 홈페이지를 만들어서 운영(http://www.chulrigyo.or.kr)하고 있다.[180] 그 외에 신자나 청년부를 중심으로 카페를 운영하고 있다. 특히 대중문화 개방과 한일 간의 대중문화 교류가 활발해짐에 따라 천리교한국교단의 경우 일본 본부와 연계하여 한국에서의 적극적인 활동을 전개하고 있다. 김해 교단 본부에 교육문화회관을 건립할 예정이며, 또 젊은 층과 학생들을 위하여 "이길의 배움터"[181]와 같은 다양한 교육 프로그램을 실시하고 있다. 한편 사회활동으로서는 천리교 특유의 실천활동(히노끼싱=ひのきしん)을 통하여 여러 가지 봉사활동을 해오고 있으나 주로 지역별 청소 봉사나 사회복지 봉사활동을 하는 정도이며, 대규모 문화활동이나 이벤트는 하고 있지 못하다.

전술한 바와 같이 천리교는 한국에 들어온 일본계 종교 중 가장 오래된 역사를 가지고 있으며, 또 1980년대에는 30만 이상의 신자를

---

180) 대한 천리교 산하 교회 홈페이지로서는 부산교구 http://www.dcbk.co.kr 홈페이지가 있으며, 천리교한국교단 산하 교회로는 경산교회 http://tenrikyo.interpia98.net/index－k.html와 광민교회 http://gwangmyn.com.ne.kr가 자체적으로 홈페이지를 운영하고 있고, 천리문화연구소도 2004년부터 자체 홈페이지 http://tenri.interpia98.net/를 운영하고 있다.

181) "이길의 배움터"는 고등학생만을 대상으로 하여 2박 3일간 한국전도청에서 실시하는 교육프로그램이다. 2005년에는 2월 23일부터 25일까지 전도청에서 실시하였다.

가지고 있었던 교단이었으나, 대한천리교와 천리교한국교단으로 나누어지고, 또 급변하는 현대의 시대적 흐름에 대한 적응도 늦어져서 일본과 마찬가지로 한국에서도 쇠퇴하는 경향을 보여주고 있다. 이런 현실을 대한천리교나 천리교한국교단 양측도 인정하고 있으며, 나름대로의 앞으로 활동계획을 세우고 있다.

천리교 한국교단의 경우 1980년대 이후 약화된 교세 회복을 위해 일본교단 본부와 연계하여 한국에서의 보다 적극적인 활동을 전개하고 있다. 특히 청년층을 겨냥한 교육프로그램의 개발, 교육문화회관 건립 계획 등 인재양성에 중점을 둔 활동을 계획하고 있다. 특히 2세대 지식층, 청년층이 중심이 되어 이러한 계획의 중심이 되어 활동하고 있는 것으로 보인다.

대한천리교의 경우도 마찬가지로 인재양성의 필요성을 인식하고 있으며, 복지시설 건립과 교육기관(전문대학) 설립을 계획하고 있다고 한다. 그러나 대한천리교는 교단내의 분규(원남성 교회와의 법적 분규)로 인해 현재 혼란상태에 있는 것으로 보이며 안정되기까지는 일정한 기간 과도기를 겪을 것으로 파악된다.

(3) 세계구세교

① 세계구세교의 창교와 조직

세계구세교는, 오카다모키치(岡田茂吉, 1822-1955)가 창교한 신종교 교단으로, 원래 大本(오오모토)教 신자였던 오카다모키치가, 大本를 떠나 1947년 大日本観音会를 조직함으로 교단의 형태를 갖추고 활동을 시작하게 되었다.

오카다는 1882년 동경 아사쿠사(浅草)의 고미술상 집에서 태어나 화가가 되기 위해 동경미술학교(현 東京芸大)에 진학하였으나, 병약하여 중도 퇴학하고, 장신구 제작업을 하게 된다. 미술적 재능과 장사 능력이 있어서 사업은 순조로웠지만, 1918년 세계공황이 일어나 거래하던 은행이 도산하여, 그 영향으로 자금 순환에 문제가 생겨 파산하게 되고 막대한 빚을 지게 된다. 또 같은 해에 부인이 사망하는 불행이 겹친다. 이로 인해 오카다는 38세 때 大本教의 신자가 되고, 그 후 1925년 신의 계시에 의해 [神智와 神力=정령법]을 얻게 된다. 그 후 사업은 뒤로하고 大本教의 포교와 정령법 연구에 열중하여, 1937년 그는 하늘의 계시를 받아서 [夜昼転換]182)을 알게 되었다고 한다. 오카다는 세계가 이제는 낮의 시대에 돌입하게 됨에 따라 물질 편중주의를 개선하고, 우주 창조신과의 관계를 중시하며, 물질세계와 정신세계가 균형을 이룬 새로운 문명을 창조하는 것을 스스로의 사명으로 생각하고 종교 활동에 전념하게 된다.

이렇게 형성된 독자적인 사상을 실천하기 위해 그는 1934년 大本教를 탈퇴하고, 이어 1935년에 [大日本観音会]를 설립하였다. 교단의 목표는 [病, 貧, 争]의 3대 苦難이 없는 [지상천국]을 건설하는 것이었으며, 이를 위해 물질편중의 현대문명을 올바른 방향으로 되돌리는 것을 제일 중요한 것으로 보았다. 즉 인류의 불행의 원인은 신을 믿지 않고, 자연계의 생명활동을 무시한 것에서 비롯된 것이며, 이를 바르게

---

182) 각주 57)참조.

하기 위해서는 浄靈[183], 자연농법, 예술 활동을 통해 진리를 구현하는 사회를 만드는 것이 주요 활동이라고 보았다. 그러나 몇 차례의 정부로부터의 탄압을 받았으며, 특히 정령법은 가짜 의료행위로 간주되어 오카다는 두 차례나 의료법 위반으로 검거되었으나, 숨어서 정령 치료를 계속하였다고 한다. 또한 그는 [오히카리(お光)]를 고안하여, 2차대전 중에는 이 [오히카리]가 총탄과 공습을 피할 수 있다는 평판을 얻게 되어 날개달린 듯 팔렸다고 한다. 패전 후 종교의 자유가 인정되자 오카다는 [오히카리]로 모은 자금으로 본거지를 동경에서 하코네(箱根)로 옮기고 [日本観音教団]을 설립(1948년)하여 종교 활동을 재개하였다. 1950년에는 종교법인 인가를 받고, [세계구세(메시야)교]로 개칭하여 재출발하게 된다. 그 사이에 오카다는 지상천국의 雛形로서 [神仙郷]와 [瑞雲郷] 건설을 계획하고 실시한다. 1947년부터 건설이 시작되어 1952년 [하코네 미술관]을 완공하였다. 오카다는 1955년에 타계하지만, 그 후 교단은 1957년에 [세계구세교]로 다시 개칭하여 [神仙郷]와 [瑞雲郷]를 건설하였다.

그러나 오카다모키치의 사후에 조직내부에 분열이 일어나게 되어, 지부교회 단위로 분파가 많이 발생하기 시작하였다. 1970년대에 교단의 운영방침이 변경된 것에 이의를 가진 지부, 교회가 별도의 교단으로 독립하기 시작하였고, 이후 분파 수는 20여개가 되었다고 한다. 그러나 각 분파교단은 교조인 오카다모키치를 明主님으로 받들고, 정령을 비롯한 교의도 대부분 그대로 승계하고 있다. 세계구세교의 분파관계는

---

183) 각주 58)참조.

다음 표와 같다.

세계구세교와 그 분파나 파생교단에서는 오히카리를 몸에 지닌 사람이 행하는 정령의식에 의해서 손바닥으로부터 나오는 光玉(光の玉 : 물론 눈에 보이지는 않음)이 혼을 정화시키며, 나쁜 병을 퇴치할 수 있다고 실제로 믿고 있다. 병은 혼의 흐림에서 생기는 것이며, 이것을 고치는 유일한 방법을 혼을 정화하는 행위 즉 정령이라고 생각하였다. 서양의학에 의한 薬害나 薬禍를 경계하며, 병원에 가거나 약을 복용하는 것은 教義상 금지되어있다. 또 화학비료, 농약이라는 인위적이 물질은 혼을 더럽히는 것이라 하여, 자연재배에 의한 농업을 실천하고 있다. MOA(Mokichi Okada Association)에서는 자연농법의 보급을 위한 활동을 전개하고 있으며, 현대의 무농약 유기 농산물 붐에 편승하여 점차 확대되어가고 있는 실정이다.

세계구세교의 각 분파 중에서 최초로 한국에 들어온 교단은, 1971년 中村市郎(나카무라이치로우)가 분파하여 만든 세계메시야교(世界メシヤ敎) 계통인 것으로 파악된다. 그리고 1988년에 세계구세교 일본 본부 내에서의 분쟁으로 인해 갈라진 파벌인 동방의 빛(東方の光＝再建派)과 이즈노메(伊藤能梅＝新生派), 스노히카리(主の光＝保持派)라는 3파 중에서, 동방의 빛과 이즈노메가 한국에 들어와서 활동하고 있다. 따라서 현재 한국에는 세계구세교의 분파인 세계메시야교와, 그리고 세계구세교 내의 파벌인 동방의 빛과 이즈노메, 모두 3파가 활동하고 있는 것으로 되어있다.

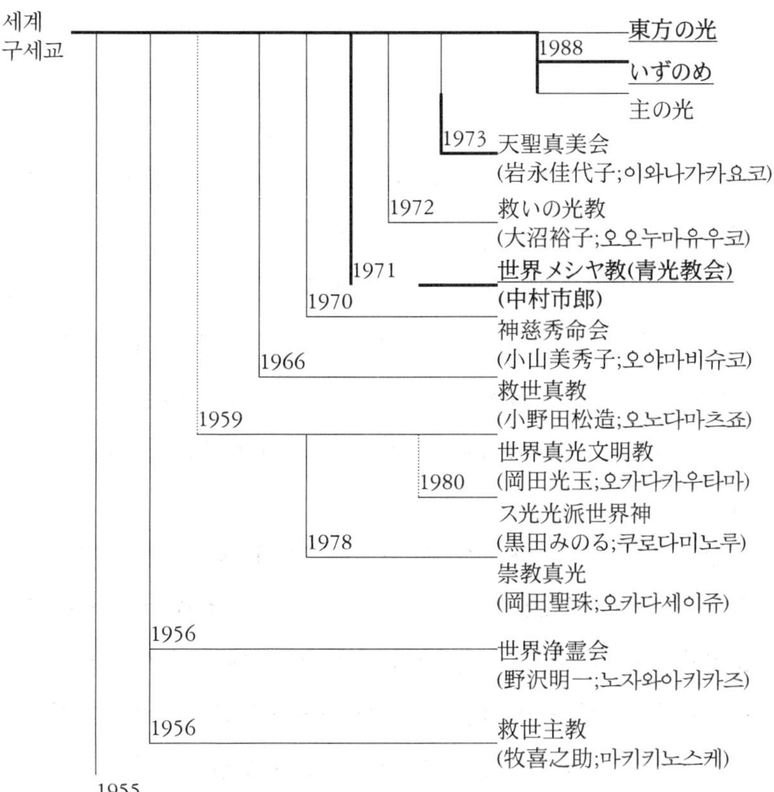

② 국내 도입과 초기 활동

세계구세교의 최초 국내 활동[184]은, 1942년에 마산과 진해를 중심으

---

184) 세계구세교의 한국에서의 최초 활동과 역사에 관한 부분은 현재 문서화된
　　것이 전무한 상태이며, 따라서 아래의 내용은 현[세계메시야교]의 김○○총
　　무의 진술과, [대한민국죠레이센터＝이즈노메파]의 김○○, 그리고 [대한민

로 일본교단에서 일본인들이 들어와 활동을 시작하면서 부터이다. 당시
진해 일본군 해군장교의 부인이 소개하였고, 그 소개로 세계구세교에
접하게 된 몇몇 사람이 해방과 함께 신앙생활을 하지 못하고 있었으나,
1966년 이후에 세계구세교가 부산에서 활동하는 것을 알고 합류하여
다시 신앙생활을 하였다고 한다[185]. 국내에 세계구세교가 다시 유입된
것은 1964년 일본에서 일시 귀국한 재일동포인 정복수가 고향인 경남
양산에서 친지들에게 세계구세교를 전파하면서 시작되었다. 그러나
당시 정씨는 양산의 친정에 일시적으로 귀국한 것으로 다시 일본으로
돌아갔으나, 그 후 1966년 영구 귀국을 한 정씨에 의해 부산 수영구
광안리(현 세계메시야교 한국본부 소재지)에서 본격적으로 활동을 시작하였
다고 한다.

정씨는 원래 경남 양산 산북면 출신으로 일제시대에 서울의 전문학교
를 다니던 인텔리였으며, 후에 결혼하여 남편(당시 와세다 대학생)을 따라
도일하였고, 남편이 재일 중 다시 외국으로 가게 되자 한국으로 일시
귀국하였다고 한다. 1950년에 귀국한 정씨는 양산에서 공무원 생활을
하였다고 한다. 정씨는 당시 전문학교 출신이며, 남편도 와세대 대학에
재학한 것으로 보아, 한국에서는 상당히 높은 계층 집안 출신이며,
또 사회 경제적으로도 높은 수준의 위치에 있었던 것으로 추정된다.

공무원 생활을 하던 중 정씨는 50년대 중반에 일본으로 밀항하게
되는데, 그 이유는 남편이 죽은 뒤 시부모님들만이 일본에 살고 있었고,

국MOA본부]의 김○○와의 인터뷰 진술을 참조하여 작성한 것이다.
185) 당시 신자였던 우○○ 외 3명은 부산 신생교회에서 신앙생활을 하다가 사망
하였다고 한다.

시부모의 병환이 깊어져서 병간호를 하기 위해서였다고 한다. 그러나 그 당시 정씨는 세계구세교와 직접적인 관련이 없었고, 1957년 본인의 병을 계기로 처음으로 세계구세교에 접하게 되었다고 한다. 정씨는 원래 몸이 약하고 병이 잦았다고 한다. 그래서 병치료(정신적인 병)를 위해 세계구세교에 접하게 되었는데, 원래 관세음보살을 신봉하던 충실한 불교 신자였으나, 당시 교조인 오카다모키치의 제자이던 나카무라이치로우(中村市郎 : 세계구세(메시야)교회 창교자 : ~1999)에 의해 병이 완치되었고, 그 이후부터 나카무라의 수제자가 되었다고 한다.

이후 본격적으로 일본에서 수련과 포교활동을 하던 중에, 1964년 한국의 고향인 경남양산의 친정 모친이 위독하여 다시 귀국하게 되었다고 한다. 그 당시 정씨는 이전에 밀항하여 도일한 관계로 비자가 나오지 않았으나, 세계구세교 일본 본부에서 일본외무성에 몇 차례의 탄원서를 넣어서 6개월 체류비자를 받고 일시 귀국하였다고 한다. 귀국 후에 정씨는 모친의 상을 치르고, 일시적으로 경남 양산에서 정령 활동을 하다가 일본으로 돌아갔으나, 그 때 주위의 친척들이 정씨의 건강한 모습과 정령을 체험하고 그 효험에 놀랐다고 한다.

한편, 일본의 세계구세교에서 분파하여 세계메시야교를 창교한 나카무라는 1965년 3월에 한국에 일시적으로 들어와, 만성적인 위장병에 고통을 받던 김○○(남, 75세 : 현 세계구세교 이즈노메교단 자문위원)에게 죠레이를 베풀고, 김씨는 4월에 나카무라씨로부터 광명을 배수 받은 최초의 한국 신자가 되며, 그 후 귀국한 정복수 회장과 함께 1966년부터 본격적인 활동을 시작하였다.

처음에는 주로 병자 치료의 봉사 측면에서 활동하였다. 초기에는 주로 주위의 친척들이 대다수였고, 신자 수는 약 40여명(양산) 정도였다고 한다. 신자들은 주로 병환의 치료를 목적으로 입신한 것으로 보이며, 최초에 정씨로부터 병 치료의 효험을 본 사람들 중에서는, 나중에 분파하여 부산 대연동에서 대한민국MOA본부를 운영하는 김봉환도 포함되어 있었다. 활동은 주로 병자들의 치료를 위한 정령을 하였으며, 그 효험으로 인해 질병을 완치한 것으로 되어있다.

정씨는 1966년 9월 22일 현재 소재지에서 [세계구세교 부산교회]라는 명칭으로 교회를 설립하게 된다. 당시 구입한 토지 100평은 일본 본부로부터 지원받은 것이며, 건물은 처음에는 20여 평의 가건물을 짓고 활동하였으나, 그 후 몇 차례의 증축과정을 거쳐 오늘에 이르렀다고 한다.

정복수의 부산교회는 정씨의 정령에 의한 靈能力에 의해 점차 신자 수가 늘어났으며, 특별한 伝教活動이 아닌, 정령에 효험을 본 사람들에 의한 사적 연계에 의해 신자들이 모이게 된 것으로 보인다. 신자들은 주로 신분고하를 막론하고 질병을 가진 사람들이었고, 그 중에서도 특히 정령의 효험을 본 몇몇 사람들이 적극적인 신자 그룹을 형성하게 된 것으로 보인다. 특히 정복수의 부산교회에 신자 수가 급속하게 증가하게 된 것은, 우선은 정씨의 정령에 의한 치병술이 뛰어나서, 정씨 개인이 일종의 카리스마적 지도자상(주술자형 카리스마)을 갖춘 점과, 다른 한편으로는 신자 개개인의 영능자로서의 승격(정령실행자)에 대한 조건이 까다롭지 않아서, 일정한 수행기간과 능력(수호패의 수령 또는 광명패의 수령)을 갖추면 하나의 독립된 영능자로서 정령을 행할 수 있기 때문인 것으로 보인다.

또한, 당시의 신자들은 정씨와의 수직적 사제관계에 있었으며, 조직으로서의 체제는 갖추고 있지 않았던 것 같다. 이는 정씨 스스로가 조직 체제를 갖추는 데에는 적극적이지 않았던 점과, 신자 수가 늘어났음에도 교권적 조직체제가 갖추어지지 않은 것은 정씨가 지속적으로 영능자로서의 정령의 효험을 신자들에게 계속 보여주었기 때문에, 교권적 관료체제로의 일상화의 여지도 없었고, 그럴 필요성도 없었기 때문이라고도 생각된다.

따라서 정씨의 부산교회는, 70년대 중반에는 신도 수가 늘어나서(800명 정도까지) 수적으로는 충분히 교권적 관료조직체제를 갖출 수 있는 정도까지 확산되었음에도 불구하고, 체계적인 관료적 조직은 갖추지 못한 것으로 보이며, 신자와의 관계는 주로 정령술을 적극적인 신자 그룹에 전승하는 단순 수직 관계였던 것으로 보인다. 따라서 이런 신자 조직 유형이 이후 1976년 김봉환을 비롯한 분파 발생의 한 요인으로 작용한 것으로도 파악된다. 1987년 정복수가 영계로 간 후에, 후계자 문제와 얽혀서 또 다른 분파가 형성되고, 거기에 따라 일부 신자들의 이동도 있었으나, 일부 신자들은 다시 세계메시야 부산교회로 회귀하기도 하였다고 하지만 구체적으로는 확인할 수 없었다.

이처럼 국내에서 세계구세교의 재도입은 일본에서의 분파 중에도 세력이 약한 세계메시야(世界メシヤ)교에 입신한 정복수였다. 세계메시야교는 일본 세계구세교의 분파도에도 포함되지 않을 정도[186](井上順

---

186) 井上順孝編, 전게서, 1994, p.173. 세계구세교 분파도에는 [세계메시야교]는 들어있지 않다. 그것은 세계구세교의 분파가 복잡한 것도 있지만, 세계구세교의 분파 중에서도 세계메시야교는 상대적으로 교세가 약하여 영향력이 적은 분파이기 때문인 것으로 판단된다. 그리고 일본 문화청이 펴낸『宗教

孝 : 1988)로 일본 내에서는 세력이 미약한 교단(교단 신도 수 1000명 이하
: RIRC자료)이지만, 한국에 진출하여 최초로 활동을 한 정씨가 이 세계메
시야교 계통이라는 점은 주목할 만한 것이다.

③ 국내에서의 분파[187]와 성장과정

다음의 표는 정복수 이후의 한국에서의 세계구세교의 분파를 나타낸
것이다. 한국에서의 세계구세교의 분파 과정은 크게 두 차례가 있었으
나, 두 번 모두 일본 본부의 분파와 밀접한 관련을 가지고 있다.

일본에서의 분파는, 1966년 나카무라이치로우(中村市郎 : ~1999)에
의해 세계구세교 일본 본부로부터 世界救世教青光教会로서 발족[아
오히카리(青光)파]하고, 1970년에 포괄 법인 [세계구세교]로부터 독립,
종교법인인 [世界救世(メシヤ)教会＝세계메시야교][188]로서 독립하게
된다. 독립의 계기는 본부의 교조의 神書 미공개와 神体에 대한 偽
作[189], 教義의 수행방식을 둘러싼 문제 때문인 것으로 알려져 있으며,

年鑑』(2002)에 따르면, 세계구세교의 신자 수는 835,756명, 교회 수는 54
개, 포교소는 453개소로 되어 있다.

187) 아래의 세계구세교의 한국에서의 분파 과정에 대한 것은 [세계메시야교]의
김총무, [대한민국MOA본부]의 김봉환 본부장, 그리고 [마산정령회]의 윤
교회장의 진술을 바탕으로 정리한 것이다.

188) 세계메시야교는 일본에서는 [世界救世(メシヤ)教]라는 명칭을 사용하고 있
으며, 본부는 京都府京都市小松原北区131에 있으며, 현 회장은 소우미치
타다아키(惣道忠明)이다.

189) 세계구세교에서 [神体]라고 하는 것은, 교조인 오카다모키치가 쓴 [大光明
如来]라는 친필글씨를 말한다. 그러나 이즈노메(신생파)에서 신체로 사용하
는 [大光明真神]은 교조의 친필이 아니라 2대 교주가 쓴 것으로 밝혀졌으
며, 이 또한 분파간의 주요 논쟁거리가 되었다고 한다(세계메시야교의 김○
○총무의 진술에 의한 것임).

세계메시야교회는 1974년에 "교조의 遺志를 받든다"는 같은 입장에 있는, 世界救世教黎明(레이메이)教会와 함께 [문명의 창조]라는 교조 저작의 영문번역 사업을 하게 된다.

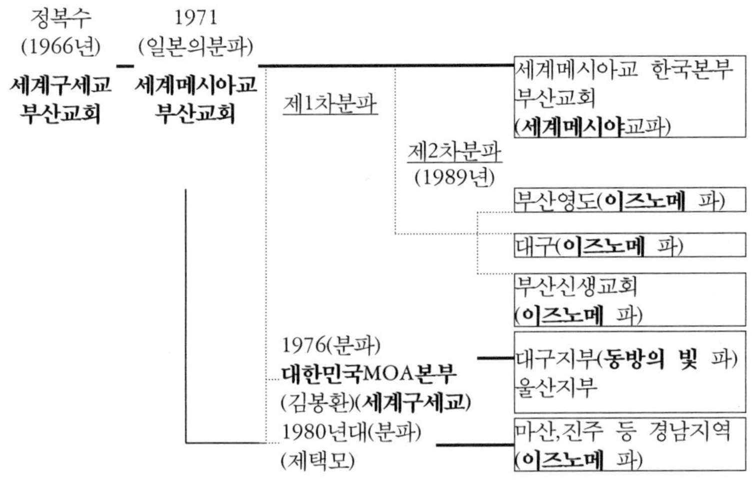

[세계구세교 한국 내의 분파]

이런 세계메시야교회의 일본 본부로부터의 분파는 한국의 세계구세교 부산교회에도 영향을 주어, 부산교회는 1971년 그 명칭을 [세계메시야교회 한국본부 부산교회]로 바꾸게 되고, 이어서 한국에서도 최초 분파가 일어나게 된다. 최초의 분파는 대한민국MOA본부(부산광역시 남구 대연2동 1757-4)의 김봉환(1923~)에 의한 1976년 분파이다. 이것은 일본 본부로부터 세계구세(메시야)교회가 분파되고 5년 후에 일어난 일이다. 김봉환은 1976년 2월에 일본 본부와 연결되어, 일본의 지원을 받아(7,000만원)서 부산 대연동(현 소재지)에 현재의 부지를 확보하고,

건물을 지었다고 한다. 김봉환은 원래 정복수로부터 정령을 받아서 소화기관 질병(병명 불확실)을 완전히 고치게 되어 구세교에 입신하게 되었으나, 정씨의 부산교회가 일본세계구세교 본부와는 다른 분파인 세계메시야교회 계통이라는 것을 알았고, 세계구세교 일본 본부와 연락하여 세계구세교 한국본부의 본부장으로 76년 2월 8일에 추대되었다. 그 후에 김봉환은 1989년 일본 본부가 3파로 분리되면서는 재건파(동방의 빛)에 속하여 지금까지 활동하고 있다.

한편 1976년 김봉환의 분파 이후에 80년대 중반부터 제택모(?~2000년)는 진주를 중심으로 가정집회의 형식으로 독자적인 활동을 한 것으로 보인다. 제택모도 정복수로부터 교의와 정령 수행을 전수받은 사람 중에 하나로 보이며, 그 당시 적극적인 신자 그룹에는 진옥분도 있었던 것으로 보인다. 이처럼 한국에서의 1차 분파는 정복수씨에게 효험을 얻거나 정령 수행을 전수받은 1세대의 적극적인 신자들에 의해 이루어졌고, 그 계기는 외적으로는 일본 본부의 분파에 의한 것이며, 내적으로는 세계구세교의 독특한 伝教과정인 [정령술의 보편화]에 기인하는 것으로 보인다. 이렇게 1971년의 일본 본부로부터의 세계메시야교의 분파로 인하여 한국에서의 세계구세교의 제1차 분파(세계메시야교와 대한민국MOA본부)를 겪은 후, 1989년 일본의 세계구세교 본부의 분파로 인해 제2차 분파 과정을 겪게 된다.

한국에서의 제2차 분파도 세계구세교 일본 본부의 분파가 그 외적 원인이며, 한편 한국 내의 내적 원인으로서는 정복수 회장의 사망 이후의 후계자 문제와 관련해서 일어난 것으로 보인다. 1987년 정복수가 영계로 간 후, 후계자 문제로 인해 유○○, 김○○, 그리고 홍○○

등의 세 사람은 각각 세계메시야교로부터 분파하여 나가게 된다. 그래서 유씨는 부산 광안리의 부산신생교회를 만들었고, 김씨는 부산 영도에 교회를 만들고, 그리고 홍씨는 대구에서 독자적인 활동을 하게 된다. 한편 제1차 분파에서 진주 지역에서 정령활동을 하던 제택모는 주로 가정 집회를 중심으로 정령과 전교활동을 하였으나, 진주, 마산 지역을 중심으로 1990년대부터 교세가 확산되기 시작하였다.

이렇게 제2차 분파가 한국에서 일어난 후에, 한국의 부산 세계메시야 계열과 동방의 빛(再建派)인 대한민국MOA본부 계열을 제외한 나머지 분산되어있던 각 지역 교회가 일본 본부의 이즈노메파와 연결되어 1989년 이즈노메파(新生派)로 통합되게 된다. 그래서 2004년 2월 현재, 한국에는 원래 정복수 회장의 [세계메시야교 한국본부 부산교회]를 중심으로 하는 세계메시야교회 계열과, 김봉환의 [대한민국MOA본부]를 중심으로 하는 동방의 빛 계열, 그리고 [세계구세교 한국본부]를 중심으로 하는 이즈노메(신생파) 계열이 활동을 하고 있다. 이 중에 이즈노메 계열은 1990년을 기점으로 마산, 진주, 진해 등 경남지역을 중심으로 두드러지게 교세를 확산하고 있는 것으로 보인다.

④ 각 분파의 국내 정착과 현재 활동

한국에서의 세계구세교가 독립된 건물에 교회 형태를 갖춘 것은, 세계메시야교가 1966년 수영구 광안2동 190 − 2번지에 20평 가건물로 시작한 것이 처음이다. 그리고 1976년 대연2동 1757 − 4번지에 대한민국MOA본부가 교회의 형태를 갖추고 세워졌다. 그 후, 제택모는 마산,

진주에서 활동을 하였으나, 80년대 후반까지는 교회로서 독립된 건물을 가지지 못하고, 가정 집회를 중심으로 전교와 정령을 하였지만, 제씨 사후에 후세대 교회장에 의해서 경남지역을 중심으로 독립된 교회를 세우고 활동을 하게 된다.

이하에서는 이 3개 분파의 정착과 현재 활동을 살펴보고자 한다. 첫째로, 세계메시야교 한국본부 부산교회(세계메시야교회 파)의 경우를 보면 다음과 같다.

세계메시야교는 정복수 회장이 현 소재지에서 1966년 9월 22일에 교회를 설립하였다. 당시 100평의 부지는 일본 본부(당시는 세계메시야교가 분파하기 전)로부터 지원을 받아서 구입하였고, 거기에 20평짜리 가건물을 세웠다. 그 후 몇 차례의 증축 과정을 거쳐, 현재 건물은 1999년 11월에 증축한 것이라고 한다. 그 동안의 증축 과정에는 일체 본부로부터의 지원은 없었고, 자체 운영자금으로 증축하였다고 한다. 따라서 세계메시야교는 정복수가 교회를 설립한 후 지금까지 현 소재지에서 활동을 계속해 온 것이다.

현재까지의 운영과 몇 차례의 건물 증축에 소요된 자금은 일본의 세계구세(메시야파)교 본부로부터의 일체 도움 없이 자체적으로 조달하였으며, 다만 교리관련 문제는 본부에 의뢰하여 도움을 받고 있으며, 정기적으로 교육도 받고 있다고 한다. 세계메시야교는 교조의 원래 가르침에 충실함을 내세워 독립한 분파이므로, 한국에서도 일본 본부의 가르침(교조의 원 敎義 중심)에 충실하고 있다. 그러나 한국 문화와 한국 정서에 맞추는 것도 교조의 가르침의 하나이므로, 매월 월례제 후에는 祖靈合祀祭를 지내고 있으며, 神殿의 구성도 중앙에 神体(大光明如来)

를 모시고, 그 우측에 教祖殿(교조인 오카다모키치를 받드는 상징), 그리고 중앙 좌측에는 祖靈殿(각 신자들의 조상신을 모시는 상징)을 두고 있다.

정복수 회장이 본격적으로 활동을 시작한 이후 의료행위와 관련하여 법적 조사를 받은 적은 있으나, 처벌을 받은 적은 없으며, 다만 일본종교라는 이유로 한국인들과 주변사람들로부터의 편견은 있어서 신자들의 신분이나 프라이버시를 지켜주는 것을 중요시하고 있는 것처럼 보인다. 한편 현 교회가 있는 광안리의 주변사람들도 교회가 정확히 어떤 종교이며, 어떤 활동을 하고 있는지 잘 모르고 있을 정도로 조심스러운 활동을 하고 있다.

현재는 독립된 3층 건물을 갖추고 있으며, 외관은 물론 내부도 좋은 시설과 잘 정비된 환경을 갖추고 있으며, 부산교회를 중심으로 전국적으로 활동을 하고 있는 것으로 파악된다. 사단법인이나 재단법인으로 아직은 등록하지 않은 상태이며, 곧 추세를 보아 등록을 할 계획이라고 한다.

둘째, 대한민국MOA본부(동방의 빛=재건파)의 경우이다. 이 분파는 김봉환이 세계메시아교 부산교회로부터 분리시켜서, 1976년 일본 본부(세계구세교)로부터 7000만원의 지원을 받아 현 교회 부지를 확보하고 건물(본당)을 지었으며, 그 후 紫微宮(祖靈祭祀) 건물은 자체적으로 자금을 확보하여 지었다고 한다. 현재 소재지의 건물은 3층 건물로 상당한 규모를 갖추고 있다.

부산MOA는 그 후 1980년 후반까지는 교세가 확산되어 700~800여 명에 이르렀다고 하나, 1982년에 신도 중 한 사람이 일본식 의식(厄払い : 악을 쫓는 의식)을 하는 것을 보고, 일본종교라고 부산일보 신문기자에게

말하여 기사화된 적이 있었다. 그 기사가 보도된 이후 신자 수가 급속하게 줄었고, 부인들의 경우 정령의 효험을 얻어서 나오다가도 남편, 가족들이 일본종교라고 만류하여 나오지 않게 된 경우가 많았다고 한다. 그 후 일본종교라고 해서 특별한 제재나 처분을 받은 적은 없으며, 다만 분파로 인해 교세가 점차 약화되고 있다. 대한민국MOA본부는 종교법인이나 재단법인으로 등록된 상태가 아니며, 다만 종교단체로서만 등록된 상태이다. 현재 신도는 80여명(김봉환과의 인터뷰에 의함) 정도라고 하나, 1989년 일본 세계구세교 본부의 분파(동방의 빛, 이즈노메, 스노히카리)의 영향이 한국에도 끼쳐서 교세가 약화되었다고 한다. 현재는 신자들의 정령비(1회 3000원)로 운영하고 있기 때문에, 운영상 상당한 어려움을 겪고 있다고 하며, 따라서 지부도 울산만 유지하고 있다.

셋째, 대한민국 죠레이 센터(이즈노메=신생파)의 경우이다. 이즈노메 계열의 교회가 대한민국 죠레이 센터(대한민국 정령회)라는 명칭으로 통합된 것은 1990년도 전후이다. 원래는 한국에서 분파한 각 지역 정령회가 일본의 이즈노메 본부와 연결되어 하나로 통합된 것으로, 크게 한국에서는 두 가지 흐름이 있었다. 하나는 제택모의 마산, 진주 지역이다. 처음 마산에서 활동한 제택모(?~2000)는 세계메시야교 부산교회의 정복수로부터 세계구세교에 접한 것으로 추측된다. 제씨는 1980년대 후반부터 마산에서 가정 집회의 형식으로 정령과 포교활동을 한 것으로 보이며, 신자 규모는 약 40명 정도였다고 한다. 그러다가 1989년 현 마산 교회장인 윤○○와 만남을 계기로 교세가 확대되기 시작한 것으로 보인다.

또 다른 흐름은 세계메시야교 부산교회에서 분파된 몇몇 사람들이다.

유○○, 김○○, 홍○○는 모두 1989년까지는 세계메시야교 부산교회의 간부급 신자들이었으나, 1987년 부산교회의 정복수 회장의 사후의 후계자 문제와, 89년 일본 본부의 분파가 복합적으로 작용해서 세계메시야교로부터 분파한 것으로 보이며, 이 들은 각각 부산과 대구에서 독자적으로 활동을 하게 된다. 그러나 이들은 현재 마산교회에 비해 상대적으로 교세가 약하며, 활동도 미약하였다. 그러나 현재 마산 지역과 이들 세계메시야교의 각 분파가 이즈노메 교단으로 통합되어 한국 죠레이센터(본부: 충남 천안시 백석동 소재)를 조직하여 활동하고 있다. 전체 신자 수(2004년 2월 현재, 본부 확인)는 4,000여명으로 그 중 2,000여명이 마산과 진주 지역에 소속된 신자로 파악되며, 따라서 한국의 이즈노메 교단은 마산, 진주를 중심으로 경남지역에 집중된 경향을 보이고 있다. 그 핵심인 마산지부의 경우, 현 교회장을 중심으로 가장 활발하게 활동을 하고 있다. 대한민국죠레이센터도 역시 법인등록은 하지 않은 상태이며, 재단법인으로 가등록되어 있다고 한다. 운영은 정령비(2,000원)와 히카리 대금(光 표찰 구입대금)으로 운영하고 있으며, 별도로 건설성금(신자의 자율적 헌금)으로는 자연농법 학교의 구입 및 운영에 사용하고 있다고 한다.

한편 마산을 중심으로 1980년대 후반에 제택모가 활동을 할 때의 포교의 어려움이나 곤란함에 대해서는 확인할 수 없으나, 현재 마산교회의 활동을 보면, 일본종교라는 점, 그리고 정령의식으로 인해 주변으로부터의 편견을 받거나 그에 따른 활동의 어려움은 없다고 한다. 의례, 의식의 탈일본화 또는 토착화가 진행되어있는 것으로 보이며, 의식의 단순화, 간소화를 지향하고 있다.

제2장 국내 주요 일본계 종교의 조직과 포교활동의 특징

1. 일본계 종교의 현황과 분류

이상에서 살펴 본 것처럼, 80년대 후반부터 국내에서는 일본계 종교의 성장과 도입이 급속하지만 조용하게 이루어지고 있다. 한국학술진흥재단의 지원으로 동서대학교 일본연구센터가 1차 조사(2003년 9월부터 2004년8월까지; 과제번호 2003－072－BS－1017), 2차조사(2004년 9월부터 2005년 8월까지; 과제번호 KRF－2004－072 - BS2051)에서 수차례 현지조사를 수행한 결과 한국 내 일본계 종교는 총 18개 교단으로 전체 신자 수가 약 192만 명에 이른다는 것을 확인하였다. 이 수치는 2003년 말 국내 총인구가 4,792만5천명인 점을 감안하면 전체 인구의 약 4%가 일본종교 신자라는 것이다. 또한 이는, 최근의 조사에서 한국 내 종교 인구가 전체 인구의 53.5%(한국갤럽 2004년 조사)였던 점을 대비하면 국내 종교인구의 약 7.5%가 일본계 종교의 신자인 셈이다.

이러한 상황은 한국 내 일본계 종교가 주류 종교인 불교(24.4%)와 개신교(21.4%), 가톨릭(6.7%) 다음의 신자 규모를 가지는 종교집단이 되어있다는 것을 말한다. 이제 한국 내 일본계 종교 활동은, 일부 이단적 현상으로 치부하기에 그 규모가 너무 크고 사회적 영향력 또한 무시할 수 없게 되었다. 사정이 이러함에도 기존의 한국 내 일본계 종교에 대한 조사연구는 전무한 상황이며 이들 집단에 대한 사회적, 학문적 관심 또한 매우 낮다고 할 수 있다. 그것은 그동안 이들 교단이 한국 내 반일감정을 의식하여 스스로의 활동이 드러나는 것을 꺼려함으로서 공적인 조사가 불가능하였기 때문이기도 하다. 더구나 이들 교단의 활동을 「왜색문화의 침투」로 규정한 일부 매스컴의 소위 「고발기사」는 해당 구성원들을 더욱 자폐적 상황으로 내몰아 감으로써 이들과의 사회적 소통 자체가 원천 봉쇄되는 결과를 초래하기도 하였다. 따라서 2차례의 조사에서 연구팀은 이들 활동에 대한 구체적 실태조사의 결과를 토대로, 한국 내 일본계 종교에 대한 논의를 학문적 공론의 장으로 이끌어 내는데 우선적 목표를 두었다.

2년간에 걸친 조사과정을 통하여 밝혀진 국내의 일본계 종교의 현황을 종교 계통별로 분류하여 보면 다음과 같다. 한국 내에서 활동하는 일본계 종교는 그 신앙 형태로 보아 <神道系>, <仏教系>, <神仏習合系>, <기독교系>, <修養道德系>로 대별 할 수 있다. 이들의 계통별 특징과 한국으로의 유입과정을 요약하면 다음과 같다.

신도계 교단으로는 천리교와 금광교가 있다. 이들 교단은 근세 말 농촌사회의 민간신앙을 기반으로 성립된 종교운동이 근대 천황제국가의 「신도국교화정책」의하여 교파신도로서 공적인 종교집단이 되었다. 한국에서의 활동은 식민지시대 한국 내 일본인 포교사들에 의하여 시작되었으며 해방 후 일시 중단된 포교활동은 국내 신자들의 재결집과 일본 교단본부의 포교활동이 재개되면서 현재에 이르게 된다. 이들 교단은 의례행위에 있어 민간신앙적 요소에 신도적 요소가 가미됨으로서 일본적 색채가 가장 두드러지게 나타나며 이로 인하여 한국에서는 친일적 집단이라는 비판을 자주 받아 왔다.

불교계 교단으로는 한국 내 일본계 종교의 압도적 다수를 차지하고 있는 창가학회를 비롯하여 7개의 교단이 있다. 이들 교단의 대부분은 근대기 일본 불교의 제도화 과정 속에서 소외된 신자집단이 민중적 포교활동을 재개하면서 등장하였다. 민속불교의 현세중심주의적 구제관과 전통적 윤리의식이 융합된 형태로 나타난 교리와 신자중심의 재가(在家)불교라는 공통점을 가지고 있으며, 근대기 이후 일본사회에서 새로운 종교운동의 주류를 형성하게 되었다. 한국으로의 유입은, 식민지기의 기반을 가지는 본문불입종을 제외하고, 해방 후 재일 한국인의 귀국활동으로 시작되었다. 이들 교단은 불교라는 공통적 기반 위에 스스로를 위치시킴으로써 한국의 불교신자 층에게는 비교적 쉽게 어필하는 경향이 있으며, 승려계급에 의존하지 않고도 스스로의 성불이 가능하다는 주장은 특히 한국불교의 지식층 신자들로부터 높은 호응을 얻고 있는 것으로 보인다.

신불습합계 교단으로는 최근 활발한 포교활동을 전개하고 있는 세계구세교를 비롯한 4개의 교단이 있다. 이들 교단은 전통적 민속사회의 민간신앙과 민속불교의 신비적 요소가 결합한 형태로 나타난 체험중심주의적 종교운동이다. 일본의 근대사회 속에서 물질문명에 대한 회의와 영적 초능력에 대한 관심이 고조되면서 영적 신비능력을 과시하는 종교 카리스마를 중심으로 하는 새로운 종교운동이 등장하게 되었다. 한국으로의 유입은 해방 후 재일 교포의 귀국활동으로 시작되었다는 점에서 불교계 교단과 동일하나, 이들의 교세 확장이 최근 한국사회의 기체험이나 명상과 같은 영적 체험주의의 붐과 그 괘를 같이하고 있다는 특징을 보인다.

기독교계 교단으로는 기독교동신회와 예수어령교회교단이 있다. 이들 교단은 근대기 일본사회에 전래된 기독교가 토착화 과정을 거치면서 나타난 새로운 종교운동이다. 두 교단은 성직자 계급을 따로 두지 않는 만인사제주의를 표방하고 있다는 점에서 동일하나 성서에 대한 다원주의적 입장을 취하는 기독교동신회와 원리주의적 입장을 취하는 예수어령교회교단은 선교활동에 있어서도 많은 차이를 보이고 있다. 식민지 한국에서 일본인 선교사에 의한 성경공부 모임으로 시작한 기독교동신회는 현재의 한국사회에서도 지식인 신자들이 많은 비중을 차지하고 있으나, 해방 후 부흥회 활동을 중심으로 전파 된 예수어령교회교단은 가정집회에서 병자에 대한 신앙치료를 중심으로 한 포교활동을 전개하고 있다.

수양도덕계 교단으로는 문서포교로 잘 알려진 생장의집(=광명회)을 비롯한 3개의 교단이 있다. 이들 교단은 일본 전통사회의 유교적 윤리의식과 서구에서 전래된 도덕철학이 융합된 형태로 나타난 유심론(唯心論)적 세계관을 주장하고 있다는 공통점을 갖는다. 물질문명에 의한 윤리적 타락을 자각하고, 일상의 윤리적 실천을 통하여 최고의 인격에 도달함으로서 영원한 안식과 행복을 얻을 수 있다는 것이다. 근대기 이후 일본사회의 타락을 지적하며 「정신 재무장운동」을 전개한 일부 지식인의 활동이 발단이 되어 조직화되었다. 따라서 이들은 스스로 종교라고 칭하기를 꺼려하는 경우가 많으나, 창시자에 대한 절대적 신봉이나 종교적 교의체계가 있다는 점에서 종교집단으로 분류되고 있다. 한국으로의 유입은, 포교활동이 아닌, 이들 교단이 발행하는 인쇄물이 매개가 되었다는 특징을 갖는다. 인쇄물을 읽고 이들이 주관하는 연수회와 같은 집단적 모임에 참가하는 사람들을 신자로 간주한다는 점에서도 일반적 종교집단과는 다른 특징을 갖는다.

이상으로 한국에서 활동 중인 일본계 교단의 종교계통별 분류와 현황은 다음표와 같다.

<교단별 교세 현황(총 18교단 1,928,980명), 2005년12월>

구분	교단명	국내포교(년)	포교시설수	신자수(명)
신도계	천리교	1893	(12교구) 388교회 897포교소	276,516
	금광교	1902	1지부	80
불교계	본문불립종	1905	(4지부) 4사(寺)	700~800
	일련정종	1961	16	24,000~ 30,000
	창가학회	1961	30방면 107권 383지역	1,485,013
	영우회	1953	(3지부) 6포교소	3,585
	입정교성회	1978	(2지부) 2도량	2,704세대
	변천종	1979	(1지부) 1포교소	20

신불습합계	태양회	1973	(3지부) 3포교소	1,000
	세계메시야교	1964	(4지부) 7포교소	550
	세계구세교	1964	(8지부) 2센터	4,121
	진여원	1986	(3지부) 3포교소	1,829
	선린교	1971	(1지부) 1포교소	350
기독교계	기독동신회	1896	17교회	700
	예수어령교회	1968	11교회	500~600
수양도덕계	한국광명사상보급회	1975	(3지부) 3회관	*생략
	모랄로지	1968	2지부	
	야마기시회	1966		

이 중에서 특히 주목할 만한 종교로서는, 천리교, 세계구세교, 그리고 한국SGI불교회를 들 수 있다. 왜냐하면, 천리교는 역사적으로 국내에 도입된지 가장 오래되었고, 또 해방 후부터 지금까지 지속적으로 신자들이 형성되어 유지되어왔기 때문이다. 그리고 세계구세교는 현재 교세는 그다지 크지 않지만, 80년대 후반부터 급속하게 성장하고 있으며, 한국SGI불교회는 이미 거대 교단으로 성장하여 이미 한국종교문화 속에서 상당한 영향력을 지니고 있기 때문이다.

2. 다국적 종교로서 천리교의 보편성과 특수성[1]

(1) 천리교와 해외포교 – [다국적 종교화]에 관하여[2]

천리교는 일본신종교 중에서도 특히 일찍부터 그리고 아주 적극적으로 해외포교에 힘써왔다. 태평양 전쟁 전 시기에 대해 말하자면, 천리교는 일본종교 중에서도, 해외포교에 많은 성과를 올린 교단이었다. 또 해외 현지인에 대한 포교라는 면에 있어서도 천리교는 선구적인 활동을 보여주었다. 일본 종교의 해외포교의 역사 속에서 여러 가지 의미로 중요한 의의를 가지는 교단 중 하나라고 말할 수 있다.

천리교가 해외포교에 적극적으로 나서게 된 점에 대해서는 몇 가지 이유와 그 배경을 지적할 수 있다. 첫 번째 이유로는, 구제사상에 담겨져 있는 보편주의적인 세계 구제이념이나 人類同朋(형제)主義에서 찾을 수 있다. 적어도 그것을 이념으로 들고 있는 이상, 그것은 천리교에게 있어서는 적극적으로 내세워야할 가치 있는 계획의 하나였다. 그렇다고 해서 천리교가 교단으로서 초기부터 그런 과제를 의식적·조직적으로

---

1) 본 절의 천리교에 대한 내용은 2004년 7월 30일, 한국학술진흥재단의 [한국 내 일본계 종교 실태조사팀(대표연구자: 이원범)과 한국종교사학회의 공동 주최로 열린 "21세기 새로운 한일관계와 종교문화" 국제심포지엄]에서의 발표된 내용을 발췌 정리한 것이다. 당일 발표는, 고 정명수(대한천리교)선생의 기조연설과, 천리교한국교단 측에서 오대원, 安井幹夫(天理教校 研究員), 대한천리교 측에서 고 정명수(대한천리교교의연수원장)선생이 참석하여 발표하였고, 학계에서는 일본 측에서 西山茂(東洋大学教授), 対馬路人(関西学院大学教授), 藤井健志(学芸大学教授) 3인이 발표하였으며, 한국 측에서는 박승길(대구가톨릭대 교수), 조성윤(제주대 교수), 남춘모(동서대 연구원)이 발표하였다.
2) 이 논고는 츠시마미치히토(対馬路人)의 발표문을 번역한 것이다.

앞세운 것은 아니다.

천리교의 초기 해외포교는 가장 가까운 해외인 韓半島를 중심으로, 개개인의 포교자가 개인적인 정열, 특히 해외포교에 관심이 많은 교회의 방침에 따른 개척포교로서, 개인단위, 교회단위로 이루어졌다. 말하자면 국내포교의 연장선상에서의 시도였다. 당시 천리교는 일본 내에서 열심히 포교활동을 전개하고 있었으나, 내무성으로부터 천리교 활동의 통제를 목적으로 한 [秘密訓令]이 발령되는(1896년) 등 사회와의 마찰도 많이 있었다. 국내에서의 포교가 점차 곤란하게 되자, 대신에 새로운 포교지역을 모색하는 상황이었다. 해외포교는 포교의 막힘을 타개하기 위한 궁여지책의 하나였다. 포교자는 천리교 교회에 소속된 일본인 포교사였으며, 특히 그들은 해외포교의 훈련도 받지 않았으며, 포교는 시행착오적으로 이루어지던 형편이었다. 게다가 한반도에서는 1911년에 [朝鮮布教管理所]가 설립되고, 천리교본부로서 조선포교의 관리, 지원에 나서지만, 이는 일본정부의 방침(종교에 관한 統監府令)에 따른 것이었다.

천리교에서는 1918년에 천리교 청년회를 결성하다. 청년회는 신자 2세 청년층의 신앙의 활성화를 과제로 해서 만들어진 전교단적 조직이지만, 거기에서는 세계구제 시대의 도래가 강조되고, 해외포교가 활동의 중심 목적의 하나로서 내세워진다. 여기서 천리교가 교단으로서 해외포교에 적극적으로 나선다는 방침이 명시되었다고 할 수 있다. 그리고 그것을 구체화하기 위해서 [天理教外国語学校](1925년 설립, 현 「천리대학」의 前身), [天理図書館](1925년), [天理教庁印刷所](1925년) 등의 각 기관들이 차례차례 설립되었다.

[天理教外国語学校]는 천리교의 [해외포교의 제 1 착수]로서 현지 언어를 구사하는 해외포교사의 양성을 목적으로 하는 것이었다. [天理図書館]은 [천리외국어학교]에 부속되어, 異民族 포교관계 자료를 수집하는 것을 주요 목적으로 하였다. [인쇄소]도 장래 외국어로 된 포교문서의 인쇄를 시야에 둔 기획이었다. 참고로 [천리외국어학교]의 초기 전공어학부는, [朝鮮語], [支邦語](北京語와 広東語), [馬来語](말레이지아어), [露語](러시아어)이였고, 당시 천리교가 해외포교의 역점을 어디에 두었는지를 알 수 있다. 그 중에서도 [朝鮮語部]의 설립은 당시 일본제국주의의 조선통치정책에서 볼 때 의외의 결과였는데, 교단의 현지인 포교에 대한 많은 의욕을 엿볼 수 있다. 더욱이 한반도에 대해 말하자면, 1919년에는 [조선포교관리소]내에 조선인 포교자 양성을 목적으로, 수양기간 6개월인 [天理教朝鮮教養講習所]도 설치되었다. 한반도에 관해서는 현지인 신자만이 아니라, 현지인 포교자의 조직적인 육성도 계획하였던 것이다.

교단에 의한 이런 정책의 전개는, 천리교 해외포교전략이 현지인을 명확하게 시야에 둔 [多国籍(多民族)宗教化]로 그 방향을 잡은 것을 의미한다. 2차세계대전 발생 전 일본종교의 해외포교에 있어, 이런 조직적인 [多国籍(多民族)宗教化] 전략을 취했다는 것은 극히 드문 일이다.

한편, 이런 [청년회]를 통한 해외포교의 장려는, 동시에 [국민사상]의 혼란을 극복하여 [건전한 국가관념]을 확립하고, [民力涵養]에 공헌한다고 하는 정부 정책에 대한 협력의 슬로건 하에서 실시되었다는 점도 역시 간과해서는 안 된다. 예를 들면, 해외포교 중에서도 특히 한반도를 중심으로 하는 동아시아 내지 동북아시아 지역을 중심으로 [식민지 포교]가 강조되었다는 점에서도 그 배경을 엿볼 수 있다. 또 한반도에서 현지인 포교에 대한 적극적인 자세가, 3.1독립운동 등 반일 기운이 높았던 시기에, 그것도 그러한 것에의 대응을 의식해서 이루어졌다는 점도 미묘한 문제를 담고 있다고 할 수 있다. 천리교의 해외포교는 자체가 일본식민지 확장과 일체가 되어 진행된 것은 아니었다. 그러나 포교활동이 이를 포함한 형식으로 진행된 면도 적지는 않았다. 그 때문에 천리교는 일본의 식민지 상실과 함께 그때까지 만들었던 많은 해외 거점을 상실하게 되었다.

그렇다면, 천리교의 [多国籍(多民族)宗教化] 전략의 성과는 무엇이었을까? 확실히 한반도에서는 [천리교조선교양강습소]에 의해 현지인 포교자의 양성에 어느 정도 성과를 올리는 등(1940년 시점에서 11인의 현지인 교회장, 173명의 포교사 배출), [多国籍(다민족)化]의 실적을 보였다. 식민지 지배의 종료에 따른 일본인 포교자의 철수에도 불구하고, 또 그 후 한국 내에서의 천리교에 가한 강한 시련에도 불구하고, 한국 천리교가 신앙을 지탱할 수 있었던 것은, 신앙이 그만큼 확실하게 現地化되어있다는 것을 말해주고 있다. 그러나 천리교의 해외포교 전체를 보면, 한국의 예는 오히려 예외적이다. 북미나 남미에서 천리교는 오히려 일본계 이민과 그 자손이 신자의 대부분을 이루는 [해외출장형] 교단으로서 특징지워진다. 일본계 이민이 많은 브라질에서는, 세이쵸노이에(生長の家)나 PL교단과 같은 후발 교단이 현지 신자들을 많이 가지고 있는 [多国籍宗教]로서 발전하고 있는데 반해, 천리교는 전형적인 일본계 이민의 종교로써, [정글 속의 일본정원(ジャングルの中の日本庭

園)](中牧弘充)으로 변용되고 있는 상황이다.

분명히 천리교는 [다국적 종교화]를 향한 하드웨어는 어느 정도 갖추고 있다. 그러나 과연 소프트웨어의 면에서 충분하였는가? 천리교 조직의 특징 중 하나로서 교회계통의 다테(タテ)관계가 중요시되는 점이 종종 언급된다. 포교도 기본적으로 교회계통별로 자주적, 개별적, 분산적으로 추진되어왔다. 그러나 해외포교는 그 특성상 곤란한 점이 많기 때문에, 현지에 전도청이라는 연락, 지원기관을 두는 시스템을 취하고 있다. 그러나 교단이 포교를 추진하는 주체가 되어, 전체적으로 포교활동을 일원적으로 통괄하여 효과적으로 추진하고 있지는 못하다.

한편, 천리교는 본부에서 연수를 받지 않으면 정식 신자＝포교자가 될 수 없는 등, 어떤 면에서는 종교적 권위를 본부에 집중시키는 정도가 강한 교단이다. 정식 신자에게 포교자로서의 자격을 폭넓게 인정한다고 하더라도, 현실적으로 일본으로부터 떨어지면 떨어져 있을수록 정식 신자, 포교자로서의 자격을 얻기가 더더욱 곤란해진다. 또 신종교라고 하더라도 천리교는 나름대로의 역사를 쌓아왔다. 독특한 예배 양식, 관습, 祭具 등 가르침의 표현형식의 면에서도 전통이 확립되어있어서, 교단의 자부심도 강하다. 한편 초보자는 우선 가르침의 내용보다 표현형식에 접한다. 그러나 이문화 포교의 장에서는 이런 스타일의 차이가 위화감을 만들기 쉽다.

천리교는 일찍부터 [다국적 종교화] 포교방침을 명확하게 내세우고, 이를 위해 하드웨어 정비에 힘써 왔다. 그러나 그것이 달성되었는가 하면, 꼭 그렇다고 잘라 말할 수 없다. 역사적으로는 일본식민지 확장의 물결을 타는 형식으로 해외포교가 추진되었기 때문에, 일본의 패전과 함께 경우에 따라서는 처음부터 다시 시작하지 않으면 안 되거나, 혹은 (한국에서 일어난 것처럼 본부와의 관계나 해외교회 내부에서)혼란이 생기는 등, 적지 않은 충격이나 후유증을 받았다. 또 포교 스타일이라는 면에서는, 국내 포교 스타일을 연장하는 면이 강한, 조금은 유연성이 결여된, 바꾸어 말하자면, 이문화 포교를 위한 소프트웨어의 정비에 있어 충분하다고는 말할 수 없을 것이다.

(2) 국내 천리교 교단의 종교적 정체성과 토착화[3]

① 日帝의 遺産과 淸算 과제를 안은 국내 天理敎

치욕스러운 일제 식민지 역사를 겪으며, 일제가 남긴 일본종교의 유산들은 해방과 더불어 급격히 사라져갔다. 日帝 植民地 기간을 통해, 불교계통만 하더라도, 眞宗계열의 6개파를 비롯하여, 日蓮宗, 浄土宗, 眞言宗, 曹洞宗, 臨済宗, 黄檗宗, 天台宗, 修験道(眞盛派), 華厳宗, 法華宗 등과, 敎派神道로 분류된 天理敎, 神理敎, 金光敎, 세이쵸노이에(生長の家), 大社敎, 神習敎, 扶桑敎, 黒住敎, 実行敎, 御嶽敎, 国住会(立正安国会), 大本敎 등이 활동하고 있었으나, 해방과 더불어 미군정의 포고령1호가 종교의 자유를 보장했는데도 그 명맥은 유지되지 못했다. 그러나 이 가운데서도 天理敎는 국내 유력 신자들에 의해 재건된 유일한 교단이었다. 해방과 대부분의 일본인 간부들이 귀국해 버리고, 미군정에 의한 일제의 國家神道 폐쇄조치에 따라 天理敎를 國家神道에 속하는 軍国主義 사상을 갖고 있다는 이유로 9월 21일자

---

3) 이 논고는 박승길의 발표문이다.

로 해산통고하고, 11월 12일자로 천리교 조선포교관리소를 폐쇄했을 뿐 아니라, 대부분의 교회 재산조차 군정청 포고 33호에 따라 敵産으로 분류되어 기독교 교회로 넘어 갔는데도 그 이후 교회 재건에 성공한 것은, 분명 오늘날의 국내 天理敎의 교권체제를 이해함에 있어서 고려되지 않으면 안 될 것이다.

자연스럽게 국내 신자들에 의한 천리교 재건에 따른, 국내 천리교 교단의 자주성과 일본산 종교로서의 타자성과 종교적 자기 정체성간의 갈등은 국내 천리교단 이해의 관건이 될 수밖에 없다. 특히, 조선 포교관리소라는 이름이 암시하듯이, 일본 천리교본부의 관리 대상이었던 국내 천리교의 일제 하에서의 위상이 오늘날 한국전도청과의 관계에서는 어떻게 설정되어 있는지 역시, 일제의 식민지 역사를 겪었던 사회의 宗敎的 地形에서는 당연히 관심사가 아닐 수 없다.

② 天理敎의 국내 활동과 그 한계

해방과 더불어 일시에 사라져 버릴 정도의 신앙적 열정을 부여했던 일본 종교들 중, 유일할 정도로 다시 그 신앙을 부활시켰던 것이 天理敎였다는 것은, 天理敎의 救済財가 가진 종교적 가치를 대변한다고 볼 수 있다. 이 점에서 구제종교로서 天理敎의 종교적 보편성과 차별성을 일본종교라는 타자성에 대한 편견없이 바라볼 필요가 있을 것이다. 이런 관점들이 국내 천리교의 종교적 정체성과 토착화 문제를 다룸에 있어서 필요한 논점들이 될 것으로 생각한다. 특히 현재 天理敎의 국내 활동과 관련하여 다음과 같은 문제들이 제기되고 있을 것에도 주목할 필요가 있을 것이다.

- 일본 본부의 인가 교회와 국내 자생 교회 간의 차별화 문제

  (천리교 교단 측 답변; 일반적으로 교회는 본부에서 공식 인정하는 교회이지만, 전후 한국에서 천리교가 자생하다시피 했기 때문에 아직 본부에서 인가를 못 받은 교회도 상당 수 있다. 전체 300여개 교회 중에서 본부의 인가를 받은 곳은 90여 곳이다. 3분의 1이 되지 않는 숫자다. 교회 밑에 산하 교회가 있는 형태다. 한국에는 최상급 교회가 12, 3군데 있다.)

- 국내 현실을 고려한 전통 의례 등의 변화 가능성에 대한 본부 측의 제약

  (한국 천리교 측과의 대담 중; "혜성교회와 연합회 통합 시 뭔가 하나의 형태가 되어야 하는데, 감로대는 교리에 맞지 않다고 해서 바꾸어야 하는 상황이었는데, 서울 쪽 사람들은 신각은 싫다 우리 감각에 맞는 형태로 바꾸어 보자고 해서 변형신각 형태로 되었고, 한국에 통합을 시킬 수 있는 입장으로 유도하기 위해서 본부에서도 허락한 것으로 알고 있다.")

- 전통적인 1:1 포교의 어려움

  (전도청장 답변; 한국에서 천리교 포교 방법은 계통으로 이루어지고, 계통이 다른 사람들의 모임이기 때문에, 누가 될지에 관한 문제는 계통이 많기 때문에 어려움이 있다고 본다. 따라서 그것이 오히려 종교단체가 권력분쟁을 야기 시키는 건 아닐지 염려된다. 그러나 한국 내부에서 봤을 때는 가장 좋은 방법이라 생각된다. 천리교가 전파되는 해외의 어느 나라에서도 앞으로 그리 되리라 본다.)

- 교리교육 체계화를 통한 교권체제 확립 문제

  (전도청측 답변; 한국에서는 각 교회마다 하고는 있지만 앞으로 일본 보다는 약하다. 앞으로는 청년회, 부인회, 그리고 횡적으로 교리를

좀 더 많이 가르칠 수 있는 역할을 전도청이 담당해야 한다고 생각한다. 이번에 고등학생 모임도 처음으로 시작했다. 교육에 힘을 많이 쏟고 있다. 육체적 보다는 정신적인 부분의 구제가 더 필요하다. 일본에서도 컴퓨터나 게임 등으로 대화나 상대방의 얘기를 듣지 않는다. 그래서 "HARP(Heart Awaking Recreational Program)"같은 것을 활발히 개발하고 있다. 작년에 여기서도 처음 강습했다. 올해 2월초에 두 번째 강습을 했다. 젊은 신자 층의 홍미를 끌 수 있도록 노력하고 있다. 그런 점에서도 신앙의 센터이자 교리의 중심은 전도청이 되어야 한다고 본다)

③ 구제종교로서의 천리교와 종교적 합리화

잘 알려져 있듯이, 독일 사회학자 M. Weber는 종교의 합리화 과정의 단서를 종교적 구제의 선언 속에 담겨진 현세와의 긴장관계의 정도에서 찾는다. 또한 종교적 심정윤리의 현세와의 긴장 발생은 비특권적 종교로서의 예언자나 비특권 평신도의 몫임을 강조한다. 그런데 천리교의 경우는, 이러한 현세와의 긴장보다는 현세에의 적응을 강조하고, 오직 자신이 받은 계시나 카리스마에 따라 자신들의 소명을 주장하는 예언자나 비특권 평신도의 등장도 守護의 理라는 의례에 의해 방해된다. 그 점에서 천리교의 종교적 합리화에 대한 평가는 부정적일 수밖에 없으며, 동시에 이 점이 변화하는 사회에서의 교단 발전에 장애 요인이 될 수도 있다고 생각한다. 향후 천리교 교단발전과 관련하여 다음과 같은 문제를 제기할 수 있을 것으로 생각한다.

첫째, 계통별 교회조직상의 특성에 따른 국내 교단의 교권 체계 정비의 문제점이다.

둘째, 계통에 따른 守護의 理의 강조가 평신도의 자기 각성적 신앙운동을 봉쇄할 우려가 있다는 점이다.

셋째, 감로대 등의 교리에서 구제종교로서의 보편성 문제와, 종교적 전통주의에 지나치게 매몰된 교회 운영 원칙에 대한 개선 노력 결여로 현대사회에서 화석화된 종교로 남을 수도 있다는 비판이다.

(3) 한국에서의 천리교 포교와 조직[4]

① 일본 천리교의 부침

1838년 일본에서 나카야마미끼가 시작한 천리교는 계속해서 탄압을 받다가 1888년 정부의 허가를 받는다. 일단 정부의 허가를 받은 다음부터는 일본 전역에 포교가 이루어지고 빠른 속도로 성장하였다. 그 결과 천리교는 일본 제국주의 시대 내내 대중들에게 가장 영향력 있는 신종교 중의 하나로 인정받게 되었다.

그런데 2000년대에 들어선 요즘 천리교는 안정기를 지나 침체기(또는 쇠퇴기)에 접어든 것이 아닌가 생각된다. 과거에 비해 신자 수도 지속적으로 줄어들고 있고, 고령화되면서 젊은 신자의 비중이 크게 줄어들고 있다. 현재 교단의 중심 신자들은 새롭게 신자가 된 사람들보다는 2대, 3대의 가족 신자가 대부분이며, 포교의 열기도 그리 높지 않은 듯하다.

---

4) 본고는 조성윤의 발표원고이다.

② 한국 사회의 천리교

1893년 이후 일제시대 내내 천리교의 조선 포교활동은 일본 내 다른 어떤 종교 교단보다도 적극적이었다. 하지만 1945년 패전 후 일본인 간부와 신자들이 모두 일본으로 돌아간 다음, 한국사회에서는 일부 작은 규모의 교회에서 소수의 신자들만 남았다. 그들은 일본과의 연락이 끊긴 상태에서, 그리고 반일의식이 강렬한 사회 분위기 속에서 독자 교단으로 명맥을 유지하였다.

해방 이후 한국사회에서의 포교는 일본에서 건너온 최재한(崔宰漢)에 의해서 활발해졌는데, 1960−70년대에 걸쳐 한국인에 의한 포교로 전국적으로 40만이 넘는 신자가 생기며 전성기를 맞이하였다. 이러한 급속한 성장은 강한 반일의식이 깔려 있는 상황에서 나타난 것이기 때문에 학문적으로 중요한 연구 대상이라고 판단된다. 그러나 1980년대부터 약화되기 시작한 교세는 크게 줄어들어 현재는 침체 국면에 접어들었다.

③ 교세 약화의 원인

−교리 해석과 현대사회

천리교가 한국사회에서 1960,70년대에 널리 퍼지게 된 것은 일본 교단이 직접 개입해서 한국 교단을 체계적으로 관리해서가 아니라, 병 고침을 가능하게 하는 수련과 포교자들의 열정적인 포교와 깊은 관련이 있었다. 병 고침은 천리교가 뻗어나가는 가장 큰 특징이었으며, 해방 이후 최재한이 불러일으킨 포교의 바람도 같은 맥락이다. 다음은 제주 지역에서 만난 노인 신자의 증언이다.

> 신자들은 선생이 없으면 싹 없어지고, 이 교회라는 거 어른 밑당 뭐시가 어시면은 떨어졌다 들어왔다 그럽니다. 천리교는 신상이라. 아파서 해결이 병원에 가도 안 되도, 약 해도 굿해도 안 되고 하는 사람이라야 천리교를 찾아오는 거라. 오면은 법을 일러주고, 열심히 다녀보라고 하면 다 건강하더라고요. 그러니까 그런 바람에 신자가 된 것이지. 열심히 다니면 건강해지고, 그 사람들이 아픈 사람 또 데려오고, 그러면서 신자들이 많아졌어요. … 그 사람들이 그냥 온 사람들이 아니고, 눈 아파 온 사람, 귀 아파 온 사람, 입 아파 온 사람, 머리 아파 온 사람, 다리 아파 온 사람, 다 아파서 오지 그냥 안 옵니다. 그러니 손으로 만지면 좋고, 또 손으로 누르면 좋고, 좋으니까 또 데려오고, 또 데려오고, 그런 거지요. 여기 오는 사람들 돈 있는 사람들 하나도 없어. 다 가난한 사람들 쌀 한 사발이 최고라. 한 되도 없어 사발로 하나 가져와 병 낫고, 고치고 …

라는 말은 당시의 정황을 잘 이야기 해주고 있다. 물론 이러한 사정은 영우회나 일련정종 창가학회의 경우도 마찬가지였다.

하지만 1970년대 이후 창가학회, 입정교성회 등 다른 종교들은 사회 변화에 맞추어 교리를 빠르게 보강해 나갔다. 창가학회는 SGI를 출범시키면서 세계 포교 활동을 강화하였는데, 이 때 개인 구원이 강조되던 상태로부터 벗어나 평화, 교육, 인권 등을 내세우면서 사회 구원에 대한 메시지가 훨씬 강력해졌다. 이 점이 조직이 갖고 있던 강점을 약화시키기도 하지만, 동시에 젊은 층과 지식인들에게 크게 어필하는 이유로 작용하고 있다. 반면 천리교의 경우는 새로운 시대에 맞게 교리를 재해석하고, 변화시키거나 발전시키는 데서 비교적 속도가 느린 편이다.

　─ 요코센(橫線)과 다테센(立線)

천리교 조직은 인맥에 의해서 이루어지는 다테센 조직인데, 이러한 전통이 지금까지 계속 이어져 오고 있다. 다테센 조직은 수직적 피라미드 연결 구조를 갖고 있으며, 포교가 이루어질 때부터 因緣을 따라가면서 조직이 만들어진 것이다.

일제시기부터 이미 여러 계통의 교회가 설립되었고, 교단 본부보다는 대교회와 그 산하 분교회들이 중심이 되어 제각기 포교를 진행했었다. 해방 후 천리교의 한국 포교 역시 이러한 조직원리에 따라 진행되었다. 따라서 한국 내의 천리교회들은 아무리 지역적으로 멀리 떨어져 있더라도 일본에 있는 상급교회와 제각기 연결되는 한편, 한국 내의 각 교회들 간의 상호 연대감은 크게 떨어진다.

종적 조직은 강력한 인간간의 유대를 바탕으로 한다. 어떤 한 신자가 사람들에게 포교를 하면, 자신이 포교한 사람들을 모두 자신의 밑에 연결선을 두고 관리하며, 자신이 책임지는 방식이다. 따라서 조직의 결합 정도가 매우 높다. 그러나 현대 산업사회가 발달할수록 사람들이 지리적으로 멀리 흩어지기 때문에 발생하는 어려움도 많다. 반면 요코센 조직, 말하자면 지역에 바탕을 두는 조직은 각 지역 단위로 편성되기 때문에 동일한 지역에 거주한 주민들끼리 모이기도 쉽고 짜임새 있는 활동을 전개하기에 편리하다. 물론 잘못하면 인간 관계가 약화되고 형식적으로 그칠 가능성도 높지만. 창가학회는 다테센 조직 방식이

어느 정도 한계에 부딪쳤을 때, 요코센 조직 방식을 채택해 다테센 조직 방식과 결합하여 재조직함으로써 한계를 돌파했다고 생각되는데, 그에 비하면 천리교는 매우 느긋한 것 같다. 인맥에 종적 관계를 그대로 유지하는 것이 교단 개혁의 걸림돌로 작용하는 현실을 좀더 깊이 검토할 필요가 있다.

─천리교의 세계종교화

현재 한국사회에서는 대한천리교와 천리교한국교단이 분립하고 있으며, 상호 갈등을 빚고 있다. 갈등의 원인 중 하나가 일본 측 교단 본부의 세계 포교 전략과 방침이다. 말하자면 해외포교를 일본 내의 기존 조직 체계, 즉 대교회─분교회로 이어지는 포교 조직을 그대로 유지하면서 진행하고 있는데, 이에 따라 전 세계의 포교 조직이 국가별로 구성되는 것이 아니라 대교회 중심으로 짜여지고, 대교회를 통해서 본부와 연결되는 방식이다. 따라서 각 국가별로 별도의 조직을 구성하고, 이 조직들이 일본 내의 조직과 대등한 입장에서 세계 조직을 구성하는 형태로 조직을 재편한 창가학회의 SGI와 대조적이다. 따라서 과연 어떤 조직 방식이 더 효율적인 포교를 가능하게 하는지는 연구할 문제이다.

특히 미국, 브라질 등 일본인이 주도하면서 교회를 개척한 다른 국가들의 경우는 큰 문제가 아니지만, 한국의 경우처럼 자국민에 의해서 포교가 이루어진 국가의 경우는 독자적인 목소리를 내려는 경향이 높아지는 것은 자연스러운 흐름이다. 이 점을 인정받으려는 측과 독자성을 강조하는 것을 기본 교리에 위배되는 것으로 해석하는 측의 대립은 이 같은 포교 조직의 효율성 측면에서 분석해 보아야 한다.

④ 맺는 말

한국사회에서 천리교 포교가 침체되고 있는 이유를 살펴보았는데, 가장 중요한 원인은 일본 내에서의 천리교 침체라고 생각한다. 한국의 천리교는 일본의 천리교의 영향을 많이 받기 때문에, 한국 천리교 연구에 앞서 일본 천리교 교단에 대한 분석이 앞서야 한다. 그러나 일본 학계에서 천리교에 대한 사회학적 연구는 매우 부족한 편이다.

교리의 측면은 물론이고 조직 구성의 측면에서도 일본과 한국의 교단은 새로운 개혁 프로그램이 절실하다. 물론 개혁은 교단 내부에서 시작되어야 하며, 특히 청년층을 흡수할 수 있는 적극적인 방안이 마련되어야 한다. 이를 위해서는 교단의 운영 방식, 포교 조직 전반에 대한 종교 연구자들의 객관적인 조사 연구를 필요로 한다.

현대 정보화 사회의 변화 속도는 점점 더 빨라지고 있다. 따라서 개혁 방안을 얼마나 적극적으로 마련하고 시행하는가에 따라서 교단이 서서히 늙어갈 것인지, 아니면 새로운 젊은 종교로 재탄생할 것인지가 결정될 것이다. 그런 점에서 천리교는 기로에 서 있는 것이다.

(4) 신자들의 속성 조사에서 나타난 한국에서의 천리교의 현재[5]

① 들어가는 말

일본계 종교 중에 천리교는 한국에 들어온 지 가장 오래되었다. 한국에 들어온 다른 일본계 종교와 마찬가지로, 천리교도 한국과 일본의 역사적 관계로 인하여 한국사회에서 왜색종교라는 부정적 이미지와 배척되어야 할 종교로 인식되어 고난의 길을 걸어왔다. 그러나 88년 서울올림픽 이후 대중문화 개방정책에 이르는 일련의 한국정부의 대일 우호정책과, 민간 차원에서의 활발한 인적, 문화적 교류에 의해 일본에 대한 한국인들의 인식변화가 일어나고 있으며, 그런 인식변화는 일본문화에 대한 수용태도의 변화로 이어지고 있다. 한편 이런 일본문화에 대한 인식변화는 대중문화뿐만 아니라 일본의 정신문화에 대한 재평가와 그에 따른 선택적 수용의 태도로도 나타나고 있다. 이런 경향은 일본종교에 대한 태도에 있어서도 예외 없이 나타나고 있다는 것을, 본 연구팀의 [한일종교의 상호수용 실태에 관한 조사]프로젝트를 통해서 확인하였다. 즉 1990년대를 기점으로 일본문화에 대한 한국인들의 배타적인 인식이 점차 약해짐과 동시에, 일본계 종교의 한국에서의 활동이 활발해지고 그에 따라 교세도 확장되고 있다는 것을 확인하였다. 그러나 이런 일본계 종교의 한국에서의 교세확장의 경향과는 달리, 한국에 진출한 역사가 가장 오래된 천리교는, 상대적으로 오히려 교세가 정체되어있는 것으로 보인다. 그 원인으로서는 여러 가지가 있을 수 있으나, 여기서는 본 연구 팀의 [한일종교의 상호수용 실태에 관한 조사]에서 천리교 신자들에 대한 [설문조사]의 결과에서 나타난 [신자들의 속성]을, 상대적으로 한국에서 교세를 확장하고 있는 다른 교단]의 설문조사의 결과와 비교함으로써, 신자들의 속성 차원으로부터 한국에서의 천리교의 정체 원인을 몇 가지 제시하고자 한다.

---

5) 본고는 남춘모의 발표원고이다.

② [설문조사]분석 결과에서 나타난 천리교 신자들의 속성과 문제점

본 연구팀의 조사에서 이루어진 신자들의 설문조사는, 대한천리교의 경우 서울지역과 부산지역의 교회 신자들을 대상으로 이루어졌고, 천리교한국교단의 경우 김해천리교 전도청에 의뢰하여 이루어졌다. 대상이 천리교 신자라는 특수성으로 인해, 확률적 표집이 어려웠고, 또 부산지역(원남성) 교회의 경우에는 교단을 경유하여 배부 및 회수를 하였기 때문에, 표본의 대표성과 신뢰성에 대한 통계적 의미는 제시하지 않는다. 한편 비교대상으로 제시할 한국SGI불교회(이하 한국SGI)의 경우는 비례층화표집을 통하여 설문조사를 행하였으므로, 대표성과 신뢰성은 상대적으로 높다고 할 수 있다.

설문대상자는 대한천리교가 n=167명(서울 88명, 부산79명)이며, 천리교한국교단 경우 n=244명으로 총 대상자는 n=441명이다. 천리교 양 측 표본을 각각 따로 분류하지 않고, 따라서 양 측의 신자들의 설문조사 결과는 비교하지 않도록 한다. 한편 비교대상인 한국SGI는 n=850명이다.

－신자들의 고령화

천리교 신자들의 평균연령은 49.39세로 나타났으며, 대한 천리교(47.29세)와 천리교한국교단(49.61세)간의 차이는 통계적으로 의미가 없었다. 이 수치는 한국SGI의 평균연령 38.92세에 비해 10년 정도 높은 것으로서, 이것은 현재 천리교 신자들의 상대적 고령화를 나타내고 있다<표1참조>.

신자들의 고령화는 여러 가지 원인이 있을 것이지만, 기본적으로는 세대교체 메커니즘의 부재를 들 수 있다. 세대교체 메커니즘의 부재라고 하는 것은 교단의 교육제도의 미비 및 전문지식층 양성 프로그램의 미비와, 다른 한편으로는 젊은층의 욕구에 부응하는 교양, 문화 프로그램의 부재를 들 수 있다. 즉 일본교회본부 자체의 대학과 연구소를 소유 운영하고 있음에도 불구하고, 현실적으로 한국에서 천리교는 현대 젊은층의 교양적 문화적 욕구를 제대로 반영하고 있지 못하는 것으로 보인다. 상대적으로 평균 연령층이 낮은 한국SGI의 경우를 보면, 대학 생부를 중심으로 평화, 인권 운동인 Empowerment운동[6]이나, 다양한 문화그룹 활동과 국제문화교류, 문화 우호활동 등을 통해 한국 문화의 전파에도 노력하고 있으며[7], 교단내의 교육제도뿐 아니라 젊은 학생들을 위한 다양한 교육, 문화 활동에도 많은 지원과 투자를 하고 있다. 이러한 문화활동과 교육프로그램은 현대 젊은층의 욕구를 상대적으로 한국SGI가 잘 반영하고 있다는 것을 보여주는 것이라고 할 수 있다. 오야꼬 관계에 의한, 그리고 인적 네트워크에 의한 포교와 전승이라는

---

6) '엠파워먼트운동'이란 인간이 본래 가지고 있는 무한한 가능성과 힘을 최대로 끄집어내어 사람들과 적극적으로 관계를 맺고 생명의 촉발작업을 되풀이 하여 평화와 행복을 실현해 가고자 하는 이념을 가지고, 청년들이 중심이 되어 [평화와 문화의 비폭력을 위한 서명 2000] 등과 같은 활동을 하고 있다. 이것은 현대사회에서 평화, 인권 등 젊은층이 관심을 가지고 있는 이슈에 대해 적극적으로 실천하고자 하는 시도이다.

7) 한국SGI에서는, 예술의 전당에서 정기적으로 연주회도 열고 있으며, 올림픽 체조 경기장에서 푸른환경예술제를 개최한 것을 비롯해 부산, 광주, 대구 등지에서도 대단위 문화 예술제를 펼치기도 했다. 또한 김영준과 함께하는 '해돋이 음악여행'은 서울 경기 등 대도시 뿐 아니라 백령도 울릉도 제주도 등 낙후된 문화 현장을 찾아 '클래식'의 선율을 들려주어 지역사회로부터 많은 호응을 얻은 바 있다.

전통적인 포교의 틀을 아직 유지하고 있고, 현대인들의 보편적인 가치인 평화, 인권, 환경, 문화에 대한 관심과 체계적이고 조직적인 활동이 상대적으로 부족한 한국의 천리교와는 상당히 대조적인 것으로 보인다.

－ 포교방식과 내용에 있어 前近代性

천리교의 전통적인 포교는 인연에 의해 맺어지는 것이며, 거기에 따라 오야꼬 관계에 의한 조직구성이 이루어지는 것이다. 물론 한국에서 천리교는 시대의 흐름에 맞추어서 홈페이지도 개설하고 있으며, 여러 가지 홍보물도 발행 배포하고 있다. 그러나 천리교의 신자 설문조사에 의하면, 현재 신자들의 입신계기는 여전히 전통적인 포교방식에 의한 것이라는 것을 보여주고 있다.

조사대상인 천리교 신자들의 입신계기(통합)를 보면, [질병](31.1%)이 가장 높고, 그 다음으로 [가족, 친척의 권유](20.7%)이며, 세 번째가 [천리교의 가르침이나 실천윤리](18.2%)로 나타났다. 반면 한국SGI의 경우에는, [인생이나 삶의 의미를 알고 싶어서](34.8%)가 압도적으로 높았고, 두 번째가 [가르침이나 실천윤리](27.6%), 그리고 세 번째가 [질병](17.3%), [가족이나 친척의 권유]는 4.6%로 다섯 번째였다<표2 참조>.

여기서 질병의 경우에는 천리교는 128명(전체비율 31.1%) 사례 중에서 50대가 50명, 60대가 37명, 70대이상이 11명으로 장, 노년층이 차지하는 비율이 압도적(98명, 76.5%)이라는 것을 알 수 있다. 입신계기 중 질병에서 장, 노년층이 차지하는 비율은 한국SGI에서도 상당히 높은 편이다[8]. 그러나 천리교의 경우 입신계기로서 [가족, 친척의 권유]가

20.7%로 두 번째를 차지하고 있으나, 한국SGI의 경우, [가족이나 친척의 권유]는 4.6%로 다섯 번째 입신계기로 나타났다. 이것은 전체적으로 볼 때, 천리교의 경우 포교에 있어 전통적인 방식 즉 인연과 인적 네트워크에 의존하는 경향이 강하다는 것을 보여주며, 상대적으로 한국SGI의 경우에는 보다 합리적인 방식으로, 보다 포괄적인 대상에 대해 그들의 교의나 이념을 잘 전달하는 포교 체제를 갖추고 있다는 것을 보여준다고 할 수 있다. 한국SGI의 경우 포교에 있어 그들의 교의의 내용이나 가르침의 내용을 직접 그대로 전달하는 것이 아니라, 현실적 관심이 되는 것, 특히 젊은 층이 관심을 가질만한 문화활동이나 봉사활동을 중심으로 홍보와 전도활동을 하고 있다.

　－실천의 사회성 부족

현대인들의 종교에 대한 바람은 다양해졌으며, 또 종교가 정치나 경제가 해결해줄 수 없는 사회문제에 대해 적극적으로 참여해주길 기대하고 있다. 이런 종교에 대한 기대와 요구의 변화에 따라 기성종교는 물론 특히 현실 지향적이고 사회 운동적 성격을 가지고 있는 소위 신종교는 다양한 방식으로 대처하고 있다.

천리교 신자들의 [자신에게 가장 필요한 것]에 대한 설문문항에서는, 첫째 [건강](38.7%), 둘째 [가족, 가정의 화목](15.6%), 셋째 [더 깊은 신앙심](10.9%), 넷째가 [경제적 수입](10.0%), 그 다음 다섯 번째가 [사회에 도움이 되는 봉사활동](6.6%)의 순이었다. 한편 한국SGI의 경우는,

---

8) 한국SGI의 경우, 입신계기중 질병이 147명(17.9%)이며, 그 147명 중에 50대 이상이 차지하는 비율이 59.8%로서 천리교보다는 다소 낮은 것으로 나타났다.

첫 번째가 역시 [건강](30.9%)이며, 두 번째도 [가족, 가정의 화목](29.6%)이었고, 세 번째가 [더 깊은 신앙심](12.9%)으로 천리교와 순서는 같았으나, 봉사활동이 11.6%로 그 다음을 차지하고 있다. 양측의 수치를 비교해보면, 건강을 제외한 [가족 가정의 화목]에 있어 한국SGI가 상대적으로 높으며, 또한 [사회봉사활동]의 경우 한국SGI에서는 네 번째이긴 하지만 [더 깊은 신앙심]과 별 차이가 없는 11.6%로 나타났다<표3 참조>.

건강에 대한 관심은 제쳐두고, 한국SGI 회원들이 천리교신자들에 비해 상대적으로 가족 가정의 화목을 중시하고 있다는 점, 그리고 사회봉사활동에 대한 관심이 높다는 점은, 천리교 신자들에게 있어 사회성보다는 상대적으로 개인중심적인 성향이 높다는 것을 의미한다고 볼 수 있다. 물론 천리교의 실천(ひのきしん)이 사회지향적인 성격을 가지고 있지만, 그것을 사회전체로 확대해가는 구체적인 실천의 메커니즘이 상대적으로 확립되어있지 않다는 것을 보여준다고 할 수 있다. 한국SGI의 경우 각 지역 290여개의 문화회관 및 연수센터, 자연학습관을 운영하고 있다. 거기에서는 인간의 행복을 가져다주는 평화·문화·교육을 위한 소단위 문화행사, 세미나, 전시회 등을 실시하고 있다. 또 주차장 개방, 투표소 활용, 생활강좌 등을 비롯해 지역주민을 위한 사회봉사의 거점이 되고 있다. 이것은 상대적으로 한국SGI가 어떻게 활동의 사회성을 넓혀 가는가를 보여주는 것이라고 할 수 있다.

③ 맺음말

위 세 가지 이외에 천리교의 한국에서의 현재 상황을 인과적으로 설명할 수 있는 요인은 많이 있을 것이다. 예를 들면 신앙도에 있어서도, 천리교의 경우 5.33(범위 0~9)이며, 한국SGI의 경우 6.88로 상대적으로 한국SGI의 신앙도 지수가 높은 것으로 나타났다. 그렇다고 해서 비교 대상인 한국SGI에는 전혀 문제가 없다는 것은 아니다. 위의 조사결과 이외의 다른 측면에서 보았을 때, 한국SGI가 오히려 천리교에 비해 문제의 소지가 많이 있는 부분도 있을 수 있다. 다만 여기서는 신자들의 속성에 대한 설문지 조사에 의해 통계적으로 나타난 결과 중에서, 현재 천리교의 상황을 나타내주는 부분만을 제시하여, 그 원인에 대한 추정을 하였을 뿐이다. 천리교의 한국에서의 현 상황을 해석하기 위해서는, 당연히 교단 차원에서의 원인들, 그리고 한국사회의 상황적 요인들, 그리고 한국 신자들의 속성을 복합적으로 고려하여 인과적으로 분석, 판단하고, 거기에 따라 문제점을 제시하고 해결책을 모색하여야 할 것이다.

<표1> 신자들의 평균연령

① 천리교 신자들의 평균연령

연령	N	최소치	최대치	평균	표준편차
연령 유효수	389 389	13.00	82.00	49.39	14.37

② 한국SGI회원들의 평균연령

연령	N	최소치	최대치	평균	표준편차
연령 유효수	835 835	18.00	70.00	38.92	10.55

<표2> 입신계기

① 천리교

		빈도	%	유효%	누적%
유효	1 靈的世界에 대한 關心	24	5.8	6.1	
	2 인생이나 삶에 의미를 구함	53	12.9	13.5	6.1
	3 치병	128	31.1	32.7	19.6
	4 가족이나 친척의 권유	85	20.7	21.7	52.3
	5 친구나 동료의 권유	14	3.4	3.6	74.0
	6 경제적 빈곤	8	1.9	2.0	77.6
	7 조상공양	2	.5	.5	79.6
	8 진학이나 승진	3	.7	.8	80.1
	9 가르침이나 실천윤리	75	18.2	19.1	80.9
	합계	392	95.4	100	100.0
	결측	19	4.6		
	합계	411	100.0		

② 韓国SGI

		빈도	%	유효%	누적%
유효	1 靈的世界에 대한 關心	55	6.5	6.6	
	2 인생이나 삶에 의미를 구함	147	17.3	17.6	6.6
	3 치병	296	34.4	35.4	24.1
	4 가족이나 친척의 권유	39	4.6	4.7	59.5
	5 친구나 동료의 권유	38	4.5	4.5	64.2
	6 경제적 빈곤	13	1.5	1.5	68.7
	7 조상공양	27	3.2	3.2	70.2
	8 진학이나 승진	235	27.6	28.1	71.7
	9 가르침이나 실천윤리	850	99.6	100	100.0
	합계	0	0		
	결측	850	100.0		
	합계				

<표3> 신자에게 있어 가장 필요한 것(바람)

① 天理教

	빈도	%	유효%	누적%
유효 1 경제적 수입	41	10.0	11.9	11.9
2 건강	159	38.7	46.1	58.0
3 친한 친구나 동료	3	.7	.9	58.8
4 여가시간	3	.7	.9	59.7
5 사회봉사활동	27	6.6	7.8	67.5
6 가족·가정의 화목	64	15.6	18.6	86.1
7 존경받는 것	2	.5	.6	86.7
8 깊은 신앙심	45	10.9	13.0	99.7
합계	345	83.9	100.0	100.
결측 0.0	31	7.5		
시스템결측	35	8.5		
결측합계	66	16.1		
합계	411	100		

② 韓国SGI

	빈도	%	유효%	누적%
유효 1 경제적 수입	32	3.8	4.1	4.1
2 건강	263	30.9	33.5	37.6
3 친한 친구나 동료	9	1.1	1.1	38.7
4 여가시간	5	.6	.6	39.4
5 사회봉사활동	99	11.6	12.6	52.0
6 가족·가정의 화목	252	29.6	32.1	84.1
7 존경받는 것	15	1.8	1.9	86.0
8 깊은 신앙심	110	12.9	14.0	100.0
합계	785	92.4	100	
결측 0.0	65	7.6		
합계	850			

3. 세계구세교의 조직과 포교활동9)

(1) 종교경영학에서 본 세계구세교
: 분파 발생과 靈能의 인플레이션10)

세계구세교(이하 구세교)는 일본신종교 중에서도 많은 분파가 생긴 교단으로 알려져있다. 그리고 구세교로부터 분파한 교단이나, 구세교로부터 강한 영향을 받은 교단들은, 종종 [세계구세교계]교단이라고 불리고 있다. 신종교 교단만이 아니라 종교일반에 있어 분파, 분립이란 현상은 폭넓게 나타나고 있지만, 구세교처럼 많은 분파를 만든 교단에 대해 고찰하는 것은, 종교교단의 분파 연구에 있어 중요하다고 생각할 수 있다.

따라서 본 보고에서는 종교경영학의 시점에 대해 간단하게 다루고, 그 다음으로 신종교교단에 있어 분파 발생의 일반적 특징에 대해 논하고자 한다. 그리고 구세교에 있어 분파 발생과, 구세교의 조직론적인 과제에 대해 논한다.

---

9) 이 부분은 2004년 10월23일, 한국학술진흥재단의 [한국내 일본계 종교 실태 조사팀(대표연구자: 이원범)과 한국종교사학회의 공동 주최로 열린 [제 2회 한일종교연구 국제심포지엄]에서 발표된 원고를 취합한 것이다. 당일 발표자로는 세계구세교 측에서는 윤광식 마산교회장, 그리고 일본 본부 해외부의 히라모토신이치(平本伸一)가 참석하였고, 일본 학자로는 関西国際大学의 이와이히로시(岩井洋), 慶応義塾大学의 카시오나오키(樫尾直樹)가 발표하였으며, 한국 측 학자로는 대구가톨릭대학교의 박승길과 동서대학교의 남춘모가 발표하였다. 이장은 당일 발표원고 중 일본과 한국 측의 학자들 원고를 발췌하여 구성한 것이다.
10) 본고는 이와이히로시의 발표문을 번역한 것이다.

① 종교경영학이란 무엇인가?

[경영]이란 말은, 종종 [돈벌기]와 같은 뜻으로 사용된다. 그러나, 그 기원을 거슬러 살펴보면, 히로끼코이치로우(日置弘一郎)가 지적하는 것처럼, 경영은 [사회시스템의 운영]을 의미하였다. 따라서 경영학의 대상은 사회시스템의 운영에 관한 학문이며, 오늘날처럼 기업경영을 주 대상으로 하는 경영학은, 본래의 의미에서 본다면, 극히 한정된 대상만을 다루고 있는 것이 된다.

여기서 경영학의 연구대상을 종교현상에까지 확대하였을 경우, 종교 시스템의 운영을 연구하는 학문으로서 종교경영학이 성립한다.

② 신종교교단에 있어 분파 발생

신종교교단에 있어 분파발생의 요인으로서, 일반적으로 아래와 같은 것을 들 수 있다. (1)정치적 권력자에 의한 종교 탄압, (2)교조의 죽음, (3)교단내부의 재산 다툼, (4)후계자의 정통성에 대한 이의, (5)교의 해석에 대한 차이, (6)조직 변혁에 대한 이의 등이다. (1)만이 조직 외적인 요인으로, 그것도 일제시대 이전 일시적인 경우를 제외하고서 는, 현재까지 거의 나타나지 않는 현상이다. 다른 5가지 요인들은 단일 적 요인이라기보다는, 복수의 요인이 복합적으로 작용하여, 분파의 발생을 촉진하는 경우가 많다. 예를 들면, T. 밀러 등의 연구에서 분명해 진 것처럼, 교조의 죽음은 교단에 있어서는 큰 시련이라 할지라도, 그것이 원인이 되어 소멸한 교단은 역사적으로 보아도 극히 드물다고 할 수 있다. 그러나 교조의 죽음이 아닌 조직 내적인 요인이 복합적으로 작용한다면, 분파가 발생할 확률은 높아지게 된다.

한편 위와 같은 분파 발생의 요인 이외에도, 교의나 실천 속에 파묻혀 있는 보이지 않는 요인도 존재한다. 예를 들면, 유미야마다츠야(弓山達也)가 천리교 분파 연구에서 지적한 것처럼, 교조의 재생이나 天啓者의 등장이 가르침 속에 제시되어있을 경우, 교조 사후에, 구세주라고 자칭하는 신자가 분파를 형성하는 경우가 있다. 또 영능자의 육성과, 영능에 의한 포교를 목적으로 하는 교단의 경우, 어느 정도 영능력과 포교의 노하우를 가진 신자가, 분파를 형성하는 예도 종종 나타난다. 이런 보이지 않는 요인은 구세교의 분파를 생각할 때도 중요하다고 생각한다.

③ 확대와 분파 : 죠레이(浄靈)의 딜레마

한편 구세교 경우도 분파발생의 요인은 단일한 것이 아니다. 또 츠시마미치히토(対馬路人)가 정리한 시대구분에 따르자면, 戰後 초기(1950년까지), 교조가 사망한 직후(1955년 前後), [일원화]가 추진된 시기(1970년경 이후)라는 3시기에 있어, 분파가 발생한 주요 요인은 각각 다르다.

그러나 분파 발생 요인으로서 중요한 것은, 죠레이를 종교 실천의 중심에 두는 구세교의 종교 시스템과 그 운용방법이다. 교단 초기에 있어서 아마도 죠레이는, 오카다모키치(岡田茂吉)만이 행하던 신비스런 의식(秘儀)이었을 것이다. 그것이 점차 개방되어, 일반신자도 [오히카리(お光)]를 지니는 것과 죠레이를 행하는 것이 가능하게 되었다. 따라서 죠레이의 노하우와 교의에 관한 지식을 획득한다면, 분파를 형성하는

것은 그다지 어려운 것은 아니다. 이것은 영능자나 구제자를 육성하려고 하는 교단이 공통적으로 가지고 있는 과제이기도 하다. 다만 그 분파가 성공하는지 아닌지는, 지도자의 카리스마와 조직력에 달려있다.

이처럼 죠레이를 중심으로 하는 구세교의 조직 시스템은, 분파 발생의 중요한 요인 중 하나라고 생각할 수 있다. 그러나 반면 죠레이라고 하는 단순하고 즉효성 있는 종교 실천은, 교단 연결망의 확대에 유용하다고 할 수 있다. 특히 해외에서 죠레이에 의한 포교에 의하여, 구세교가 비일본계의 신자들을 많이 획득하고 있다는 것은 주목할 만 하다. 이것은, 카시오나오키(樫尾直樹)나 와타나베마사꼬(渡辺雅子)의 연구가 시사하는 것처럼, 죠레이와 기존의 종교 실천과의 유사성으로 인해, 죠레이가 위화감 없이 받아들여지고 있는 것이라고 추측된다.

죠레이는 국내외에 있어 신자의 확대에 기여함과 동시에, 분파발생의 요인도 되었다는 의미로서, 구세교에게 있어 큰 딜레마라고 할 수 있다.

④ 비밀의 관리(management)

죠레이의 딜레마와 관련해서 중요한 것은, [비밀의 관리]이다.

비밀은 많던 적던 간에 어느 종교에도 존재하지만, 여기서 [비밀]이란, 聖典에 숨겨진 비밀이나 특정한 개인만이 가지고 있는 지식이나 영능력 등을 말한다. 대다수 종교에 있어서 일반신도들의 비밀에의 접근은 한정되어있고, 종교지도자의 비밀이 신비화되는 경향이 있다. 그러나 비밀의 은폐가 과도하게 행해지면, 종교지도자의 권위가 비대해지고, 일반신자로부터의 지지를 상실할 위험성이 생긴다. 여기서 생각할 수 있는 것이, 권위의 위탁이나 분산, 비밀의 부분적, 단계적인 開示이다. 수행하는데 따라서 영능력을 비롯한 종교적 힘을 습득할 수 있는 시스템은 신자에게 큰 자극이 된다.

그러나 그 반면에 같은 시기에 많은 신자가 입신하여, 같은 진도로 수행을 계속하였을 경우, 이론적으로는 영능자의 수가 증식된다. 거기서 문제가 되는 것은, [영능의 인플레이션] 즉 영능력의 가치가 이전보다 저하하는 것이 된다. 이런 사태에 대해서 종종 취하는 방식은, 수행 내용이나 단계를 명확하게 하고, 영능자의 증식을 억제하는 것이다. 구세교의 경우, 죠레이라는 신비의 의식을 開示하는 것이 급속하게 진행되었기 때문에, 영능의 인플레이션이 일어나서, 그것이 분파발생을 촉진하게 되었다고 할 수 있다.

비밀은 종교시스템에 있어 불가결한 것이지만, 시스템을 잘 운영하기 위해서는 비밀의 개시와 은폐의 균형을 적절하게 취할 필요가 있다.

⑤ 구세교의 조직론적 과제

마지막으로 종교경영학에서 본 구세교의 조직론적 과제에 대해 논하고자 한다.

앞에서 논한 의미로서 영능의 인플레이션이 일어나고 있다고 한다면, 신자를 교단 중심으로 끌어오는 장치가 필요하게 된다. 그렇다고 하지만 중앙집권적인 방법으로는, [일원화]방식에서 경험한 것과 같은 결과를 만들게 된다. 거기서 생각할 수 있는 것이, 죠레이를 보완하는 것과 같은 새로운 종교 실천을 만드는 것이다. 다만 이 경우 그 실천을 뒷받침하는 교의상의 근거나 정통성을 확보하지 않으면 안 된다. 게다가 거기에는 오타다모키치의 사상을 그 연원에까지 거슬러 올라가서, 교의를 다시금 체계화하는 것도 필요할 것이다. 이런 일련의 작업은 구세교에 있어 정통성이란 무엇인가를 묻는 것과 연결되며, 언젠가는 일어날 후계자 문제를 생각할 때도 중요하게 될 것이다.

한편, 지금의 조직론적 과제는 죠레이의 위치지움과 관련된 것이다. 죠레이가 일반신자에게 넓게 개방되고, 그 인플레이션을 막을 수 없다면, 죠레이의 의미를 변화시킴으로써, 교단 경영에 새로운 국면을 만들어낼 수 있다고 생각된다. 카시오나 와타나베에 의하면, 해외의 비일본계 신자에게 있어, 죠레이를 구세교의 입신의 문으로 하고, 죠레이에서 자기변혁으로, 신자 실천의 중점을 옮기는 경향이 보인다고 한다. 이것은 일본 구세교에 있어서 하나의 방향성을 시사한다고 할 수 있다. 다만 이 경우에도 전술한 것처럼, 교의의 근본적인 재고찰이 필요하게 될 것이다.

(2) 한국의 종교시장과 세계구세교 구제재의 차별성[11)

① 国内 종교시장과 世界救世教

종교가 개인의 선택이 아닌 '숙명'이었던 근세를 지나면서 이제 종교는 종교적 구제재를 필요로 하는 사람에 의해 '선택'되는 대상으로 바뀌고 있다. 이런 종교선택의 시대는 오늘날의 종교다원주의 상황을 낳는 것이기도 하다. 그래서 숙명적 종교성을 당연한 사회성으로 인식

---

11) 박승길 발표원고임.

하려는 경건한 종교인들에게는 宗教的 救済財가 고객을 기다리는 시장의 상품으로 변해가고 있는 이 시대가 병든 이단의 시대로 비쳐질 수도 있다. 世界救世教와 같은, 해외 유입종교는 분명 '숙명'이 아닌 '선택'의 대상이었던 만큼, 이의 국내 유입문제도 국내의 종교시장적 상황을 전제하여 이해할 필요가 있을 것이다.

일찍이 '버거'와 '루크만'은 다양한 종교의 구제재가 쏟아져 나오는 현대의 다종교 상황을 자본주의적 상품시장과 유사한 종교간의 치열한 경쟁적 시장 상황 즉 종교시장(religious market)을 형성하면서 개인들은 종교 소비자가 되어가는 경향이 있음을 강조했다.[12] 현대 종교의 시장 상황화는 한국사회에서도 예외가 아니다. 조선조의 멸망과 함께 유교적 전통주의도 사회적 영향력을 잃게 되면서 나타난 신종교운동과, 日帝를 거치면서 종교의 사회적 교화 수단화에 따른, 多宗教 分立政策으로 다종교상황은 형성된다. 그러나 해방 이후, 미군정기와 제1공화국을 거치면서 기독교가 중심부 종교로서 지배적 헤게모니를 장악하면서 다종교상황은 위축되기도 했으나, 4.19혁명에 따른 제1공화국의 붕괴와 함께 부패정권의 후원자로서 기독교의 사회적 위상이 위협받으면서 다종교상황은 새로운 국면으로 전개된다. 그것은 땅에 떨어진 기독교, 특히 개신교를 중심으로 한 교회성장전략이 본격화되고, 제3공화국과 함께 시작된 경제개발정책은, 급속한 사회적 변화를 요구하는 상황에서 비롯된다. 사회적 고도경제성장기에 나타나는 자아정체성의 위기나

---

12) Peter L.Berger.(1969), *The Sacred Canopy: Elements of a Sociological Theory of Religion*, Garden City, N.Y.: Doubleday & Company, 그리고 Peter L. Berger & T. Luckmann (1969), "Sociology of Religion and Sociology of Knowledge," in *The Sociology of Religion*, ed. by R. Robertson, Baltimore: Penguin Books.

현실에의 불안 등은 靈性에의 没入을 부채질하여 대중적 영성주의를 택한 교회성장전략은 크게 성공한다. 동시에 이것은 유력한 종교적 체험을 가능케 할 수 있는 靈性開発術에 더 많은 신자들을 몰려들게 함으로써 구제재가 상품화되는 종교시장이 형성되고, 이 시장은 교회성장이 이뤄질수록 더욱 다변화하면서 확대된다.

종교시장의 성장은 1980년에 들어 지배정당성 부재의 신군부 정권 등장과 함께 永生教와 같은 그들을 옹호하는 신종교들이 함께 등장하면서 신종교의 종교시장에서의 약진 현상도 나타난다. 이에 따라 종교시장은 과거보다 훨씬 다양하게 성장하고, 이러한 변화는 6.10 민주항쟁으로 일컬어지는 중산층 중심의 시민사회가 이제 정치적 민주화의 장을 열어감에 따라 사회구원을 지향하는 명망가적 주지주의 전략에 기초한 종교 활동도 점차 쇠퇴하게 된다. 아울러 88올림픽을 거치면서 안정성장기에 나타나는 풍요의 사회에 대한 신화는 종교시장을 소비자 위주의 고객 중심 시장으로 바뀌면서, 건강과 같은 일상성 유지 자체가 가장 중요한 구제재로 등장하게 된다. 건강과 같은 일상성 유지의 기술로서, 각종 호흡법, 요가, 명상과 같은 다양한 靈性術의 등장은 그 어느 때 보다도 다양한 구제재를 종교시장에 쏟아낸다. 이에 따라, 종교간 구제재의 배타성은 거의 사라지면서 취향에 따라 구제재를 혼합하는 혼합주의(Syncretism)도 쉽게 등장한다. 이와 같은 종교시장의 다변화 성장은, 교회나 사찰 등 종교단체에 낸 헌금이나 기부금에 대한 소득공제가 실시되면서 늘어난 종교단체에 대한 헌금은 각 종교단체의 성장에 실질적 도움을 주면서, 1990년대의 교회나 사찰, 성당 등의 신축 붐으로도 나타났다.

② 종교시장 상황에서의 司祭와 救済財

P.L 버거의 지적처럼, 전통적인 교회의 사제들과 같은 교권체제하의 관료적 성직자들은 이런 종교시장적 경쟁상황에는 잘 적응하지 못한다. 그들은 전통적인 특권의식으로 인해 대중 속으로 들어가는 적극성이 없기 때문이다. 여기에 비해서 신종교나 새로운 교파의 성직자들은 사업가와 같아서 진정으로 대중들이 원하는 것이 무엇인가를 빨리 파악하고 거기에 대처해 나간다. 대 부흥사로 알려진 무디가 사업가 출신이었음은 이를 잘 말해준다.

한편, 종교사회학자 로저 핑크와 로드니 스탁은 종교구조를 시장구조에 비교해서 설명하고 있다. 시장구조는 크게 첫째 회사구조, 둘째 판매원, 셋째 상품, 넷째 판매기술이라는 네 가지 요소에 의해서 결정된다. 이것을 종교시장에 적용해보면 첫째는 교단구조, 둘째 사역자, 셋째 교리와 구제재, 넷째 전도방법이라고 말할 수 있다[13]. 핑크와 스탁은 이런 경제원칙에 비추어서 미국교회의 성장을 분석하면서, 전통적인 교단들은 관료적인 구조를 갖는 반면에, 새로 등장하는 복음주의 교단들은 사업적인 구조를 갖고 있다고 했다. 종교가 더 이상 '숙명'이 아니라 '선택'의 대상이 되는 현대의 종교다원주의 상황은, 특히 종교적 지배집단인 성직자계층에게는 일찍이 볼 수 없었던 긴장과 지위 불안정

---

13) Roger Finke & Rodney Stark, *The Churching of America 1776－1990: Winners and Losers in Our Religious Economy* (New Brunswick: Rutgers University Press, 1992). 이런 시장종교의 논리에 의하여 도날드 밀러는 최근 미국교회의 독립 교회 운동을 연구하고 있다. Donald E. Miller, *Reinventing American Protestantism: Christianity in the New Millennium* (Berkeley: University of California Press, 1997).

상황을 제공한다. 그들의 기본적인 이해관계를 이루는 교회의 안정적 유지가 더 이상 쉽게 보장될 수가 없게 되었기 때문이다. 사제들은, 이제 종교적 상품의 제조자이자 판매자로서 끊임없이 종교시장에 나가 구매자들을 만족시켜야만 한다. 그들을 만족시킬 수 있는 종교시장에서 救済財의 수요 창출은, 오직 끊임없는 종교상품의 차별화를 통한 종교적 욕구의 즉각적 만족 여부에 달려있게 된다. 종교시장에서의 실패는 직접적인 생계에 대한 위협으로부터, 심지어는 장기적으로는 기존 종교 권력구조 전반을 위협하는 파멸적인 결과를 가져올 수도 있다. 따라서 시장에서 성공해야 한다는 것은 이들에게 가장 절박한 종교적 이해관계 중 하나를 구성하게 된다. '시장에 대한 근본적인 의존성'은 이제 모든 종교 지배자들의 행동양식을 결정하는 것이기도 하다.

종교생활의 시장적 상황의 지배 현실에서, 사제나 종교적 권력자들은 더 이상 '…에 따르면,' 혹은, '…가라사대,'와 같이 신성한 종교적 전통이나 교리에 의존하여 현세의 윤리적 강제 덕목을 내세우고 그에 따라 평신도의 행위를 도덕과 윤리, 교리의 권위로 제한함으로써 그 권위를 유지하기는 힘든 상황이 되고 있다. 오히려 그들은 종교시장의 수요자들을 적극적으로 끌어들일 수 있는 救済財의 개발과 補給, 宣伝에 진력하면서 평신도들의 자기 의존성을 높여가야 한다. 그러기 위해서는 전통적인 관료제형 교권체제는 유연성이 부족한 관계로 효율이 떨어진다. 救済財 또한 수요자들의 차별적 욕구를 만족시킬 수 있는 유연성과 적응성, 효과의 즉각성을 보장하지 않으면 안 된다.

③ 世界救世教의 救済財의 差別性과 教権体制

世界救世教가 국내에 다시 도입된 것은, 1964년 양산에서 재일교포 정복수에 의해서다. 양산출신으로 일제 때 서울의 전문학교를 나온 정복수(1909 - 1987)는, 결혼 후 남편을 따라 일본에서 살다가 50년에 귀국하여 양산에서 잠시 공무원 생활을 하다가 일본에서 남편이 죽자, 일본으로 밀항하여 불교신자로 시부모와 살다가 병이 들어, 당시 교조인 岡田茂吉의 제자로 1971년에 세계메시아교를 창교한 나카무라이치로우(中村市郎)으로부터 浄霊를 받고 병이 완치되어 구세교를 믿고 그의 수제자가 된다. 64년 고향인 양산의 친정 모친의 위독 소식에 잠시 귀국했을 때, 죠레이를 고향사람들에게 선보이게 된다. 그 뒤 67년에 정씨는 救世教의 神体인 教祖가 직접 쓴 '大光明如来'와 수호패를 모시고 영구 귀국하여 부산에서 국내 포교활동을 시작한다. 초기에는 친인척들이 대다수였으나 浄霊를 통한 치병 효과를 전해들은 사람들이 모여들어 그해 9월22일에 교회 건립비용중 토지 구입비는 일본교단에서 제공받아, <세계구세교부산교회>를 세우게 된다. 이후 이 교단은 일본교단의 분열 영향을 따라 1976년의 재건파와 1987년의 신생파로 나뉘어 현재에 이르고 있다. 전국 총 150개 지부에 4,670명의 신자가 등록되어 있다. 국내 세계구세교의 분파현황을 도표화 하면 다음과 같다.

<세계구세교의 한국 정착과정 연표>

일자	내 용	비 고
1943년	· 세계구세교 최초 한국 진출(경남지역)	· 해방후 사라짐
1964년	· 정복수 일시 귀국. 경남 양산에서 일시적 활동	· 6개월 체류 후 도일
1966년 9월 22일	· 정복수 영구귀국 후 부산 광안리에 세계구세교 부산교회(당시 명칭) 설립, 활동개시	· 본격적 포교 및 정령활동
1971년	· 세계구세교 부산교회가 세계메시야교 한국본부 부산교회로 명칭 변경	· 일본 본부로부터 세계구세 교아오히카리(靑光)파로 독립 (현: 세계구세(메시야)교회)
1976년 2월 8일	· 세계메시야교 부산교회의 1차 분파 김봉환 세계구세교 한국본부 본부장으로 추대(부산 대연동), 세계메시야교 부산교회로부터 분파(현 대한민국MOA 본부)	· 일본 세계구세교파와 연결(후에 동방의 빛 파)
1982년	· 대한민국MOA본부에 관한 부산일보의 "일본 종교"라는 보도	· 보도 후 MOA본부의 신도수 감소
1980년대 후반	· 제택모 마산을 중심으로 가정집회로 정령 및 포교활동 개시	· 세계메시야교의 신자로 추정됨
1987년 12월28일	· 세계메시야교 정복수 회장 사망	· 2대 교회장 육상택
1989년	· 세계메시야교 부산교회 2차 분파 김○○(부산영도로 분파) 유○○(부산수영으로 분파) 홍○○(대구로 분파)	· 일본 세계구세교의 분파 (再建파, 新生파, 保持파)
1989년	· 마산 제택모 계열과, 세계메시야교의 분파들의 통합	· 일본의 신생파로 통합
1994년	· 일본신생파 한국본부 및 지부체제 확립(?)	

상기도에서와 같이, 世界救世教의 국내 교단은 정착은 초기 정복수 회장의 교회설립 이후 일본내 분파의 영향을 받기도 했으나 국내적으로도 淨霊 수호의 능력을 받은 특별한 靈能者를 중심으로 한 분파가

일어나기도 한다. 그러나 각 분파된 교단사이에 의례에서 拝礼나, 献花, 善言讚詞, 祖上供養 등에서 약간의 차이는 있으나, 죠레이에 의한 개인 및 집단 浄霊 및 守護牌((お光)혹은 光明, 光, 光明牌) 拝受와 착용 등, 浄霊 관련 의례와 자연농법, 真善美를 표방한 꽃꽂이와 같은 예능활동에서는 공통성을 보여준다.

무엇보다도 浄霊 의례는 救世教의 가장 차별성이 강한 救済財로서 종교시장에서도 매우 상품화가 용이한 구제재라는 특성을 지닌다. 오히카리(お光) 곧, 守護牌는 그 착용 자체가 교단 초기 일본에서도 총탄을 피할 수 있는 靈験한 媒体라는 인식이 있었듯이, 靈験한 符籍과도 같은 守護의 능력을 지닌 것으로 인식될 뿐 아니라, 일정한 제작과정을 거친 제품인 만큼 규격화된 상품으로서 쉽게 접근이 용이한 것이다. 종교적 救済財의 경우, 그것이 神秘한 靈能性을 지닌 물건이나 대상일 경우에는 언제나 接近禁止 내지는 制限을 통해 그 神聖을 유지하려한다. 그러나 수호패(光明)는 일정한 통로로 들어가면 접근이 용이한 상품처럼 接近性이 容易한 救済財이다. 그리고 손바닥을 통한 浄霊儀礼(手かざし), 역시 누구나 언제 어디서나 손쉽게 할 수 있는 儀礼라는 점에서 융통성 있고 손쉬운 操作性(flexible and simple operationality)를 특징으로 한다. 이런 救済財의 특성은 종교시장에서 수요자들의 차별적 욕구를 만족시킬 수 있는 유연성과 적응성, 효과의 즉각성을 보장할 수 있는 救済財로서 그 상품적 가치는 매우 뛰어난 것이다.

그리고 자연농법은 풍요의 사회에서 나타나는 죄의식을 해결하는데도 유리한 救済財이다. 풍요사회를 지배하는 죄의식은 '과연 지금의 풍요가 정당한가'라는 의문에서 발생한다. 그래서 '지금의 풍요상태

속에 감춰진 문제들을 고발하는 것'으로 그런 죄의식을 표현하고자한다. 환경오염과 원초적인 지구 생명력의 파괴를 문제시하는 것은그 점에서 豊饒 社会 特有의 罪意識의 発露이다. 오늘의 풍요사회는이제 바야흐로 사회적 성숙이 고도화된 成熟社会로도 표현된다. 成熟은 衰退를 전제한다. 이제부터 쇠퇴하는 문명에 대한 우려는 成熟이전의 原初的 상태에 대한 깊은 郷愁를 욕구로 만들어 낸다. 원초적상태에의 향수적 욕구를 충족시킨 자연농법의 救済財는 그 점에서매우 설득력 있는 救済財일 수밖에 없다. 그래서 그런 구제재를 통한풍요의식 속에 내재한 죄의식을 벗고 성숙 이전의 원초성에 대한 향수적 욕구를 충족시킬 경우, 그런 욕구만족은 真善의 美로 표현될 수있다고 할 때 죄의식의 해소를 경험하며 구원 상태에 도달하는 것이될 수 있는 것이다.

이런 점에서 世界救世教의 救済財는 오늘의 종교시장적 상황에서구매충동을 유발할 수 있는 매우 경쟁력 있는 구제재임에는 틀림없을뿐 아니라, 그런 만큼 종교의 시장적 상황에서 그 교단적 특성을 이해함도 아울러 요구될 것이다. 救世教계 교단은 가장 차별적이며 핵심적인浄霊儀礼의 조작과 접근 용이성으로 인해 누구나 그 의례를 행할수 있을 만큼의 보편성을 지닌다. 그래서 근본적으로 万人司祭主義的이다. 이것은 동시에 교권체제의 관료제화 뿐 아니라 체제화 자체를위협할 수 있다. 종교 권력론을 제시한바 있는 마두로(Otto Maduro)는'종교권력'을 "救済財(religious goods)를 생산·재생산하고 축적하며,분배 교환하는 능력"으로 정의한다.[14] 그는 이런 맥락에서 '교회

___
14) 오토 마두로, 강인철 역, 『사회적 갈등과 종교』, 한국신학연구소, 1988, p.157.

(church)'를 "특정 시점, 특정 사회의 종교부문(religious sector)에서 '종교권력의 정당한 행사에 대한 독점권'을 획득한 종교적 행위자들 및 제도들의 구조화된 집합"으로 이해한다. 따라서 교회는 (1) 종교권력의 정당한 행사에 대한 이미 획득된 독점권을 보존하고, (2) 교회와 연계된 청중 혹은 공중을 보존・확대하며, (3) 갈등, 위기, 갑작스런 그리고 반복되는 변화로부터 교회를 보호하고, (3) 기존 종교질서의 유지를 통해 자신의 고유한 관계들과 관련된 종교부문의 기본구조를 재생산하는 경향과 능력이라는 특징을 보여주게 된다. 교회의 독점적 지위에 내재한 교회전략(church strategy)은 '기존 종교권력구조의 재생산 전략'으로 압축된다(182-183). 대체로 이런 종교권력구조의 재생산 전략은 사제와 평신도에 대한 체계적 훈련과 교육체제를 통해 행사된다. 일본에서 유입된 거의 모든 신종교의 경우―한국SGI의 경우는 체제내 임직을 위한 시험제도를 갖고 있으나―체계적인 교육과 검증의 제도를 갖고 있지 않고 그런 만큼 종교권력의 재생산전략은 취약하며 대체로 그런 전략은 일본교회본부와의 개인적 관계망에서 형성되는 경우가 허다하다. 이런 점에서 個人 教会長 중심의 救世教系 교단의 교권체제의 경우도 예외가 아닌 듯하다.

그래서 救世教 특유의 救済財의 경쟁력을 감안할 때, 만약 일본교회본부와의 관계망을 갖춘 뛰어난 지도자,―예컨대, 종교시장의 수요자들을 적극적으로 끌어들일 수 있는 救済財의 개발과 補給, 宣伝에 진력하는 관료형적 관리자가 아닌 세일즈맨으로서, 평신도들의 일상생활 속에서 나타나는 종교적 수요를 적극적이며 융통성 있게 처리할 수 있는 능력을 통해 평신도로부터 의존성을 높여가는 그런 유형의 지도자—가 있을 경우에는 언제나 종교시장에서 급속한 성장을 기대할 수도 있다. 그렇지 않은 경우에는 쉽게 침체할 수도 있을 것이다. 이 점에서 종교시장적 상황에 크게 의존하는 救世敎와 같은 종교의 경우, 종교권력의 자체내 재생산체제가 미흡이 시장적응성을 높일 수도 있고 동시에 시장 지배의 계속성을 떨어뜨리는 요인이 될 수 있음을 국내 세계 구세교 포교와 발전과정에서 확인할 수 있었다고 판단된다.

④ 展望과 論議

최근의 국내 교단의 교권체제에 눈에 띄는 변화는, 전반적으로 모든 교단에서 공통적으로 일본 교단 본부의 직접적 지도나 재정적 지원 등의 직간접적 간섭이 강화되고 있다는 사실이다. 이것은 궁극적으로 국내 일본종교 교단의 한국 지부화 방향으로의 통제를 지향하는 것이다. 이에 따른 국내 신자들의 일본 본부에 대한 태도나 관계 방식도 다양하다. 이 점이 향후 국내 일본종교 교단의 조직화와 제도화에 어떤 영향을 미칠 것인가는 매우 중요한 문제이다. 더욱이, 현재 국내 각 교단 신자군들은 전반적으로 최초 신자군 세대로부터 이후 젊은 세대로 중요 활동 집단이 바뀌고 있다. 일본종교의 일반적 특성상 특히, 家단위의 親子関係에 기초한 이른바 血脈的 신앙공동체를 강조하고 이로 인해 신앙의 세대 간 계승도 두드러지는 편이다. 또한 신앙의 세대 간 전승을 부추기는 것은, 많은 제2, 3세대 젊은 신자들이 상대적으로 어려운 유학관문을 거치지 않고서도 일본 본부에 가서 교육과 훈련을 받을 수 있는 기회를 제공받으면서 필요한 유학기회를 활용하기가 용이하다. 이들은 일본 유학 이후 대체로 일본 본부와의 연락 창구 역할을 할 수 있는 교단의 役職을 부여받음으로써, 일본 본부에 대한 일체감이나 충성도가 높아 국내 교단을 일본 본부의 중앙집권적 체제 속에서 한국 지부화하려는 시도에 덜 반감을 갖기 마련이다. 그러나 이들이 국내 교단 지배는, 국내 종교시장에 맞는 교단 특유의 구제재의 개발에의 융통성을 떨어뜨리고, 국내 교단권력구조의 재생산체제를 위협함으로써, 종교시장 지배의 계속성을 동시에 위협할 수 있다는 점도 인식하여야할 것으로 판단된다.

(3) 한국의 세계구세교 신자들의 인구학적 속성과 信行 形態[15]

① 머리말

세계구세교는 오카다모키치에 의해 1947년부터 교단으로서 본격적인 활동을 시작한 신종교로서, 浄霊(쵸레이)이라는 독특한 수행 의식을 그 특징으로 하고 있다. 한국에서의 세계구세교는 1964년부터 활동을 시작하여 현재 세계메시야, 대한민국MOA본부(동방의 빛) 그리고 대한민국쵸레이센터(이즈노메)라고 하는 공식적 명칭을 사용하는 교단으로 나누어져서 각각 활동을 하고 있다[16]. 본 발표에서는 한국의 세계구세교 신자들의 설문조사의 결과를 바탕으로, 신자들의 인구학적 특징을

---

15) 남춘모의 발표원고임.
16) 한국에 진출은 1964년에 정복수(작고)에 의해 시작되었으나, 정복수는 1971년 분파된 세계메시야교(나카무라이치로우)와 관계를 가지고 있었다. 그 후에 1988년 세계구세교 본부가 분열(동방의 빛, 이즈노메, 슈노히카리) 하였고, 그 중에 현재 한국에서 활동하고 있는 분파교단은, 세계메시야교, 이즈노메, 그리고 동방의 빛만 활동하고 있는 것으로 파악되었다. 현재 3 분파교단의 신자 수는 전체 합하여 7천에서 8천여 명인 것으로 추정된다.

살펴보고, 신자들의 신앙적 태도와 사회적 태도에 대한 조사 결과를 바탕으로 한국에서의 세계구세교의 역사와 현황에 대한 나름대로의 진단을 하고자 한다. 단 본 발표에서 제시되는 통계적 수치는 설문조사를 통한 수량적 접근에 의한 것이므로, 사실판단에 의거한 것임을 밝혀둔다.

설문조사는 구세교 마산정령회(n=118)와 대한민국MOA본부(n=23)의 월례제에 참석한 신자들을 대상으로 이루어졌다. 무작위 샘플링이 이루어지지 못하여 신뢰수준 및 표본오차, 그리고 2차적 통계분석은 할 수 없다는 단점은 있으나, 표본추출이 월례제라는 공식적 행사에 참석한 신자들을 대상으로 이루어졌으므로, 정확한 통계적 신뢰도를 측정할 수 없었으나, 표본의 대표성은 높다고 할 수 있으며, 따라서 외적 타당성(external validity) 역시 높을 것이라고 추정한다.

한편 세계구세교 신자들의 신행의 계기, 방법 및 내용, 그리고 목적을 분석하기 위하여 비교 대상 교단을 광명회(成長の家)와 한국SGI를 비교집단으로 채택하고자 한다[17]. 術의 종교, 그리고 단선적 조직구성이란 특징을 가지고 있는 세계구세교에 비해, 상대적으로 信의 종교 그리고 관료적 교권체제를 확립하고 있는 광명회와 한국SGI 신자들의 설문조사 결과와의 비교를 통하여, 세계구세교 신자들의 속성을 파악하고, 한국에서의 세계구세교의 현황을 확인하고자 하는 것이다.

---

17) 니시야마시게루(西山茂)의 일본신종교의 유형 분류에 의하면, 세계구세교는 죠레이라는 독특한 신행 방식과 단선적인 조직구조로 인해 술의 종교로 분류하고, 여기에 대비하여 교리와 교의를 강조하는 主知主義적 요소가 상대적으로 강한 신종교교단을 신의 종교라고 분류하기도 한다.

② 인구학적 속성

― 성별

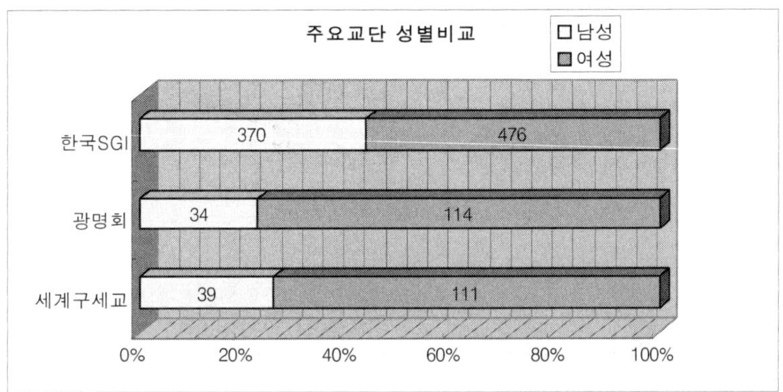

성별은 타교단과 마찬가지로 여성이 차지하는 비율이 높은 편(74.0%)
이다. 광명회(n=148)는 여성비율이 77.03%이며, 비율적 표집이 이루어
진 한국SGI(n=846)의 경우 여성이 56.3%로 안정된 성비의 균형이
보였다.

― 연령

	평균	N	표준편차
세계구세교	51.63	139	15.238
광명회	46.16	147	13.171
한국SGI	38.92	835	10.547
전체	41.44	1121	12.434

한편 세계구세교의 평균연령은 51.63세로 가장 높게 나타났다. 상대

적으로 광명회의 경우 46.16세, 한국SGI의 경우 38.92세로 낮게 나타났는데, 이것은 세계구세교의 구제재의 특징 즉 죠레이를 통한 치병과 관련이 있다고 할 수 있다.

　－학력

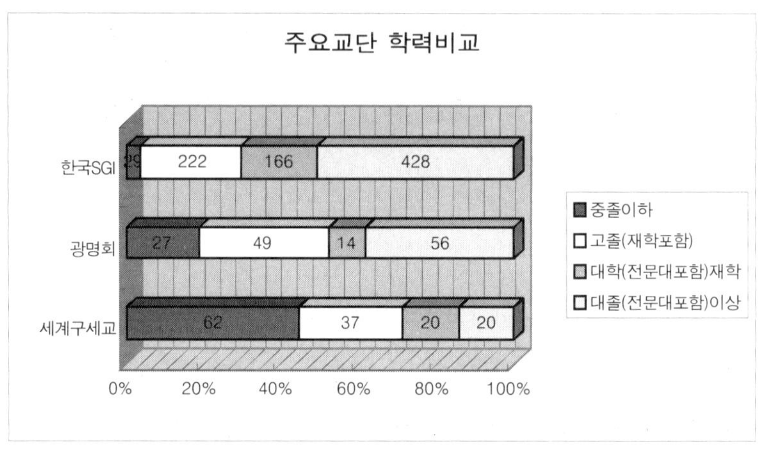

세계구세교의 학력은 중졸이하가 43.3%로 낮은 편이다. 광명회(중졸이하 18.1%, 고졸 32.9%, 대재 9.6%, 대졸이상 38.4%)는 상대적으로 높으며, 한국SGI(중졸이하 3.4%, 고졸 26.3%, 대재 19.5%, 대졸이상 50.4%)가 가장 학력이 높은 것으로 나타났다.

③ 신자들의 신앙적 태도와 죠레이 의식

위의 결과에서 나온 것처럼, 구세교의 경우 상대적으로 신자들의 평균연령이 높으며, 학력도 낮은 편이다. 이런 인구학적 속성은 신자들의 사회적 상황과 관련이 있겠지만, 고연령 및 저학력에 결정적으로 영향을 주는 것은 구세교의 죠레이 의식과 성격과 관련이 있는 것으로 나타났다.

- 입신계기

<광명회와의 비교>

입신계기	세계구세교 빈도(%)	광명회 빈도(%)
정신적 영적 세계에 대한 관심	15(10.6%)	11(7.4%)
인생과 삶의 의미에 대한 관심	9(6.4%)	*32(21.5%)*
자신이나 가족의 질병	*84(59.6%)*	*31(20.8%)*
가족이나 친척의 권유	13(9.2%)	13(8.7%)
친구나 동료의 권유	2(1.4%)	9(6.0%)
경제적 빈곤	2(1.4%)	7(4.7%)
조상공양	2(1.4%)	6(4.0%)
자신, 가족의 진학, 승진, 사업번창	1(0.7%)	3(2.0%)
교리, 가르침에 이끌려서	2(1.4%)	*28(18.8%)*
합계	130(92.2%)	140(94.0%)
결측	11(7.8%)	6(6.0%)
결측합계	141(100%)	149(100%)

세계구세교의 입신계기는 자신이나 가족의 질병이 59.6%로 압도적이다. 상대적으로 광명회의 경우에는 질병(20.8%)보다 인생과 삶에 대한 관심(21.5%)이 근소하지만 제일 많은 것으로 나타났다.

<연령대별 입신계기>

입신계기		연령대별구분							전체
		20대	30대	40대	50대	60대	70대	80대	
영적세계에의 관심	빈도	1	1	3	4	5	1		15
	연령별구분%	8.3%	10.0%	11.1%	11.4%	19.2%	9.1%		12.2%
인생이나 삶의 의미	빈도	1	1	1	3	1	1		8
	연령별구분%	8.3%	10.%0	3.7%	8.6%	3.8%	9.1%		6.5%
병	빈도	6	6	19	20	18	8	2	79
	연령별구분%	50.0%	60.0%	70.4%	57.1%	69.2%	72.7%	100.0%	64.2%
가족·친척의 권유	빈도	4	1	3	4	1			13
	연령별구분%	33.3%	10.0%	11.1%	11.4%	3.8%			10.6%
친구나 동료의 권유	빈도			1		1			2
	연령별구분%			3.7%		3.8%			1.6%
경제적 빈곤	빈도				1		1		2
	연령별구분%				2.9%		9.1%		1.6%
조상공양	빈도				1				1
	연령별구분%				2.9%				0.8%
진학, 승진 사업발전	빈도				1				1
	연령별구분%				2.9%				0.8%
가르침, 실천 윤리	빈도		1		1				2
	연령별구분%		10.0%		2.9%				1.6%
전체	빈도	12	10	27	35	26	11	2	123
	연령별구분%	100.0%	100.0%	100.0%	100.0%	100.0%	100.0%	100.0%	100.0%

한편 세계구세교 신자들의 연령대와 입신계기와의 관계를 보면, 노년층만이 아니라 20, 30, 40대의 청장년 세대들의 입신계기도 자신이나 가족의 질병이 차지하는 비율이 각각 50, 60, 70.4%로 압도적으로 높았다. 이 수치는 우선 세계구세교 신자들의 입신계기가 육체적 질병의 치유가 압도적이라는 것, 즉 연령층과는 관계없이 상대적으로 연령이 낮은 층에서도 입신의 계기는 치유를 목적으로 하고 있다는 것을 보여준다. 이에 비해 광명회의 경우, 인생이나 삶에 대한 관심(21.5%)이 가장 높고, 다음으로 치병(20.8%), 그리고 교리나 가르침에 이끌려서

(18.8%)가 근소한 차이로 그 뒤를 잇고 있다. 이 같은 수치는 죠레이라는 의식을 중심으로 하는 술의 종교로서 세계구세교의 특징을 신자 차원에서 확인하게 해준다고 할 수 있다.

－입신후의 변화

세계구세교 신자들의 입신 후의 변화에 대한 설문 결과를 한국SGI와 비교한 것이 다음과 같다.

<입신후의 변화 비교>

문항	세계구세교		한국SGI	
병이나 아픈 것이 나았다 (육체적 측면)	그렇다	62.4%	그렇다	43.3%
	아니다	18.4%	아니다	56.7%
정신이 맑아지고 안정감이 들었다 (정신적 측면)	그렇다	56.7%	그렇다	54.4%
	아니다	24.8%	아니다	45.6%
삶이나 인생에 대한 생각이 바뀌었다 (인생관적 측면)	그렇다	42.6%	그렇다	57.5%
	아니다	38.3%	아니다	42.5%
장사, 사업, 또는 학업이 잘 되었다 (물질적 측면)	그렇다	22.7%	그렇다	43.6%
	아니다	58.9%	아니다	56.4%
가족들의 일이 잘되고 화목하였다 (사회적 측면 1)	그렇다	36.2%	그렇다	57.9%
	아니다	45.4%	아니다	42.1%
주변 다른 사람들과 관계가 좋아졌다 (사회적 측면 2)	그렇다	22.7%	그렇다	54.7%
	아니다	58.9%	아니다	45.3%

*결측값은 제시하지 않음.

위의 조사결과에서 보면, 세계구세교의 경우 입신 후의 변화에 있어 육체적 측면의 변화에 대한 긍정적인 응답이 62.4%로 가장 높았다. 그 다음으로 정신적 측면의 변화가 56.4%로 상당히 높게 나타났으나, 인생관적 측면은 상대적으로 낮고, 물질적인 측면 특히 사회적 측면의 변화는 매우 낮게 나타났다. 한편 한국SGI의 경우에는 문항별로 편차가 별로 없이 각 항목에 대한 변화를 보여주고 있다.

위의 결과는, 세계구세교의 입신후의 변화가 현세적이고 개인적 욕구 충족에 집중되고 있다는 것을 보여준다고 할 수 있다. 즉 육체적 변화에 비해, 정신적 측면에 있어서의 변화나, 인생관에 있어서의 변화는 상대적으로 낮고, 더욱이 사회적 측면에서의 변화는 상대적으로 매우 낮다는 점을 나타내고 있다. 물론 이것도 죠레이라는 독특한 의식에 의존하는 세계구세교의 술의 종교로서의 특징을 보여주는 것이지만, 한편 정신적 측면이나 인생관의 있어서의 변화가 상대적으로 낮게 나타났다는 것은, 세계구세교의 종교의 기능이란 측면에 있어서 기능적으로 불균형적이라는 것을 역설적으로 보여주는 것이라고도 할 수 있다. 즉 상대적으로 한국SGI의 경우에는 인생관적 측면에 있어서의 변화 (57.5%)가 높게 나타났으며, 더욱이 사회적 측면에서의 변화는 세계구세교보다 월등하게 높게 나타났다. 이것은 세계구세교가 죠레이라는 독특한 의식에 의존하고 있어서 효과의 즉시성과 개인적 이해에 관심을 가지고 있으며, 따라서 신자들은 인생이나 삶에 대한 궁극적 의미에 대한 관심 자체가 약하며, 또한 타 성원들과의 가치나 관심의 공유 즉 사회적 유대감에 대한 관심도 부족한 것이라고 볼 수 있다.

－신앙 태도

구세교 신자들의 신앙 태도와 비교교단에 대한 조사 결과는 다음과 같다.

설항	세계구세교	광명회	한국SGI
교리 교의의 실천(수행도)	1.85(.77)	1.65(.64)	1.86(.61)
행사 및 의식 참여(참여도)	2.23(.80)	1.66(1.01)	1.70(.63)
신앙심 자기평가 (자기평가도)	1.90(.87)	2.04(.90)	1.76(.63)

***각 문항 척도범위는 0~3이며, 각 수치는 평균값과 (표준편차)임.**

세 교단 신자들의 신앙 태도에 대한 측정에서는 특히 세계구세교의 경우 행사와 의식에 대한 참여 정도가 다른 교단보다 상대적으로 높았다.[18] 이것은 물론 의식에 대한 집중도가 높다는 것을 보여주는 것이다. 거기에 비해 문서전도 방식을 주로 취하고 있는 광명회의 경우 상대적으로 의식에 대한 참여도가 낮으며, 표준편차 역시 높게 나타났다.

한편 세계구세교 신자들의 핵심교리에 대한 인지도(58.9%)도 광명회(83.2%)에 비해 상당히 낮았다[19]. 광명회는 주로 문서전도와 어느 정도의 주지적 교리와 교의를 설하고 있다는 점에서 신자들의 교리에 대한 인지도가 당연히 높을 수밖에 없을 것이지만, 세계구세교의 경우 상대적으로 핵심적 교리와 교의에 대한 인식도는 낮았다.

④ 맺음 말

위의 세계구세교의 신자들의 속성을 타 교단과 비교해 본 결과,

---

18) 행사 및 의식 참여도에 있어 구세교와 광명회의 평균값의 차이, 그리고 구세교와 한국SGI와의 평균값의 차이는 둘 다 통계적으로도 유의미하였다(p<.05).
19) 핵심교리의 인지도에 관해서는 각 교단 그리고 각 개인에 따라 핵심적 교리 범주에 차이가 있고, 또 설문문항 자체를 주관적 응답을 요한 것이므로, 내적 타당성이 문제가 있다고 판단되어 통계적 수치의 근거는 제시하지 않는다.

신자들의 신행의 유형을 다음과 같이 정리할 수 있다. 첫째, 신행의 중심에는 죠레이가 자리잡고 있다는 점이다. 둘째, 신자들의 교리, 교의에 대한 숙지도가 상대적으로 낮다는 점이다. 이것은 입신 후의 변화에서도 나타나는 것처럼 정신적, 인생관적 측면의 변화를 상대적으로 적게 느끼고 있다는 점을 통해 간접적으로 입증된 것이라고 볼 수 있다. 셋째, 수행 태도에 있어서 행사나 의식에 대한 참여도가 상대적으로 높다는 것 역시 그 중심에는 죠레이 의식이 자리잡고 있는 것으로 보인다. 따라서 결국 세계구세교 신자들의 신행은 죠레이라는 의식에의 의존이 압도적이라고 할 수 있다.

이러한 신자들의 조사 결과를 바탕으로 다음과 같은 추정을 할 수 있을 것이다. 첫째, 죠레이는 그 효과의 즉시성과 전수 방식의 독창성으로 인해, 종교로서의 세계구세교의 한국에서의 정착과 발전에 효과적일 수 있다. 즉 치병의 효과와 개별적 수용의 효율성과 간편성으로 인해 교세의 생성기에 있어 교세확산의 신속성을 보여주었다고 할 수 있다[20]. 그러나 한편으로 죠레이는 그런 효험의 즉시성과 독창적인 전수 방식으로 인해 한국에서의 교단의 조직적인 유지, 통합에 어려움이 있다는 것도 한국 전래 역사에서 확인되고 있다는 점이다[21].

---

20) 이 점에 대해서는, 정복수 회장의 한국에서의 본격적인 활동이 시작된 이후의 현황에서 확인할 수 있다. 즉 1차 인터뷰조사에 의하면, 1966년 이후 70년 초까지 4,5년에 걸쳐 40명에서 800명 정도로 신자수가 급속하게 증가하였다고 한다.
21) 한국에서 세계구세교는, 전래 이후에 많은 분파를 만들었다. 세계메시야교에서 비롯되어 최초 5인 이상이 분파를 하게 되고, 이 분파된 교회 역시 각각 생성, 발전, 그리고 소멸되었다는 것이 확인되었다. 이 분파는 일본도 마찬가지이며, 한국에서의 분파는 일본의 분파와의 관계도 있지만, 중심적인 계기는

다음으로 위의 신자들의 조사에서도 나타난 것처럼, 신자들은 죠레이의 효과는 믿고 의지하면서도 상대적으로 교리, 교의에 대한 숙지도가 낮은 것으로 나타났다. 즉 이것은 죠레이에 의존하면서도 그것에 대한 논리적, 과학적, 체계적 인식이 부족한 것으로 보인다. 세계구세교의 종교적 목적은, 진리의 구현으로서 지상천국을 건설하는 것이며, 야주 전환기에 있어 죠레이는 지상천국 건설이란 목적을 위한 선구적인 수단인 것으로 논해지고 있다. 그러나 현재 한국의 세계구세교 신자들에게 있어 수단인 죠레이만이 중시되어 일종의 수단 — 목적 전치(the means — ends inversion) 상황에 이를 가능성이 있다는 점이다.

마지막으로 신자들의 입신 후의 변화에서 나타난 것처럼 세계구세교 신자들의 사회적 유대감의 상대적 약화이다. 이것 역시 죠레이의 수행 방식과 관련이 있는 것으로 보인다. 즉 죠레이는 개인 치병 중심이며, 개인 대 개인 또는 개인 대 다수 간에 이루어지는 수행이며, 그 시공적 목적은 공동의 가치실현이라기보다는 개인의 현실적 육체적 구원이다. 이런 죠레이의 개인 지향성과, 앞에서 논한 교리, 교학적 인식의 부족이 더해져서, 결국 종교적 공동체 의식이 형성될 여지는 상대적으로 약하다고 볼 수 있다.

종교다원화 시대에 있어, 종교시장(religious market)이란 용어가 등장한 지도 이미 오래되었다. 상징적 권력 자본(the capital of symbolic power)으로서 종교적 구제재가 가지는 가치가 논해지고 있는 현대자본주의 사회에 있어, 죠레이라는 효율적인 구제재를 가지고 있는 세계구세교는, [구제

역시 죠레이의 효험의 즉시성과 전수방식에 의한 것으로 보인다.

제 경영] 및 [구제재의 관리]22)라는 측면에서도, 그리고 종교성의 확보라는 측면에서도, 오카다모키치의 가르침과 교학을 신자들에게 내면화하는 메커니즘이 필요하지 않을까라고 생각한다. 그렇지 않다면 적어도 한국에서의 경험으로 볼 때, 또 다시 분파와 생성, 소멸의 역사를 되풀이할 가능성이 없다고 장담할 수 없을 것이다.

4. 조직사회학적 관점에서 본 일본계 신종교 교단의 소집단 활동
－소집단활동으로서 KSGI좌담회 분석－ 23)

본고는 창가학회(創価学会)의 해외조직인 「한국SGI불교회＝KSGI」의 성장요인으로서 좌담회의 소집단활동에 초점을 맞춰 분석한 것이다. KSGI의 성장에는 여러 가지 원인이 있지만, 본고에서는 특히 소집단으로서의 좌담회의 운영방식과 내용의 특수성이 성장의 하나의 주요원인임을 구명하고자 하는 것이다.

---

22) 베버는 예언자와 사제, 그리고 주술가의 활동에 대해서 논하면서, 사제의 직무로서의 [구제경영] 및 [구제재의 관리]의 능력을 제시하고, 이것으로 개인적인 천부적 능력에 의해 활동하는 예언자와 주술가의 직무와 구별하고 있다. マックス・ウェーバー＝武藤一雄他訳『宗教社会学』創文社, 1976, pp.64－66.

23) 이 논문은 한국학술진흥재단의 지원으로 아래 학술지에 게재한 논문이다. 이원범, 남춘모, 「조직사회학적 관점에서 본 일본계 신종교 교단의 소집단 활동 －소집단활동으로서 KSGI좌담회 분석－」『일본근대학연구』16집, 한국일본근대학회, 2007.5. pp.155－172에 실은 논문이다. "This work was supported by the Korea Research Foundation Grant.(KRF－2004－072 －BS2051)

현대사회에서의 종교의 세속화 현상에 대해, 사회적 영역에서의 종교의 통제력 상실, 개인의식 차원에서의 신앙심의 쇠퇴와 문화적 차원의 종교성의 약화 현상, 그리고 종교 그 자체도 내세적 가치에서 현실적 문제로의 관심의 변화가 보이는 것 등이 지적되어 왔다. 특히 현대사회에서의 종교 그 자체의 변화로서는, 종교가 내세적 가치보다 정의, 평화, 인권 등의 현실적 가치를 중시하는 것과, 현대인의 현실지향적 개인주의에 의한 루크만(Thomas Luckmann)이 말하는 「보이지 않는 종교 (the invisible religion)」화 현상 등을 문제 삼아왔다. 이러한 종교 그 자체의 변화는 지역, 민족, 국가의 상황에 의해 다양한 형태로 나타나고 있으나, 제도종교 또는 신종교(new religious movement)도 현실적응을 위한 「조직의 합리화나 현대화」를 추구하고 있다는 공통점이 있다고 할 수 있다. 본고는 이러한 종교의 자기변화에 있어 가장 눈에 띄는 종교조직으로서 창가학회, 특히 해외에서 급성장하고 있는 한국SGI(KSGI)의 조직에 주목하여, 그 성장의 하나의 원인으로 「좌담회의 성격」을 조직사회학적 관점에서 분석하는 것을 목적으로 한다.

한국에서의 일본계 종교의 활동역사는 일제에 의한 식민지 지배시대에서 시작되었지만, 종전 후 한일의 정치적 관계와 일제시대의 폭정이나 강압의 흔적에 의해 한국인의 반일감정은 남아서, 한국에서의 일본계 종교는 민족정신문화를 해치는, 배척해야만 하는 대상, 이른바 왜색종교로서 취급되었다. 그러나 1980년대부터 한일의 정치적 경제적 협력관계의 강화나 인적 교류, 대중문화교류의 급증 등으로 일본인, 일본문화에 대한 한국인의 의식은 조금씩 변화하여, 일본계 종교에 대해서도 한국인의 경계심과 배타적 태도는 조금씩 누그러지고 있다.

이러한 한국인의 일본에 대한 의식과 태도의 변화와 함께 한국에서 일본계 종교는 물밑에서 조용히 성장하여, 이제는 한국종교문화 속에서 중심부종교로 자리매김 한 종교교단도 등장하고 있다. 그 대표적 교단이 KSGI이다. KSGI는 국내 타 일본종교와 비교[24]해 보면 그 역사는 비교적 짧은 편이지만, 현재 가장 크게 성장하고 있는 일본계 종교로서, 회원은 약 140만 명이 넘는다고 한다.[25] 이와 같은 KSGI의 급성장 원인에 대해서 다양한 측면에서 분석해야 할 필요가 있겠지만, 본고에서는 조직사회학적으로 접근하여 특히 KSGI의 하부조직인 좌담회에 초점을 맞추고자 한다. 물론 KSGI의 성장에는 일련종 본래의 경전에 대한 매력, 창가학회의 포교전략이나 활동전개, 그리고 국내의 핵심신자들의 노력 등 여러 가지 원인이 있을 것이라 추측된다. 그러나 그 조직구성에 있어서 최하부 조직인 「좌담회」[26]의 운영이 KSGI의 주요

---

24) 2005년 12월 현재 확인된 한국에서 활동하고 있는 일본계 종교 및 사상운동 단체는 14교단20종파 및 단체(천리교 계＜대한천리교, 천리교한국교단＞, 금광교, 본문불입교, 일련정종계＜일련정종, 한국SGI불교회, 태양회＞, 영우회, 세계구세교계＜대한민국정령센터＝이즈노메계, 대한민국MOA＝동방의 빛계, 세계메시아교＝청광교파＞, 한국광명사상보급회＝생장의 집, 입정교성회, 진여원, 변천종, 선린교, 야마기시회, 모랄로지＝도덕과학연구회, 예수어령교회)다.

25) 이것은 KSGI의 2005년도 공식자료에 의한 수치로, 실제로 정기적으로 활동에 참가하고 있는 회원수는 120만명 정도로 추측된다.

26) 물론 한국에서 좌담회와 같은 소집단활동을 하고 있는 일본계 종교단체는 KSGI(일련정종을 포함)외에도 있다. 특히 법화경 계의 일본계 종교의 본문불립종(강회(講会)), 영우회(법좌), 입정교성회(법좌)도 집단적 활동이긴 하지만, 그 형식과 내용에 있어서 KSGI(일련정종)와 다른 면이 많다. 현재, KSGI의 좌담회는 매월 첫째 주 일요일부터 7일 동안 반 좌담회와 지역구 좌담회가 격월로 실시된다. 요일과 시간은 해당 반, 지구의 사정에 의해 자율적으로 결정하도록 되어 있다.

성장원인 하나로서 작용해 왔다고 생각된다.

본고에서는 소집단으로서의 KSGI 좌담회의 운영과 활동내용 그리고 그곳에서의 커뮤니케이션 방식과 회원의 좌담회에 대한 인식, 거기서의 목적지향에 대해 앙케이트, 인터뷰, 그리고 좌담회에 참여·관찰하여 얻은 자료와 데이터를 분석해서, 소집단으로서의 좌담회의 특징을 밝히고, 또한 그것과 KSGI의 성장관계를 규명하고자 한다.

(1) 소집단과 KSGI의 좌담회

소집단(Small Group)[27]은 조직(Organization)내에서 "어떤 공동목표를 달성하기 위해 2인 이상의 구성원이 상호 의존 작용하면서 업무를 수행하는 모임으로, 성원 개인과 조직을 연결하고 개인행동의 방향을 제시하면서 조직전체에도 영향을 주는 집합"[28]이라고 정의된다. 따라

---

27) 소집단 연구는 1930년대부터 시작되어, E. Mayo의 호손(Hawthorne) 공장 실험, J.L.Moreno의 소시오메트리, K.Lewin의 그룹·다이너믹스는 소집단 연구의 선구적 업적이다. 그 후에도 소집단에 대한 연구관심은 높아져서, 최근에는 학문별로 다양한 연구목적을 갖고 소집단연구를 하고 있다. 최근의 소집단에 대한 주 연구를 보면, 먼저 교육학적 접근은 교육제도의 생산성을 높이기 위해, 협동학습을 이용한다라는 목적으로 소집단을 다루고 있다. 심리치료적 접근으로서는 집단 안에서 서로 돕거나 타인에의 헌신에 의한 인간관계의 형성을 목적으로 하고, 또 사회복지적 접근은 복지 그룹을 형성하고 사회적 봉사나 복지활동을 효과적으로 수행한다는 목적을 지향한다. 그러나 가장 일반적인 소집단 연구는 산업분야를 대상으로 하는 것으로 경영학과 사회학적 접근은 작업이나 업무현장에서의 소집단 활동에 의한 능률향상과 생산성 증가의 활용을 지향하고 있다.

28) Bales, R.F. *Interaction Process Analysis:A Method for the study of small gpoup,* Cambridge Mass.:Addison Wesley.1950,p.3.

서 소집단은 대면적(face to face)관계에 있을 것, 그 구성원간의 상호작용(interaction)이 행해질 것, 구성원들 사이에서 개인적인(as a individual person) 이미지 혹은 知覺이 있을 것 등 3가지 조건을 필요로 한다. 또한 이상의 조건에 덧붙여, 그 규모(20인 이하)와 집단의 목적이나 기능의 다양성을 고려해야 하고, 유사개념인 일차집단(primary group), 우리집단(We group), 심리집단(psyche group) 등과는 구분되는 것이다. 또한, 소집단은 조직에서 인정된 공식적 소집단(formal small group)과 성원 상호간의 사적인 기호나 인간성에 의해 구성된 사적이며 비공식적(informal)소집단[29]으로 나뉘어 진다. 공식적 소집단은 그 기능적 측면에서 특정한 업무활동을 위한 업무지향(task oriented)과 구성원간의 사교를 목적으로 하는 사회적 지향(socially oriented), 그리고 양방적 지향(dually oriented)의 소집단으로 나뉠 수 있다.[30]

이상의 소집단개념에 대해 기본적 정의에서 보면 KSGI의 좌담회는 소집단으로서 다음과 같은 성격을 가지고 있다고 볼 수 있다. 첫째로, 소집단의 기본적 구성조건에서 보면 좌담회는 그 조건들을 충족하고 있다고 할 수 있다. 소집단이란 것은 직접대면(face to face)에 의해 상호작용(interaction)하는 사람들의 모임으로 그 구성원 간에는 상호 認知와 同質性이 강조된다. 좌담회도 회원가족이라고 하는 생활세계의 공간에

---

29) 이것은 조직내 개개인의 취미나 인간적 정서적 관계에 의해 형성되는 자발적 결사체(Volutary Association)를 말하며, 다만 그 규모가 소규모인 경우에 해당된다.

30) Wood, J.T. "Alternative Potraits of Leaders:A Contingency Approach to Perception and Leadership." *Western Journal of Speech Communication*, 4, 43.(Fall), 1979, p.262.

서 행해지므로, 공간적으로 직접적 대면이 가능한 환경 속에서 그 구성원 간에는 언어에 의한 상호작용(oral interaction)과 상호인지가 일어나, 같은 회원이라고 하는 동질성이 확보된다.

둘째로, 소집단은 어느 공동 목적을 달성하기 위한 사람들의 집합이다.[31] 즉 집단의 목표가 강조되지만, 그 목표는 전체 조직의 목표보다도 더 구체적이고 실천적인 하위목표로서, 성원은 혼자서는 성취할 수 없는 목표를 달성하기 위해 참가한다. 좌담회의 경우 일반조직과는 그 성격을 달리하는 종교조직내의 소집단이지만, 그것은 KSGI의 조직목표인 「広宣流布」나 종교적 목표인 「인격완성」을 추구하는 장소임으로, 확실한 공동목표를 갖고 있다. 즉 그 목표는 회원 개인의 신앙적 수련만으로 획득할 수 있는 것이 아니라, 어디까지나 구성원간의 상호작용이나 서로 도와야 달성할 수 있는 집합적 목표인 것이다.

셋째로, 소집단은 타구성원과의 결합에 의해 개인욕구를 만족하려고 하는 개인들의 집합체이다. 즉 개개인은 그 소집단에 속하기 위해서 어떠한 개인적 동기나 이유가 없으면 진정한 집단성원이라고는 할 수 없다. 물론 좌담회의 성원은 그 집단적 활동에 참가하여 개인욕구를 충족할 수 있다. 본래 좌담회 그 자체가 신앙적 활동체 성격을 갖고 있기 때문에, 거기서는 신앙적 욕구충족은 말할 필요도 없이 성원 개인의 일상세계의 사건에 대한 불만이나 고충해소도 할 수 있는 것이다.

이와 같이 소집단의 기본적 정의에 따른 좌담회의 구성성격을 보면 좌담회는 확실히 소집단으로서의 조건을 갖추고 있다고 할 수 있다.

---

31) Mills T.M. *The Sociololgy of Small Groups*, Englewood Cliffs, N.J.:　Prentice Hall,1967, p.2.

그러나 그것은 종교조직 안에서의 소집단이므로 일반적인 소집단과는 다른 몇 가지 특징을 갖고 있다. 우선 좌담회는 업무지향적인 목표달성을 추구하는 일반적인 공식적 조직과는 달라서 개인차원의 인격완성이라는 「심리적·신앙적 목표」와 또 일상세계에서의 불만이나 고난의 해소라고 하는 「일상적 생활세계에서의 목표」, 「広宣流布라는 조직적 목표」라는 세 가지 기본적인 목표를 갖는다. 따라서 좌담회는 업무지향형, 사회적 지향형, 양면 지향형이라고 하는 소집단의 목표에 의한 일반적인 성격구분의 어느 쪽에도 해당하지 않는 특수한 성격을 갖고 있는 소집단이다. 또한 좌담회는 그 성원의 구성에 있어서도 개인의 이익이나 욕구충족이라고 하는 일반적인 조직에서의 소집단과는 달리, 공동 신앙체이긴 하지만 따라서, 집합의식(collective consciousness)이 보다 강하고 「이타행(利他行)」에 의한 자기완성이 강조된다. 따라서 성원들 간에는 그 활동에 의해서 일종의 일차적인 인간관계 네트워크(primary human relation network)가 형성될 수 있는 것이다.

(2) KSGI좌담회의 역사와 소집단으로서의 특징

KSGI의 좌담회는 일본과 같이 折伏과 신앙지도의 場으로서, 1961년 한국에서 처음 활동할 때 주요한 포교수단이었다. 초기에 한국에서의 창가학회 활동은 한국사회의 반일감정에 의해 공개적 활동은 못하고, 인적 네트워크에 의해서만 포교되어 집회나 의식이 은밀히 행해졌다. 본래 좌담회는 창가학회의 포교와 의식·의례활동이 주된 곳이다. 즉 「広宣流布의 場인 좌담회는 개인적으로는 자기성장의 장이며, 조직적으로는 개인과 지역을 연결해주는「広宣流布」의 동맥의 最一線의 장이다」.[32] 일련정종에서는 이 좌담회를 일련성인의「가르침에 의한 불법대화의 장」[33]으로서 중요히 여기고 있지만, 창가학회에서는 초대 牧口회장의「法 戦場」으로서의 좌담회, 그리고 2대 戸田회장의「実質主義 중심의 좌담회」방침은 좌담회를 단순한 불법전파의 장이 아닌「摂受」와「折伏」의 広宣流布라고 하는 종교적 목적의 場임과 동시에 현실세계에서의 인간성회복과 민중소생의 道場이라는「신성한 세계와 속세가 공존하는 곳」이라는 성격을 유지하게 되었다.

이러한 좌담회의 성격은 한국에서도 변함없이 KSGI는 일본과 같은 목적과 내용을 가지고 활동해왔다. 大石寺와의 분열 以前인 60년대 후반 한국의 창가학회(당시 일련정종)의 활동은 한국사회의 반일감정과 정부의 종교정책에 의해 家庭集会 형식으로 행해질 수밖에 없었다는 것은 앞서 말한 바와 같다. 당시의 좌담회에서는 주로「교학 강의와 체험담」으로 구성되어 행해졌다. 특히 체험담은 포교의 주된 수단으로서 체험담에 이끌려 입신하는 사람이 많았다고 한다. 그 후 70년대가 되고 나서 일련정종은 한국에서 급성장하여 신자수가 50만 명에 이르게 된다. 그러나 일본의 대석사와 창가학회의 분열에 의해 한국에서도 일련정종과 창가학회는 분열하여, 한국의 창가학회는 완전히 독자적인

---

32) 한국SGI,『座談会매뉴얼 좌담회 성공을 위한 참고자료』, 2002, p.3.
33) KSGI에서는 일련성인의 "의지가 있는 사람은 모여서 읽고, 사색하고 위로하고"[御書全集下 : 961]와 "서로 읽고 들려주어, 이 탁세에서는 항상 서로 이야기하여 끊이지 않고 후세를 바랄 것"[御書全集下券 : 965]의 말씀에서 좌담회의 의미를 추구하고 있다.
　전게서, p.10.

활동을 하게 된다. 1991년 창가학회가 대석사와 완전히 나뉘어졌을 때도 KSGI는 계속 발전하여 SGI해외지부로서는 최대규모의 100만 명 이상의 회원을 갖는 거대단체가 된다. 이처럼 KSGI의 규모성장과 함께 조직의 구성과 운영방식에 있어서도 조금씩 변화가 일어나게 되었다.

전술한 바와 같이 KSGI의 성장에는 여러 가지 원인이 있었겠지만, 조직의 성격이라고 하는 측면에서 본다면 무엇보다도 조직의 「現実適応力」이 가장 중요한 원인이라고 생각된다. 일본 SGI와 같은 일종의 관료조직을 구축하고 운영하고 있는 KSGI는 특히 한국이라고 하는 환경 속에서 우수한 현실 적응력(adaptation to real world)을 발휘하고 있다고 생각된다. 이 현실 적응력을 한국사회의 반일감정이라고 하는 「사회적 환경에의 적응력」과 한편으로는 한국문화에 맞춘다는 「문화적 현실에의 순응력」의 두 가지로 나누어 지적할 수 있다. 사회적 환경에의 적응력이라는 것은 KSGI의 한국에서의 활동역사를 보면, 왜색종교라고 하는 사회적 편견이나 배척에 대해 자신의 종교적 아이덴티티를 숨긴다던가, 일본과의 실제적 관계를 부정한다거나 하는 등에 복종하는 것이 아니라, 일관된 적극적 대응 (법적소송)이나 折伏활동[34]을 견지해 온 것을 가리킨다. 또한 문화적 현실에의 순응력이라고 하는

---

34) 그 상징적인 사건은, 1964년 1월 18일 한국정부의 창가학회의 포교금지 조치에 대한 창가학회의 대응이다. 포교금지에 대해 당시 창가학회의 주요 신자들은 소송을 제기하고 1967년 서울 고등재판소는 소송기각 결정을 내렸다. 기각이유는 당시 정부의 포교금지조치는 법적 근거에 의한 것이 아니라, 내무부의 단속방침에 지나지 않다라는 것이었다. 그것은 역으로 말하면 창가학회의 포교활동은 법적으로 규제하는 대상은 아니었다는 것으로 이 판정에 의해 창가학회의 활동은 법적으로도 정당화된다.

것은 한국문화에 맞춰 의례·의식의 간소화, 탈 형식화를 지향하고 한국인의 対日感情이나 歴史認識을 선택적으로 수용한 것을 가리킨 것이다.

또 하나 KSGI성장의 주요원인으로서 들 수 있는 것은, 일본과의 관계에 있어서 自律性의 확보라고 생각된다. 현재 KSGI는 운영에 관련해서는 일본 본부에서 간섭이나 통제를 받고 있지 않다. 물론 교학 문제나 국제적 연대 활동에 관해서는 일본과의 상호 협력을 해야만 하지만, 한국 내에서의 운영이나 활동에 관한 의사결정은 조직 내의 「중앙회의」와 「이사회」를 통해서 행해진다. 이러한 일본 본부에서의 자율성이 물론 KSGI초기부터 핵심적 신자들의 노력에 의해 확보되어 졌다고는 하나, KSGI의 관계자에 의하면 일본 본부와의 수직적 상하관계를 연결하는 그 자체가 일련성인의 만인평등의 가르침에 반하는 것이다.

위에서 말한 KSGI의 성장요인으로서의 「사회적 환경에의 대응력」 과 「문화적 현실에의 적응력」그리고 「자율성」은 KSGI의 전체조직의 특징이면서도 그 최하부조직인 좌담회에 있어서도 똑같이 나타나는 특징인 것에 주목해야만 한다. 우선 좌담회는 「法戰場」이라는 명칭에 서도 알 수 있듯이, 거기서는 「折伏」과 「섭수」를 행하는 포교의 장이지 만, 題目口唱, 教学과 体験談이라는 기본적인 요건만 갖춰진다면, 그 이외의 절차나 내용은 매우 일상적인 비공식적 집단과 같이 탈ー형 식화 되어있다. 그 구성 안에는 보통의 종교의식이나 의례에서는 볼 수 없는 레크리에이션도 들어있으며, 참가자들도 「1분 대화」시간에는 개인적인 이야기도 망설이지 않고 할 정도로 형식에 얽매이지 않는 비공식적인 일차집단(primary group) 혹은, 심리적인 우리 집단(we group)의 성격이 강하다. 이와 같이 좌담회활동에 있어 의례·의식의 간소화, 탈 형식화는 KSGI의 한국사회와 문화에의 적응력, 순응력이 조직차원뿐만 아니라, 개개인의 네트워크 속에도 작용하고 있다는 것을 보여주는 것이다.

또한 좌담회는 KSGI의 하부조직임에도 불구하고 보통의 조직 내의 소집단보다도 자율성이 강하게 보인다. 물론 좌담회는 종교조직이라는 특수한 조직체의 하부조직으로 일반 공식적 조직의 목적, 활동내용, 그리고 규율이나 규범에 있어서 다른 점이 많다고는 하나, 틀림없이 관료 조직화되어 있는 중앙 집권적 기구의 최하부조직이다. 그러나 KSGI 본부는 단순한 좌담회의 기본적인 구성(제목구창, 교학, 체험담)과 실시주간(매월 첫째 주 일요일부터 일주일간)만 정해 놓고, 모든 구성과 내용, 장소, 운영(일시, 사회자나 역할, 순서 그리고 각 구성의 내용과 그 담당자)은 해당 좌담회가 자율적으로 결정하는 방식을 취하고 있다. 또 그 결과에 대해 보고를 하는 의무도 없고, 단지 해당 반장과 지구장에게는 그 좌담회의 참가자 수만 상부조직(지부, 권)에 전달하기만 하면 된다.

(3) 소집단활동으로서 좌담회

위에서 서술한 바와 같이 좌담회활동은 종교조직내의 소집단이라고 하는 특수한 성격을 지니고 있으면서도, 소집단적 조건을 갖추고 있다. 그렇지만 좌담회를 소집단활동으로서 평가하기 위해서는 좌담회활동이 그 조직의 목적과 목표를 추구하는 기능을 하고 있는가, 일반조직내의 소집단과의 유사점과 차이점은 무엇인가, 그리고 좌담회가 KSGI조직에 있어서 어떠한 의미를 갖고 있는가를 밝히지 않으면 안 된다. 그 때문에 일반조직내의 소집단활동의 이상적 기준과 KSGI의 「좌담회 매뉴얼」의 문헌분석, 「좌담회에의 참여관찰조사」[35], 그리고 「중앙간부에의 인터뷰」에 의해 얻어진 데이터를 비교하기로 한다.

① 조직의 소집단에게 요구하는 조건과 좌담회

조직은 특정한 목표달성을 위해 소집단을 구성하거나 인정하고, 그 소집단원이 목표 지향적으로 활동하기 위해 몇 가지 기본적 조건을 갖출 것을 기대한다[36]. 첫 번째 조건 혹은 규칙은 출석이다. 조직은 그 소집단성원이 정시에 참가하고, 태만이나 조퇴없이 활동에 전념하는 것을 기대한다. 두번째는 상호작용에 참여하는 것이다. 즉 조직은 모든 소집단성원이 상호작용활동에 적극적으로 참여할 것을 기대한다. 요컨대 조직은 그 성원이 소집단 안에서 상호작용의 커뮤니케이션에 참여하고, 집단에 참여하여 리더십을 키우고, 기술적인 표현으로 이야기 혹은 문자에 의해 정보를 제공할 것을 기대한다. 조직은 성원의 승진 혹은 새로운 역할부여를 할 때 그 개인의 업무수행 내용을 평가하고 고려하는 경우가 많다. 네번째로 조직은 그 성원이 충성심을 가질 것을 기대한

---

35) KSGI좌담회에의 관찰조사는 2005년 7월 5일(19시부터 20시까지) 경상북도 포항시의 「반좌담회」에 준참여 관찰에 의해 실시되었다. 참가자수는 25명으로 남성 10명, 여성이 15명으로 연령대는 20대가 7명, 30대가 4명, 40대가 5명, 50대 이상이 9명이었다.
36) Goodall, H. Lloyd Jr. *Small Group Communication in Organization*, WM.C. Brown Publisher, 1990, pp.9 — 11.

다. 충성심이란 것은 조직의 목표와 목적을 수행하려고 하는 감정, 또는 수행경험에 의한 자신감과 만족감이다.

이상의 조직의 소집단에 기대하는 기본적 조건이 KSGI의 좌담회에서는 어떻게 충족되고 있는가. 첫째 조건인 출석의 경우 좌담회에서는 전원출석을 원칙으로 하고, 만약 사전통지가 없는 무단결석에 대해서는 折伏한 인도자나 가족 및 친척 혹은 간부 등이 개인적으로 만나 출석을 종용한다. 이른바 折伏을 한다. 둘째, 상호작용의 참가조건을 보면 좌담회의 참가자 전원에게는 각 구성 항목의 역할수행의 기회가 주어지도록 되어있다. 즉 참가자라면 누구라도 司会, 池田명예회장의 연설 낭독, 교학 강의, 레크리에이션, 체험담 등의 각 항목을 담당할 수 있고, 또 그러한 역할 수행을 하지 않는 참가자들도 「1분 대화」시간에 자신의 이야기를 하고 커뮤니케이션에 참여해 정보를 발신할 기회를 가지도록 되어있다. 셋째, 업무수행의 조건을 보면, 좌담회는 종교조직이라고 하는 조직적 특징을 갖고 있기 때문에, 일반조직내의 소집단과는 차이가 있다. 즉 좌담회는 일반조직과는 달리 「인격개조」와 「広宣流布」라는 비영리적이고 의식적 차원의 자기수행과 포교의 장이며, 또 개인에게 주어진 업무는 오직 자기완성이며 따라서 그것을 평가하는 객관적 기준도 없다. 따라서 중앙본부와 상부(지부, 권, 방면)는 좌담회의 평가에 대한 기준도 갖고 있지 않고, 사후결과에 대한 報告도 요구하지 않는다. 따라서 좌담회의 평가도 해당 반의 협의를 통해 자율적으로 실행되는 것이다. 넷째의 충성심의 조건에 대해 말하자면, 이것도 충성의 대상과 그 의미에 있어서 일반조직과 차이가 있다. 조직에의 충성과 조직의 목표와 목적을 수행하려고 하는 감정, 또는 그 수행경험에 의한 자신감과 만족감이라고 한다면, 좌담회의 참가자는 확실히 충성심을 갖고 있다. 그러나 좌담회의 참가자 모두가 KSGI라는 조직 그 자체에 충성심을 갖고 있는 것이 아니며, 조직도 충성보다는 그 대신에 信心을 요구한다. 그리고 池田 회장에의 감정도 충성심이라기보다는 진정한 신심의 길로 인도하는 스승에 대한 존경심일 뿐이다. 따라서 선생님이라는 호칭을 사용하는 것이다.

② 소집단에서의 公平性의 확보와 좌담회

대체로 인간집단 안에서 상호작용과 마찬가지로 소집단의 성원들도 목표달성을 위해서 상호작용을 하지만, 그 과정에서 각 성원의 공평성이 확보되지 않으면 그 상호작용 시스템은 제대로 작동되지 않고, 따라서 개인과 집단의 목표도 달성 하지 못한다. 집단은 공평성을 어기는 성원에게 制裁를 가하고, 또 공평성을 지키는 성원에게는 褒賞을 하는 등의 방법과 규범을 정하고 있다. 구달(Goodall)에 의하면 집단내의 상호작용의 공평성에 관한 네 개의 명제가 있다.[37] 첫째, 개개인은 자신의 수행 결과를 최대화(최소한의 수행에 의한 동등한 포상 기대)하려고 한다. 둘째, 집단은 성원에게 동등하게 나누어진 포상 시스템을 발전시켜 집합적 포상을 최대화 할 수 있고 또 타 성원을 동등하게 취급하는 성원에게는 포상을, 그렇지 않은 성원에게는 처벌(수행의 양이나 질을 높이기 위한 것 등)을 한다. 셋째, 성원 개인은 자신이 불공평한 관계에 참가하고 있는 것을 느끼고 있다면, 혼란 혹은 고민 상태에 빠진다.

---

37) ibid., p.58.

넷째, 자신이 불공평한 관계에 있다는 것을 느낀 성원은 그 혼란이나 고민을 제거하려고 한다.

이상의 명제는 원활한 소집단 활동과 목표달성을 위한 상호작용의 필수조건이지만, 좌담회 성원은 타 공식조직의 소집단과는 달리 평등한 신앙공동체 성원이기 때문에, 이러한 공평성 확보는 좌담회 그 자체의 存立条件이기도 하다. 좌담회의 공평성 확보의 근원은 池田 명예회장의 "仏法의 平等大恩의 빛을 비쳐 보면, 世間에서의 직업이나 학력, 지위 등의 차별이 완전히 제거된 세계가 펼쳐진다."[38]라는 연설에서 나타나져 있는 것과 같이, 불교의 평등이념에 근거하고 있다. 또 "좌담회는 가장 중요한 인간끼리 격려와 존경의 장으로, …서로 존경하는 자애의 장이 있어야만 한다."[39]는 것과 같이, 참가자에게는 타 성원에의 존경, 즉 평등의식은 신앙의 마음가짐이라고 여겨지고 있다.

이러한 불법의 평등이념에 의거하여 좌담회에서는 참가자 개개인의 일상생활에서의 사회적 지위뿐만이 아니라, KSGI내에서의 지위에 의한 차이도 일체 배제하도록 요구되고 있다. 즉 "어떤 지위에 있더라도 인간으로서는 평등한 입장이라는 것을 잊어서는 안 된다"[40]는 것이 강조되고 있다. 이러한 참가자의 공평성은 실제 좌담회의 구체적인 실천에도 반영되어 "되도록 많은 사람이 발언할 수 있도록 기획하는 것"[41]이 기획취지로서 요구된다. 좌담회는 전원참가를 목표로 하고 있지만, 이것은 장소에 참가하는 것만이 아니라 좌담회 활동의 참가도

---

38) 『座談会매뉴얼　좌담회 성공을 위한 참고자료』 p.70.
39) 상계서, p.71.
40) 상계서, p.54.
41) 상계서, p.41.

포함하는 것이다. 구성원은 사전 협의회에 참가하던지 아니면 각 활동 항목을 담당하게 된다. 그리고 어디에도 참여하지 않는 성원도 모두 「1분 대화」때에 발언하도록 되어 있다.[42] 따라서 회원은 좌담회의 각 활동을 직접 담당하지 않아도, 1분간이라도 발언할 기회가 있다는 것으로 공평성을 느낄 수 있도록 구성되어 있다.

③ 참가자의 청취태도

소집단 활동은 주로 대화적 상호작용으로 그것이 효율적으로 행해지기 위해서는 발언에 의한 참여뿐만이 아니라, 진솔한 청취태도도 요구된다. 소집단은 집단토론이라는 상호작용의 성격에 의해 참가자 대다수는 청취시간이 길다. 소집단 성원의 청취방식은 수동적 방식과 적극적 방식으로 나누어진다. 수동적 방식은 대화를 이해하려는 정신적 과정에 들어가지 않고 청취하는 것이며, 적극적 방식은 의식적으로 메시지의 의미를 이해하려는 것이다.[43] 소집단활동의 참가의미는 적극적인 청취와 발언에 있기 때문에 참가자의 적극적인 청취는 참가성원의 기본적 자세이다.

켈리(Kelly, C.)는 소집단참가자의 청취태도의 개선방식을 제시했다. 첫째는 나쁜 청취습관은 기억할 것, 둘째는 처음부터 청취하는 확고한

---

42) 경상북도 포항시의 「반 좌담회」는 사회자의 개회의 말에 이어, 「제목구창」 「池田선생의 고난사 낭독」「御書낭독」「교학발언」「레크리에이션」「체험담」 이 실시되고, 그 다음으로 모두가 발언하는 「1분 대화」의 시간이 있고, 마지막으로 「권장(圈長)의 인사」로 끝났다.

43) Goodal, op.cit, p.62.

자세를 갖출 것, 셋째는 육체적·정신적으로 들은 준비를 할 것, 넷째는 대화 당사자로서 타인에게 집중할 것, 타인의 이야기를 전부 들을 것 등이 있다.[44] 이것은 좌담회 참가자에게도 당연히 해당되는 것으로 좌담회에서도 청취자세의 중요성은 강조되고 있다. KSGI는 소단위의 懇談도 중시하고, 또 "대화, 간담에서 중요한 것은 잘 듣는 것"[45]을 강조하고 있다. 더욱이 이것은 참가자뿐만 아니라 "리더는 항상 개개인의 의견을 들으려고 하는 노력과 마음가짐을 가지지 않으면 안 된다"[46]라는 이케다 명예회장의 연설에도 나타나 있는 것과 같이 리더가 갖출 자세로서 강조하고 있다.

좌담회 참가자의 청취태도는 관찰조사에 의해 확인할 수 있었다. 관찰표 항목[47]중에서 「타인의 이야기에 집중하는가」, 「타인의 이야기에 반응의 제스처를 보이는가」를 측정했다. 그 결과 참가자 25명 중에서 수 분간 사적인 이야기를 하는 2명의 여성을 제외하고 나머지 참가자 전원은 시종일관 행사에 집중하는 반응을 보여주었다. 이것은 참가자들의 활동에의 집중도와 상호 응집도가 높다는 것을 의미한다.

---

44) ibid., p.62.
45) 『座談会매뉴얼　좌담회 성공을 위한 참고자료』 p.150.
46) 상게서, p.152.
47) 좌담회 성원의 태도 관찰표 항목은 베일즈(Bales R.F.)의 상호작용과정 분석표 (Interaction Process Analysis scoring sheet)의 평가항목[Tubbs,S.L:199]과 구달의 소집단성원의 단순평가표[Goodall : 278]를 참고하여 만든 것이다. 관찰항목은 「외견」「협동성」「시간엄수 정도」「발언의 정도」「청취집중 정도」「타인의 발언에 반응정도」라는 6항목으로 구성하여 각 항목을「상, 중, 하」의 3점 척도에 의해 측정하였다.
Tubbs, Stewart L. *A Systems Approach to Small Group Interaction*, Random House:New York.1984,p.199, and Goodal, op.cit., p.278.

④ 좌담회의 리더

집단 활동에 있어서 리더십은 그 집단의 운영의 효율성과 목적달성의 가부에 결정적인 영향을 주는 중요 요인이기 때문에 다양한 접근에 의해 연구되어 왔다.48) (13) 리더십에 대한 초기연구는 특성(traits)접근으로, 리더가 갖고 있는 내재적 성격(선천적 능력, 업적, 책임감, 참가능력, 소시오메트리(sociometry)적 위)을 밝히는 것을 지향하였다. 그러나 이 접근은 개인적 특성이 없는 퍼스널리티(personality)에 너무 한정지었다는 한계를 갖고 있어 50년대부터는 리더의 행동에 영향을 받는 집단의 상황과 구조에 초점을 맞춘 상황적(situational) 접근이 중시되었다. 그리고 리더십의 기능에 관해서 벌바(Verba, S)는 「집단의 목표달성」과 「집단의 유지·강화」의 기능을 들어 그것을 수단적(instrumental) 리더십과 정서적(affective) 리더십으로 부르고, 또한 베일즈와 슬레이터(Bales & Slater)는 소집단에서의 리더의 기능에 의해 업무성취를 재촉하는 업무 지향적(task) 리더와 성원의 사회 정서적 욕구를 충족해주는 사회 정서적 (social emotional) 리더를 구분하였다. 한편, 리더의 집단운영에 개입과 영향력에 의해 「권위주의적 리더」와 「민주주의적 리더」로 구분하고, 또 리더의 집단 활동에서의 행동의 유연성 정도에 따라서 「독재적(autocratic)」, 「서포트적(supportive)」, 「민주적(democratic)」, 「참여적(participative)」, 「자유 방임적(Laissez faire)」스타일의 리더로 나누기도 한다.49)

---

48) 리더십에 관한 연구로서는 특성(traits)접근, 스타일(styles)접근, 상황(situational) 접근, 기능적(functional)접근, 우연성(contingency)접근, 기대(expectancy)접근, 목표 경로(path goal)접근 등의 연구들이 제시되어 왔다.

49) Goodal, op.cit., p.134.

이러한 집단 리더의 기능과 집단 활동에의 개입이나 영향력에 의한 리더십의 유형을 보면, 좌담회의 리더와 리더십은 다음과 같은 특징을 갖고 있다. 첫째, 좌담회의 리더는 공식조직에서의 리더처럼 좌담회 활동의 운영이나 관리에 대해 개인적인 책무나 책임을 지는 것 같은 공식적 규칙은 없다. 좌담회 운영은 일단 班長이 중심이지만, 반장의 좌담회에의 개입은 매우 한정되어 있어 매월 좌담회의 기획 즉 일시, 장소 그리고 내용구성이나 담당자의 결정은 반 협의회에서 정해진다. 또 각 좌담회에는 운영 중심자(대체로 반장이지만 고정적은 아니다)가 있지만, 그 역할은 「사전에 참가회원의 상황을 파악하고, 당일 참가자에게 지도나 격려를 하는 것」, 「명랑하고 즐거운 분위기 양성」, 「참가자로부터의 질문이나 의견에 대한 대답 준비」, 「다음 좌담회까지의 참가자 개개인의 목표와 실천 확인」, 「사후 경우에 따라 특정 참가자에 대한 개인적 상담 준비」[50]이다. 즉, 리더로서의 운영 중심 역할은 조직에서의 직위(반장, 지구장) 혹은 長期 회원이 수행하도록 되어있으나, 그 자격은 개인적 특성이나 퍼스낼리티라기 보다는 직위, 경험 그리고 성원의 동의라는 상황과 경우에 의해 결정되기 때문에 운영 중심자는 고정되어 있는 것이 아니다.

둘째, 리더의 기능에서 보면 좌담회 리더에게는 「수단적 리더십」보다도 「정서적 리더십」이 요구되고, 업무―지향적 리더라기보다는 사회정서적 리더 쪽이 바람직하도록 되어있다. 좌담회도 「広宣流布」, 「인간혁명」이라는 목표나 수단이 있지만, 이 목표의 성격상 그 중심자에게

---

50) 『座談会매뉴얼 좌담회 성공을 위한 참고자료』, pp.43―44.

는 적극적으로 새로운 방향을 제시하고 상호작용을 이끌어내는 것보다는, 집단성원들의 긴장이나 갈등을 해소하고 사기를 높이는 사회 정서적 리더십이 적합한 것이다. "간부에게 동료들를 생각하는 강한 일념이 있다면, 모두가 고민하는 것, 바라는 것을 반드시 알 수 있을 것…」[51]이라고 하는 이케다 명예회장의 연설에서 나타나 있듯이 좌담회 중심자는 마음이 통하는 인간관계를 구축할 수 있는 人間性, 즉 불법에 의한 깊은 인간성이 가장 필요하다. 요컨대 집단의 유지·강화를 위한 사회 정서적 리더십이 우선적으로 요구되는 셈이다.

셋째, 리더의 유형으로서 좌담회의 중심자는 기본적으로 「민주적 리더」여야만 한다. 좌담회 리더의 권위주의적 태도는 仏法으로도 禁忌이고, 확고한 信心을 갖고 회원의 이야기를 잘 듣고, 인도하고, 격려하는 것이 요구된다. 따라서 좌담회의 중심자는 독재적이어서도 안 되고 자유방임적이지도 않으며, 운영과 내용의 구성은 협의회를 통해 민주적 행동에 의해 수행하고, 또 좌담회활동에서는 상호작용의 과정에 임의로 개입하지 않는 단순한 참여적 행동을 한다. 그렇지만 문제해결을 원하는 회원에게는 개별적 접촉에 의한 信心의 지도나 고민 해결을 도와주는 서포트적 행동도 한다.

(4) KSGI회원에게 있어 좌담회의 의미

KSGI는 본래 「信仰 証明과 教学의 場」으로서 출발한 좌담회에 「개인의 계몽과 信心 증진을 위한 교류의 장」, 「慈愛의 장」, 「人間革

---

51) 상계서, p.12.

命을 위한 진실한 대화의 장」이라는 포괄적인 의미를 두고, 그것을 하나의 社会運動으로 승화하려고 한다. 이러한 KSGI조직의 좌담회의 의미부여에 대해서, 회원들은 그것을 어떻게 받아들이고 있는 것인가? 그것을 확인하기 위해 회원들에게 「좌담회에 대한 認識」과 「좌담회에서 추구하는 것」, 그리고 「이야기 내용」에 관한 설문조사를 실시하였다.52)

첫 번째, [좌담회에서 실제로 행해지고 있는 것]에 대한 문항에서, 회원들은 「교학과 실천에 관한 가르침」(93.3%), 「체험담」(87.6%), 「일상 생활담」(87.1%)에는 대체로 「동의」하는 비율은 매우 높았지만, 한편으로 「봉사활동 및 여가활동」(42.0%), 「정치·사회·문화 등의 활동」(29.3%)에는 동의하는 비율도 상대적으로 높게 나타났다. 이것은 실제로 좌담회에서 행해지고 있는 커뮤니케이션에는 종교적 정보뿐만이 아니라, 일상생활세계에서의 사건도 포함하고 있다는 것을 나타낸다. 물론 일상생활에서의 사건에 관한 이야기도 종교적 체험과 연결시키는 경우도 많지만, 실제 참여관찰에서 한 참가자는 종교성이 없는 자신의 직장에서의 단순한 실수 이야기를 하여 참가자들을 웃게 하는 경우도 있었다. 이것은 회원들이 실제로 좌담회에서 행하는 커뮤니케이션 내용에는 종교적 세계뿐만 아니라, 일상생활 세계에서의 사건도 포함하고 있는 것을 나타내고 있는 것으로, 따라서 좌담회라는 공간은 회원에게 있어서는 「신성한 세계와 속세가 공존하는 장소」 혹은 「종교적 세계와

---

52) 설문조사는 2004년 5월과 2005년 3월에 두 번 실시하였다. 두 번 모두 회원명부(지역별 회원의 분포 수 기재)에 의한 비율적 샘플링을 했으며, 첫 번째 샘플링의 수는 850명, 2번째 샘플링 수는1061명이다. 설문지 배부와 회수는 KSGI본부를 경유해서 실시하였다.

현실 세계를 매개하는 장소」라는 의미를 갖고 있는 것이다. 물론 속세의 사건을 신성한 세계로 승화하는 역할은 주로 리더나 장기 회원이 하고 있다. 참가자의 일상생활의 사건에 관한 발언내용은 상호 커뮤니케이션 과정을 통해서 종교적 의미가 부여되어 신성한 이야기로 승화되는 한편, 경전의 가르침도 일상사에 적용됨으로써 좌담회는 聖俗이 공존하는 세계가 되는 것이다.

둘째, 설문조사에서는 참가회원의 좌담회에서 얻은 것이 무엇인가를 확인했다. 「교학·실천공부」(90.4%), 「고민·스트레스해소」(67.1%), 「가족과 같은 친밀감」(78.7%)에 동의하는 비율이 높았지만, 「육체적 고통의 해소 혹은 병의 치유」(25.3%), 「경제적 도움」(24.1%)에 동의하는 비율은 낮게 나타났다. 회원의 대다수가 좌담회에서 교리와 실천을 배우고 있다고 인식하고 있고, 좌담회 활동에 의해 정신적 문제를 해결했다고 생각하는 사람도 많았다. 이것은 좌담회가 정신적 문제해결 집단으로서의 기능도 충실히 수행하고 있다는 것을 나타내고 있다. 그러나 이 결과에서는 본래 신종교의 특징 중의 하나인 현실세계에서의 구제, 즉 「병의 치유나 육체고통의 해결」, 「경제적 문제해소」 등의 현실 지향적 구제의 기능은 그다지 발휘되고 있지 않다는 것과, 회원들의 그것에 대한 기대감도 낮은 것을 알 수 있다. KSGI의 활동 초기에는 참가자에게 있어 좌담회는 주로 병의 치유나 빈곤해소와 같은 속세내적 구제와 自然成仏과 같은 속세 외적 顯証의 메커니즘으로서 의미를 갖고 있었지만, 현재 좌담회는 정신적 안정이나 인격개조와 같은 심리적·정서적 안정과, 평화의 실현과 같은 사회적 실천의 장으로서 의미가 강해졌다고 할 수 있다.

셋째, 하나 더 여기서 주목해야 할 것은 「가족수준의 친밀감」을 느낀 비율이 매우 높다(78.7%)는 것이다. 물론 종교집단은 성원의 집합의식에 의해 구성되어, 성원간의 친밀감은 높겠지만, 이 수치는 다른 어떠한 종교조직이나 집단성원의 공동체의식보다도 좌담회 성원들 간의 친밀감이 높다는 것을 나타내고 있다. 이것은 좌담회의 성원들 간에게는 인간적인 유대가 강하고, 따라서 좌담회는 일종의 일차집단의 성격을 띠고 있다는 것을 의미한다. 이 좌담회의 일차적 인간관계를 확인해보기 위해, 두 번째 설문조사에서는 성원들 간의 인간관계에 대한 상호인식을 측정해 보았다. 측정은 「참가회원 누구에게도 사적인 이야기를 할 수 있다」(73.1%), 「참가회원에게는 자신의 가족과 같은 감정을 갖고 있다」(74.0%), 「참가회원을 신뢰하고 의존한다」(70.8%), 「기쁨과 슬픔을 나눈다」(84.2%)와 같은 항목이었지만, 모든 항목에서 높은 비율을 보였다. 이것은 가족의 기능약화, 정서적 인간관계의 상실이라는 현대사회에 있어 좌담회가, 참가회원들에게는 일차집단의 대안적 기능(alternative function)을 하는 집단임을 의미하는 것이다. 실제 관찰에서 한 발언자는 이성문제나 부모와의 불화 이야기를 주저하지 않고 말하고, 참가자는 모두 거기에 집중하고 반응을 보여주었다. 이것은 참가자들이 서로 신뢰하고 거기서 해결책을 얻을 수 있다는 기대감을 갖고 있는 심리적·정서적 依存処로서 좌담회를 받아들이는 것으로, 참가자 서로가 상대를 일차집단의 가족성원과 같이 「의미있는 타자(meaningful others)」로서 의식하고 있다는 것을 의미한다.

(5) 요약 및 결론

KSGI의 성장요인은 전술한 바와 같이 教学과 法華経에 이끌렸다라고 하는 종교적 誘引 要因도 있겠지만, 조직의 운영체제와 활동방식, 외부환경에의 적응방식이라는 조직적 요인도 크게 작용하고 있다고 생각된다. KSGI의 [조직운영의 현지화], [의례·의식의 단순화], 그리고 자율적으로 인간적 관계를 회복을 추구하는 [소집단으로서의 좌담회 활동] 등은 종교의 합리화 현상의 한 가지 사례로서 들 수 있을 것이다. 이러한 KSGI의 합리화의 이념적 근원은 무엇보다도 「形式에서의 脫皮」라는 実質主義에 있다고 생각된다. 이 실질주의는 戸田 2대 회장의 「形式主義를 버리고 実質主義로」라는 방침에서부터 池田 명예회장의 「형식을 타파한 자유롭고 활발한 小会合…」[53)]에 이르기까지 강조되고 있다.

좌담회 역시 이런 실질주의에 기초하여 종교집단의 형식적 의례·의식의 성격을 탈피하고, 広宣流布라는 업무 — 지향적이면서도 인간성 회복과 사회적 문제해결 기능을 하는 소집단의 성격을 띠고 있다. 그리고 그 공간은 단순한 종교적 신앙공간이 아니라 가르침을 일상사에 풀어서 습득하고, 또 일상사에 종교적 의미를 부여하는 커뮤니케이션이 성립되는 신성 세계와 세속 세계가 공존하는 독특한 공간인 것이다.

특히 좌담회는 평등성에 의거하여 전원참가나 활동을 추구하고, 참가자에게는 허심탄회한 환경을 제공하는 함으로써, 참가자 전원은 공동체

---

53) 『座談会매뉴얼   좌담회 성공을 위한 참고자료』 p.74.

의식이 강해지고, 인간적 관계와 신뢰의 네트워크를 구축하게 한다. 이러한 좌담회의 성격을 보면, 형식적 위계의 관료조직, 규범의 구속성, 가족기능의 해체 등 병리적 환경에 놓여진 현대인에게 있어 매력적일지도 모른다. 특히 한국사회에서 KSGI회원의 수적 증가의 원인 중 하나는 좌담회의 소집단적 기능, 즉 좌담회활동 안에서 구축된 일차적 인간관계에 있다고 생각된다. 이와 같은 종교적 소집단으로서의 좌담회 특유의 기능은 특히 한국인의 사회적 성격과 밀접한 관계가 있다고 생각된다. 즉 한국인의 문화적 아이덴티티 중 하나로 이웃과의 친숙한 관계 구축을 추구하는 「지역공동체 의식」 혹은 「공간적 친밀성」이 강하다는 사회적 성격을 가지고 있다. 요컨대 본래 한국인의 사회적 성격 중에는 이웃사람에게 「감정을 풀고 관계를 넓힌다」 혹은 「거리낌 없는 관계로 만든다」라는 의식이 강하였지만, 근대화가 진행됨에 의해 당연히 이와 같은 공간적 친밀함의 추구는 조금씩 무너지고, 또 억압되어왔다. 그러나 이 지역적 공간적 친밀함의 추구는 한국인의 문화적 아이덴티티로서 잠재하고 있어서, 자율성이나 일차적 관계를 제공하는 좌담회는 이 본능을 충족하는 대안적 집단으로 기능 한다고 볼 수 있는 것이다. 이것은 [활동에의 전원참가와 평등성]이라는 좌담회의 성격이 한국인의 사회적 성격과 어느 정도 친화감이 있다는 것을 의미한다.

또 하나, 한국인의 사회적 성격에는 内集団意識이 강하다는 것을 들 수 있다. 어떠한 집단이나 지역, 민족도 내집단의식을 갖고 있겠지만, 한국인의 경우 내집단의식은 특히 강하여 현대의 공식조직체 안에서도 혈연, 학연, 지연에 의한 비공식적 결사체를 만드는 경향이 강하다. 물론 그 비공식적 결사체는 이차적 인간관계(the secondary human relation)

속에서, 일차적 인간관계를 추구하는 목적으로 결성된다. 이는 성원에게는 정서적 자연적 인간관계를 제공하고, 성원은 그것을 개인적 사회적 문제를 해결하는 장으로서 이용한다. 이러한 한국인의 일차적 인간관계 지향의 사회적 성격은, 참가자 간의 상호의존, 신뢰라고 하는 일차적 인간관계의 아래에서 개인문제 해결을 추구하는 좌담회 활동과 친화성을 가지고 있다는 것을 부정할 수 없을 것이다.

이상과 같이 좌담회가 KSGI의 성장에 중요 요인임에는 분명하다. 그러나 KSGI가 日本系 宗敎인 이상, 한국에서 활동을 위해서는 해결해야만 할 근원적인 문제가 있다. 즉, 아직 대다수의 한국인들은 KSGI를 배척해야만 할 왜색 종교의 하나로 인식하고 있다는 점이다. 이런 점은 불교의 보편성 주장이나 SGI의 활동의 세계성에 의해서는 극복하기 힘든 뿌리 깊은 역사적 반일감정에 의한 것이다. 물론 KSGI는 법화경의 보편성을 강조함으로써 일련정종의 제도종교화를 꾀하고 있고, 또 경전이나 가르침의 한국어화(현재는 제목구창만은 일본어 발음으로 하도록 재조정하였다)와, 신전구성에 있어서 일본식의 제거(본존은 변함이 없다) 등의 탈―일본화를 추구하고 있다. 한편 「나라를 사랑하는 큰 축제」, 독도영유권 문제에 대한 반일집회와 같은 행사를 통한 민족의식을 강화함으로써 KSGI의 토착화도 시도하고 있다. 그럼에도 불구하고 KSGI가 일본계 종교라는 점, 그리고 일본정부의 여당으로서의 공명당의 존재는 배일감정을 넘어선 제도종교로서 KSGI가 한국에서 정착하기에는 방해물일 수밖에 없다.

다음으로 좌담회가 가지고 있는 문제점도 지적할 수 있다. 확실히 좌담회는 KSGI의 성장의 근원이다. 좌담회는 신성한 세계와 세속적

세계가 공존하는 공간으로, 이것이 아노미 상태에 놓여져 있는 현대인의 기댈 곳이 될 수 있다는 점은 전술한 바와 같다. 그러나 이러한 좌담회의 신성한 세계와 일상생활 세계와의 공존에는, 항상 본래의 종교성이 약화 내지 상실될 위험을 안고 있는 것이다. 요컨대 좌담회에서의 일상세계 지향의 정도가 지나치면, KSGI의 종교적 아이덴티티 그 자체가 흔들릴 수 있다. 좌담회와 KSGI의 활동에서 얻어진 일상적 이익이 없다고 판단한 회원이 탈퇴한 사례도 있다는 지역간부의 증언에서도 알 수 있듯이, 좌담회의 현실 지향성이 정도를 지나치면, 참가자의 관심도 목적도 일상세계에 치우쳐 본래의 종교적 목적을 경시하는 일종의 「종교적 목적과 일상적 목적과의 轉置現象」이 일어날 위험이 있고, 그것은 종교적 소집단으로서의 좌담회의 존립의미를 상실하게 하는 것이 될 것이다.

또한 좌담회의 운영에 있어서는 갈등해소의 문제도 남아있다. 현재 좌담회에서 갈등의 해결은 운영 중심자의 자율적 능력에 맡겨져 있다. 그러나 이러한 자율적인 갈등해결 방식의 효율성은 당연히 문제가 될 수 있다. 왜냐하면, 친밀한 소집단이면 일수록, 그리고 깊은 이야기를 하면 할수록 개인 간에 미묘한 심리적 갈등이 생기기 쉬운 것이 현실이기 때문이다. 물론 KSGI에 의하면 이러한 좌담회의 종교성의 약화문제와 심리적 갈등문제를 해결할 길은 이미 정해져 있다. 즉 그것은 다른 것이 아닌 信心의 強化이다. 그러나 좌담회 참가자는 신심단련의 과정 중에 있는 회원이 많고, 따라서 신심에 의해 그런 갈등을 극복하기에는 한계가 있을 것이다. 따라서 이런 문제를 해결하기 위한 보다 합리적이고 체계적인 소집단적 규범이나 메커니즘이 필요할 것이라고 생각된다.

제3장 국내 주요
일본계 종교 신자들의 특성
－수량적 조사를 중심으로－[1]

1. 조사 디자인

(1) 조사 목적

80년대에 들어와서부터 88올림픽, 한일월드컵, 한일우정의 해 등 정부와 민간차원에서의 일본과의 관계개선을 위한 일련의 노력들, 그리고 6자 회담과 같은 한일공동의 협력과 협조가 필요한 일련의 사태들은, 역사왜곡문제, 독도문제, 일본의 정치인들과 우익 인사들의 망언 등과 같은 갈등 속에서도, 일본에 대한 우리들의 인식의 틀을 서서히 변화시

---

1) 이 부분은 2004년 9월부터 1년간 실시된 학술진흥재단의 기초연구과제 수행 (과제번호:KRF－2004－072－BS2051) 중 실시한 국내 일본계 종교 신자들의 설문조사를 통해서 얻은 분석결과 중에서 발췌, 정리한 한 것이다.

컸고, 또 일본문화의 수용도 점차 확대되기 시작하였다. 이런 분위기에 편승하여 국내의 일본계 종교의 활동도 두드러지게 된다. 이미 국내에 자리 잡고 있던 종교들은 이제는 표면적으로 활동할 수 있는 법적 근거만이 아니라, 개방적인 사회적 분위기에 편승하여 보다 적극적으로 포교활동을 전개하기 시작하였고, 또 국내 진출하지 못한 종교들도 새로이 국내에 거점을 만들기 시작하였다.

세계화가 진행되고 문화다원주의가 보편적 가치로서 등장하게 됨으로써, 일본계 종교에게 있어 이제 한국은 반일감정이라는 두꺼운 벽에 쌓인 금단의 영역이 아니라, 매력 있는 종교시장으로서 공격적인 포교의 대상이 된 것이다. 이런 일본계 종교의 국내 활동의 변화는 조직의 확대와 신자 수 증가라는 수치로도 나타나고 있다. 여기서는 이런 국내에서의 일본계 종교의 확산에 대해, 국내 수용자들의 인구학적 속성, 입신계기와 목적, 신앙심 정도, 그리고 그들의 가치관과 생활태도에 대한 수량적 분석을 통하여 현재 국내 일본계 종교의 한국 종교문화에서의 차지하는 위치를 확인하고자 한다.

(2) 조사대상 및 표본추출 방법

설문대상인 일본종교 수용자는 교단별로 다양한 규모를 가지고 있다. 140만 명의 한국SGI를 비롯하여 작게는 50여명의 금광교까지 설문대상 교단의 신자 규모의 차이가 있으며, 또 15개 교단의 20여개 이상의 교파로 인해 일본신종교의 신자라는 동일 속성을 가진 모집단이기는 하지만, 모집단의 성격의 차이가 격심하여 일률적인 표본 추출은 불가능하였다. 따라서 설문조사의 표본 추출은, 다음과 같은 방식을 복합적으로 이용하였다.

설문의 대상은 각 일본종교의 신자들로 하며, 표본 추출방식은 각 교단의 신자 수의 편차가 심한 관계로, 대규모 교단(신자 수 1만 명 이상)의 경우에는 비율적 표본(proportionate sample)으로 하여, 구체적인 표집방법으로서는 다단계 집락표집(multi-stage cluster sampling)을 하였다. 따라서 대규모 교단의 경우에는 통계적 절차와 방식에 따른 처리를 하고 그 유의도를 제시하였다. 대규모 표집에 해당되는 교단으로서는 한국SGI불교회(N=1,061명), 그리고 광명회(N=205명), 그리고 천리교한국교단(N=222명)으로서, 해당 교단에 대해서는 비율적 표본추출이 가능하였다. 한편 소규모 교단(1만인 이하)의 경우에는 비비율적(disproportionate) 표본으로 하여, 행사에 참여한 신자들 모두에게 설문조사를 하였다. 따라서 소규모 교단의 경우에는 기술통계(descriptive statistics)만을 제시하며 그 유의도는 제시하지 않았다. 소규모 교단의 표본의 총수는 480명으로 총 표본 수는 1,968명이다.

(3) 설문구성

다음과 같은 조사내용에 따라 설문을 구성하였다.

첫째, 일본종교 수용자들의 인구학적 속성 파악이다. 여기서는 기본적으로 성별, 연령, 가족상황을 확인하며, 또 그들의 한국사회에서의 사회적 지위를 파악하기 위하여, 직업, 학력, 수입 등의 문항을 통해 사회-경제적 지위 지수를 측정하였다.

둘째, 일본종교로의 개종 전의 상황과 입신계기의 확인이다. 여기서는 객관적 상황으로서의 경제적, 문화적 상황을 측정하고, 그리고 주관적으로 기성종교에 대한 심리적, 정신적 태도를 측정하며, 수용 또는 개종의 계기를 파악하였다. 특히 개종의 계기 파악에는 필요할 경우에는 설문과 함께 추가 보충자료 수집을 위해 심층인터뷰도 실시하여 구체적인 체험담에 대한 조사를 실시하였다.

셋째, 본 조사에서 주요 초점을 두고자하는 신자들의 価値観에 대한 조사이다. 가치관이란 인간이 자기를 포함한 세계나 그 속의 만물에 대하여 가지는 평가의 근본적인 태도나 보는 방법을 말한다. 여러 가지 행동이나 사물에 대한 우선순위를 결정함에 있어서, 是非, 善悪, 正誤, 当否 등을 판단하는 기준이 되는 인간의 문화적 사회적 심리적 관념체계의 조직화되고 내면화된 정도의 판별을 뜻한다.

가치관 조사를 위한 설문문항은, 사회적 가치에 대한 자평가 측정이다. 즉 현재 한국 사회의 각 제도에 대한 평가, 한국사회의 시급한 사회문제에 대한 생각을 측정한다.

넷째, 일본계 종교 신자들의 행동 및 태도에 대한 측정이다. 우선, 자신의 행동 및 태도에 대한 평가를 측정한다. 즉 규범적 행동 평가, 인내와 절제심 평가, 언어구사 능력 평가, 활동성 평가, 희생성 평가, 환경적응력 평가, 결단력 평가이다. 그 다음으로 신자들의 生活満足度를 측정하고자 한다. 생활만족도에 대한 연구는 대개 선행변수로서 객관적 환경에 초점을 맞추는 경향이 있다. 그러나 여기서는 사회적 외부적 요인과 내면적 심리적 요인으로 나누어서 측정하게 될 것이다. 사회적 외부적 요인이란, 그 개인의 생활만족에 영향을 주는 외부 환경적 요인을 말한다. 따라서 경제적, 사회적 조건에 대한 만족과 인간관계 요소와 같은 사회적 자원에 대한 문항을 설정하여 특정하게 될 것이다. 한편, 내면적 심리적 요인은 개인의 personality적 요소를 말한다. 측면에의 측정으로 나누어서 행할 것이다. 여기서는 개인들의 생활만족에 [心理的 資産(psychological resource)이 설명 함수가 될 것이라는 점에 착목한 것이다. 대체로 생활만족도에 영향을 주는 심리적 personality 요소로는 자아ー존중감(self-esteem), 통제감(locus of control), 종교성(religiosity), 심리적 저항(psychological reactance), 우울증(depression), 그리고 기질적 분노(trait-anger) 등[2]이다. 이 가운데 일반적으로 가장 많이 논의되고 관심을 가지고 있는 것이 자아ー존중감과 통제감이다. 자아ー존중감은 생활만족도에 긍정적인 관계가 있는 것으로 일반적으로 측정되며, 그리고 내적 통제감은 긍정적인 기여를 하는 것으로, 외적 통제감은 부정적인 관계가 있는 것으로 보고되어왔다. 따라서 본 연구의 수용자 설문조사에서도 자아ー존중감, 통제감을 조사 항목으로 하여 측정문항을 설정하였다. 즉 자기존재에 대한 자기평가이다. 스스로 자신의 존재감 평가, 자신의 독립심 평가, 행복감 평가, 사회활동 평가라는 문항을 구성하여 측정하는 것이다.

---

2) Hong, Sung-Mook&Effy Giannakopoulos. 1994. "the Relationship of Satisfaction with Life to Personality Characteristics." *Journal of Psychology,* 128:547-558.

2. 기술통계 분석결과

본 연구에서의 설문조사의 1차원적 분석결과는 기본적으로 기술통계 결과를 제시할 것이지만, 필요에 따라서 다음과 비교분석의 결과도 제시할 것이다. 즉 日本系 宗敎 신자의 분석결과를 필요에 따라 한국 갤럽에서 행한 [韓國人의 宗敎와 宗敎意識][3]의 분석결과와 비교할 것이며, 한편 국내 일본계 종교 중 주요교단(한국SGI, 천리교한국교단, 광명사상보급회, 세계구세교)에 대한 교단별 비교도 할 것이다.

구체적으로 본 연구에서의 신자 설문조사는 다음과 같은 목적에 따라 분석결과를 제시하려고 한다. 첫째, 한국내 일본 계종교 신자들의 인구학적 속성과 그들의 사회의식, 태도 및 행동유형을 특성을 밝히려는 것이다. 따라서 기본적으로 이런 목적에 따라 작성된 설문문항의 각 응답에 대한 기술적 통계결과를 제시한다.

둘째, 한국내 일본계 종교 신자들의 특성을 밝히기 위해서 한국의 기성종교 신자들의 종교의식과 態度 및 행동의 속성과 비교해 볼 필요가 있다. 따라서 본 조사결과를 제시하는데 있어서도 한국 갤럽의 한국인의 종교와 종교의식에 관한 조사결과를 비교함으로써 국내 日本系 宗敎신자의 특성을 좀 더 구체적으로 확인하고자 한다. 한국 갤럽에서는 1984년부터 2004년까지 4차례에 걸쳐 [한국인의 종교와 종교의식]에 관한 종단적 조사를 하여 그 결과를 발표하였다. 본 연구 프로젝트는 한국내 日本系 宗敎 신자의 意識 및 態度변용에 관한 조사를 주테마로

---

3) 한국 갤럽에서는 1984년, 1989년, 1997년 그리고 2004년에 걸쳐 한국인의 종교와 종교의식에 대한 종단적 조사를 행해왔다.

하고 있으므로 한국 갤럽의 조사결과와의 비교를 통해 국내 日本系 宗教 신자들의 특성을 파악하는데 상당한 도움이 될 것이라고 생각하여 필요한 부분에 한해서는 한국 갤럽의 조사결과와 비교한다.

셋째, 국내에 유입된 日本系 宗教는 그 역사뿐만 아니라 현재의 성장규모에 있어서도 질적, 양적인 차이를 보여주고 있다. 현재 한국SGI처럼 불교, 개신교, 천주교에 이어 양적으로 세 번째 위치에 있을 정도로 규모가 큰 교단이 있는가 하면, 한편으로는 金光教나 辯天宗처럼 소수 몇 명이 모여서 명맥을 유지하는 정도의 교단도 있다. 본 연구에서는 접촉이 가능한 모든 교단신자들에게 설문조사를 행하였으나, 그 중에서 한국의 종교문화에 상당한 영향을 미치고 있다고 판단되는 대규모 교단에 대한 조사결과를 중심적으로 다루고자 한다. 즉 수적으로 비교적 대규모 교단에 속하는 한국SGI, 광명회(光明思想普及会=生長の家), 韓国天理教 그리고 世界救世教(浄霊会=いづのめ教団)에 대한 조사결과는 국내 日本系 宗教의 유형별 특징을 확인하기 위해서 비교를 하고자 한다.

이처럼 본 연구의 설문조사는 첫째, 日本系 宗教신자들의 인구학적 속성 및 각 연구문항에 대한 기술적 통계 결과와 분석을 하며, 둘째, 인구학적 속성 및 각 연구문항 중에서 국내 日本系 宗教 신자들의 성격을 밝히는데 필요하다고 생각되는 문항에 대한 통계처리 결과는 한국 기성종교 신자들의 조사결과와 비교할 것이다. 셋째, 국내 日本系 宗教 중에서 한국종교문화에 상당한 영향력을 미치고 있을 정도로 역사가 깊고, 규모가 큰 교단에 대해서는, 국내에서 日本系 宗教 교단의 유형을 확인하기 위해 교단간의 비교결과로 제시한다.

(1) 일본계 종교 신자들의 인구학적 속성

日本系 宗教 신자들의 인구학적 속성으로서는 성별, 연령, 혼인여부, 학력, 직업, 그리고 가족의 월평균 수입을 다루었다. 총 표본 수 (N＝1,968명)에 대한 인구학적 속성의 분석 결과는 다음과 같다.

① 성별

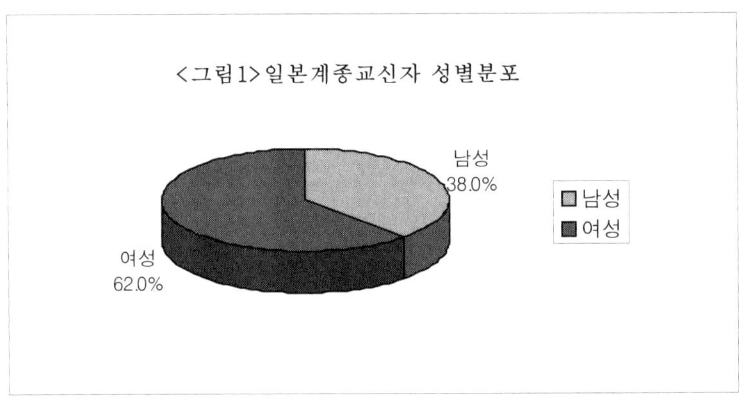

조사 대상자의 성별 분포는 여성이 61.9%(n=1,205), 남성이 38.0% (n=740)으로서 여성신자의 비율이 높았다. 이 수치를 한국 전체 성인들의 종교인구 분포와 비교해보면 크게 차이는 없다. 즉 일본계 종교 신자나 한국의 기성종교 및 기타종교 인구와 비교해 볼 때 한국 갤럽의 조사에 의하면 2004년도 한국 전체 종교 인구는 남성이 차지하는 비율은 41.0%, 여성이 59.0%로 일본계 종교 신자의 성별 비율과 큰 차이를 보이지 않는다. 즉 종교 인구에 있어서 여성이 차지하는 비율이 남성보

다 조금 높게 나타난다.[4]

<표1> 한국갤럽 종교인구조사 중 성별비율 변화표[5]

성별 \ 연도	1989년%(빈도)	1997년%(빈도)	2004년%(빈도)
남 성	40.7%(396)	37.8%(286)	41.0%(328)
여 성	59.3%(579)	62.2%(470)	59.0%(472)
합 계	100.0%(972)	100.0%(756)	100.0%(800)

② 연령

(a)일본계 종교 신자 전체의 연령분포

일본계 종교 신자의 평균 연령은 41.92세(최소값=12, 최대값=86)이며, 연령대별 분포를 보면 다음과 같다.

---

4) 한국 갤럽의 조사에서 종교분포에 관한 응답범주는 불교, 개신고, 천주교, 기타, 그리고 무교와 결측 항목으로 나누어져 있다. 여기에 日本系 宗教 신자는 기타종교에 해당되기도 하지만, 기성종교 범주 특히 불교범주에 포함되어있을 가능성을 배제할 수 없다. 왜냐하면 日本系 宗教 중에서 특히 불교계 신종교 신자들의 경우(한국SGI, 일련정종, 입정교성회, 본문불립종, 태양회) 스스로를 불교신자로 간주하고 있기 때문에 갤럽 조사의 대상이 되었을 경우 당연히 불교신자로 응답하였을 가능성이 크기 때문이다. 한편 日本系 宗教 중에서는 민간신앙 내지 神道系 종교(천리교, 세계구세교, 금광교, 선린교)는 기타종교의 범주에 해당될 것이다.

5) 위 도표는 한국갤럽의 『韓国人의 宗教와 宗教意識』에 대한 종단적 조사 (1984년, 1989년, 1997년, 2004년) 결과에 의거하여 작성한 것이다.

<표2>일본계 종교의 연령대별(갤럽기준)분포

연령대	빈도	유효퍼센트	누적퍼센트
24세 이하	189	9.8	9.8
25－29세	202	10.5	20.3
30－39세	494	25.7	46.0
40－49세	526	27.4	73.4
50세이상	512	26.0	100.0
합　계	1923	100.0	

일본계 종교신자 중 40대가 차지하는 비율이 27.4%로 가장 높았고, 그 다음이 50대 이상(26.6%), 그리고 30대(25.7%)의 순이었다.

(b)기성종교 신자의 연령분포

한편 한국 갤럽의 2004년 조사에 의하면, 종교를 가진 사람 802명 (N=1500)중, 종교를 가진 대상자를 연령대별로 분류해보면, 50세 이상이 259명(32.3%), 40～49세가 186명(23.2%), 30～39세가 179명(22.3%), 18～24세가 102명(12.7%), 25～29세가 76명(9.5%)의 순서이다. 갤럽의 89년, 97년, 2004년도의 조사결과를 바탕으로 연령대별 종교인구의 변화를 보면 다음과 같다.

<표3> 갤럽조사의 연령대 분포

연령대 ＼ 연도	1989년빈도(%)	1997년빈도(%)	2004년빈도(%)
18－24세	71(7.3)	105(13.9)	102(12.7)
25－29세	127(13.0)	72(9.5)	76(9.5)
30－39세	263(27.0)	197(26.0)	179(22.3)
40－49세	227(23.3)	149(19.7)	186(23.2)
50세이상	287(29.4)	233(30.8)	259(32.3)
합　계	975명(100.0)	756(100.0)	802(100.0)

이상의 갤럽조사 3회(1989, 1997, 2004)의 연령대 분포와 국내 일본계 종교 신자의 연령대 분포(2004년)를 비교하면 우선, 갤럽의 3차례 종단적 조사에서 나타난 종교 신자의 연령대별 분포의 의미 있는 변화는 보이지 않는다. 즉 3차례 조사 모두에서 50세 이상이 차지하는 비율이 가장 크다.

(c)기성종교와 일본계 종교 신자들의 연령분포 비교

한편 이런 갤럽의 기성종교 신자와 일본계 종교 신자의 연령대별 분포와를 비교해보면, 일본계 종교 신자의 경우 50세 이상이 26.6%로 상대적으로 적고, 30대(25.7%)와 40대(25.4%)가 차지하는 비율이 상대적으로 높게 나타난다. 이것은 일본계 종교가 한국의 불교, 개신교, 천주교와 같은 기성종교에 비해 젊은 층의 신자가 차지하는 비율이 상대적으로 다소 높다는 것을 말해주는 것이라고 할 수 있다. 이런 수치상의 차이는 일본계 종교가 청장년층의 욕구나 기대에 대한 일종의 충족 능력이 기성종교보다 뛰어나다는 점을 말해주는 것이며, 그것은 현실지향성, 욕구충족의 즉각성이라는 일본종교의 일반적인 특성이 한국 청장년층의 종교에 대한 바램이나 기대에 부합한다는 것을 반증하는 것이라고 볼 수 있다. 이런 갤럽의 종단적 조사에서의 종교인구의 연령대별 분포와 일본계 종교 신자의 2004년 조사에서의 연령대별 분포를 비교한 것이 <그림2>이다.

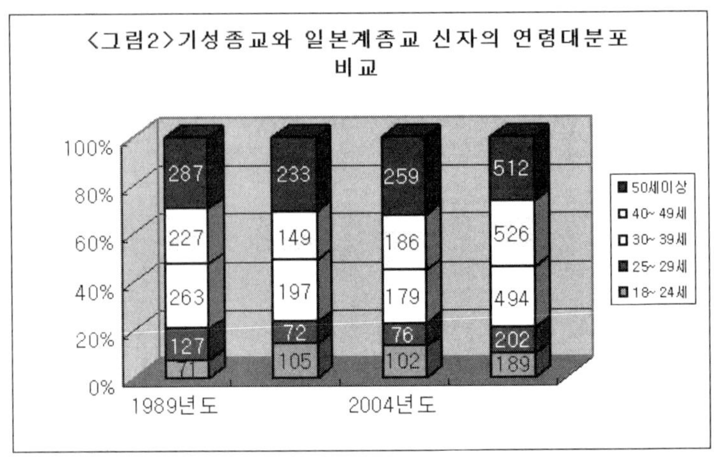

③ 혼인여부

표본 대상자들의 혼인여부는 기혼, 미혼, 그리고 독신(이혼, 사별, 별거 포함)이라는 세 가지 범주로 나누어 측정하였으며, 유효대상자 1,933명 중 기혼이 1,307명(68%), 미혼이 528명(27%), 독신이 98명(5%)의 분포를 보이고 있다.

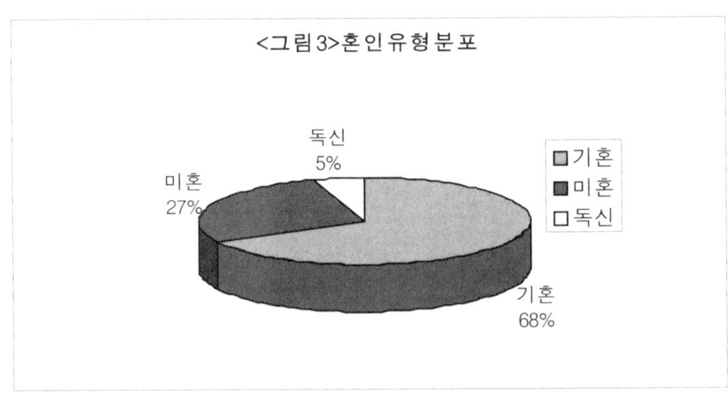

④ 학력

(a)일본계 종교 신자 전체의 학력분포

<표4> 학력분포

	빈도	퍼센트	유효퍼센트	누적퍼센트
중졸이하	225	11.4	11.8	11.8
고졸(재학포함)	610	31.0	32.1	43.9
전문대졸(재학포함)	295	15.0	15.5	59.4
대졸이상(재학포함)	773	39.3	40.6	100.0
합 계	1,903	96.7	100.0	

대재이상(전문대포함)이 대상자 전체의 56.1%(1,068명)를 차지하고 있다. 일본계 종교 신자들의 학력은 평균적으로 고학년인 것으로 나타났다. 일반적으로 한국에 수용된 주요 일본계 종교는 신종교로 분류된 것들이며, 이런 신종교는 특히 신자들의 욕구해소 대처방식에 있어 기성종교들과 구분된다. 즉 기성종교의 경우에 있어서도 치병을 목적으로 의식을 행하는 경우가 많지만, 특히 신종교는 이러한 치유 의식을 일반적인 개념이상으로 보다 엄밀하게 설명하고, 신자로부터의 의문에 철저하게 대처하고 있다는 점이다6). 물론 이런 의식이나 의례에 있어서의 의문에 대처하는 방식에 있어서도 신종교는 과학적인 검증 방식도 이용하고 있다. 그런 점에 있어 신종교 신자들의 학력이 높다는 것은 이런 의례, 의식에 대한 논리적인 설명이 그들에게 거부감 없이 수용되는 개연성이 높다는 점을 보여주는 것이라고 할 수 있다.

---

6) 이노우에노부다카(井上順孝)에 의하면, 신종교는 신자들의 여러 체험 보고를 정보로서 축적하고, 어떤 국면에도 대답할 수 있는 논리를 단련해감으로써 신자들의 욕구에 대한 해답을 그 자리에서 확인할 수 있게 해 준다는 것이다.

(b)기성종교 신자들의 학력분포

한편 갤럽의 2004년 조사에 의하면 한국 기성종교 신자들의 학력분포는 다음과 같다. 기성종교 신자 787명 중 불교신자(n=365)의 학력이 가장 낮고, 개신교(n=321)와 천주교(n=101)는 상대적으로 고학력이며, 양 종교 간의 학력 간 차이에 있어서는 큰 차이는 없었다.

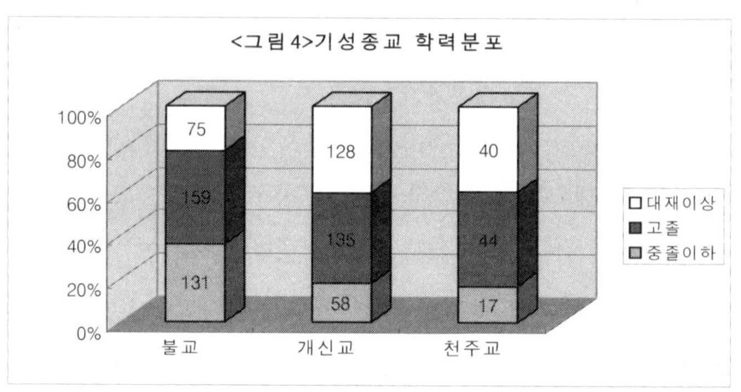

(c)기성종교와 일본계 종교 신자 간의 학력분포 비교

기성종교와 日本系 종교 간의 학력을 비교하면 다음과 같다.

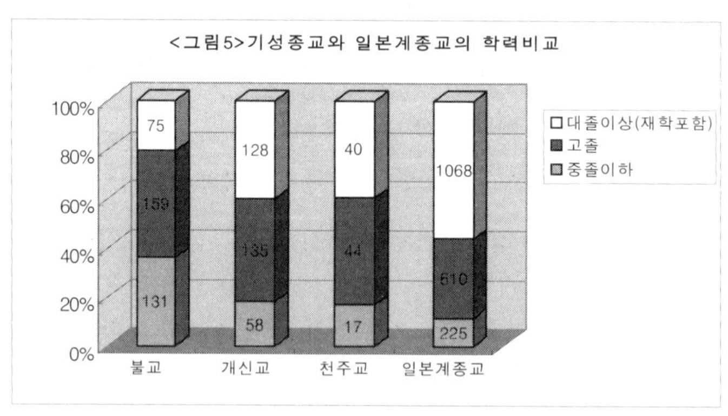

2004년 갤럽 조사에서는 기성종교 신자는 887명 중에서 243명 (27.39%)이 대재이상으로서, 이에 비해 일본계 종교 신자는 1,068명 (56.12%)이 대재이상으로서 약 30%의 차이를 보여준다. 즉 일본계 종교 신자들이 한국의 기성 종교들보다 고학력 신자가 차지하는 비율이 월등하게 높게 나타난 것이다. 국내 기성종교 중에서는 불교신자의 학력이 가장 낮은 것으로 나타났으며(중졸이하 35.9%, 고졸 43.6%, 대졸이상 20.5%), 그 다음이 천주교(중졸이하 16.8%, 고졸 43.6%, 대졸이상 39.6%), 개신교(중졸이하 18.1%, 고졸 43.6%, 대졸이상 39.8%)의 순서이지만, 천주교 와 개신교 간의 차이는 근사치였다.

⑤ 직업분포

(a)일본계 종교 신자 전체 직업 분포

국내 일본계 종교 신자 전체의 직업별 분포(n=1,915명)를 보면, 전업 주부가 27.2%(520명)로 가장 많고, 그 다음이 전문/자유직 12.0%(230명), 그리고 자영업 11.1%(212명)의 순서였다. 특히 직업분포에서 주목할 만한 것은 교육직이 7.0%(135명)으로 의외로 높은 비율을 차지하고 있었으며, 한편 학생도 7.9%(151명)로서 높은 비율을 보여주고 있다.

<표5> 일본계 종교 전체 직업 분포표

	빈도	유효퍼센트	누적퍼센트
전업주부	520	27.2	27.2
판매원	24	1.3	28.4
자영업(상점)	212	11.1	39.5
서비스종사원	61	3.2	42.7
기능/숙련공	58	3.0	45.7

일반사무원	150	7.8	53.5
일반공무원	47	2.5	56.0
교육직	135	7.0	63.0
전문/자유직	230	12.0	75.0
경영관리직	71	3.7	78.7
학생	151	7.9	86.6
무직/기타	256	13.4	100.0
합　계	1,915	100.0	

(b)기성종교 신자의 직업분포

한편 갤럽의 2004년 조사에서 기성종교 신자들의 직업분포는 다음과
같다.

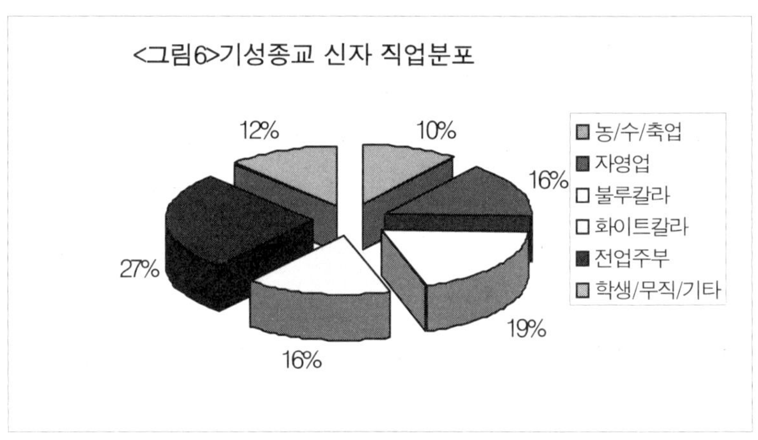

종교인구 중 여성이 차지하는 비율이 높다는 것은 기성종교(여성
59%)나 일본계 종교(62%)에서 나타난 바와 같다. 한국 기성종교 신자들
의 직업분포(n=787명)에 있어서도 전업주부가 차지하는 비율이 27%(210
명)로 가장 높았다. 그 다음이 블루칼라로서 19%(151명)이었다. 그러나

갤럽의 조사에 있어 직업분포는 세분화되어있지 않고, 크게 6범주로
나누어서 조사하였으므로 세부적인 직업별 특징은 나타나지 않는다.

⑥ 소득 수준

(a)일본계 종교 신자 전체 월수입

일본계 종교 신자들의 월수입 분포를 보면 다음과 같다. 전체 대상자
(n=1,812)중 99만원 이하가 9.9%, 100~199만원이 25.7%, 200~299
만원이 28.8%, 그리고 300만원 이상이 35.6%로 300만원 이상이 차지
하는 비율이 가장 높았다.

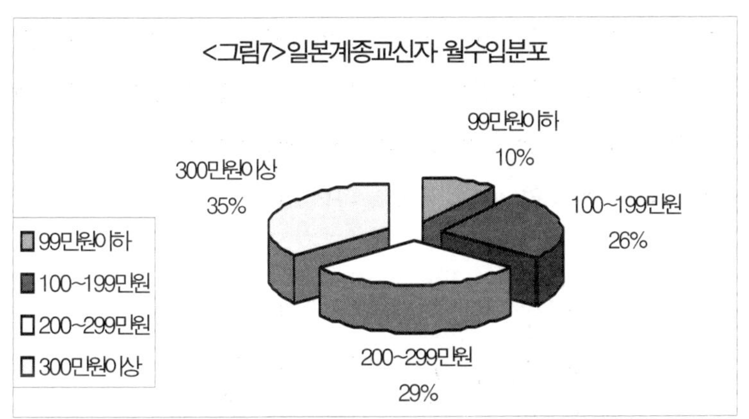

(b)기성종교 신자들의 월수입

한편 한국 기성종교 신자들의 월수입을 보면, 개신교 신자의 월수입
이 가장 높은 것으로 나타났다. 월 300만원 이상이 개신교가 48.1%(154명),
천주교가 43.6%(44명), 그리고 불교는 26.0%(95명)으로 가장 낮았다.

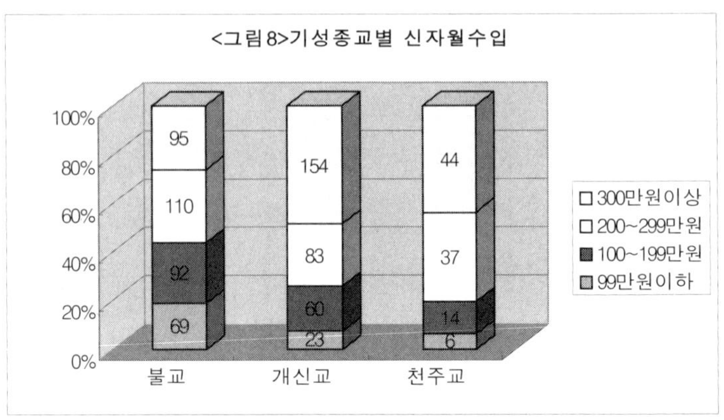

(c)기성종교와 일본계 종교 신자의 월수입 비교

한국 기성종교와 일본계 종교 신자들의 월수입을 비교해보면 다음과 같다. 일본계 종교 신자 전체의 월수입 중 300만 원 이상은 36.65%(646)로서 기성종교 중 개신교(48.1%)와 천주교(43.6%)보다 낮으며, 불교(26.0%)보다는 월등히 높은 것으로 나타났다.

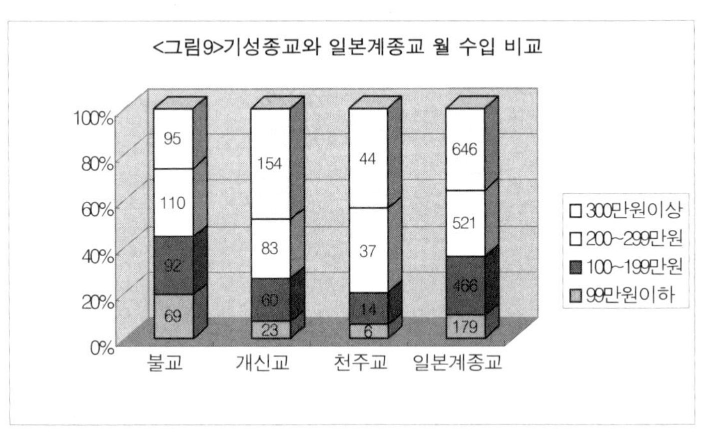

(2) 일본계 종교 신자들의 종교의식

① 입신기간

일본계 종교가 한국에 들어 온 것은 1893년의 천리교와, 1912년의 本門仏立宗, 1931년의 金光教, 그리고 1943년의 세계구세교처럼 일제 강점기에 들어온 교단이 있는가 하면, 한편으로는 1953년의 靈友会, 1963년 日蓮正宗, 1970년 광명회(生長의 家), 1973년 善隣教, 1978년 立正佼成会, 1979년 辯天宗 등 해방 이후에 들어온 교단으로 구분된다.

해방 전에 들어온 교단들 중 본문불립종은 조선 왕실과의 관계를 가지고 있었으나, 해방과 함께 승려들을 통해 겨우 명맥을 유지해오다가 70년대 후반부터 일본 본부와 다시 연결됨으로써 정상화를 시도하고 있다. 또 금광교의 경우 해방이 되자 국내 신자들이 사라졌고, 1989년 일제 강점기 신자이던 李元圭(1900~1969)의 아들인 이진구를 일본교단 본부에서 찾아내어 다시 활동을 재개한 경우이다. 한편 천리교의 경우 일제 강점기 당시 한국에서 상당한 국내 신자를 확보하고 있었고[7], 해방 후 정규 교학 과정인 [朝鮮教義講習所]를 수료한 국내 출신자들이 남아서 그들 나름대로 명맥을 유지하여 왔다.

이처럼 한국에서의 활동 역사가 오래된 교단의 경우 신자 중에는 상당히 오랫동안 신앙 활동을 해 온 사람들이 많다. 한편, 세계구세교처럼 해방 전에 들어왔으나, 최근 다시 활동을 전개한 경우에는 신자들

---

7) 1940년 국내의 천리교 교회 수는 208개 이었고, 신자들을 일본인 신자를 포함하여 약20만 이상이었을 것이라고 추정하고 있다.
高野友治, 『天理教伝導史X(海外篇)』, 天理時報社, 1975, p.21－22.

상당수의 신앙기간은 짧은 것으로 나타난다.

(a)일본계 종교 신자 전체의 신앙기간

국내 일본계 종교 신자들의 전체 신앙기간 분포를 보면 다음과 같다. 전체 조사대상자(n=1,945명) 중 입신한지 11년 이상이 된 장기적으로 신앙생활을 한 경우가 10~19년이 29%(563명), 20년 이상이 35%(693명)로 입신한지 10년 이상인 장기적 신앙자가 64%(1,256명)로 압도적으로 많았다. 이것은 설문조사 대상자가 정기 집회나 의례 의식에 참석하는 비교적 성실한 신앙생활을 하고 있는 신자들이라는 점을 감안하더라도 조사대상자의 상당수가 지속적인 신앙생활을 하고 있다고 볼 수 있다.

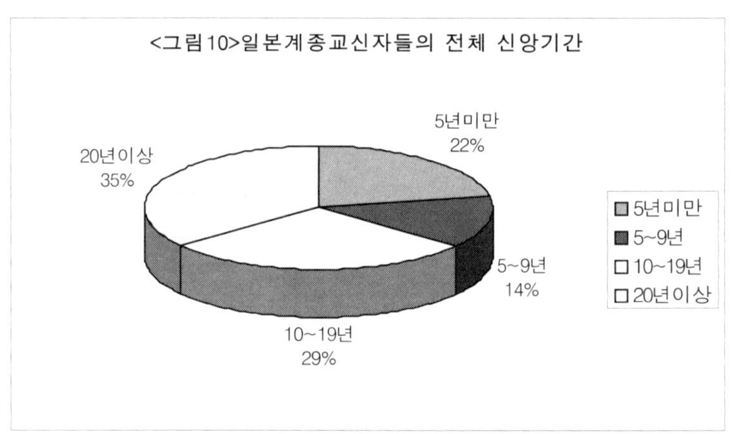

(b)기성종교 신자들의 신앙기간

기성종교의 신앙기간에 있어서는 20년 이상 신앙생활을 하고 있다고 답한 사람이 불교가 55.2%(202명), 개신교 50.8%(163명), 천주교 45.1%

(46명)의 순서였다. 한편 5년 미만의 신앙생활을 하고 있는 경우에는 천주교가 17.6%(18)로 상대적으로 개신교 10.6%(34), 불교 8.5%(31명)보다 높게 나타났다. 이것은 천주교의 최근 5년간의 교세확장과 관련이 있는 것으로 보인다.

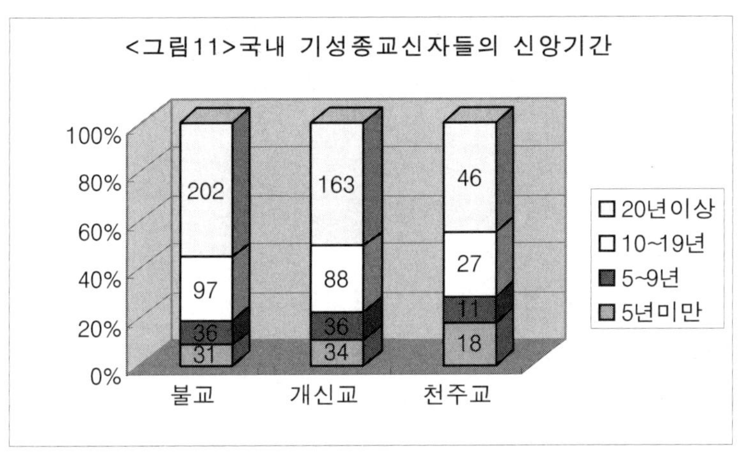

(c)기성종교와 일본계 종교 신자 간의 신앙기간 비교

한편 기성종교와 일본계 종교 신자들의 신앙기간을 비교해 보면 다음과 같다. 일본계 종교 신자 중 20년 이상 신앙생활을 하는 사람의 비율은 기성종교보다 상대적으로 낮게 나타났다. 또한 5년 미만과 5~9년에 있어서도 일본계 종교 신자들의 비율이 상대적으로 기성종교 신자들보다 높게 나타났다. 이것은 80년대 이후 일본계 종교의 국내에서의 성장과 밀접한 관련이 있는 것으로 보인다.

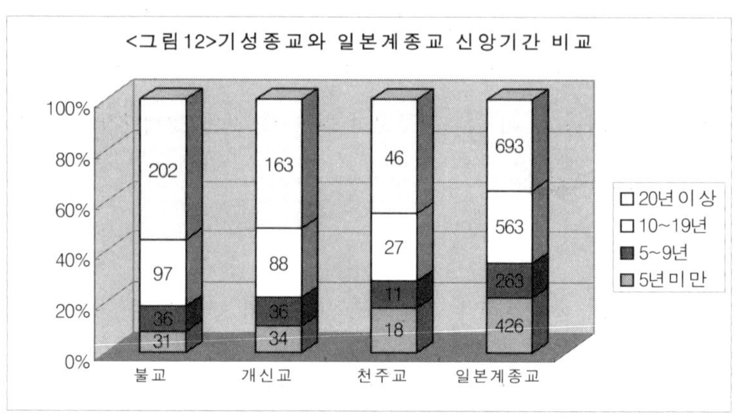

② 개종경험(이전 종교)

(a)일본계 종교 신자 전체의 개종경험

국내 일본계 종교 신자들의 해당 종교에 입신하기 전에 종교, 즉 개종 유무를 묻는 문항에 대해서 유효 응답자 1,935명 중 47.8%(925명)가 이전에 종교가 있었다고 답하였다. 그리고 그 중에 이전 종교가 어떤 것인가에 대한 질문에 대해서는 유효응답자 914명 중 불교가 62.7% (573명)로 압도적으로 많았으며, 개신교가 22.5%(206명), 천주교가 10.3%(94명), 그리고 기타종교가 4.5%(41명)의 순서였다. 이전 종교로서 불교가 많은 것은 국내의 일본계 종교 중에는 法華経 계통(일련종)의 신종교 즉 본문불립종, 일련정종(한국SGI 포함), 입정교성회가 있고, 또 真言宗 계통의 진여원 등이 있기 때문이다. 그 외에 일본계 종교들 중도 기본적으로 불교를 배척하는 교단은 기독교 계통의 신종교 즉 예수御霊(イエスのみたま)교회나 기독동신회 뿐이며 나머지 교단들은 불교를 수용하는 습합적 態度를 지향하고 있다.

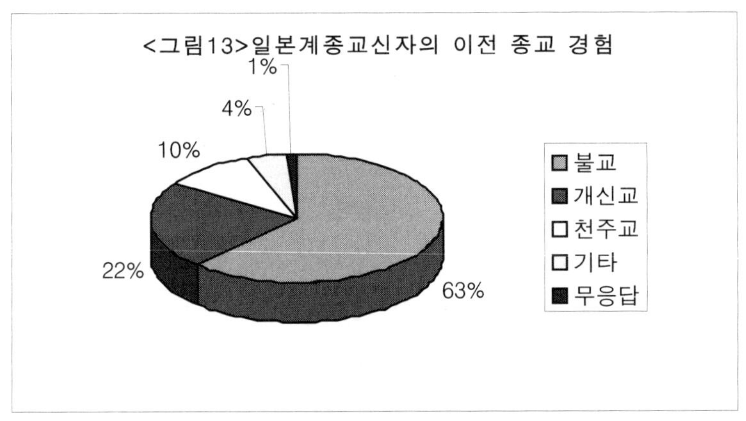

(b)기성종교 신자들의 개종경험

국내 주요 기성종교 신자들 중에 16.2%(130명)가 개종의 경험을 가지고 있는 것으로 나타났다. 그 중 불교 신자 366명의 경우 이전에 다른 종교를 가진 경험이 13.2%(48명), 개신교 신자는 321명 중 14.5%(46명)가, 그리고 천주교 신자는 101명 중 28.1%(28명)이 개종을 경험하고 있는 것으로 나타났다. 한편 개종 경험자들 중에 이전에 가졌던 종교로는, 불교 신자 중 개종 경험자 48명 중 78.9%(38명)가 개신교로부터 개종하였고, 18.0%(9명)가 천주교로부터, 그리고 3.0%(1명)은 기타종교로부터 불교로 개종한 것으로 나타났다. 개신교 신자 46명 중에는, 70.0%(32명)가 불교에서, 22.9%(11명)는 천주교로부터, 7.1%(3명)는 기타종교에서 개신교로 개종한 것으로 나타났다. 천주교신자 28명 중에서는 34.4%(10명)가 불교로부터, 59.2%(16명)는 개신교로부터, 그리고 6.5%(2명)는 기타종교에서 천주교로 개종한 경험이 있는 것으로 나타났다.

<표6> 기성종교 신자들의 이전 종교

현재종교 \ 이전종교	불교(%)	개신교(%)	천주교(%)	기타종교(%)
불교		38(78.9)	9(18.0)	1(3.0)
개신교	32(70.0)		11(22.9)	3(7.1)
천주교	10(34.4)	16(59.2)		2(6.5)
기타종교	2(36.8)	4(63.2)		

(c)기성종교와 일본계 종교 간의 개종 경험 비교

기성종교의 경우 개종 이전의 종교로서는 불교신자인 경우 이전 종교로서는 개신교가 78.9%로 가장 많고, 개신교는 이전 종교로서는 불교가 70.0%, 그리고 천주교의 경우 이전 종교로서 개신교가 59.2%로 가장 많았다. 한편 일본계 종교에서는 개종한 경우 이전 종교로서 불교가 63%(573명)로 가장 많았으며, 특히 국내 일본계 종교가 대개 불교계와 민간신앙계가 중심이라는 점을 감안할 때 개신교에서 일본계 종교로 개종한 경우가 22.5%(206명)라는 것은 의외의 수치라고 할 수 있다.

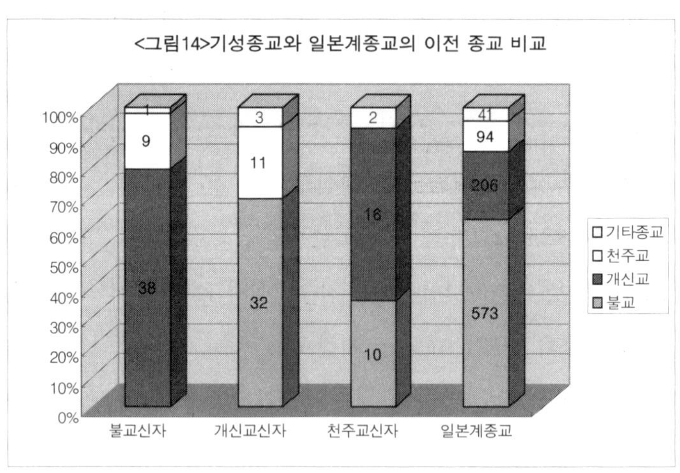

③ 타종교에 대한 態度

지금까지 국내의 일본계 종교에 대해서는 역사적 반일감정으로 인해 왜색종교, 심지어 사이비종교로 간주되기도 하였고, 사회적으로 배척되었음은 물론 법적으로 제재[8]를 받은 경우도 있었다. 따라서 일본계 종교는 이런 한국인과 한국사회의 정서에 반하지 않도록 대처하기도 하며, 또 신자들도 한국사회에 대한 저항감이나 기성종교에 대한 반대적 입장을 일체 보이지 않았다. 한편, 전술한 바와 같이 국내 진출한 일본계 종교들은 대다수가 타 종교에 대한 배타적 입장을 취하는 교단은 없으며, 다른 종교와의 습합을 특징으로 하는 일본신종교들이므로 국내 다른 종교나 교단에 대해 비판적이거나 저항적인 態度는 취하지 않는 것으로 알려져 있다. 다만 자신들 교단내의 분파나 파벌에 대한 대립적 입장은 일본에서와 마찬가지로 대립과 갈등은 있는 것으로 보인다. 따라서 일본계 종교 신자들은 한국 종교에 대해서 배척하거나 완전한 거부는 하지 않는 것으로 보인다.

일본계 종교 신자들의 국내 다른 종교에 대한 態度 조사결과는 다음과 같다.

(a)일본계 종교 신자들의 입신 후 타종교 방문 경험

입신 후 타종교를 방문 또는 의례, 의식에 참여한 경험에 있어서는

---

8) 예를 들면 1964년 1월 17일 동아일보의 "창가학회 정체는 이렇다"라는 기사가 나온 후, 당시 문교부장관명의의 성명서에서 창가학회를 "반민족적, 반국가적 단체"로 규정하고 그 포교와 활동을 금하였다. 이에 치안국도 의법 조치할 방침을 세운다. 이에 대해 창가학회는 1966년 행정소송을 제기하여 기각 당하였다.

29.8%(428명)이 '그렇다', 그리고 70.2%(1010명)가 '아니다'라고 응답하였다.

(b)일본계 종교 신자들의 방문한 타 종교단체

입신 후에 방문한 타 종교에 대해서는 유효 응답자 395명 중 사찰(절)이 58.7%로 가장 많고, 교회(25.1%)나 성당(11.9%)에도 방문한 경험이 상당히 높은 것으로 나타났다.

<표7> 방문한 종교단체명

	빈도	유효퍼센트	누적퍼센트
사찰(절)	232	58.6	58.6
교회	100	25.3	83.8
성당	47	11.9	95.7
점, 사주, 철학관	7	1.8	97.5
기타종교	10	2.5	100.0
합　계	396	100.0	

(c)일본계 종교 신자들의 타 종교 방문 횟수

타종교 단체나 행사에 참여한 횟수는 유효 응답자 388명 중에 '정기적으로 간다'라고 답한 사람이 8.8%(34명)이며, '가끔 간다'가 45.9%(178명), '한번 가본 적이 있다'가 45.4%(176명) 이었다.

<표8> 방문 횟수

	빈도	유효퍼센트	누적퍼센트
정기적으로 간다	34	8.8	8.8
가끔간다	178	45.9	54.6
한번 가본 적이 있다	176	45.4	100.0
합　계	388	100.0	

한편 정기적으로 다니는 사람(34명) 중 사찰(절)에 다닌다는 사람이 19명으로 가장 많았고, 가끔 간다는 사람(165명) 중에도 사찰이 122명으로, 한번 가 본적 있다는 사람(159명) 중에도 사찰이 67명으로 가장 많았다.

<표9> 방문횟수 * 방문한 종교 단체명 교차표

			방문한 종교 단체명					
			사찰(절)	교회	성당	점,사주, 철학관	기타 종교	전 체
방문 횟수	정기적으로 간다	빈도	19	8	6		1	34
		%	9.1%	8.9%	13.3%		11.1%	9.5%
	가끔간다	빈도	122	22	15	3	3	165
		%	58.7%	24.4%	33.3%	50.0%	33.3%	46.1%
	한번 가본 적이 있다	빈도	67	60	24	3	5	159
		%	32.2%	66.7%	53.3%	50.0%	55.6%	44.4%
전 체		빈도	208	90	45	6	9	358
		%	100.0%	100.0%	100.0%	100.0%	100.0%	100.0%

(d)일본계 종교 신자들의 기성 종교(불교, 개신교, 천주교)에 대한 평가

일본계 종교 신자들의 국내 기성종교에 대해 어떤 평가를 내리는가에 대한 응답은 다음과 같다. 불교에 대해서는 유효응답자 1400명 중 '무난하다'라는 응답이 60.0%(840명)이며, 부정적(매우 나쁨, 나쁨)인 응답이 합하여 18.1%(253명)이고, 긍정적(매우 좋음, 좋음) 응답이 합하여 22.0%(307명)로서 긍정, 부정이 비슷하였다. 개신교에 대한 평가에서는 유효응답자 1340명 중 '무난'이 44.6%(597명), 부정적이 47.7%(604명), 그리고 긍정적으로 생각한다는 응답이 7.4%(103명)로 상당히 부정적으

로 생각하는 경향이 강하였다. 천주교에 대한 평가에서는 유효응답자 1353명 중 '무난'이 62.0%(839명), 부정적이 17.1%(232명), 그리고 긍정적이란 응답이 20.8%(282명)로 개신교보다는 다소 긍정적으로 평가하는 경향이 강하였다.

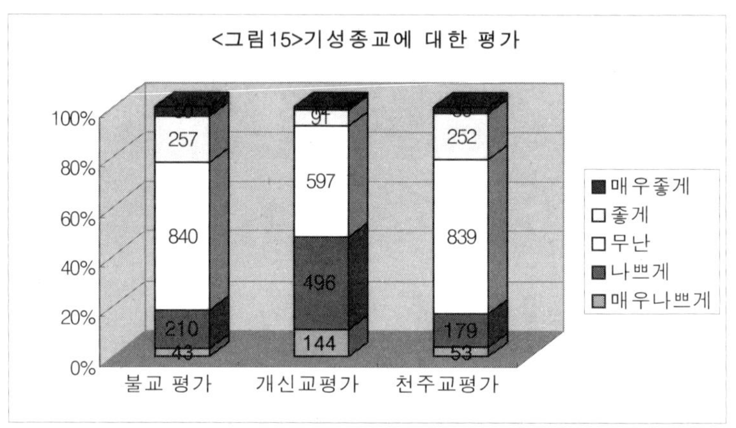

<e>일본계 종교 신자들의 타종교에 대한 불만 이유

한편 기성 종교에 대한 불만 이유를 묻는 문항에서는 유효응답자 1,331명 중에 '목사, 승려, 사제 등에 대한 불만'이 27.0%(359명)로 가장 많았고, 그 다음이 '헌금이나 시주에 대한 불만'으로 22.3%(297명), 이어서 '설교나 법문에 대한 불만'이 19.8%(264명)의 순서였다. 즉 일본계 종교 신자들은 국내 기성종교에 대한 불만으로서 첫째가 승려, 목사, 사제 등에 대한 불만과 헌금이나 시주 등 금전에 대한 불만을 갖고 있는 것으로 나타났다. 금전에 관한 불만은 종교단체에서 종종 보이는 현상이지만, 사제나 법문, 설교에 대한 불만은, 국내 기성종교의 司祭

中心的인 權威主義的 組織構造와 経典 中心的 敬虔主義에 대한 불만으로 보인다. 왜냐하면 국내 일본계 종교 대다수가 탈—사제주의와 현실 지향적 의례, 의식9)을 강조하고 있기 때문이다.

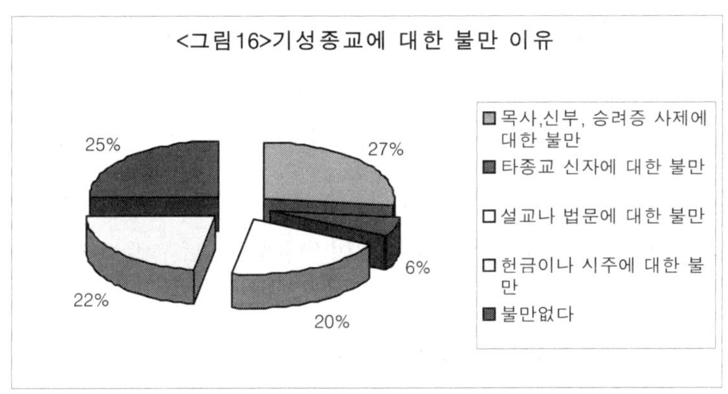

④ 가족종교

(a)일본계 종교 신자 전체 가족종교

일본계 종교 신자 중 가족의 종교에 대한 질문에 대해서는 다음과 같은 응답이 있었다. 우선 '직계가족도 같은 종교 신자이거나 회원인가?'에 대해서 유효응답자 1,463명 중 85.4%(1250명)가 '그렇다'고 답하였고, '아니다'가 14.6%(213명)으로 직계가족이 같은 종교 신자나 회원인 경우가 많았다.

---

9) 예를 들면, 가장 규모가 큰 한국SGI 불교회의 경우, 원래는 일련정종의 평신도들의 조직이어서 승려가 없는 조직이며, 의례, 의식도 한국문화와 대립하지 않는 형식을 취하고 있다.

(b)기성종교 신자들의 가족종교

기성종교 신자들 중 같은 종교를 가지고 있는 비율은 다음과 같다. 불교의 경우 父의 73.8%(270명, n=366), 母의 80.6%(295명, n=366)가, 그리고 배우자의 74.4%(227명, n=305)가 같은 불교 신자이거나 신자였던 것으로 나타났다. 한편 개신교의 경우, 父의 47.4%(152명, n=321), 母의 59.7%(192명, n=321)가, 그리고 배우자의 60.4%(139명, n=230)가 같은 개신교 신자이거나 신자 였던 것으로, 그리고 천주교의 경우, 父의 28.9%(29명, n=101), 母의 80.6%(명, n=81)가, 그리고 배우자의 74.4%(57명, n=76)이 같은 천주교 신자이거나 신자였던 것으로 나타났다.

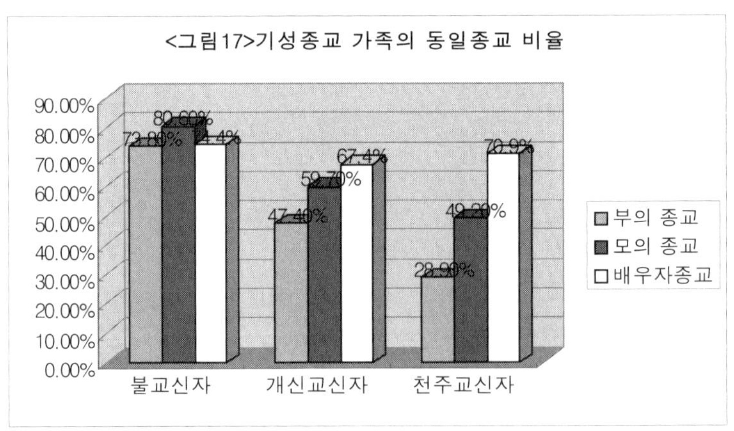

⑤ 해당종교로 인한 가족간의 갈등 유무

일본계 종교 전체 신자들에게 '당 종교로 인한 가족 간의 갈등이 있었는가?'에 대한 응답(n=1,457)으로는, '있다'가 25.1%(366명), '없다'

가 74.9%(1091명)이었다.

<표10> 해당 종교활동으로 인한 가족간의 갈등

	빈도	유효퍼센트	누적퍼센트
있다	366	25.1	25.1
없다	1091	74.9	100.0
합계	1457	100.0	

(3) 일본계 종교 신자들의 행동 및 태도

① 입신 후의 변화

입신 후의 변화에 관해서는, 첫째, '모든 일에 자신감이 생겼다', 둘째, '병이 나앗거나 건강해졌다', 셋째, '가족들의 건강과 하는 일이 잘 되었다', 넷째, '경제적으로 이전보다 나아졌다', 다섯째, '주위사람들과 화목하고 친해졌다', 여섯째, '사회활동과 봉사활동에 더 적극적으로 참여하게 되었다'라는 항목을 구성하여 응답을 구하였다.

그 결과 응답자 중 자신감은 86.5%(1,274명, n=1,472)이, 치병과 건강함은 61.6%(906명, n=1,471)가, 가족 건강과 순탄함은 67.2%(989명, n=1,471)가, 경제적 형편은 65.7%(967명, n=1,471)가, 화목과 친근함은 75.1%(1,105명, n=1,472)가, 그리고 봉사활동은 68.1%(1,000명, n=1,469)가 '그렇다'고 답하여 모든 항목에 상당한 변화가 나타났다고 응답하고 있다.

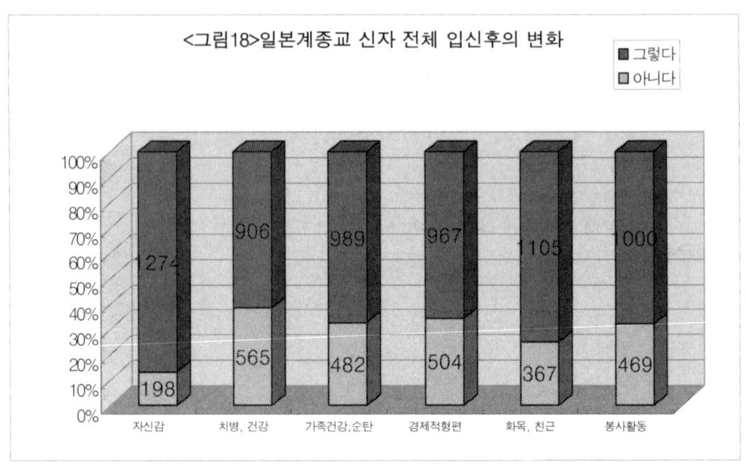

② 개인존재에 대한 자평가

일본계 종교 신자들이 스스로를 어떤 사람이라고 평가하는가에 대한 문항을 작성하였다.

(a)자신의 존재 가치에 대한 자평가

자신의 존재가 '스스로 가치 있다고 생각하는가'라는 문항은 자아-존중감(self-esteem)을 묻는 것으로서 '전혀 그렇지 않다', '별로 그렇지 않다', '어느 정도 그런 편이다', '매우 그런 편이다'라는 4개의 응답범주로 나누었다.

일본계 종교 전체 신자들(n=1,434) 중 '매우 그런 편'이라고 응답한 사람이 63.9%(916명), '어느 정도 그런 편'이 32.4%(465명)로 96.3%가 자신의 존재 가치를 높게 평가하고 있다.

(b)자립심에 대한 자평가

자립심에 대한 자기평가는 '타인에 의존치 않고 독립적으로 처지에 대처한다'라는 문항으로서 응답범주는 마찬가지로 '전혀 그렇지 않다', '별로 그렇지 않다', '어느 정도 그런 편이다', '매우 그런 편이다'라는 4개로 나누었다. 일본계 종교 전체 신자들(n=1,425) 중 '매우 그런 편'이라고 응답한 사람이 45.8%(652명), '어느 정도 그런 편'이 49.1%(699명)로 94.9%가 스스로 자립심이 강한 것으로 평가하고 있다.

(c)자신의 인생에 대한 자평가

자신의 인생에 대한 자평가는 '하루하루 즐거운 인생을 살고 있다고 생각한다'라는 문항으로서 응답범주는 마찬가지로 '전혀 그렇지 않다', '별로 그렇지 않다', '어느 정도 그런 편이다', '매우 그런 편이다'라는 4개로 나누었다. 유효응답자(n=1,432)중 '매우 그런 편'이 51.7%(741명), '어느 정도 그런 편'이 43.4%(622명)로 합하여 95.3%가 자신의 인생이 즐겁다고 평가하고 있다.

(d)타인에 대한 사랑, 자비 실천에 대한 자평가

타인에 대한 베풂을 스스로 평가하는 항목으로서 '봉사활동에 자주 그리고 적극적으로 참가하는 편이다'라는 문항을 정하고, 응답범주로는 마찬가지로 '전혀 그렇지 않다', '별로 그렇지 않다', '어느 정도 그런 편이다', '매우 그런 편이다'라는 4개로 나누었다. 유효응답자(n=1,415) 중 '매우 그런 편'이 20.4%(289명), '어느 정도 그런 편'이 50.9%(720명)로 합하여 71.3%가 스스로를 봉사활동에 자주 적극적으로 참가하는 것으로 평가하였다.

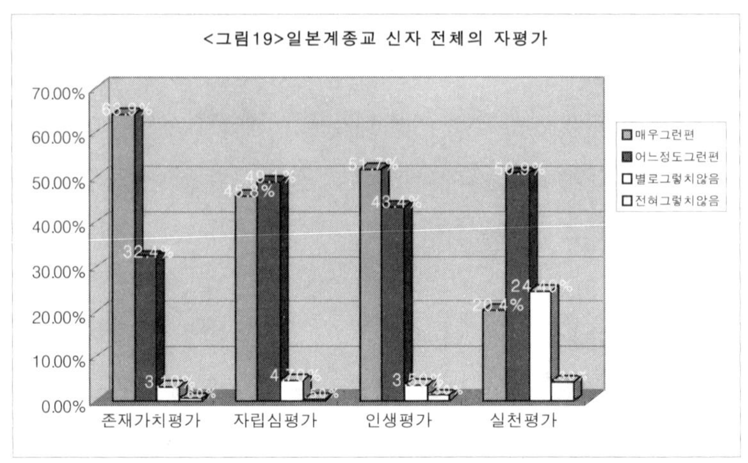

③ 행동 및 태도에 대한 평가

일본계 종교 신자들의 자신의 행동과 태도에 대한 평가를 알기 위하여 법규준수, 인내심과 절제심, 말에 설득력과 논리, 활기와 낙천적이고 실천적인 태도, 희생심과 성실함, 적응력, 결단력이라는 7가지 변수를 설정하고, 응답범주로는 '전혀 그렇지 않다', '별로 그렇지 않다', '어느 정도 그렇다', '매우 그렇다'라는 4가지로 정하여 측정하였다.

(a)법규준수

법규준수는 신자 개인의 사회 規範의 內面化(internalization of norms)의 정도를 스스로 평가하게 하는 항목으로서, 스스로나 타인들로부터 '법규를 잘 지키는 사람'으로 생각되는가라는 문항에 대해 전체 신자들로부터 다음과 같은 응답을 얻었다. '매우 그런 편'이 50.3%(694명, n=1,380), '어느 정도 그런 편'이 47.2%(651명)로 97.5%의 대다수가 스스로 법규를 잘 지킨다고 생각하고 있다.

(b)인내심과 절제심

인내심과 절제심은 개인의 이성적 능력(rational ability)을 나타내는 변수로서 '스스로를 인내심과 절제력 있는 사람'으로 생각하는가에 대한 응답은 다음과 같았다. 매우 그런 편'이 42.1%(575명, n=1,366), '어느 정도 그런 편'이 50.7%(693명)로 92.8%가 스스로 인내심과 절제심이 강한 이성적인 존재로 평가하였다.

(c)설득력과 논리

설득력과 논리는 언어를 통한 설득력과 언어 구사의 논리적 전개 능력에 관한 변수로, '말에 설득력이 있고 논리적인 사람'이란 문항에 대해서 매우 그런 편'이라는 응답이 27.3%(368명, n=1,350), '어느 정도 그런 편'이 57.9%(781명)로 85.2%가 스스로 언어를 통한 설득력과 언어구사의 논리적 전개 능력이 있다고 생각하고 있다.

(d)활기와 낙천성

활기와 낙천성은 개인의 성격이나 퍼스낼리티의 능동성과 주체성과 관련된 변수로서, 신자들에게 스스로 '활기차고 낙천적이며 인기있는 사람'이란 문항에 대해 '매우 그런 편'이라는 응답이 31.2%(423명,

n=1,355), '어느 정도 그런 편'이 55.4%(750명)로 86.6%가 스스로를 능동적이고 주체적인 사람으로 평가하고 있다.

(e)희생심과 성실함

희생심과 성실함은 희생적인 정신과 성실함과 관련된 변수로서, 스스로 '희생적이며 생각이 깊고 성실한 사람'이라고 생각하는가라는 문항에 대해서, '매우 그런 편'이라는 응답이 35.8%(482명, n=1,346), '어느 정도 그런 편'이 55.5%(747명)로 91.3%가 자신을 희생심이 강하고 성실한 사람으로 평가하고 있다.

(f)적응

적응은 변화하는 외부환경에 대처하는 능력과 관련된 변수로서, '직장 등 주위 환경변화에 잘 적응하는 사람'이란 문항에 대해서, '매우 그런 편'이라는 응답이 40.1%(540명, n=1,347), '어느 정도 그런 편'이 50.9%(686명)로 91.0%가 환경에 대해 잘 적응하는 것으로 평가하고 있다.

(h)결단력

결단력은 상황과 현실을 합리적으로 판단하고 결정하는 능력과 관련된 변수로서, 스스로 '결단력있는 사람'이라고 생각하는가라는 문항에 대해서, '매우 그런 편'이라는 응답이 29.5%(399명, n=1,351), '어느 정도 그런 편'이 50.9%(688명)로 80.4%가 스스로 결단력 있는 사람으로 평가하고 있다.

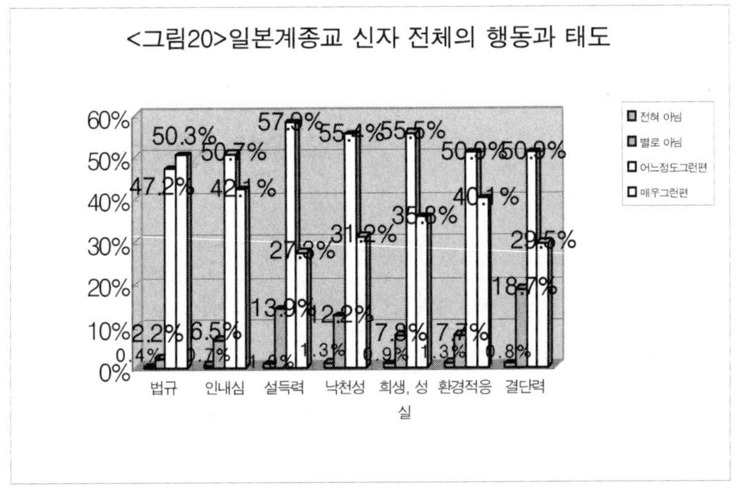

(4) 일본계 종교 신자들의 생활만족도

일본계 종교 신자들은 다른 종교신자들과 마찬가지로 객관적 조건과는 상관없이 대체로 현실에 대한 만족도가 비종교인보다 높은 것으로 추정된다. 물론 이것은 종교가 갖고 있는 기능 중 하나인 "정서적 위안과 만족"과 관련이 있을 것이다. 일본계 종교 신자들의 생활에 대한 만족 정도를 알기 위해서 우선 신자들이 '삶에 있어 가장 중요한 것'이 무엇인지를 묻는 문항과, 현재 생활 만족을 묻는 문항으로는, '가정살림살이에 대한 만족', '주변과의 관계 만족', '결혼생활에 대한 만족', '건강상태에 대한 만족', '직업 및 하는 일에 대한 만족'의 5항목으로 구성하였다.

① 삶에 있어 가장 중요한 것

(a)일본계 종교 신자 전체의 '삶에 중요한 것'에 대한 분포

"삶에 있어 가장 중요한 것은 무엇인가"라는 문항에 대한 응답은 '인격', '권력', '양심', '인생관(철학)', '믿음, 신뢰', '마음의 안정', '삶의 질', '가정의 행복', '돈(경제력)', '건강', '기타'의 11개 범주 중 하나를 선택하도록 하였다. 응답은 인생관이 28.3%(527명)로 제일 많았고, 그 다음이 가정의 행복으로 21.6%(402명), 세 번째가 건강으로 17.9%(334명)였고, 돈(경제력)은 1.5%(28명)로 8위에 해당되었다.

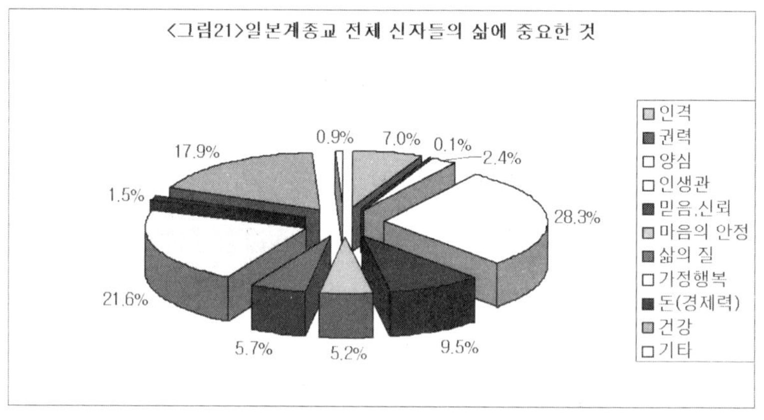

(b)기성종교 신자들의 '삶에 있어 중요한 것'에 대한 분포

한국 갤럽은 2004년 조사에서 "살아가는데 가장 중요한 것"이라는 문항에 대하여 '건강', '돈/경제력', '믿음/신뢰', '가족 및 가정의 행복', '사랑', '성실', '행복추구', '정직', '인간관계', '가치관', '마음의 안정', '신앙', '자기개발/노력', '직업/일', '신념/인생관/양심', '인격', '진실/

정의', '도덕성', '인내/의지', '희망/목표', '배려/이해', '기타', '모름/무응답' 의 응답 범주를 설정하였다.

조사대상자 전체(n=1500)의 경우, 건강이 37.5%(563명)로 1위, 그리고 돈/경제력이 20.7%(310명)로 2위, 믿음/신뢰가 7.3%(110명)로 3위, 사랑이 4.3%(64명)로 4위의 순서였다.

한편 기성종교 신자들의 "삶에 있어 중요한 것"에 있어서의 1, 2, 3, 4, 5순위까지를 보면 다음과 같다.

<표11> 기성종교 신자들의 삶에 있어 중요한 것

항목 종교별	건강	돈/경제력	믿음/신뢰	가정행복	사랑
불교	52.2%	17.7%	4.0%	5.6%	3.1%
개신교	29.1%	18.3%	11.4%	6.4%	7.2%
천주교	35.3%	20.6%	5.6%	6.2%	4.4%

모든 종교에 있어 1순위는 건강이며, 2순위는 돈/경제력이었다. 그러나 3순위에 있어서는 불교가 가정의 행복(5.6%), 개신교는 믿음/신뢰(11.4%), 천주교는 가정행복(6.2%)으로서 개신교의 경우 상대적으로 믿음/신뢰를 더 강조하는 경향이 있는 것으로 나타났다.

(c)기성종교와 일본계 종교 간의 삶의 중요한 것 순위 비교

기성종교의 경우 "삶에 있어 중요한 것"이란 문항에 대하여 모든 종교에서 건강이 1순위, 돈/경제력이 2순위였으나, 일본계 종교의 경우 인생관이 1순위(28.3%)였고, 가정행복이 3순위(21.6%), 그리고 건강은 3순위(17.9%)였다. 기성종교 신자들이 건강과 경제력을 삶에 있어 가장

중요한 것으로 보는 반면, 일본계 종교 신자의 경우 인생관과 가정의 행복을 삶의 가장 중요한 것으로 본다는 점에서 차이가 있다. 기성종교에 있어 인생관은, 불교의 경우 16위, 개신교는 8위, 그리고 천주교는 한명도 없었고, 가정의 행복은 불교에서는 3위, 개신교에서는 5위, 천주교에서는 3위였다. 돈/경제력의 경우 기성종교 모두가 삶에 있어 중요한 것 2위에 해당되지만, 일본계 종교 신자의 경우 8위로서 돈/경제력에 대해 일본계 종교 신자들은 물질적 관심이 상대적으로 적은 것으로 나타났다.

<표12>기성종교와 일본계 종교 신자들의 삶에 중요한 것 비교*(순위)

종교별 \ 항목	건강	돈/경제력	믿음/신뢰	가정행복	사랑	인격	인생관
불교	52.2%(1)	17.7%(2)	4.0%(4)	5.6%(3)	3.1%(5)	0.9%(13)	0.5%(16)
개신교	29.1%(1)	18.3%(2)	11.4%(3)	6.4%(5)	7.2%(4)	1.5%(8)	1.5%(8)
천주교	35.3%(1)	20.6%(2)	5.6%(4)	6.2%(3)	4.4%(5)	0.9%(9)	0.0%
일본계 종교	17.9%(3)	1.5%(8)	9.5%(4)	21.6%(2)	1.0%(10)	7.4%(5)	28.3%(1)

② 생활만족도

(a)일본계 종교 신자 전체의 생활만족도

○가정살림살이에 대한 만족

가정살림살이에 대한 만족에 있어서는 '전혀 그렇지 않다', '별로 그렇지 않다', '어느 정도 그런 편이다', '매우 그런 편이다'라는 4개 응답범주로 하여 4점 척도를 부여하였다. 응답(n=1,869)은 '매우 그런 편'이 19.1%(357명), '어느 정도 그런 편'이 52.2%(975명), '별로 그렇지 않다'가 25.8%(482명), '전혀 그렇지 않다'가 2.9%(55명)였다. 71.3%가 대체로 가정살림살이에는 만족하는 것으로 나타났다.

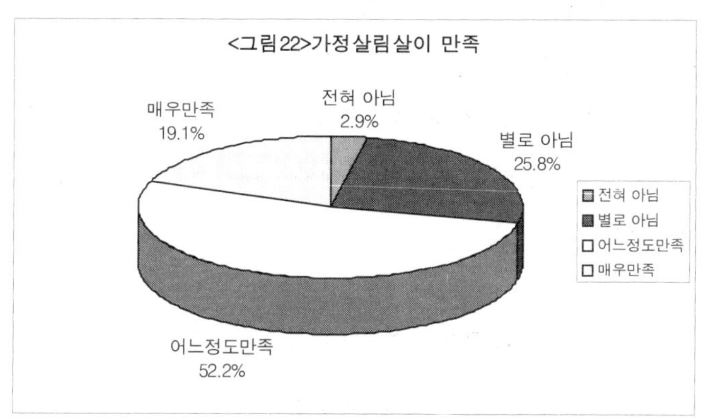

○주변과의 관계에 대한 만족

대인관계에 관한 만족(n=1,869)에서는 '매우 그런 편'이 37.9%(709명), '어느 정도 그런 편'이 48.4%(904명), '별로 그렇지 않다'가 13.1%(245명), '전혀 그렇지 않다'가 0.6%(11명)였다. 86.3%가 주변사람들과의 관계에 대하여 만족감을 나타내고 있다.

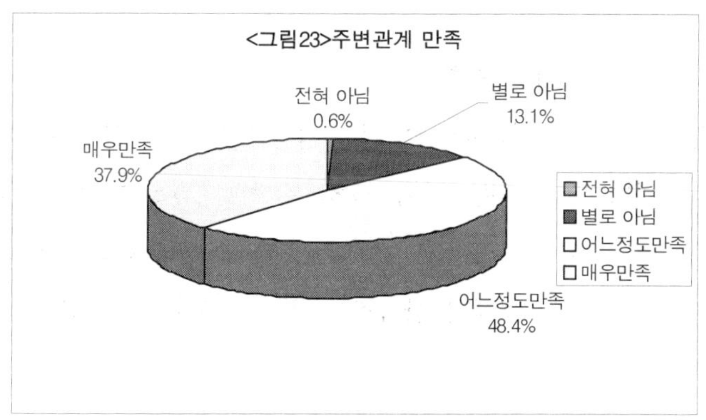

○ 결혼생활(이성관계)에 대한 만족

결혼생활(이성관계)에 대한 만족(n=1,753)에 있어서는, '매우 그런 편'
이 41.6%(729명), '어느 정도 그런 편'이 35.1%(615명), '별로 그렇지
않다'가 18.9%(331명), '전혀 그렇지 않다'가 4.4%(78명)였다. 합하여
76.7%가 현재의 결혼생활 또는 이성관계에 대해서 만족하고 있는 것으
로 나타났다.

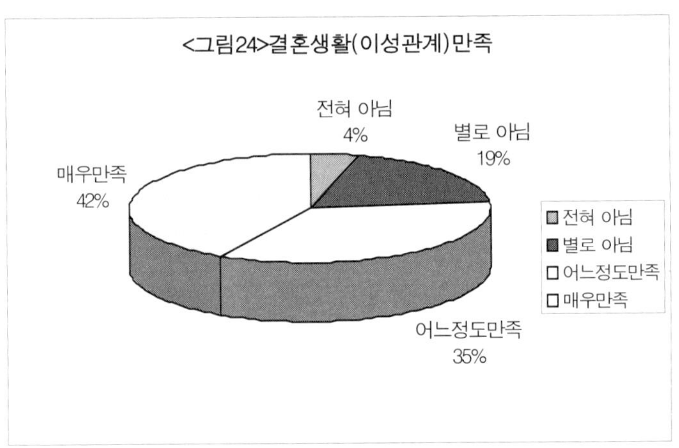

○ 건강상태에 대한 만족

건강상태에 대한 만족(n=1,872)에 있어서는, '매우 그런 편'이 34.0%
(636명), '어느 정도 그런 편'이 43.8%(819명), '별로 그렇지 않다'가
19.8%(371명), '전혀 그렇지 않다'가 2.5%(46명)였다. 합하여 77.8%가
현재의 건강상태에 대해서 만족하고 있는 것으로 나타났다.

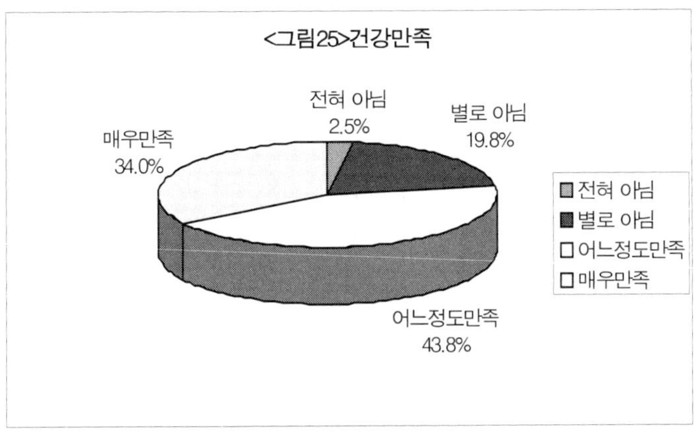

○ 직업(하는 일)에 대한 만족

현재의 직업 활동이나 하는 일에 대한 만족(n=1,846)에 있어서는, '매우 그런 편'이 42.3%(781명), '어느 정도 그런 편'이 37.3%(689명), '별로 그렇지 않다'가 17.5%(323명), '전혀 그렇지 않다'가 2.9%(53명)였다. 합하여 79.6%가 현재 하는 일에 만족하고 있는 것으로 나타났다.

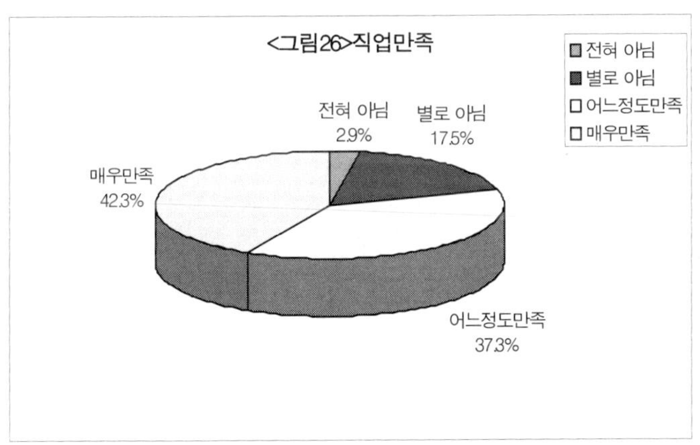

(b)기성종교의 생활만족도

한국 갤럽에서는 생활만족도를 측정하기 위해서 0~10점의 실수를 기입하는 형식의 문항을 만들었다. 각 문항의 평균점수 분포는 다음과 같다. 전체적으로 볼 때 만족도에 있어 천주교가 모든 항목에서 가장높고, 다음으로 개신교, 불교의 순서였다.

<표13> 기성종교 신자들의 만족도 평균값(범위:0~10점)

종교별 \ 항목	살림살이	대인관계	결혼/이성	건강	직업/하는일
불교	5.14	6.73	6.41	5.97	5.73
개신교	5.23	6.81	6.43	6.16	5.84
천주교	5.74	6.83	6.60	6.44	6.17

(c)기성종교와 일본계 종교 신자들의 생활만족도 평균 비교

<표14> 생활만족도 평균값

	N	최소값	최대값	평　균	표준편차
가정 살림살이에 대한 만족도	1869	1.00	4.00	2.8743	.7424
주변과의 관계 만족도	1869	1.00	4.00	3.2365	.6916
결혼 생활에 대한 만족도	1753	1.00	4.00	3.1380	.8741
건강상태에 대한 만족도	1872	1.00	4.00	3.0924	.7925
직업에 대한 만족도	1846	1.00	4.00	3.1907	.8227
유효수(목록별)	1731				

한편 국내 일본계 종교 중 한국SGI와 광명회, 세계구세교를 제외한 나머지 교단(천리교한국교단, 금광교, 입정교성회, 진여원, 태양회, n=443)[10]에

대한 생활만족도 조사에서는 다음과 같은 수치를 얻을 수 있었다.

이 수치와 기성종교를 비교하면 다음과 같다. '결혼생활(이성관계)'에 대한 만족도를 제외하고는 다른 문항에 대한 생활만족도 평균값은 일본계 종교가 높은 것으로 나타났다.

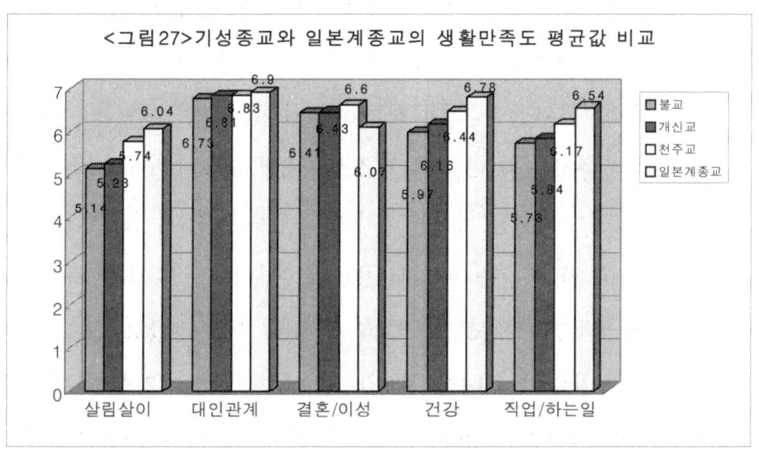

<그림27>기성종교와 일본계종교의 생활만족도 평균값 비교

(5) 일본계 종교 신자들의 부모와 자녀에 대한 생각

국내에서 활동하고 있는 일본계 종교는 가족과 가정의 중요성을 강조하는 특징을 보이고 있다. 법화경 계통의 일련정종, 한국SGI, 영우회, 그리고 입정교성회와, 광명회에서는 가정의 행복과 가족의 화목을 신자들이 갖추어야 할 주요 덕목으로 제시하고 있다. 이에 따라 일본계

---

10) 이 교단에 대해서는 "생활만족도"를 측정하기 위해서 한국 갤럽과 같은 문항을 사용하였다. 그러나 나머지 교단에 대해서는 문항의 신뢰도 문제로 인해 4점 척도로 바꾸어 측정하였다.

신자들이 가지고 있는 父母觀과 子女觀에 대한 문항을 설정하여 조사를 하였다.

① 부모유형

부모의 유형에 관해서는 "바람직한 부모유형은 어떤 것인가?"라는 문항에 대하여, '자식에게 엄격한 부모', '부모 생각이나 계획에 따라 자식을 교육하는 부모', '자식과 허물없이 지내는 부모', '자식의 의사를 우선적으로 존중하는 부모', '자녀 스스로에게 교육기회(가능성)을 제공해주는 부모', '잘 모름'이라는 6가지 응답범주를 제시하였다.

일본계 종교 전체 신자(n=1,454) 중에서, '자녀 스스로에게 교육기회(가능성)를 제공해주는 부모'가 63.4%(922명)로 가장 많았고, 그 다음으로 '자식과 허물없이 지내는 부모'가 24.6%(358명), '자식의 의사를 존중하는 부모'가 6.5%(94명)로, 95.3%가 자식의 의사와 뜻을 존중하고 자식에게 맡기는 태도를 취하고 있었다. 한편 '자녀에게 엄격한 부모'가 3.0%(43명), '부모의 생각이나 계획에 따라 교육하는 부모'가 2.1%(30명)로 한국의 전통적인 부모관을 가지고 있는 사람들은 극히 적었다.

<표15> 바람직한 부모 유형

	빈도	유효 퍼센트	누적 퍼센트
자식에게 엄격한 부모	43	3.0	3.0
자신의 생각이나 계획대로 자식을 키우는 부모	30	2.1	5.0
자식과 허물없이 지내는 부모	358	24.6	29.6
자식의 의사를 존중하는 부모	94	6.5	36.1

자녀에게 스스로 교육기회를 제공하는 부모	922	63.4	99.5
잘 모름	7	0.5	100.0
합　계	388	100.0	

② 자녀덕목

자녀덕목은 "자녀에게 가장 필요한 덕목은 무엇이라고 생각하는가?"
라는 문항에 대하여, '책임감', '근면/성실함', '정직함', '자립심', '예의
바름', '재치/명랑/낙관적 태도', '성취감/적극성', '인내심', '기타'의
응답범주를 부여하였다.

일본계 종교 신자 전체(n=1,367)에 있어, 제1 순위가 '근면/성실함'으
로 35.6%(486명), 제 2순위가 '재치/명랑/낙관적 태도'로 17.3%(237명),
제 3순위가 '정직함'으로 13.8%(188명), 그리고 제 4순위가 '책임감'으
로 13.0%(178명)였다.

<표16> 자녀에게 가장 필요한 덕목

	빈도	유효퍼센트	누적퍼센트
책임감	178	13.0	13.0
근면/성실함	486	35.6	48.6
정직함	188	13.8	62.3
자립감	86	6.3	68.6
예의바름	55	4.0	72.6
재치/명랑/낙관적 태도	237	17.3	90.0
성취감/적극성	100	7.3	97.3
인내심	37	2.7	100.0
합　계	1367	100.0	

⑹ 일본계 종교 신자들의 한국 사회제도 및
사회문제에 대한 생각

① 사회제도에 대한 평가

일본계 종교 신자들의 한국 사회의 제도에 대한 입장과 당면한 사회문제에 대한 생각을 묻기 위하여, "한국의 사회제도(정치, 경제, 사법, 행정기관 등)에 대해 어떻게 생각하고 있는가"라는 항목과, '현 사회제도는 잘못된 점이 많기 때문에 빨리 개선되어야한다', '현 사회제도는 잘못된 점이 많지만 서서히 개선되어야한다', '현 사회제도는 잘못된 점이 있지만 지금은 바꿀 시기가 아니다', '현 사회제도는 큰 문제는 없으므로 그다지 급히 바꿀 필요는 없다'라는 4개의 응답범주를 부여하여 현 사회제도에 대한 개혁성향을 측정하였다.

일본계 종교 신자 전체(n=1,455)의 경우, '잘못된 점이 많아 빨리 개선되어야함'이 26.2%(381명), '잘못된 점이 있으나 서서히 개선'이 72.8% (1,059명)로 대체로 개혁적인 성향을 보여주고 있지만, 급진적인 개혁보다는 점진적인 변화를 원하는 비율이 월등히 높았으며, 현 사회제도를 고수하려는 입장을 보인 사람은 거의 없었다.

<표17> 사회제도에 대한 평가

	빈도	유효 퍼센트	누적 퍼센트
잘못된 점이 많아 빨리 개선되어야 함	381	26.2	26.2
잘못된 점이 있으나 서서히 개선	1059	72.8	99.0
잘못된 점이 있으나 지금은 바꿀 시기가 아님	9	.6	99.6
큰 문제가 없으므로 바꿀 필요가 없음	6	.4	100.0
합 계	1455	100.0	

② 시급히 해결해야 할 사회문제

"한국사회에서 가장 시급히 해결해야 할 문제가 무엇이라고 생각하는가?"에 대한 응답으로는, '빈부격차해소', '정치적 안정', '환경보호', '성폭력억제', '도덕성/윤리성 회복', '전인교육 실현', '민생치안확립', '물가안정/경기회복', '교통문제', '사회복지수준 향상', '부정부패', '부실공사', '기타'의 12개 범주를 부여하여 측정하였다.

일본계 종교 신자 전체(n=1,437)가 시급히 해결해야 할 사회문제에 대하여, 제 1순위로는 '도덕 윤리의 회복'으로 35.4%(508명), 제 2순위로는 '물가안정/경기활성화'로 20.7%(297명), 제 3순위로는 '빈부격차해소'로 11.0%(158명), 그리고 제 4순위가 '정치적 안정'으로 9.5%(137명)였다. 전체적으로 한국사회의 도덕과 윤리의 붕괴를 가장 심각한 사회문제로 생각하고 있는 것으로 나타났고, 현실적 문제인 경제관련 문제(물가안정, 경기회복, 빈부격차)는 그 다음의 사회문제로 인식하고 있었다.

<표18> 시급히 해결해야 할 문제

	빈도	유효퍼센트	누적퍼센트
빈부격차해소	158	11.0	11.0
정치적 안정	137	9.5	20.5
환경보호	33	2.3	22.8
성폭력	7	.5	23.3
도덕 윤리의 회복	508	35.4	58.7
전인교육실현	117	8.1	66.8
민생치한확립	7	.5	67.3

물가안정/경기활성화	297	20.7	88.0
교통체증	2	.1	88.1
사회복지수준향상	56	3.9	92.0
부정부패	89	6.2	98.2
부실공사	4	.3	98.5
기타	22	1.5	100.0
합　계	1437	100.0	

③ 종교의 사회문제 개입에 대한 생각

종교가 사회문제에 개입하는데 대한 생각을 묻기 위해서, '빈곤문제', '노인/장애인차별', '성차별', '교육문제', '환경문제', '평화문제', '실업문제', '행정정책'의 개입에 대하여, 그리고 최근 사회적 이슈로 부각되고 있는 생명윤리와 관련하여 '낙태문제', '안락사문제', '생명윤리'에 대한 종교의 개입을 묻는 항목을 구성하고, '적절하다', '아니다', '모르겠다'라는 응답범주를 부여하여 측정하였다.

○ 빈곤문제에 대한 종교의 개입

빈곤문제에 대해 종교가 개입하는데 대해서는 일본계 종교 신자 전체(n=1,375) 중 61.7%(848명)이 개입하는 것이 '적절하다'고 답하였고, 27.1%(373명)만 개입하는 것이 '적절하지 못하다'고 답하여, 빈곤문제에 대한 종교단체의 개입과 활동에 대체로 찬성하는 입장이었다.

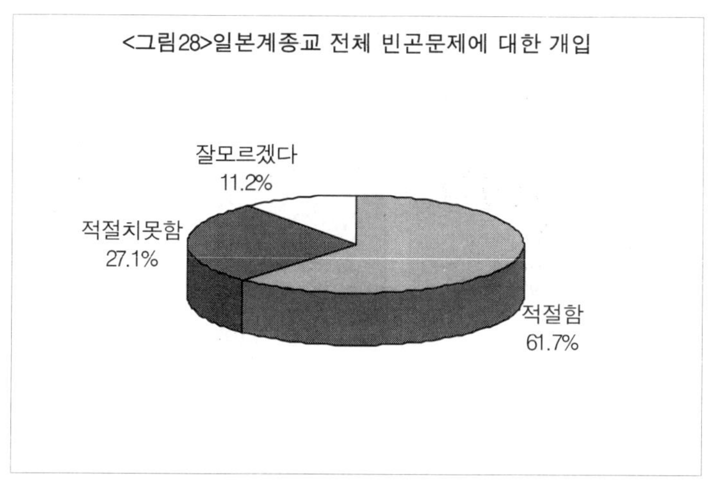

○노인/장애인 차별에 대한 종교의 개입

노인과 장애인 차별에 종교가 개입하는 것에 대하여, 신자 전체 (n=1,394) 중 78.6%(1,096명)이 '적절하다', 그리고 12.7%(177명)가 '아니다'라고 답하였다. 노인/장애인 차별에 종교가 개입하는 것에 대해 이처럼 높은 찬성률을 보이는 것은, 이럼 문제에 대해 아직은 법적, 제도적 장치가 부족한 한국사회의 현실을 감안할 때, 당연히 민간차원에서 개입할 필요성이 있으며, 또 현실적으로 민간의 사회복지적 차원에서 실천하는 경우가 많다. 물론 그런 사회사업이나 사회복지 활동을 하는 주체로서 종교단체가 그 역할을 담당하는 것이 바람직하기 때문이라는 생각이 반영된 것이다.

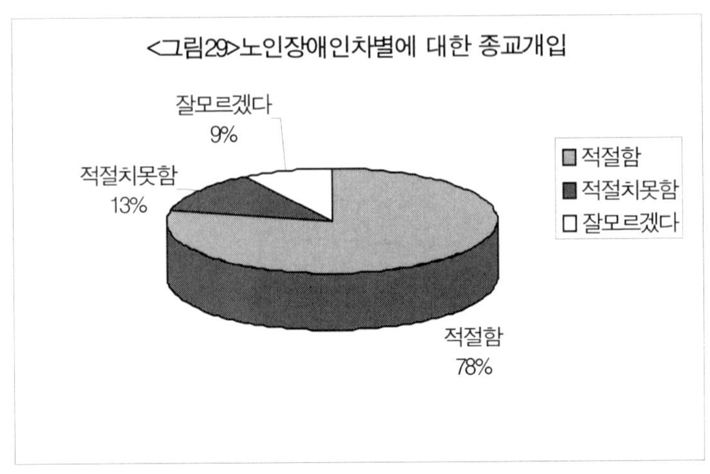

○ 성차별에 대한 종교의 개입

성차별에 종교가 개입하는데 대하여 일본계 종교 신자 전체(n=1,348) 중 63.1%(851명)가 '적절하다'로, 25.5%(344명)는 '아니다'라고 답하였다. 성차별 문제는 한국종교인가 또는 일본계 종교인가 라는 종교적 차원보다는, 한국의 가부장제적인 전통문화라는 문화적 측면을 고려할 필요가 있다. 즉 일본계 종교 신자들 역시 한국의 가부장적인 유교문화 속에서 살아온 사람들이므로, 성차별이란 현상 자체를 그다지 의식하고 있지 못하거나 확실한 인식조차 하고 있지 않을 수도 있을 것이다. 따라서 성차별에 대한 종교 개입에 대해 상대적으로 '적절하다'는 응답이 낮을 수 있다.

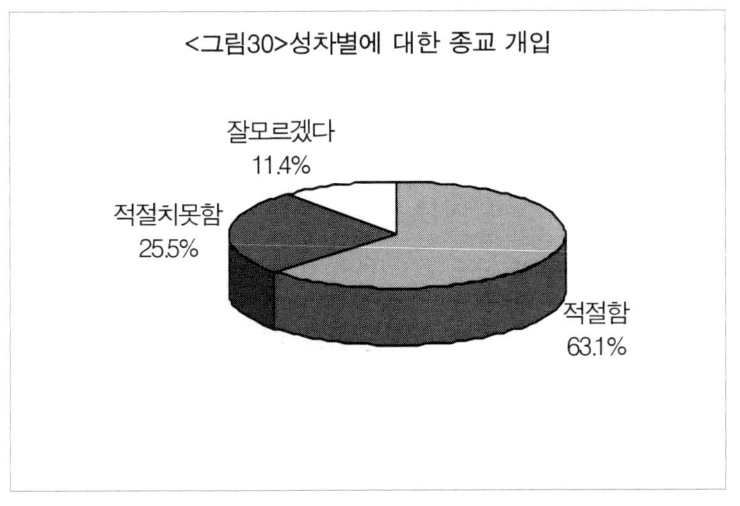

○교육문제에 대한 종교의 개입

교육문제에 대한 종교 개입에 대하여 전체 신자(n=1367) 중 72.3% (989명)가 '적절하다'고 답하였고, 21.1%(288명)가 '아니다'라고 답하였다. 교육은 물론 종교와 밀접한 관련이 있다. 특히 삶의 방향을 제시하고 바람직한 인간관이나 인생관의 필요성을 역설하는 교단일수록 교육에 대해 종교가 개입하는 것이 필요하다는 응답이 많을 것이다.

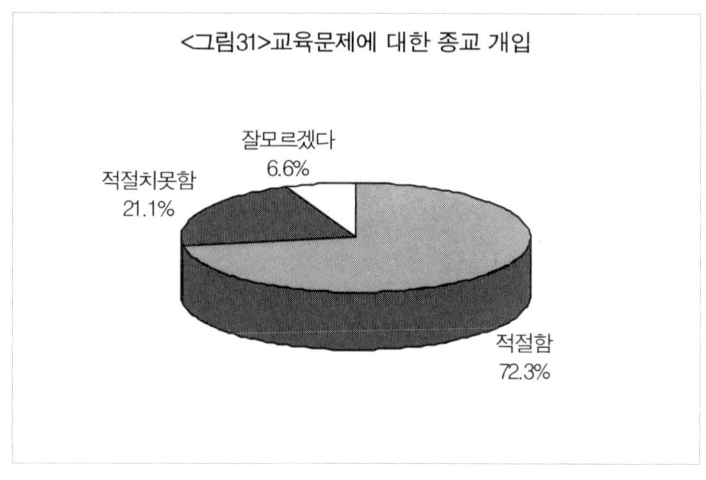

○환경문제에 대한 종교의 개입

환경문제에 대해 종교가 개입하는데 대하여, 전체 신자(n=1,385) 중 88.2%(1,221명)가 '적절하다'고 답하였고, 7.8%(108명)만이 '아니다'라고 답하였다. 이처럼 개입에 찬성하는 비율이 높게 나온 것은, 우선은 환경문제가 우리 모두의 개인적, 사회적 문제로 부각되어있다는 점과 관련이 있다. 또한 이런 결과는 환경문제는 현실적으로 문제의식을 갖는 사람이 많지만, 그 문제해결을 위한 제도적 법적 차원의 해결책이 확립되어 실시되지 못하고 있다는 점에서 종교단체가 개입하는 것이 바람직하다는 생각을 갖고 있는 경향이 강한 것으로 보인다.

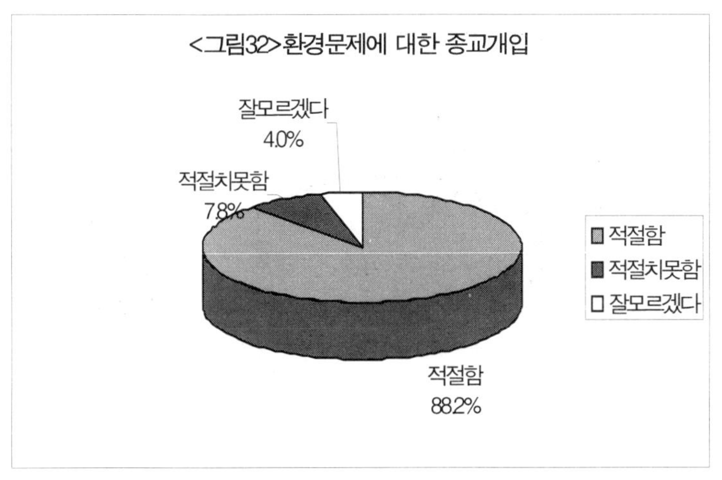

○ 평화문제에 대한 종교의 개입

평화문제에 종교가 개입하는 것에 대하여, 전체 신자(n=1,343) 중 '적절하다'가 72.5%(974명), '아니다'가 20.5%(275명)로 종교가 평화문제에 개입하는 것에 대체로 긍정적으로 생각하고 있다. 평화문제는 국가 간의 국제정치 차원의 문제인 동시에, 이념적으로는 국가, 민족, 인종을 초월한 보편적인 문제이기도 하다. 일본계 종교 신자들의 평화문제에 대한 종교 개입에 대하여 찬성하는 입장의 높게 나온 것은, 후자의 입장에서 종교가 범국가적, 범민족적, 범인종적인 차원에서 평화사상의 전파나 평화운동 전개에 적극적으로 개입하는 것을 찬성하는 것이지, 결코 국가 간 또는 국제정치 차원에서 개입하는 것은 아닐 것이다.

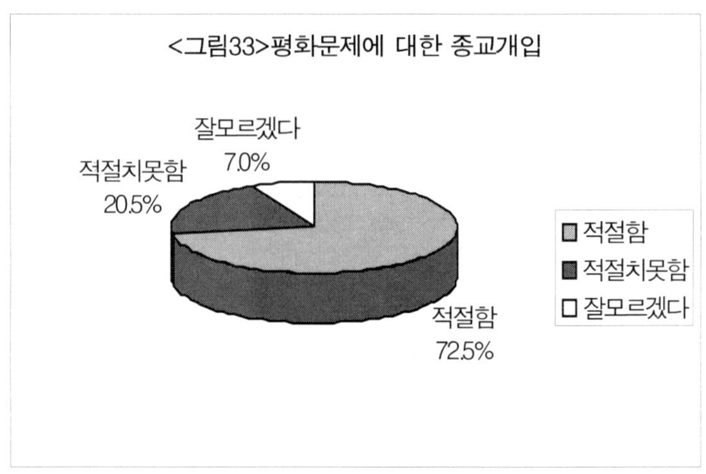

○ 실업문제에 대한 종교의 개입

실업문제에 종교가 개입하는 것에 대해서는 전체 신자(n=1,326) 중 31.0%(411명)가 '적절하다'고 답한 반면, 50.8%(673명)가 '아니다'라고 답하였다. 실업과 같은 사회구조적인 문제에 있어서는 종교가 개입하더라도 한계가 있다는 점을 나타내는 것이라고 볼 수 있다. 즉 실업문제는 오늘날처럼 종교의 세속화가 진행된 상황에서 종교의 영역을 벗어난 문제이며, 설사 종교가 개입한다고 할지라고 그 영향력은 거의 없을 것이기 때문이다.

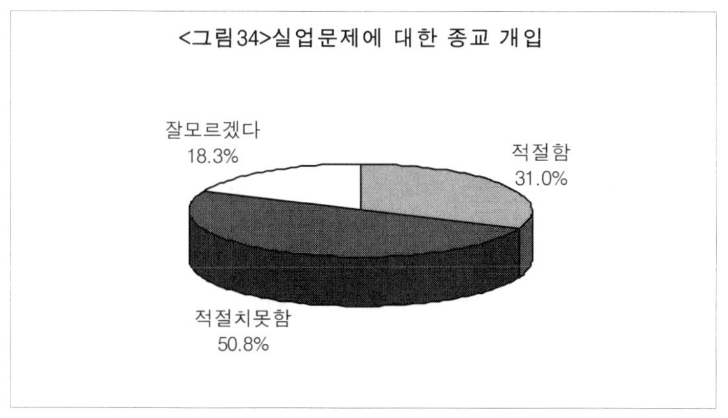

○행정 정책에 대한 종교의 개입

행정 정책에 종교가 개입하는 것에 대하여, 전체 신자(n=1,313) 중 14.2%(280명)가 '적절하다', 그리고 60.9%(799명)는 '아니다'라고 답하였다. 대체로 일본계 종교도 한국과 마찬가지로 정교분리의 입장을 고수하고 있다. 따라서 행정 정책에 관해 종교의 개입이 부적절하다는 생각이 압도적이었다.

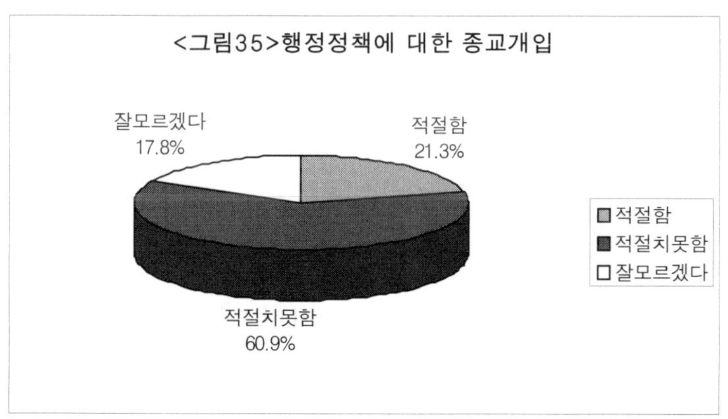

○낙태 문제에 대한 종교의 개입

낙태문제에 종교가 개입하는 것에 대해서는, 전체 신자(n=1,370) 중 62.4%(854명)가 '적절하다'로, 그리고 23.9%(327명)는 '아니다'라고 답하였다. 낙태 역시 생명과 관련된 문제이기 때문에 종교가 개입하여 낙태를 줄이거나 금하게 하는 것이 일반적이다. 그럼에도 불구하고 일본계 종교에 있어서는 낙태문제에 종교가 개입하는 것이 '적절치 못하다'고 생각하는 사람들도 23.9%나 있다는 것은 의외라고 할 수밖에 없다.

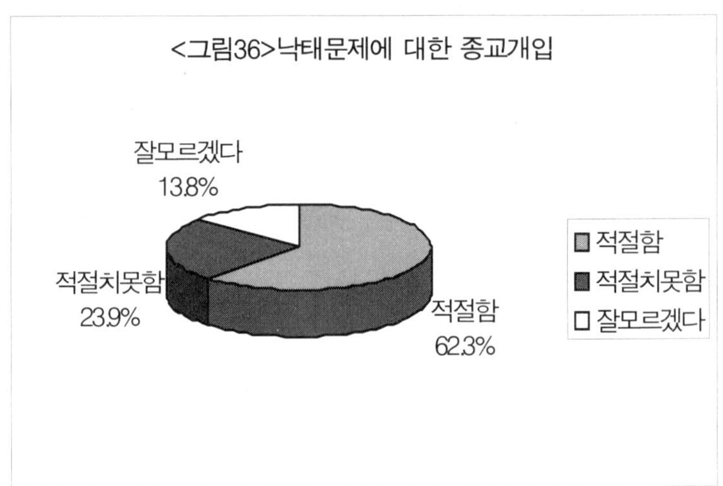

○安樂死 문제에 대한 종교의 개입

안락사 문제에 종교가 개입하는 것에 대해서는 전체 신자(n=1,369) 중에 56.0%(766명)이 '적절하다', 그리고 25.6%(350명)이 '아니다'라고 답하였다. 안락사 문제는 이미 서구 기독교 문명권에서는 큰 사회적 이슈로 부각되었고 활발한 논의와 법적 제도적 장치에 관한 논란이 일고 있다. 그럼에도 불구하고 일본계 종교 신자들은 안락사에 개입하는 것이 적절치 못하다고 생각하는 사람이 23.6%나 있다는 것은, 이 문제 역시 정책이나 법과 같은 제도적 차원에서 해결되는 것이 바람직하다고 생각하는 경향이 많다는 것을 보여준다고 하겠다.

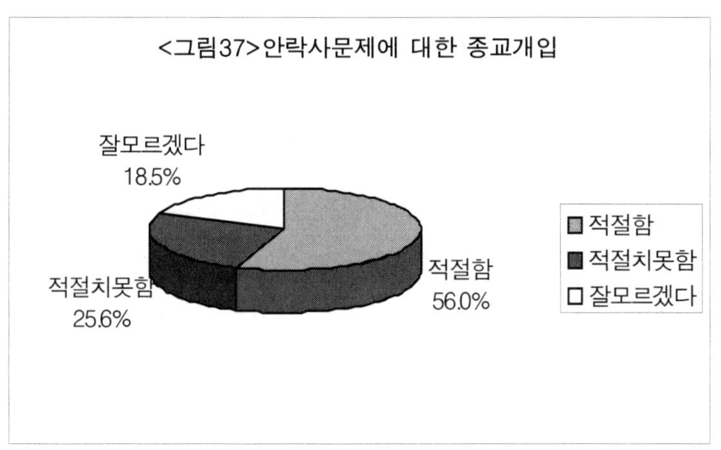

○ 생명윤리 문제에 대한 종교의 개입

최근의 유전공학, 세포 복제기술의 발전에 따른 생명윤리 문제에 종교가 개입하는 것에 대해서는, 전체 신자(n=1,377) 중 '적절하다'가 66.2%(912명), 그리고 '아니다'가 19.9%(274명)로 대체로 종교의 개입에 긍정적인 입장이었다.

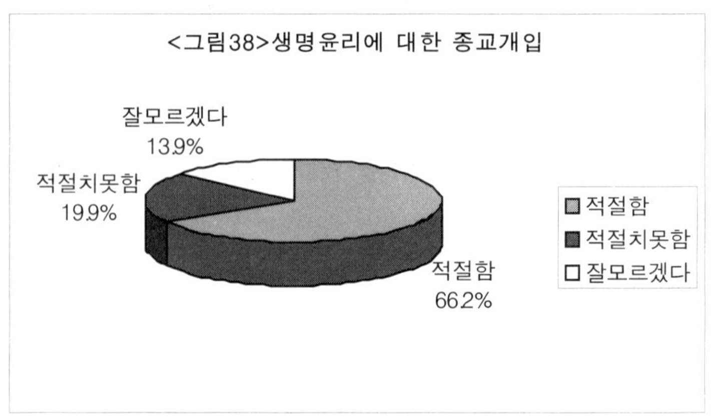

이상의 분석결과를 보면, 일본계 종교 신자들은 실업이나 행정, 정책과 같은 사회구조적인 차원에서 발생하고, 법적 제도적 차원에서 해결책을 구해야만 하는 사회문제에 대해서 종교가 개입하는 것에는 반대하는 입장이 많았고, 그 외 민간 차원에서 개입이 가능한 사회복지 또는 사회사업 차원의 사회문제(노인/장애인/성 차별, 환경, 빈곤 문제 등)에 종교가 개입하는 것에 대해서는 적절하다고 생각하고 있다. 한편, 평화문제와 같은 보편적 가치를 지향하는 것에도 종교의 개입이 적절하다고 생각하고 있으며, 또 생명관련 문제에 있어서도 종교 개입이 적절하다고 생각하는 경향이 강하였다.

**제4장 한국 속의
일본계 종교의 미래**

1. 종교다원주의 시대와 국내 일본계 종교의 성격

　오늘날 세계화의 거대한 흐름은 정치, 경제, 문화만이 아니라 종교 영역에 있어서도 탈-경계(borderless), 탈-중심(centerless) 현상으로 이어지고 있다. 즉 그것은 종교 다원주의(religious pluralism)를 일상적이고 보편적인 것으로 받아들이고 있는 현실을 말한다. 종교 다원주의란 오늘날 모든 국가, 민족, 사회에 다양한 종교가 공존하고 있다는 현실을 인식하고 인정하는 정도를 넘어서서, 상호 수용하는 태도나 자세를 말한다. 즉 타 종교가 가지고 있는 세계관, 가치, 도덕 등을 단순히 인정하는 관용적인 입장을 넘어서서 그것을 적극적으로 받아들이는 가치 의식을 갖추는 것이다.[1]

---

1) 물론 다원주의는 원래 철학적 인식론적 의미로서 존재와 대상을 인식하는

원래 종교 다원주의는 미국적 기독교적 상황을 반영하여 나온 용어로서, 근본주의, 정통주의에 입각하여 기독교의 유일성, 구원의 내면성을 주장하여 자유주의적 신학을 배척하는 배타주의(exculsivism)와, 타종교의 보편적인 구원 가능성을 인정하려는 포용주의(inculsivism)에 대하여, 현대의 다원화된 세계 속에서 기독교의 유일성이나 규범성을 부적합성을 지적하고 다양한 종교들의 공존을 수용하는 신학의 코페르니쿠스적 전환을 주장하는 입장이 그것이다. 따라서 종교 다원주의의 미국의 기독교적 상황에서 발생한 것으로 그 원형은 미국에서 유래[2]한다고 할 수 있다. 그러나 오늘날 종교 다원주의는 기독교의 범위를 넘어서서 종교 간의 대화나 화합, 그리고 보편적 가치의 실현으로서 평화운동, 인권운동, 환경운동 등 제 종교들의 공동, 협력 활동 등으로 확산되어 있는 보편화된 현상이라고 볼 수 있다.

한편, 이런 종교 다원주의는 세계 자본주의 시장화 흐름과 함께, 종교와 경제 영역과의 결합 현상을 자아내었고, 종교도 일종의 경제활동영역으로 간주되는 소위 종교 회사(religious firm)[3], 종교 시장(religious

---

시각이 다수 존재하며, 보편타당성을 지닌 진리를 인식할 수 있는 절대적 객관적 시각은 존재할 수 없다는 것이다. 즉 인식 주체의 관점과 경험, 그리고 그가 처한 시공적 상황에 의해 인간은 존재와 대상에 대해 다르게 인식한다는 것이다. 따라서 다원주의는 사회과학의 인간의 사고와 행위에 대한 인식과 판단에 있어서의 상대주의(relativism)와도 불가분의 관계에 있으며, 현대 사상에 있어 거스를 수 없는 패러다임으로 자리 잡고 있다고 할 수 있다.

2) 이런 점에서 엄격히 말해 종교다원주의의 원형은 기독교의 종파 다원주의 (denominational pluralism)라고 보는 것이 타당하다고 본다.
   김종서, 「현대 종교다원주의와 그 한국적 독특성 연구」, 『종교학연구』, Vol. 19. 2000, p.34.
3) R.Stark와 L.R.Iannaccone는, 오늘날 종교들(특히 신종교)이 종교적 상품 (religious commodities)을 공급하는 비즈니스라는 점에서 종교 회사(religious

market) 이론이 등장하기에 이른다.

국내의 일본계 종교의 급속한 성장, 그리고 반대로 일본에서의 한국 종교의 성장은 이런 종교 다원주의의 보편화 현상과 무관하지 않다. 물론 과거사와 관련하여 한일 간의 특수한 역사적 질곡으로 인해, 상호 종교 수용에는 장애와 한계가 있기는 하지만, 이런 지역적이고 국한적인 상황 역시 세계화라는 거대한 세계사적 흐름을 거부할 수는 없는 것이다. 해방 직후부터 1980년대 초반까지 국내에서의 일본계 종교는 항상 민족 정서적으로 배척의 대상이었음에도 불구하고, 우리 사회에 수면 하에서 그 생명력으로 유지해 왔다. 그리고 일본계 종교는 1980년대를 맞이하여 한일 간의 국제적 관계 변화와 국민들의 대일인식의 변화에 의해 우리의 종교문화 무대의 전면에 등장하여 점차 그 세력을 넓혀온 것이다. 이런 일본계 종교의 등장과 그 성장은 세계화의 흐름, 그리고 그에 따른 종교 다원주의의 보편화라는 외적 환경의 변화도 있지만, 좀더 시각을 좁혀서 보면, 일본계 종교가 가지고 있는 신앙적, 조직적, 그리고 경영적 특징들이 국내 수용자들의 원망과 기대 요구를 상당히 충족시켜주고 있기 때문이라는 해석이 가능하다.

현재 국내에서 활동하고 있는 일본계 종교는 대개 신종교들이 많다. 과거 제국주의 시대의 이념과 정서를 유지하고 있고, 또 천황제 이데올로기에 흡수되거나 동조했던 신도계 종교들은 아직 국내에서 활동하고 있지 못하다. 이것은 물론 아직 천황과 관련이 있는 일본계 종교를

---

firms)이라고 부른다. R.Stark&L.R.Iannaccone, "Rational Choice Propositions about Religious Movement", *Religion and Social Order*, Vol.3., 1993(Part A), p.244.

받아들일 수 있을 정도로 우리의 대일 감정이 호의적이지 못한 것이 주 원인이겠지만, 다른 한편으로 주로 일본계 신종교들만이 국내에서 활동영역을 넓히고 있다는 것은 그들만이 가지고 있는 몇 가지 특징에 기인한다는 사실을 확인할 수 있었다. 이런 국내에서 활동하는 일본신종교의 차별성을, 첫째, 종교 이념적 지향, 둘째, 구제제의 성격, 셋째, 조직구성과 운영이라는 3가지 차원에서 살펴 볼 수 있다.

(1) 종교 이념적 지향에 있어 차별성

국내에서 활동하고 있는 일본신종교가 가지고 있는 종교 이념적 지향에 있어서의 차별성으로는 그들의 종교적 우주관으로서의 「万敎帰一 思想」을 들 수 있다.

만교귀일 사상이란, 모든 종교(八百万)는 결국 유일한 근원자인 초월신으로 귀일한다는 것을 말한다. 즉 근원자인 제 1의 원인으로부터 만물, 만상이 유출된다는 영적 관점을 말하여, 우주 전체가 超越神으로 귀일한다고 상정하는 것이다. "相対界의 모든 다양성은 근원의 단일성에서 유출한 것"이라는 밀교의 「一大曼陀羅観」, 인도의 「不二一元」 철학의 중심 사상이기도 하다. 따라서 지상에 무수히 많은 종교가 있다고 하더라고, 그 각 종교가 본래의 궁극적인 진리를 파악해서 그것을 가르친다고 한다면, 결국 근원의 제 1원인으로의 귀일을 가르친다는 것이다. 혹시 이런 만교귀일 사상에 입각한 가르침을 하지 않는 종교라고 하더라도 그것이 잘못되었다던가, 악마의 종교라고 치부하지 않고, 그 속에 포함되어있는 진리의 萌芽는 존중하며, 단지 미숙할 뿐이며 성장, 성숙한다면 결국은 만교귀일에 이를 것이라고 본다.

현재 국내에 진출해 있는 일본계 신종교들 중 이런 만교귀일의 입장을 취하고 있는 교단으로는 불교 법화경 계통의 일련정종, 한국SGI, 본문불립종, 입정교성회, 眞言密教 계통의 진여원은 물론이며, 소위 知的 思想型 신종교에 속하는 광명사상보급회(生長の家), 土着創唱型의 천리교와 土着 知的 思想 複合型의 세계구세교도 마찬가지 입장을 취하고 있다고 할 수 있다.[4)]

법화경 계통의 신종교들은 경전 해석에 있어 육체/물질계와 정신/종교계는 하나라는 色心不二, 그리고 주체와 객체는 하나로 이어진다는 依正不二를 내세우는데, 이것 모두가 궁극적인 우주와 생명의 법칙을 깨달기 위한 방편이라고 한다. 그리고 법화경에 대해서는, 석가세존은 다양한 능력과 환경에 처해 있는 사람들을 인도하기 위해 다양한 방법을 사용하였으나, 그 방편은 결국 우주 생명의 법칙을 깨닫게 하기 위함이라고 해석하고 있다. 즉 궁극적인 우주 생명의 법칙은 하나이며 그것에 도달하는 방편은 다양할 뿐이라는 입장을 취한다. 또 眞言宗계통의 대반열반경에는 四大聖旨가 있는데, 그것은 부처는 항상 가르침 속에 있고(如來常住), 누구라도 부처가 될 수 있으며(一切悉有仏性), 극악한 사람도 부처가 될 수 있는 길은 있고(闡提成仏), 가르침이란 영원(常)

---

4) 시마조노스스무(島薗 進)는 일본 신종교를 「그 신앙의 원천과 발생과정」에 의거하여 유형을 분류하고 있는데, 그에 의하면, (a) 주술적 현세 구제(현세이익)신앙의 요소가 어디로부터 계승되었는지, 혹은 형태는 어떻게 만들어졌는지 (b) 구제종교로서의 사상적 체계가 어떻게 만들어졌는지, 혹은 계승되었는지를 변별기준으로 하여, 일본신종교를 土着創唱型, 知的 思想型, 修養道德型, 土着知的思想複合型으로 분류하고 있다.
島薗進, 『新新宗教と宗教フーム』, 岩波書店, 1992, pp.67-71.

하며, 안락이 넘치며(樂), 절대적(我)이며, 청결(浄)하다(常樂我浄)는 것이다. 진여원에서는 이 상락아정의 경지에 이르는 것을 깨우침의 목표로 하고 있으며, 이 상락아정의 경지란 모든 인간의 궁극적인 현세에서의 깨달음에 도달하는 것으로 보고 있다. 따라서 이 상락아정은 종교, 국가, 민족의 틀을 넘어서서 상호이해와 융화를 통해 세계평화의 실현으로 이어질 것으로 본다. 진여원은 원래 밀교계통이므로 당연히 一大曼陀羅의 만교귀일의 이념을 받아들이고 있다.

한편 神道계 토속신앙계열인 天理教는 신앙대상으로 天理王(=親神)을 섬기며, 인간의 생의 목적은 즐거운 삶을 영위하는 것으로 본다. 즐거운 삶을 생의 목적으로 하는 것은, 천리왕에 의해 인간이 창조되었고, 어버이신(親神)이 인간을 창조할 때 「인간을 만들어서 그들이 즐거운 삶을 누리는 것을 보고 신도 함께 즐기고 싶다」(天理教教典 第3章)고 하는 創造의 目的에서 기인하는 것으로 본다. 그런데 이 즐거운 삶이란 目的은 오직 천리교 신앙의 目的만으로 그치는 게 아니라, 이 세상 모든 人類가 절실히 바라는 希望이기도 하다는 점에서, 모든 人類의 希望과 天理教 信仰의 目的이 一致한다는 것이다. 따라서 천리교에서는 모든 다양한 수단이 있더라도 '즐거운 삶'의 영위라는 인간의 궁극적 目的因에 이르는 길은 하나라는 입장을 취하고 있다는 점에서 만교귀일 이념을 배척하지 않는다고 볼 수 있다.

세계구세교는 오오모토(大本)교 신자이던 오카다모기치(岡田茂吉)에 의해 창교된 교단으로서, 원래 오오모토교의 데구치오니사부로우(出口王仁三郎)가 강조했던 [万教同根] 혹은 [万教帰一]의 사상을 이어받았다. 이것은 실은 유일한 참된 신(独一真神)이 갈라져서 다신이 되었기 때문에, 일신으로서 다신이라는 것이 참된 것으로 본다. 그리고 그들의 主神을 最高神이라고 하며, 여호와, 로고스, 제우스, 天帝, 無極, 재림의 메시아 등은 각 민족 각 국가의 인민들에 의해 갈라져서 불리는 신이라고 한다.

서구사상을 섭렵한 지식인 타니구찌마사하루(谷口雅春)가 창교한 세이쵸노이에(生長の家)도 이런 만교귀일의 입장을 취한다. 타니구찌는 한때 오오모토교 신자였고, 또 서구 심령과학과 정신분석학적 지식 및 생의 철학을 바탕으로 자신만의 종교관을 제시하였다. 그는 올바른 모든 종교는 유일신(창조신)으로부터 시작한 것이며, 시대나 지역에 따라 여러 가지 종교로서 진리를 논하고 있지만, 그것들은 모두 본래의 神의 구원의 広宣이며, 모든 올바른 종교는 그 근본에 있어서 하나라는 만교귀일론을 주장한다.

이처럼 국내에서 활동하는 주요 일본계 신종교는 대체로 万教帰一, 혹은 万教同根을 그들의 종교적 이념으로 제시하고 있으며, 배타적인 唯一神의 입장을 취하고 있지 않다. 이런 입장은 당연히 종교 다원주의 시대에 있어 타종교에 대한 관용과 수용의 태도와 연결되며, 기독교 전통이 강한 한국 종교문화 속에서의 일본계 신종교가 수용되고 확산되어가는 하나의 요인이 된 것이다. 한국인의 종교의식조사 결과에 있어서도 이런 관용과 수용의 태도는 뚜렷이 나타나고 있다.[5] 이러한 일본계 신종교의 타종교에 대한 포용적 입장과 태도는 국내 일본계신자들의

---

5) 한국갤럽 조사에 의하면, '여러 종교 교리는 결국은 같거나 비슷한 진리를 말하고 있다'고 생각하는 비율이, 74.6%로 매우 높게 나타나고 있다. 한국갤럽, 『한국인의 종교와 종교의식(제4차비교조사)』2004, p.96.

설문조사에서도 나타나고 있다. 기성종교인 불교, 개신교, 천주교에 대한 태도에 관한 조사결과를 보면 다음과 같다.

첫째, 개종자의 비율은 47.8%(n=1,935)로 과반수가 일본계 종교로 개종한 사람들이며, 이들 중 불교(한국)에서 개종한 사람은 전체 개종자(925명) 중 61.9%(573명)로 가장 많았고, 개신교에서 개종한 사람이 22.3%(206명), 그리고 천주교에서 개종한 사람이 10.2%(94명)의 순이었다. 둘째, 기성종교에 대한 태도에 대해서는, 한국 불교에 대한 평가를 보면, 82.0%(n=1,400)가 긍정적(매우 좋게 생각, 좋게 생각, 무난하다고 생각)으로 평가하고 있고, 천주교에 대해서는 82.8%(n=1,353)가, 그리고 개신교에 대해서는 52.3%(n=1,340)가 긍정적으로 평가하고 있다. 셋째, 기성종교 불교, 개신교, 천주교에 대한 불만을 묻는 항목에 있어서는, 대상자 1968명 중 49.3%(970명)가 불만이 없다고 응답하였고, 불만이 있다고 응답한 대상자(998명) 중에는, '승려, 목사, 신부 등 사제에 대한 불만'이 27.0%(359명)으로 가장 많았고, 그 다음으로 '헌금이나 시주에 대한 불만'이 22.3%(297명), '설교나 법문에 대한 불만'이 19.8%(264명), 그리고 '다른 종교 신자들에 대한 불만'이 5.9%(78명)의 순이었다.

이 설문조사 결과를 보면, 우선 국내의 일본계 종교 신자들은 일본계 신종교들이 가지고 있는 만교귀일 사상을 대체로 섭렵하고 있다는 것을 알 수 있다. 물론 국내 기성종교에 대해 어떤 불만이나 부정적인 생각을 가짐으로써 개종한 신자들도 과반수가 넘지만, 그러나 개종자들도 자신들의 이전 종교에 대해 부정적인 입장을 취하는 수치가 낮다는 점에 주목하지 않으면 안 될 것이다. 불교에서 개종한 신자(384명)중에 11.5%(44명)만이 기성불교를 부정적으로 평가하고 있고, 천주교에서 개종한 신자(64명)중에 1510명만이 천주교를 부정적으로 평가하고 있다. 다만 개신교에서 개종한 신자(138명)중에 개신교를 부정적으로 평가하는 비율이 61.6%(85명)으로 상대적으로 높게 나타났으나, 개신교에서 개종한 사람들(n=130) 중에 타종교에 대한 불만의 원인으로 '승려, 목사, 신부 등 사제에 대한 불만'이 32.6%(47명), '헌금, 시주에 대한 불만'이 27.7%(36명)이지만, '설교나 법문(경전)에 대한 불만'은 16.9%(22명)로 상대적으로 낮은 수치를 보여주고 있다. 이것은 개신교를 수용하지 못하고 개종하였지만, 개신교에 대한 불만이 없거나(14.6%), 있다고 할지라도 개신교의 교리나 가르침을 정면으로 부정하는 정도는 상대적으로 낮다는 점, 즉 개신교 자체를 종교적으로 부정하는 태도는 낮다는 것을 보여주는 것이다.

이처럼 일본신종교의 만교귀일 사상은 국내 수용자들의 종교의식 속에 의식적 혹은 무의식적으로 상당히 내면화되어있고, 이런 타종교에 대한 관용성과 포용성은 상대적으로 배타적인 유일신 사상을 강조하는 기독교 세력이 강한 한국 종교문화에서 일본신종교가 수용되고 확산되는 하나의 종교적 차별성이 되어있다고 볼 수 있다. 물론 만교귀일 사상이 오직 일본계신종교에서만 두드러지게 나타나는 것만은 아니다. 전술한 바와 같이 기독교의 다원주의 입장 역시 그 근저에는 여호와라는 초월적 존재를 상정하고, 다른 모든 종교는 궁극적으로 여기에 포섭된다는 신학적 논리를 바탕에 깔고 있다. 또 불교는 본디 만교귀일 혹은 만다라라는 보편적인 우주적 논리를 배경에 두고 있어서, 어떤 불교 종파라도 만교귀일 사상을 거부하지 않는다. 그러나 국내의 일본신종교들이 제시하는 만교귀일 사상은 유일신과 그리스도 유출설

(emanationism)을 견지하고, 종교적 독점(religious monopoly)을 지향하는 기독교적 종교문화에 익숙해져 있는 국내 수용자들에게 신앙과 믿음의 보편성과 포용성을 내세움으로써 새로운 신앙적 매력으로 다가갈 수 있는 것이다.

(2) 구제제의 차별성

한편 이런 만교귀일, 만교동근이라는 종교적 이념과 함께, 일본신종교가 국내에서 수용되어 확산되는 요인으로는 구제제의 현실 지향적 성격을 들 수 있다. 일본신종교가 제시하는 구제관은 "아집을 버린다면 인간은 현세에서 구원을 받는다"는 현세 구원의 입장을 취한다. 이런 현세 구원관은 베버가 말한 [금욕과 신비론의 유형학][6]의 어떤 분류에도 속하지 않는 독특한 형태의 구원관이라고 할 수 있다. 즉 이것은 현세와 종교 간의 긴장관계를 상정하면서 현세에서의 행위를 통해 자신의 내세에서의 구제의 확증을 얻으려는 프로테스탄트의 구원관과도 다르며, 한편으로 신의 힘의 비인격화, 내재화와 내면적 친화성을

---

6) 베버는 종교적 현세거부의 단계와 방향을 논하면서, 구제에 대한 현세에서의 태도를, 현세도피적 명상(weltflüchtige Kontemplation)/현세 내적 금욕(innerwertliche Askes), 그리고 현세 도피적 금욕(weltflüchtige Askes)/현세 내적 신비론(innerwertliche Mistik)으로 구분한다. 현세도피적 명상(老子, 부처)과 현세 내적 금욕(퓨리탄)은 대립관계에 있으며, 현세 도피적 금욕은 세속에 그 생활질서에서의 행위를 기피하는 금욕주의자들, 그리고 현세 내적 신비론자는 명상적인 신비가가 세속생활의 내부에 머물러 있는 경우에 해당한다고 한다.
M.Weber, 大塚久雄訳, 『宗教社会学論選』, みすず書房, 1991, pp.102−103.

가지는 명상적 신비론적 방향을 취함(謙虛, 행위의 極小化)으로서 구제를 추구하는 神秘家나 瞑想家의 구원관과도 다르다. 더욱이 이 구원관은 현세를 최선의 것, 윤리적인 것으로 보고, 종교적 무가치화나 종교적 실천을 거부하며, 오직 인간 스스로의 완성(人格完成)을 추구하는 현실 순응(Weltflücht)적인 유교의 구원관과도 다르다.

이러한 일본신종교가 가지고 있는 독특한 현세 내적 구원관은 소위 [생명주의 구제관]이라고 불린다. 이것은 세계, 우주 전체를 하나의 소멸하지 않는 산출력이 넘치는 생명체 내지 생명의 흐름으로 보고, 세계 전체의 구조를 현세 중심의 일원론으로 상정한다.[7] 여기서는 세계에 살아있는 모든 생명체는 이 생명의 흐름의 일부라고 보며, 따라서 인간도 이 흐름의 일부로서 그 운명이나 행복, 불행은 궁극적으로는 이 생명의 흐름과의 연결 형식에 좌우된다고 본다. 따라서 인간은 신성하며 활력이 넘치는 근원적 생명을 가지고 있는 존재로서, 고귀함, 강력한 힘, 그리고 무한한 가능성을 가지고 있다. 이에 인간은 자신 속에 담겨져 있는 이 가능성을 믿고, 그것을 발견하고 개화하는 노력을 해야 한다는 것을 가르침으로 하는 것이다. 이것은, 현세의 악이나 고난은 결코 이 세상에 뿌리 깊게 자리 잡고 있는 본원적인 것이 아니며, 따라서 인간 스스로 자신의 존재의 생명력을 깨우친다면 극복할 수 있는 것으로 보는 현세 적극주의, 낙천주의적 구원관으로 이어지는 것이다.[8]

이런 생명주의 구제관은 일본의 근대 초기 신종교들(黒住教, 丸山教)

---

7) 이런 구원관은 물론 전술한 만교귀일의 종교 이념과 불가분의 관계에 있다.
8) 井上順孝他, 『新宗教事典』, pp.223 - 227. 참조.

에서 순수한 형태로 나타나고 있지만, 천리교나, 금광교, 그리고 세이쵸노이에 창가학회에서도 강조되고 있다. 국내에서 활동하고 있는 대다수 일본계 신종교들도 이처럼 생명주의 구제관을 가지고 있으며, 따라서 그들이 제시하는 구제제도 국내 기성종교들과는 다른 차별성을 가지고 있다. 생명주의 구제관은 결국 스스로 생명의 흐름의 일부이고, 궁극적으로는 근원자인 大生命으로 이어지며, 따라서 인간은 스스로의 생명력과 진리를 깨우친다면 얼마든지 현세에서 행복을 누릴 수 있다는 것이다. 이에 일본신종교들은 육체적 건강함과 정신적 안락함을 현세에서의 행복을 위한 구제재로 제시하는 것이다.

일본에서도 신종교가 제시하는 구제재는 [貧, 病, 爭]의 해소로 요약된다. 이 세 가지는 당연히 현세에서의 행복과 안락으로 이어지는 현세내적 구제재이다. 일본에서 신종교는 주로 치병의 종교라는 사회적 통념을 가지고 있을 정도로 치병을 위해 입신하는 사람들이 차지하는 비율이 높고, 또 빈곤의 해소나 정신적 번뇌와 고통의 해소를 위해 입신하는 사람들의 비율도 다른 입신계기에 비해 상대적으로 높다.[9] 이런 경향은 국내의 일본계 신종교 수용자들에 있어서도 마찬가지의

---

9) 물론 입신계기로 이 세 가지 구제재가 차지하는 비율은 종교별로 차이가 있으며, 또 시대적으로 차이가 있다. 그러나 대체적으로 이 세 가지 구제재를 구하여 입신하는 사람들의 비율이 다른 계기에 의해 입신하는 비율보다 높게 나타난다. 예를 들면, 일본에서 신종교에 관한 최초 통계인 1928년 천리교의 전도자에 대한 조사(12,480명)에서 입신동기를 보면, '자신이나 가족의 병이나 육체적 고통'이 61%였고, 1946년부터 1950년까지 입정교성회 신자들의 조사에서는 '병'이 48%, '빈곤'이 18%, '가정불화'가 18%였다. 1960년대 창가학회에 대한 조사에서는, '병'이 28%, '가족관계'가 16%, '빈곤'이 13%의 순이었다.
상게서, pp.202－206.참조.

경향을 보이고 있다. 2003년 국내 일본계 신종교 신자들에 대한 설문조사에 의하면, 한국SGI를 제외한 나머지 9개 교단(천리교, 세계구세교, 금광교, 광명회, 입정교성회, 진여원, 선린교, 본문불립종, 일련정종)(n=980명) 신자들의 입신계기에 있어, '자신이나 가족의 질병'이 34.9%(342명)으로 가장 높고, 그 다음이 '가족, 친척의 권유'로 18.8%(184명), '해당 교단의 가르침이나 실천에 이끌려'가 14.1%(138명)의 순이었으며, '빈곤해소'는 4.4%(43명)로 낮게 나타났다. 이 통계 결과가 보여주듯이, 국내 일본계신종교 신자들에게 있어 치병이라는 구제재가 수용의 중요한 계기가 된 것이다. 그러나 빈곤해소는 그다지 중요 입신계기는 아닌 것으로 나타났다. 이것은 물론 현재 한국의 경제적 수준이 높아진 것과 무관하지 않을 것이다. 한편 이 수치에는 다른 여러 가지 매개변수의 영향력이 있다는 것을 감안하지 않을 수 없다. 첫째, 교단별 차이이다. 즉 교단의 교리나 수행 성격에 따라 입신계기에 미치는 영향이 크다는 점이다. 예를 들면, 인격개조라는 자기완성을 궁극적인 수행목표로 하는 한국SGI의 경우(n=837명)에는 다른 교단과는 달리, '행복한 생활을 위하여'가 35.4%(296명)로 가장 높았고, 그 다음으로 '가르침과 실천윤리'가 28.1%(235명)였고, '자신이나 가족의 질병'은 17.6%(147명)으로 다른 교단보다는 상대적으로 낮은 수치를 보여주었다. 또 '빈곤해소'는 4.5%(38명)로 극히 낮게 나타났다. 또한 원래 '치병'을 주요 구제재로 제시하고 있는 세계구세교, 일련정종, 그리고 천리교의 경우를 보면, '치병'이 각각 63.3%, 44.8%, 32.7%로 입신계기에서 가장 높은 비율을 차지하고 있다. 둘째, 입신계기에 영향을 줄 수 있는 주요 독립변수로는 연령대를 들 수 있다. 즉 고연령대 일수록 '치병'을 위해 입신한 비율이 높다는 점이다. 50대와 60대 이상의 입신계기를 보면, 치병이 각각 40.6%와 48.0%로 다른 연령대에 비해 월등히 높다.

이처럼 국내 일본계 종교 수용자들도 주로 치병을 위해 입신하는 경우가 높다는 점에서 일본과 다르지 않다. 그러나 원래 주술적인 치병을 구제재로 제시하는 교단일지라도 표면적인 신앙 목표는 '마음 바꾸기(心の入れ替え)'에 의해 구제받은 것으로서 치병, 빈곤해소와 같은 현실 내적 구제는 단지 方便이며, 구제의 증표일 뿐이라고 한다. 그러나 설문조사의 결과로서 입신계기로서 치병이 예상보다 낮고, 또 빈곤해소를 위한 입신의 수치도 낮다는 점은, 설문조사에서 익명성이 보장되었음에도 불구하고 대상자들이 해당 종교의 궁극적 신앙목표를 의식하여 응답하였기 때문이라고 생각된다. 즉 대다수 해당 종교가 강조하는 궁극적인 신앙목표와 목적이 마음 바꾸기라는 점, 치병과 빈곤해소와 같은 현세 구원은 신앙목표 달성의 증표일 뿐이라는 교단의 입장을 대상자들이 상당히 의식한 부분도 있다는 것을 감안해야 할 것이다. 왜냐하면, 설문조사를 보충하기 위해 실시한 인터뷰 조사와 소집단 의례, 의식 활동에 대한 참여관찰에서 대상자들 중 상당 수가 입신계기 및 현재의 신앙목표로서 현세 행복을 기원하고 있다는 진술을 하고 있기 때문이다.[10]

---

10) 원래 치병을 위한 주술적 의식을 신앙적 수행으로 삼는 세계구세교, 천리교는 물론, 상대적으로 인격완성을 신앙적 목표로 하는 창가학회나 일련정종, 그리고 지적 사상형 종교인 광명사상보급회(生長の家) 대한 인터뷰에서도 대상자 대부분이 건강의 회복, 가정의 경제적 상황 개선이 있었다고 진술하고 있고, 또 그것을 기원하고 있다고 진술하고 있다.
이원범외 4인, 『한일종교의 상호수용 실태에 관한 조사보고서』참조.

이런 현세적 구제재가 국내 수용자들에게 받아들여지고 있는 주요 원인으로 우선 한국인의 종교에 대한 현세 중심적 사고방식을 들 수 있다. 갤럽 조사에 의하면, '극락이나 천국은 이 세상에 있다'고 응답한 비율이, 1984년 60.7%, 1989년 62.8%, 1997년 55.4%, 그리고 2004년에 63.4%를 차지하고 있다.[11] 그리고 '앞으로의 행복은 자신에 달려있다'고 응답한 비율도 1984년 85.9%, 1989년 81.0%, 1997년 73.7%, 그리고 2004년에 85.6%로 매우 높게 나타났다. 이런 한국인 전체가 가지고 있는 현세 중심적 사고방식은 특히 현세 지향적 구제재를 제시하는 일본계 신종교가 쉽게 수용될 수 있는 여건이 된 것이다.

한편 국내 수용자들이 현세 지향적 구제재에 이끌리는 또 다른 요인으로서 한국인의 종교적 감성에서 찾을 수 있을 것이다. 일본에서 신종교가 확산되는 이유 중 하나로 신종교가 제시하는 생명주의 구제관이 역사적으로 형성된 일본인의 종교적 감성과 불가분의 관계에 있다고 한다. 즉 일본인의 종교의식은 역사적으로 볼 때, 汎神論的이며 애니미즘적 心情構造를 가지고 있다고 한다.[12] 그리고 스스로의 '마음 바꾸기'만 깨우치고, 절대 근원자로부터 유출되는 생명의 흐름 속에 들어간다면 현세에서의 안정과 평화를 이룩할 것이라고 보는 것이다. 역사적으로 볼 때, 한국의 종교문화 속에도 범신론적이며, 애니미즘, 게다가 샤머니즘적인 성격이 강하게 자리 잡고 있다. 고려시대의 불교나 조선

---

11) 물론 종교별로 봤을 때 차이는 있다. 2004년 조사에 의하면, 불교인 74.8%, 천주교인 71.5%, 비종교인 66.3%가 그렇다고 답한 반면, 개신교인은 41.9%로 가장 낮았다.
한국갤럽(2004), 전게서, p.113.
12) 井上順孝他(1990), 전게서, p.232.

시대의 유교가 국교로 제정되어 민간 주술적 신앙을 억압하였으나, 주술적 민족종교는 서민들의 종교의식 속에 깊숙이 자리 잡고 현재까지 이어지고 있는 것이다. 한국 갤럽의 종교적 경험에 대한 조사결과를 보면, 의외로 '종교의 힘으로 병이 나은 일'이 있다는 응답자가 상당히 높게 나타나고 있다.[13] 이처럼 일본신종교가 1980년대 이후부터 국내에서 세력을 확산하고 있는 것은 그들이 제시하는 구제재의 현세 지향성이 국내 수용자들의 종교의식과 감성과 친화성이 있기 때문인 것으로 보인다.

(3) 조직구성과 운영의 차별성

전체적인 수치로 보면 국내에 진출하여 활동하고 있는 일본신종교들이 1980년대 이후 급성장하고 있지만, 앞서 1장에서 유형분류를 한 것처럼 그 성장 규모나 범위에 있어 교단별로 상당한 차이가 있다. 일본신종교가 국내에 수용될 수 있는 차별성으로서 전술한 종교 이념, 구제재를 대체로 공유하고 있음에도 불구하고 이런 차이가 발생하는 주 요인은 바로 조직구성과 운영에 있어 교단별 차이가 있기 때문이다. 일본신종교 조직의 다양성에 대해서는 이미 지적되어 왔다. 조직의 경계가 명확하고 결속력이 높은 조직이 있는가 하면, 개인이나 소집단의 보다 느슨한 네트워크 형식을 취하고 있는 조직도 있으며, 최근에는

---

13) 갤럽조사에 의하면, 2004년도 국내 종교신앙자(기타종교 포함)중 17.5%(n=802), 1997년도 23.8%, 89년도 24.3%, 84년도 23.5%가 종교의 힘으로 병이 나았다고 응답하고 있다.

극히 개인적 취향이나 선호를 추구하는 모임으로서 조직적 성격이 거의 없는 유사 종교 모임도 있다.[14] 이런 교단 성격상의 조직과 운영에서의 차이는 국내에서도 마찬가지로 작용하고 있어서, 비슷한 종교적 이념과 구제재를 가지고 있더라도 그 활동과 세력에 있어서의 차이를 가져오는 요인이 되고 있다.

예를 들면, 가장 늦게 도입되었으면서도 가장 큰 규모로 성장한 한국SGI와, 19세기에 도입되어 오늘까지 이어져왔으면서도 정체 혹은 쇠퇴의 경향을 보이는 천리교, 그리고 아직 그 규모는 크지 않지만 가장 급속한 성장속도를 보이고 있는 세계구세교(이즈노메계열=마산정령회)의 성장과 확산에는 각 교단의 조직구성과 운영에 있어서의 차이가 있기 때문인 것이다.

국내에서 가장 규모가 큰 한국SGI와 같은 경우에는, 특히 조직구성과 운영의 합리화가 가장 잘 진행되고 있는 교단이라고 할 수 있다. 물론 여기서 말하는 합리화란 베버의 [종교의 합리화 단계] 즉 "주술성 배제와, 세속생활에 대한 윤리적 관계 조직의 통일 정도"[15]에서의 합리화라는 의미라기보다는, 오히려 조직의 외부 환경에 대한 적응(adaptation) 정도라는 사회 시스템론적 의미를 말한다. 국내 일본신종교의 이런

---

14) 井上順孝에 의하면, 신종교라고 할지라도 조직적 측면에서 볼 때 기성종교와의 연결성을 가지고 있는 정도에 따라 차이가 있으며, 이런 연결성의 강도에 따라 신종교 조직의 유형을, 借傘型(기성종교 산하에 소속), 內棲型(특정교단의 핵심부분은 승계하면서도 차별성을 가지는 경우), 提携型(내서형에서 독립한 경우), 完全自立型(기성교단과 무관하게 독립적으로 발생한 경우)로 구분하고 있다.
  井上順孝他, 전게서, 1990, pp.132－134.
15) M.Weber, 大塚久雄訳, 전게서, p.167.

조직구성에 있어서의 차이는, 조직의 수직적 위계성과 수평적 자율성 정도라는 기준에 의해 구분할 수 있을 것이다. 조직의 수직적 위계성 (vertical hierarchy)이란 "조직의 중앙 집중도, 그리고 부분의 기능적 분화 정도, 그리고 상하 간의 경계의 명확성의 정도"를 말한다. 즉 조직이 중앙 집중적일수록, 각 부분의 기능적 분화가 잘 되어있을수록, 그리고 상하 간의 위계가 엄격할수록, 조직의 합리적 구성 정도가 높은 것이라고 할 수 있다. 한편 수평적 자율성(horizontal autonomy)이란 "기능 분화된 부분들이 스스로의 업무를 기획하고 수행할 수 있는 정도"이며, 각 하위부분이 자신들에게 맡겨진 업무와 기능 수행을 자율적으로 해 나갈 수 있는 정도가 높을수록 조직의 합리적 구성 정도가 높은 것이 된다.

한국SGI의 경우 1990년대에 들어와서 중앙집권적 관료조직체제를 갖추게 되는데 홈페이지에 제시된 조직도[16]를 보면, 중앙조직과 지방으로 나누어져 있으며, 중앙조직은 이사장을 정점으로 참의회·평의원회·이사회가 있고, 이사장 산하에 사무센터·중앙회의·감사·감정심사회·사정위원회가 있다. 또 사무센터에는 사무국·총무국·조직국·건설국·홍보국이 있다. 중앙회의는 지방조직을 통괄하는데, 방면장 — 권장 — 지역장 — 지부(지부 — 지구 — 반)로 분할된다. 중앙본부는 산하에 문화본부·교학부·장년부·아내부·청년부를 두고 있다. SGI회원들은 개인적인 신앙 활동은 있을 수 없고 조직을 떠난 개인적 신행은 이익이 없다고 말할 정도로 조직과 자신의 신행을 일치시키고 있다.

---

16) 한국SGI 공식 홈페이지(http://www.ksgi.or.kr/intro/organ.jsp)에 체계적인 조직구성도가 제시되어있다.

이처럼 한국SGI는 이사장을 정점으로 중앙집중적 위계체제를 갖추고 있고, 또 각 조직 부분들은 관료조직체 형태를 띠고 있을 정도로 기능적으로 분화되어있다. 그리고 상하 경계도 명확하게 이루어져 있어서 조직의 모든 종교적 사회적 활동은 一糸不亂하게 이루어진다. 한편 최하위 하부조직으로는 반이 있는데, 반의 좌담회 활동은 한국SGI의 존립 기반이다. 반좌담회는 20~30여명으로 구성되는데 전국에 약 5000여 개가 존재하는 것으로 되어있다. 조직 활동의 측면에서 보자면 반 활동에는 상당한 자율권이 보장되어있다. 앞서 2장 3절의 한국SGI 좌담회 분석에서도 논한 것처럼, 반 좌담회는 개최시기(매월 일요일이 포함되는 첫째 주간), 그리고 핵심적 교학활동(정기 기관지『법련』중의 御書 법문과 이케다 명예회장의 스피치 학습)만 지정되었을 뿐, 장소, 시간, 그리고 식순이나 내용 구성을 전적으로 반회의에서 결정하도록 되어있다. 즉 수평적 조직에서의 자율성이 보장되어있는 것이다. 이런 수직적 위계와 수평적 자율성을 조화를 이루고 있는 한국SGI의 조직 구성과 운영은 상대적으로 다른 일본신종교 교단과 뚜렷이 구분되는 특징이다.

한편 천리교의 경우를 보면, 원래 천리교는 오야꼬(親子)조직 형태를 띠고 있어서 상부교회가 자신으로부터 분기된 하부교회를 철저하게 관리하는 형식을 취하고 있다. 즉 수직적 위계성은 상당히 높은 것이지만, 상부교회는 본부의 최정점인 신바시라(眞柱)로부터 상대적으로 독립성을 가지고 있다. 즉 상부교회별 위계성은 높지만, 중앙집권적인 교권체제는 강하지 못한 것이다. 한편, 수평적 자율성이란 측면을 보면, 이전부터 유지해온 의식과 절차를 그대로 답습하고 있으며 활동에 있어서도 하부교회는 교단의 규율과 의식으로부터 자유롭지 못하다.

한국SGI가 神殿의 간소함, 의례 의식의 간편함과 같은 환경에 맞추어 개혁과 변화를 추구하는 것에 비하면, 천리교는 조직적 측면은 물론 의례, 의식적 측면에 있어서도 합리화의 정도가 낮고, 또 현실 적응력도 낮은 것으로 보인다.

세계구세교의 경우에는, 죠레이 능력과 자격을 갖추면 누구라도 일정한 모임을 가지고 또 죠레이 의식을 행할 수 있다는 특징으로 인해, 조직의 수평적 자율성은 다른 어떤 교단보다도 높다고 할 수 있다. 그러나 한편으로 이런 성격으로 인해 원래 중앙집권적인 교권체제 구축이 어려운 성격을 가지고 있으며, 점 조직 형태를 띠고 있다고 할 수 있다. 즉 각 회관(한국의 경우 정령회관)의 교회장은 자신의 회관에 대한 운영을 거의 자율적으로 행할 수 있으며, 따라서 수직적 위계성은 원래부터 느슨할 수밖에 없어서, 획일적이고 계층적인 신자들의 조직은 구성될 수 없는 성격을 가지고 있다. 그럼에도 불구하고 세계구세교가 최근에 국내에서 급성장하는 것은 우선 그들이 가지고 있는 藥毒論, 自然食과 같은 실천윤리가 현대인의 몸에 관한 의식변화와 연계된다는 점이다. 오늘날 현대인들은 정신/육체, 이성/감성과의 분리, 개인/공동체/우주와의 분리라는 근대적인 몸의 이미지에 관한 이원론에서 벗어나서 다시금 정신/육체, 개인/공동체/우주와의 유기적인 일원론적 관념으로 회귀하는 경향이 있다는 것이다. 따라서 근대 의학에 의지하기 보다는 몸과 자연과의 유기적 관계에 의해 자연적 흐름의 일부라는 몸에 대한 인식이 자연식, 자연적 치유능력을 찾는다는 것이다. 이런 포스트모던적인 몸의 이미지 변화는 세계구세교의 세계관과 상당한 부분에서 유사성을 가지고 있다.

다음으로 세계구세교의 국내에서의 성장에는 지도자의 능력이라는 개별적 성격에 중요하게 작용하였다는 점도 있다. 국내에서 세계구세교의 성장의 역사를 보면, 뛰어난 영능력(죠레이)을 가지고 있는 주술적 카리스마의 소유자가 있거나 아니면 운영에 있어 경영능력이 뛰어난 지도자가 있을 경우, 그를 중심으로 추종자들이 모이게 되었다는 점이다. 앞서 1장 4절에서 살펴 본 것처럼, 초기 활동기의 정복수의 경우 전자에 해당되며, 최근의 마산 정령회 교회장의 경우는 후자에 해당된다고 볼 수 있다. 이처럼 세계구세교가 1990년대 이후 다시금 성장하고 있지만, 그들이 가지고 있는 조직적 특성으로 인해 거대한 규모의 교권 체제를 갖춘 교단으로 성장할 가능성을 그다지 높지 않으며, 다만 점 조직의 확대라는 형식으로 신자 수가 늘어날 가능성은 배제할 수 없다.

2. 국내 종교문화와 일본계 종교의 미래 전망

1980년대 후반부터 일본계 종교가 국내에서 성장해왔고, 또 새로운 종교들이 국내에 들어오는 현상은, 일본계 종교가 가지고 있는 종교적 이념, 구제재, 조직 및 운영에 있어서의 특성에 기인한 것이지만, 한편으로 한국의 상황과 환경이라는 측면에서도 설명할 수 있을 것이다. 이런 국내의 상황과 환경적 요인으로서는 외부 환경적 변화, 내적 의식적 변화, 국내 기성종교의 한계와 문제점, 그리고 종교시장으로서 한국이라는 4가지 측면에서 설명할 수 있을 것이다.

첫째, 외부 환경적 변화로는, 한국을 둘러싼 국제 정치, 경제 질서에서의 일본의 위상 변화를 들 수 있다. 북한과 관련하여 일본의 국제적 입장과 역할의 중요성이 강조되고 있고, 또 중국이라는 거대한 시장을 둘러싼 동북아 경제 질서 속에서 일본과의 관계 중요성 대두, 그리고 한국 대중문화산업에 있어서의 일본시장이 차지하는 중요성 및 증가하는 인적 교류 등은 실리적인 측면에서 일본을 재평가하는 것이다.

둘째, 이런 외부 환경적 변화는 한국인의 대일관의 변화라는 내적 의식적 변화를 야기하고 있다는 점이다. 한국인 특히 청년층들에게 일본은 더 이상 공존할 수 없는 배타적인 타자만이 아니다.[17] 즉 일본에 대해 일시적이고 감정적인 반일보다는 실리적 효율적인 대응이 필요하며, 반일이 아니라 지일이 필요하다는 인식의 변화를 보여주고 있는 것이다. 이것은 일본의 문화 수용 특히 정신문화로서의 일본계 종교의 수용에 있어서도 맹목적인 거부만을 하지 않는다는 유연한 태도를 가지게 하는 것이다.

셋째, 이런 일본계 종교의 국내 수용은 역설적으로 국내 기성종교가 가지고 있는 문제점과 한계를 말해 주는 것이기도 하다는 점이다. 국내 기성종교들의 보수주의적 경향, 사제중심주의적 교권체제, 현실 적응력의 도태 등은 일본계 종교들의 국내 수용의 틈새를 제공하고 있다는 점이다.

마지막으로 일본계 종교의 확산과 국내 진출은 그들에게 종교시장으

---

17) <광복60주년> 문화일보 - 한국리서치 공동여론조사에 의하면, 일본과의 관계 개선에 대한 질문에 응답자의 64.4%가 '지금보다 관계를 개선해야 한다' 고 답하였고, 관계개선을 위해 필요한 것에 대한 응답으로는 '반일감정 완화' 가 35.9%, '일본을 더 많이 알 것'이 27.6%, '일본과의 교류증대'가 15.2%의 순서였다. (문화일보, 2005년8월12일판)

로서 한국이 매력이 있을 것이라는 점이다. 한국인들의 정신세계는 일본인과 다른 점도 있지만, 역사적 문화적으로 볼 때 상당히 유사한 점이 많다. 따라서 일본에서 성공한 종교들은 한국인의 종교적 신앙적 욕구와 수요에도 부응할 여지가 많다. 전술한 일본신종교의 종교적 이념, 구제재의 성격은 이런 한국인의 종교적 욕구에 상당히 적합한 것으로 보인다. 또한 종교법인법이 없고, 종교인의 수입에 대한 과세법규도 없는 한국의 종교법과 제도도 종교 시장으로서 한국이 갖는 또 다른 매력일수 있을 것이다.

이처럼 오늘날 한국이 처한 내·외적 조건과 환경, 그리고 국내 기성종교 문화의 문제점, 그리고 종교시장으로서의 매력을 고려해볼 때 앞으로 일본계 종교가 국내에서 성장하고, 그리고 새로운 종교가 유입될 가능성은 높다고 볼 수 있다. 그러나 한일 간의 뿌리 깊은 역사적 질곡은 일본계 종교의 국내에서의 더 이상의 성장과 유입을 가로 막는 장애물로 언제든지 등장할 수 있으며, 규모나 세력이 한국 기성종교를 위협할 정도라고 인식된다면, 이전처럼 또 다시 배척해야할 왜색 정신문화로 사회적 배척과 억압을 되풀이해서 받을 것이다. 물론 이런 가능성을 국내에서 활동하는 일본계 종교들은 이미 숙지하고 있으며, 스스로의 종교를 일본 민족적 정체성과 분리시키고, 민족과 국가의 경계를 초월하는 순수한 종교적 정체성의 확립에 노력하고 있는 교단도 있다.[18] 이것은 세계화, 그리고 종교 다원주의라는 세계사

---

18) 한국SGI의 경우, 독도 문제나 역사교과서 왜곡 논란이 일어났을 때 반일시위를 하였고, 2005년 5월에 대규모 회원이 참석하여 열린 '나라사랑 대잔치'에서는 독도가 한국 영토임을 공포하는 이벤트도 개최하였다.

적 흐름에도 불구하고 아직 한일 간에는 갈등과 반목, 지배와 종속이라는 역사적 굴곡의 늪을 충분히 극복할 수 있을 정도의 민족간의 감정적 화합이 이루어지지 못하고 있고, 또 상호 간의 민족, 문화에 대한 상대주의적 의식조차도 갖추고 있지 못한 상태에 있기 때문이다.

이런 한일 간의 역사적 상황과 현실을 고려한다면, 앞으로도 국내에서 일본계 종교가 최근 20년간처럼 급속한 성장을 지속할 수는 없을 것이다. 교단에 따라서는 교세를 확장하려는 노력을 하겠지만, 한편으로는 한국의 기성종교에 위협이 될 정도로 성장하는 것은 바라지 않는 교단도 있을 것이다. 왜냐하면 그렇게 된다면 한국의 정신문화를 왜색으로 물들인다는 반일의 과녁이 되어 사회적 편견과 반격을 집중적으로 받을 것을 두려워하기 때문이다. 따라서 앞으로 국내에서 일본계 종교는 한국 종교문화의 무대 전면에 앞장서서 나서지 않고 조용히 그리고 서서히 성장할 것이라고 생각된다. 이런 조심스러운 활동은, 한국인들이 일본의 종교들을 더 이상 [왜색 종교]라 부르지 않고, 더 나아가서 그들의 종교 명칭 앞에 [일본]이란 수식어를 붙이지 않을 때까지 지속될 것이다. 이후에 만일 일본계 종교들이 왜색, 일본계라는 수식어 없이 우리사회에서 불려지게 되는 날이 왔을 때, 비로소 국내에서 일본계 종교는 민족 혹은 국가 정체성이란 한일 간의 편협한 경계지움의 담론에서 벗어나서 보편 종교로서의 위상을 갖게 될 것이다.

:: 참고문헌

국문

김수헌, 「인간존엄·평화심는 民衆의 종교:SGI(国際創価学会)한국불교회의 역사·조직·사회」, 『Win』4.4(35), 중앙일보사. 1998.

김순석, 「조선총독부의 불교정책과 불교계의 대응」, 고려대학교박사학위논문, 2001.

김주호, 「대한천리교」, 『한국불교의 현상』불교사상, 1986.

김춘배, 「創価学会와 天理教의 国内宣布에 대한 問題」, 『기독교사상』7,9(67), 대한기독교서회, 1962.

김해룡, 『光明一念:한국광명화에 반생을 바치고』, 한국교문사, 1999.

김홍철, 『한국 신종교사상의 연구』, 집문당, 1989.

노길명, 『한국신흥종교연구』, 경세원, 1996.

박규태, 「창가학회에 대한 일고찰-불교혁신 운동의 측면을 중심으로」『종교학연구』20, 한국종교학연구회, 2001.

박승길, 「현대도시의 종교생활과 생명주의 세계관: 광명회활동을 중심으로」, 『효성여자대학교 논문집 제45집』, 1992.

　　　「한국속의 일본 신종교」 김종서 외『현대신종교의 이해』, 한국정신문화연구원, 1994.

오토 마두로, 강인철역, 『사회적 갈등과 종교』, 한국신학연구소, 1988.

유병덕·김홍철·양은용, 『한중일 삼국 신종교실태 비교연구』, 원광대 종교문제연구소, 1992.

유재현, 『생명을 풀무질하는 농부:원경선의 나누는 삶 이야기』, 한길사, 1998.

李璟雨, 「法華계열 종단들, 나무묘법연화경의 신앙문」, 『한국불교의 현상』, 불교사상, 1986.

이경우, 「이것이 創価学会다」, 『법륜』 89, 서울 법륜사, 1976.

이강오, 「경북지방의 신흥종교,(3) 한국일련정종지용회」, 『한국의 신흥종교총람』, 한국의 신흥종교연구소, 1992.

　　　「일련정종 창가학회」, 『한국신흥종교총람』, 한국신흥종교연구소, 1992.

이종숙 역, 『宗祖尊女 말씀의 集成』第1輯, 서울:도서출판가리내, 1994.

이진희, 강재언외 2인역, 『한일교류사』, 학고재, 1998

정명수, 『대한천리교사2』, 미래문화사, 2002.

　　　　『대한천리교사4』, 미래문화사, 2002.

지명관, 『한일관계사연구-강점에서 공존까지』, 小花, 2004.

최신덕, 『신종교집단에 관한 비교연구』, 참빛사, 1987.

탁명환, 「倭色宗教의 拡散実態;日蓮正宗 創価学会를 중심으로」, 『현대불교』
　　　　227, 서울 현대종교사, 1993.

　　　　「왜색종교의 확산실태: 일련정종 창가학회를 중심으로」, 『현대종교』227,
　　　　현대종교사, 1993.

　　　　「일련정종(창가학회)」, 『성별』 2.8(15), 성별사, 1972.

한국갤럽, 『韓国人의 宗教와 宗教意識』, 2004년.

한국기독동신회100년사편집위원회, 『한국기독동신회 100년사』, 기독동신회, 수
　　　　원, 2003.

영문

Anesaki, Masaharu, *History of Japanese religion, with special reference to the social and moral life of the nation*, C. E. Tuttle Co, 1963.

Bales, R.F., *Interaction Process Analysis:A Method for the study of small gpoup*, Cambridge Mass.:Addison　Wesley.1950.

Beckford, James A., *New Religious Movements and Rapid Social Change*, SAGE, 1986.

Bellah, Robert, N., *Beyond Belief*, Harper & Row, Publishers, 1970.

Berger, Peter L., *The Sacred Canopy: Elements of a Sociological Theory of Religion*, Garden City, N.Y.: Doubleday & Company. 1969.

Berger, Peter L. & Luckmann T., "Sociology of Religion and Sociology of Knowledge," in *The Sociology of Religion*, ed. by R. Robertson, Baltimore: Penguin Books, 1969.

Casanova, Jose, *Public Religions in the Modern World*, Chicago: The University of Chicago Press, 1994.

Clarke, Peter B.&Somers. Jaffery(ed.)., *Japanese new religions in the West*, Folkestone, Kent. : Japan Library, 1994.

Clarke, Peter B.(ed.)., *Bibliography of Japanese new religions : with annotations, and *an introduction to Japanese new religions at home and abroad*, Richmond : Japan Library, 1999.

Clarke, Peter B.(ed.)., *Japanese new religions in global perspective*, Richmond : Curzon, (Curzon studies in new religious movements), 2000.

Finke, Roger & Stark, Rodney, *The Churching of America 1776 — 1990: Winners and Losers in Our Religious Economy*, New Brunswick: Rutgers University Press, 1992.

Goodall, H. Lloyd Jr., *Small Group Communication in Organization*, WM. C. Brown Publisher, 1990.

Hong, Sung — Mook&Effy Giannakopoulos, "the Relationship of Satisfaction with Life to Personality Characteristics." *Journal of Psychology*, 128, 1994.

Kisala, Robert J. and Mullins, Mark R., ed., *Religion and social crisis in Japan : understanding Japanese society through the Aum affair*, New York, NY : Palgrave, 2001.

Miller Donald E., *Reinventing American Protestantism: Christianity in the New Millennium*, Berkeley: University of California Press, 1997.

Mills T.M. *The Sociololgy of Small Groups*, Englewood Cliffs, N.J.: Prentice Hall, 1967.

Stark, R.& Iannaccone, L.R., "Rational Choice Propositions about Religious Movement", *Religion and Social Order*, Vol.3, 1993(Part A).

Tubbs, Stewart L., *A Systems Approach to Small Group Interaction*, Random House:New York.1984.

Willson Bryan, *Religion in Sociological Perspective*, Oxford:Oxford, UK:Oxford University Press, 1982.

Willson, Bryan, *Religion: Contemporary Issues*, London:Bellow, 1992.

Wood, J.T. "Alternative Potraits of Leaders:A Contingency Approach to Perception and Leadership." *Western Journal of Speech Communication*, 4, 43.(Fall), 1979.

일문

久保田正文，『仏教社会学』，日新出版，1975.

高野友治，『天理教伝導史X(海外篇)』，天理時報社，1975.

工藤英勝,「曹洞宗の朝鮮布教概史」,『宗教研究』, 第315号, 1998.
　　　　　「日本仏教の朝鮮布教」,『宗教研究』, 第319号, 1999.
　　　　　「神道各教派の朝鮮布教」,『宗教研究』, 第323号, 2000.
　　　　　「日本キリスト教の朝鮮布教」,『宗教研究』, 第327号, 2002.
金子圭助,『天理教伝導史概説』, 天理大学出版部, 1992.
島薗進,『新新宗教と宗教フーム』, 岩波書店, 1992.
島薗進,『救いと徳 : 新宗教信仰者の生活と思想』, 弘文堂, 1992.
島薗進,『現代救世宗教論』, 青弓社, 1992.
島薗進編著,『何のための「宗教」か? : 現代宗教の抑圧と自由』, 青弓社, 1994.
島薗進, 石井研士編『消費される「宗教」』, 春秋社, 1996.
島薗進,『ポストモダンの新宗教 : 現代日本の精神状況の底流』, 東京堂出版,
　　　　2001.
沼田健哉,『現代日本の新宗教』, 創元社, 1999.
松野純孝編,『新宗教事典』, 東京堂出版, 1988.
マックス・ウェーバー(M.Weber), 武藤一雄他訳,『宗教社会学』, 創文社, 1976.
マックス・ウェーバー(M.Weber), 大塚久雄訳,『宗教社会学論選』みすず書房,
　　　　1991.
安斎伸,「イエス之御霊教会」五来重 外編『講座: 日本の民俗宗教5』, 弘文堂,
　　　　1980.
井上順孝他,『新宗教事典』, 弘文堂, 1990.
井上順孝編,『現代日本の宗教社会学』, 世界思想社, 1994.
井上順孝他4人編,『新宗教・教団人物事典』, 弘文堂, 1996
井上順孝,『若者と現代宗教 : 失われた座標軸』, 筑摩書房, 1999.
庭野日敬,『この道 ー一仏乗の世界をめざしてー』, 佼成出版社, 1999
李元範,『日本の近代化と民衆宗教 − 近代天理教運動の社会史的考察』, 東京
　　　　大学大学院 博士学位論文, 1995.
羽賀祥二,『明治維新と宗教』, 筑摩書房, 1994.
庭野日敬,『この道ー一仏乗の世界をめざしてー』, 佼成出版社, 1999.
天理大学おやさと研究所編,『天理教事典』, 天理教道友社, 1997.
天理大学おやさと研究所編,『天理教概説』, 天理大学出版部, 1994.
村上重良,『新宗教:その行動と思想』, 評論社, 1986.

韓哲曦, 『日本の朝鮮支配と宗教政策』, 未来社, 1988.

자료 및 사료

김인선 기자, ‘한반도를 휩쓰는 일본종교’, 『샘이 깊은 물』(1998.5.9)
　　　　　『종교신문』(2003.7.23)
김홍철외, 『한국 신종교 실태조사보고서』, 1997.
문화공보부, 『신흥종교 및 유사종교 실태조사보고서』, 1970.
문화일보 (2005년8월12일판)
이원범외4인, 『한일종교의 상호수용실태에 관한 조사보고서(학술진흥재단기초학
　　　　　문연구:2003－072－BS－1017)』, 2004.
日本文化庁, 『宗教年鑑』, 2002.
「태양회뉴스」 2003년 통권 12호.
「태양회뉴스」 2001년 특별호 통권 제 7호.
태양회, 『고향의 산 만월하에』
한국민족종교협의회, 『한국민족종교총람』, 1992.
한국SGI, 『座談会매뉴얼　좌담회 성공을 위한 참고자료』, 2002, 3쪽.
한국일련정종학회, 「현황」, 1971, 12~13쪽.
한국종교연구회, 『한국신종교 조사연구보고서』, 1996.
申叔舟, 『海東諸国記』

인터넷 홈페이지

http://www.ksgi.or.kr/intro/organ.jsp
http://www.chulrigyo.or.kr
http://www.chollikyo.or.kr
http://www.sni.or.jp/honbu/html/fremhtm/newpage3.htm.
http://www.shinshuren.or.jp
http://www.reiyukai.or.jp/osie/index_oshie.html
http://www.rirc.or.jp/data/
http://www.sni.or.jp/honbu/html/fremhtm/newpage5.htm
http://monthly.chosun.com/html/200205/20020570029_2.html

∷ 후 기

　본서는 (이전까지는 불가능하다고 생각되었던) 한국 내 일본계 종교 참여관찰 조사의 결과물이다. 한국학술진흥재단의 지원 하에 일본과 한국을 왕래하면서 진행 된 2년간의 조사는 실로 많은 분들의 이해와 협조가 있었기에 가능한 것 이었다. 특히 국내 일본계 종교교단 간부들은 물론 해당 교단 일본 본부 측의 지원과 협조가 없었다면 본 연구팀의 조사는 제대로 이루어질 수 없었을 것이다. 생소한 외부인을 받아들여 조사에 적극 협력 해준 광명사상보급회(=생장의 집), 금광교, 도덕과학연구소(=모랄로지), 변천종, 본문불립종, 세계구세교, 선린교, 야마기시회, 영우회, 예수어령교회, 일련정종, 입정교성회, 진여원, 창가학회(=SGI), 천리교의 관계자 여러분께 깊은 감사를 드린다. 특별히 세계구세교 한국본부, 천리교한국교단, 그리고 한국SGI 관계자들의 적극적인 협조는, 본 연구팀이 신자들의 설문 및 인터뷰 조사를 통하여 통계적으로 유의미하고 귀중한 자료를 수집하는데 결정적인 도움이 되었다. 본서의 내용이 도움을 주신 분들에게 누가 되거나 실망을 드리는 결과물이 아니기를 바랄뿐이다.

　본 연구팀의 활동과 조사에 직간접적으로 도움과 격려를 준 일본연구자들, 이노우에노부다카(井上順孝) 國學阮대학 교수와, 직접 심포지엄에서 귀중한 발표를 해준, 니시야마시게루(西山茂) 東洋대학 교수, 이와이히로시(岩井洋) 關西國際대학 교수, 카시오나오키(樫尾直樹) 慶應義塾대학 교수, 후지이겐지(藤井健志) 學藝대학 교수, 츠시마미치히토(対馬路人) 關西國際대학 교수에게도 이 자리를 빌어 감사의 뜻을 전한다.

이 책의 공동 집필자는 공동조사부터 수고를 함께 하신 분들이다. 다섯 분의 일본인 연구자는 조사에 직접 참여하지는 못하였으나 일본 내 선행 연구 성과를 이해하는데 많은 도움을 주었다. 공동 집필자 가운데도 특별히 남춘모 선생의 수고가 남달랐다는 점을 밝히고자 한다. 그의 열정적인 수고가 없었다면 본서의 출판은 아마도 올 한해를 또 넘기고 말았을 것이다.

한국 내 일본계 종교의 확산은, 한일 간의 상호 방문객이 하루 평균 일만 명이 넘는 시대를 배경으로 하는 문화 현상이다. 한일 양국 간은 한편으로는 과거사 문제 등으로 인한 국가적 민족적 갈등이 되풀이 되고 있지만 또 한편으로는, 국경을 초월하여 종교적 신념을 공유하는 신앙공동체, 가치공동체가 등장하여 그 세력을 확산하고 있는 것이다. 이 책이 이러한 한일관계의 양면성을 이해하는데 적은 도움이나마 되기를 바란다.

2007년 7월 **집필자 대표**

∷ 찾아보기

집필자 소개

이원범   (일본) 도쿄(東京)대학대학원 인문사회계연구과 박사과정졸업(문학박사). 일본지역학. 현재 동서대학교대학원 일본지역연구과 교수 겸 동대학 일본연구센터 소장.
<담당부분> 전체 집필 책임 및 제1장 2절, 제2장 1절과 4절(4).

남춘모   (일본) 도쿄도리쯔(東京都立)대학 대학원 사회과학연구과 박사과정졸업(사회학박사). 종교사회학. 현재 동서대학교 대학원 일본지역연구과 강사.
<담당부분> 전체 편집 책임 및 제1장 1절, 제2장 2절(4)와 3절(3) 4절, 제3장.

박승길   경북대학교대학원 사회학과 박사과정졸업(문학박사). 종교사회학. 현재 대구가톨릭대학교 정보사회학과 교수.
<담당부분> 제1장 3절, 제2장 2절(2)와 3절(3).

양은용   (일본) 불교대학대학원 박사과정졸업(문학박사). 불교학. 현재 원광대학교 한국문화학과교수. 원광대학교대학원장.
<담당부분> 제4장.

조성윤   연세대학교대학원 사회학과 박사과정졸업(문학박사). 사회사. 현재 제주대학교 사회학과 교수.
<담당부분> 제1장 4절, 제2장 2절 (3).

츠시마미치히토(対馬路人)   (일본)東京大學대학원 사회학연구과 박사과정수료. 종교사회학. 현재 (일본) 關西學院대학 사회학부 교수.
<담당부분> 제2장 2절(1)

이와이히로시(岩井洋)   (일본)上智大學 대학원사회학연구과 박사과정수료. 종교사회학. 현재 (일본) 關西國際대학 인간학부 교수.
<담당부분> 제2장 3절(1)

한국 내 일본계 종교운동의 이해

초판인쇄 2007년 11월 5일 | **초판발행** 2007년 11월 12일
편저 이원범·남춘모·박승길·양은용·조성윤·이와이히로시·츠시마미치히토
발행 제이앤씨 | **등록** 제7-220호

132-040
서울시 도봉구 창동 624-1 현대홈시티 102-1206
TEL (02)992-3253 | FAX (02)991-1285
e-mail, jncbook@hanmail.net | URL http://www.jncbook.co.kr

·저자 및 출판사의 허락없이 이 책의 일부 또는 전부를 무단복제·전재·발췌할 수 없습니다.
·잘못된 책은 바꿔 드립니다.

ⓒ 이원범 외6인 2007 All rights reserved. Printed in KOREA

* 이 책은 2004년도 정부재원(교육인적자원부 학술연구조성사업비)으로 한국학술진흥재단의
  지원을 받아 연구되었음(KRF-2004-072-BS2051)

ISBN 978-89-5668-551-9 92200 | 정 가 28,000원